Le bonheur est sans gluten

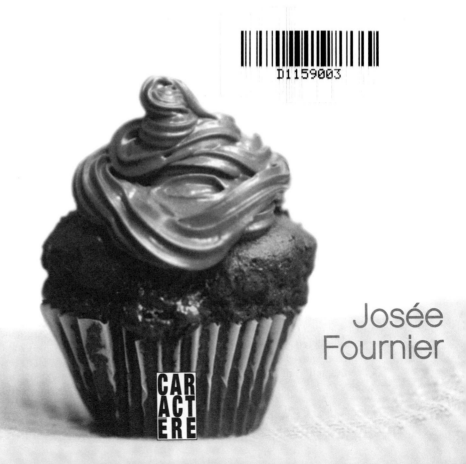

Josée
Fournier

Conception de la couverture et de la grille graphique : Bruno Paradis
Mise en pages : Tictac Graphique
Crédit photo : Josée Fournier
Révision : Revu et corrigé et Pierre-Yves Villeneuve
Correction d'épreuves : Sabine Cerboni

Imprimé au Canada

ISBN : 978-2-89642-435-1

Dépôt légal – Bibliothèque et Archives nationales du Québec, 2011
© 2011 Éditions Caractère

Les éditions Caractère remercient le gouvernement du Québec – Programme de crédit d'impôt pour l'édition de livres – Gestion SODEC

Les Éditions Caractère reconnaissent l'aide financière du gouvernement du Canada par l'entremise du Fonds du livre du Canada pour nos activités d'édition.

Visitez le site des Éditions Caractère
editionscaractere.com

Note :
L'information contenue dans ce livre est, autant que nous le sachions, véridique et complète. Ce livre ne remplace, n'annule ou n'entre en conflit d'aucune façon avec les conseils que votre propre médecin vous prodigue. Les décisions ultimes concernant les soins doivent être prises par vous et votre médecin. Nous vous recommandons fortement de suivre ses conseils. L'information contenue dans ce livre est générale et vous est offerte sans garantie de la part de l'auteure et des Éditions Caractère. L'auteure et l'éditeur déclinent toute responsabilité concernant l'utilisation des informations contenues dans ce livre.

REMERCIEMENTS

J'aimerais remercier les fondations, groupes de soutien et associations de la maladie coeliaque, ainsi que les diététistes, scientifiques, médecins spécialisés en immunologie et gastroentérologie pour leur travail de recherche sur l'entéropathie au gluten. Grâce à leurs découvertes médicales et scientifiques, à leur implication auprès d'instances gouvernementales et à la diffusion d'information diverse sur la coeliaquie et le gluten, vivre avec la maladie coeliaque devient de plus en plus facile.

À mes anciens collègues de bureau, mes amis, mes voisins et les membres de ma famille : merci d'avoir goûté et testé mes multiples recettes sans gluten et surtout de m'avoir encouragé tout au long de ce beau projet.

Un gros merci à mes parents qui, dès mon tout jeune âge, ont éveillé en moi la curiosité et le goût de la découverte et de l'expérimentation en cuisine.

Finalement, merci à mon conjoint Denis pour son appui constant, ses mots et gestes d'encouragement ainsi que son éternel émerveillement devant mes créations culinaires sans gluten.

Table des matières

Introduction

J'ai joué à l'autruche pendant plusieurs années avant d'accepter ma condition. Je savais depuis longtemps que mon corps ne tolérait pas le gluten, mais la gourmande têtue en moi refusait de passer les tests diagnostics pour déceler la maladie cœliaque. Une vie sans gluten m'était aussi impensable et ennuyeuse qu'une pâtisserie sans sucre... Je connaissais bien les symptômes associés à cette maladie auto-immune, puisque quelques personnes en souffrant gravitaient autour de moi dans mon quotidien. Mais, malgré les nombreux messages de détresse que me lançait mon corps, je continuais à manger des aliments contenant du gluten et à fouiller les livres et sites Internet de médecine pour me convaincre que je n'étais pas atteinte de cette maladie.

J'ai commencé à ressentir les premiers effets de la maladie cœliaque au milieu de mon enfance et les symptômes se sont aggravés au cours des années. Maigreur extrême, troubles de concentration, douleurs aux jambes et aux os, maux de tête, anémie, pierre au rein, aphtes, troubles de la digestion et pertes de poids ont fait partie de ma vie de cœliaque non avouée pendant plus de trente ans. En 2002, découragée par une perte de poids constante et à la suite d'un diagnostic d'anémie sévère, je consulte une nutritionniste-diététiste. Dès notre première rencontre, cette spécialiste de la cœliaquie soupçonne que je souffre de la maladie et me recommande de passer un test sanguin pour détecter l'anticorps antitransglutaminase. Je discute de cette option avec un médecin, qui, de son côté, me suggère plutôt le dépistage de la maladie par biopsie duodénale ou endoscopie digestive. Mais, terrifiée à l'idée de passer une biopsie, je continue à manger du gluten et ma condition physique ne fait que se détériorer. En

2006, je deviens l'ombre de moi-même à cause de mon entêtement. Mon corps a presque épuisé sa réserve de fer. Finalement, après un rendez-vous de suivi chez mon médecin pour discuter de mon anémie ferriprive, celle-ci insiste pour que je passe d'autres tests sérologiques pour découvrir la cause de ma carence en fer. Parmi ceux-ci, des tests pour détecter la présence d'anticorps spécifiques à la maladie cœliaque. Bien malgré moi, je passe les tests sanguins et les résultats pointent vers la maladie que je me refuse depuis toujours à accepter. En mai 2006, je suis diagnostiquée cœliaque. À partir de ce moment, j'élimine le gluten de ma vie.

Éviter le gluten n'est pas une mince tâche. J'ai découvert que le gluten était non seulement présent dans plusieurs aliments et ingrédients, mais aussi dans des produits de beauté, des médicaments et même dans la colle des timbres postaux et enveloppes. J'ai appris à lire les étiquettes des aliments, à cuisiner avec de nouveaux ingrédients, à poser des questions sur tout ce que je mange, à réaménager ma cuisine pour éliminer toute possibilité de contamination croisée et à voyager différemment. Ma première année sans gluten a donc été marquée par l'expérimentation culinaire, la quête d'information, et surtout, par l'acceptation de mon nouveau style de vie. Pendant cette période, j'ai aussi constaté que certains produits du commerce sans gluten étaient coûteux, pas toujours sains et qu'ils ne plaisaient pas à mes papilles.

Je me suis alors donné comme mission de créer des recettes gourmandes et nutritives à partir d'ingrédients sans gluten qui contenteraient autant les intolérants au gluten, que les tolérants. Après de multiples tests alimentaires auprès de ma famille, de mes amis et de mes collègues de bureau, et encouragée par leurs commentaires positifs, j'ai décidé de rendre publiques mes recettes sans gluten. Ainsi, en juillet 2009 est né le blogue

Le bonheur est sans gluten. Amatrice de photographie, de cuisine et d'écriture, ce blogue réunit mes trois passions et démontre qu'il est facile de cuisiner des plats sans gluten savoureux et appétissants.

Poussée par un désir de répertorier le plus d'information possible pour les intolérants ou sensibles au gluten, les cœliaques et ceux touchés par la dermatite herpétiforme, j'ai rédigé le livre *Le bonheur est sans gluten*, un guide pratique pour les personnes qui doivent ou qui veulent couper le gluten de leur alimentation. Avec plus de 200 recettes, il contient non seulement des recettes tirées de mon blogue, mais aussi plusieurs autres créées exclusivement pour ce livre. Je cuisine sans gluten depuis plus de cinq ans. L'information contenue dans ce livre provient de mon vécu avec la maladie cœliaque et de mes expérimentations culinaires cumulées depuis mon diagnostic.

Je ne suis pas une experte de la maladie cœliaque, ni une nutritionniste, encore moins une scientifique spécialisée dans le régime sans gluten (RSG). J'ai donc compilé pour ce livre une multitude de sources d'informations pour ceux et celles qui désirent se renseigner davantage sur la maladie et sur les ressources disponibles, ici et à travers le monde. J'ai aussi dressé une liste de fournisseurs de produits sans gluten qui sont disponibles au Québec et ailleurs.

J'espère que la lecture de ce livre vous sera bénéfique et que vous réaliserez que le bonheur est non seulement sans gluten, mais aussi dans votre cuisine.

Note :
Ce livre n'est pas un guide d'autodiagnostic de la maladie cœliaque. L'information contenue dans ce livre ne devrait en aucun cas remplacer l'avis d'un professionnel de la santé (médecin de famille, gastroentérologue, immunologiste et diététiste/nutritionniste). Si vous croyez être atteint de la cœliaquie ou de toute autre allergie ou intolérance alimentaire, notez vos symptômes puis discutez-en avec votre médecin. Surtout, ne pas commencer un régime alimentaire sans gluten ou restrictif sans l'assentiment de votre médecin.

La maladie cœliaque

QU'EST-CE QUE LA MALADIE CŒLIAQUE ET LA DERMATITE HERPÉTIFORME ?

La cœliaquie, maladie cœliaque ou entéropathie au gluten est une maladie auto-immune dont les réactions immunitaires sont dues à l'ingestion de gluten par une personne prédisposée génétiquement.

Le gluten est nocif pour une personne cœliaque ou ayant la dermatite herpétiforme, car si consommé, il provoque une réaction du système immunitaire contre le petit intestin, un organe important pour l'absorption des aliments dans le corps humain. Des leucocytes (globules blancs) attaquent l'intestin grêle résultant en une érosion des villosités qui en recouvrent la paroi. Les villosités qui ressemblent à doigts microscopiques forment des replis à l'intérieur de l'intestin grêle. Les *villi* produisent certaines enzymes digestives et aident à transporter les nutriments vers les vaisseaux capillaires sanguins. L'atrophie des *villi* fait aussi en sorte qu'une fois situés dans le petit intestin, les aliments ne sont pas correctement digérés, continuant ainsi leur transit vers le gros intestin. S'ensuit alors une malabsorption des aliments par le corps et une foule de malaises gastro-intestinaux pour la personne cœliaque. Les aliments non digérés dans l'intestin rendent aussi propice le développement de mauvaises bactéries créant de l'inflammation et causant des ballonnements, des crampes, des flatulences et des diarrhées chroniques.

La dermatite herpétiforme est aussi une réaction immunitaire du corps humain à la suite de l'ingestion de gluten. La réaction se situe au niveau cutané et se manifeste par l'apparition de lésions sur la peau de type dermatite ou urticaire, plus souvent sur les coudes, les fesses, les genoux et selon la personne touchée, quelquefois ailleurs sur le corps.

HISTORIQUE DE LA MALADIE CŒLIAQUE

Le premier signalement de la maladie cœliaque a été fait au IIe siècle après J.-C. par le médecin grec Arétée de Cappadoce. Celui-ci a noté par écrit les symptômes de la maladie et a décrit la condition de *koiliakos* (du grec *abdomen*) comme celle des personnes dont l'estomac et les intestins laissent passer des aliments non digérés ou absorbés par l'organisme. Ses écrits furent traduits en 1856 par Francis Adams, un médecin écossais.

Au début du XIXe siècle, le médecin écossais Matthew Baillie découvre une maladie causant la malnutrition qui provoque la diarrhée chronique chez des adultes. Il note que certains patients semblent aller mieux en suivant une diète composée presque uniquement de riz. Ce n'est qu'en 1888 que le médecin britannique Samuel Gee décrit les symptômes de malabsorption de la maladie cœliaque et préconise un régime où peu de farine est ingérée par les personnes affectées par la maladie.

En 1918, le médecin George Frederik Still démontre les effets néfastes du pain chez les cœliaques. Dans les années 1920, le Dr Sydney Valentine Hass publie des écrits stipulant qu'une diète composée principalement de bananes et sans hydrate de carbone peut guérir ses patients atteints de la maladie cœliaque.

En 1951, Dr Haas et son fils, Dr Merrill P. Haas, publient « The Management of Celiac Disease», un texte médical exhaustif sur la maladie cœliaque.

Aux Pays-Bas, le pédiatre Willem-Karel Dicke observe que l'état des enfants cœliaques s'améliore grandement durant la pénurie de pain lors de la Seconde Guerre mondiale et régresse lorsque des pains sont distribués. Il fait une thèse de doctorat en 1950 dans laquelle il prône l'exclusion des produits faits à partir de ' blé et de seigle.

En 1957, la docteure Margot Shiner fait la première biopsie du petit intestin pour confirmer la maladie cœliaque.

Dans les années 1950 et 1960, les études de la pédiatre australienne Charlotte Anderson démontrent que le gluten est toxique pour les cœliaques.

En 1990, la maladie cœliaque est décrite comme une maladie auto-immune spécifiquement liée à l'auto-antigène transglutaminase tissulaire.

En 2007, des tests cliniques sont menés par l'Université de Stanford aux États-Unis pour mesurer l'efficacité de certaines enzymes digestives pour digérer le gluten en situation gastrique.

En 2008 débute une étude clinique au VU Medical Center à Amsterdam, aux Pays-Bas, pour déterminer si l'enzyme Aspergillus niger prolyl endoprotease peut digérer la protéine de gluten, avant qu'elle ne fasse des dommages à la paroi intestinale.

À ce jour, malgré les avancées de la médecine, la seule façon de prévenir les symptômes de la maladie cœliaque est le respect strict et à vie du régime sans gluten.

LES STATISTIQUES DE LA MALADIE CŒLIAQUE ICI ET AILLEURS

On estime que 1 personne sur 133 serait atteinte de la maladie cœliaque au Canada et aux États-Unis. La prévalence de la maladie dépend du pays et de l'origine ethnique et semble moins toucher les personnes d'origine asiatique ou africaine. Ailleurs, les chiffres sur la maladie démontrent une estimation de la prévalence d'environ 1 personne sur 100 en Suède et de 1 personne sur 122 en Irlande, avec une moyenne européenne de 1 sur 100. La maladie cœliaque est génétique et prévaut 1 fois sur 10 dans une famille où un membre de la famille immédiate est diagnostiqué cœliaque. Des études récentes relatent qu'entre 90 et 95 % des cœliaques ne sont pas encore diagnostiqués.

Plusieurs années s'écoulent avant qu'un cœliaque ne soit diagnostiqué, jusqu'à 12 ans parfois après l'apparition des premiers symptômes chez le patient[1]. Dans le premier rapport sur l'étude *Vivre avec un régime sans gluten*, un grand sondage réalisé auprès des membres de l'Association canadienne de la maladie cœliaque et de la Fondation québécoise de la maladie cœliaque, 49 % des répondants ont dit avoir été diagnostiqués entre l'âge de 40 et 59 ans, et 26 % entre l'âge de 40 et 49 ans.

Mais le travail de diffusion de l'information sur la maladie fait par les associations de la cœliaquie, les divers organismes de santé publics et privés et les groupes de soutien des cœliaques fait en sorte que l'entéropathie au gluten est de plus en plus diagnostiquée et connue de la population en général.

[1] Manifestation clinique de la maladie cœliaque chez un groupe d'adultes canadiens et résorption des symptômes avec l'observation du régime sans gluten tiré de la page « Les manifestations cliniques et la régression des symptômes après l'adoption d'un régime sans gluten chez les Canadiens et les Canadiennes atteints de la maladie cœliaque » du site Internet de Santé Canada. www.hc-sc.gc.ca/fn-an/securit/allerg/cel-coe/gluten_poster-gluten_affiche-fra.php

Les symptômes et le diagnostic de la maladie

LES SYMPTÔMES

Les symptômes de l'entéropathie au gluten sont nombreux et varient d'une personne à l'autre. Certaines personnes n'ont aucun symptôme, d'autres peu, d'autres beaucoup. La maladie cœliaque peut notamment causer chez l'enfant des retards de croissance, du rachitisme, de l'irritabilité, de la fatigue, des problèmes de concentration, des aphtes dans la bouche, des maux de tête et des irrégularités dans la dentition. Chez l'adulte, la cœliaquie peut engendrer, entre autres, des reflux gastriques, de la nausée, des brûlures d'estomac, des flatulences, de la diarrhée, des carences en vitamines et en minéraux, de l'anémie, des douleurs articulaires et musculaires, des maux de tête, des troubles de concentration et de sommeil, de l'émail dentaire taché ou irrégulier, une perte de poids, des problèmes de grossesse, des fausses couches, des douleurs abdominales et de l'halitose causée par la mauvaise digestion.

Tout au long de ma vie de cœliaque, j'ai expérimenté une multitude de symptômes de la maladie. Tellement qu'en dressant une liste, elle pourrait englober presque tous les symptômes de la maladie. Jeune, j'étais une enfant rachitique, facilement irritable, j'avais souvent mal aux articulations et à la tête ; j'avais le teint très pâle, des aphtes dans la bouche, des ongles striés et cassants. En grandissant, je suis devenue filiforme et mes menstruations se sont donc manifestées assez tard. Mes problèmes gastro-intestinaux ont commencé à se pointer régulièrement vers l'âge de quatorze ans. Croyant que j'étais une personne nerveuse, je n'en ai pas fait cas. Vers la mi-vingtaine, les diarrhées, flatulences et ballonnements sont devenus chroniques et j'ai commencé à perdre mes cheveux, qui ont aussi pris une couleur orangée à cause d'un manque de nutriments. À cette époque, j'ai aussi connu la douleur provoquée par des calculs rénaux. Vers la quarantaine, j'ai commencé à avoir des malaises importants causés par la maladie. Nausées et reflux gastriques à répétition, flatulences extrêmes et diarrhées violentes, migraines quotidiennes, anémie ferriprive, troubles de concentration, irritabilité, essoufflements, battements de cœur irréguliers, fatigue, troubles du sommeil et surmenage ont fait partie de mon lot quotidien jusqu'à l'obtention de mon diagnostic.

Je crois que ce qui m'a permis de survivre, malgré la sévère malnutrition de mon corps, est le niveau de stress vécu à mon travail et la quantité importante d'adrénaline produite par mes glandes surrénales pour me garder vive d'esprit et de corps. Malgré cela, tous les matins, je me réveillais fatiguée et comme si je venais d'être happée par un gros camion. Si la maladie cœliaque n'avait pas été diagnostiquée, je ne sais pas comment mon corps aurait pu continuer à ce rythme.

COMMENT DIAGNOSTIQUER LA MALADIE CŒLIAQUE ?

Il n'y a qu'une façon de diagnostiquer définitivement la maladie cœliaque ; la biopsie duodénale ou l'endoscopie digestive. Si vous croyez être atteint de la maladie, discutez-en avec votre médecin afin que celui-ci vous dirige vers un gastro-entérologue. Selon vos symptômes, il déterminera si des tests sanguins pour mesurer le taux d'anticorps propres à la maladie cœliaque sont nécessaires. Si les résultats de ces tests pointent vers la maladie cœliaque, une biopsie duodénale ou une endoscopie digestive sera ensuite pratiquée. Quelquefois, les résultats sanguins sont négatifs, malgré la maladie cœliaque. Si les symptômes persistent, la biopsie duodénale ou l'endoscopie digestive permet alors de vérifier l'état de la paroi du petit intestin et des villosités. Si les villosités sont atrophiées, la maladie cœliaque est confirmée.

La dermatite herpétiforme est diagnostiquée de la même façon que la maladie cœliaque, en plus du constat de la réaction cutanée du malade.

Les résultats de la biopsie sont négatifs ? Discutez-en avec votre médecin. Peut-être êtes-vous intolérant ou sensible au gluten ou au blé sans avoir la maladie cœliaque. Essayez le régime sans gluten pour quelques semaines. Si vous vous sentez mieux, cessez de manger du gluten. Mais attention : il ne faut surtout pas cesser de manger du gluten si vous croyez être atteint de la maladie cœliaque et que vous n'avez passé aucun test diagnostic. Si vous arrêtez de manger du gluten, vous pourriez fausser les résultats de tests diagnostics ultérieurs.

QUOI FAIRE APRÈS UN DIAGNOSTIC DE LA MALADIE ?

Après avoir obtenu un diagnostic de cœliaquie ou dermatite herpétiforme, vous devez cesser de manger des produits contenant du gluten. Le remède ou la prescription miracle pour la maladie cœliaque est de suivre le régime sans gluten (RSG) rigoureusement et à vie. La maladie cœliaque est la seule maladie auto-immune qui permet au corps de se régénérer lorsque l'allergène en question est éliminé du corps. Ce qui implique que les villosités détruites dans l'intestin vont se régénérer en partie ou totalement lorsque vous entamerez votre RSG. La personne cœliaque qui commence un régime sans gluten strict commencera à se sentir mieux après seulement quelques semaines, et certains symptômes pourraient disparaître après quelques jours. Même si vous vous sentez mieux et que les symptômes disparaissent, il est important de maintenir le régime et de ne pas tricher. Il faut accepter que ce régime doive être suivi à vie. Bien que des avancées soient faites à ce niveau, et que des recherches scientifiques sur le développement d'enzymes digestives capables de digérer le gluten avant que la protéine n'atteigne le petit intestin soient en cours dans différents départements de gastro-entérologie universitaires à travers le monde, il n'existe pas encore de pilules ou de médicaments miracles pour les cœliaques incapables de suivre le régime.

À la suite de votre diagnostic, discutez avec votre médecin ou gastro-entérologue des effets de la maladie sur votre corps et voyez avec eux si vous devez passer d'autres tests. La cœliaquie peut engendrer d'autres maladies ou complications, comme l'ostéoporose, la malnutrition, les intolérances alimentaires (par exemple, au lait), le diabète de type 1, le cancer de l'intestin, les troubles cardiaques, l'arthrite, l'infertilité, la neuropathie, l'affaiblissement du système immunitaire et d'autres conditions diverses.

La maladie cœliaque peut aussi être une cause de dépression chez certaines personnes atteintes de la maladie. Elle peut être physique, le manque de nutriments causant alors de la fatigue, de l'irritabilité et des troubles du sommeil, ou psychologique, à cause des difficultés du cœliaque à composer avec le régime créant alors un sentiment d'ostracisme et de vulnérabilité face à l'ampleur de la tâche. Il est donc important de consulter des spécialistes de la santé qui sauront vous guider et vous outiller pour un mieux-être de votre esprit.

Une rencontre avec un nutritionniste s'impose aussi afin qu'il vous aide à naviguer à travers les méandres du RSG.

Renseignez-vous. L'information est votre meilleure alliée pour apprivoiser la maladie cœliaque. En faisant de la recherche pour mieux comprendre ce qu'est la cœliaquie, vous assimilerez mieux le régime et les différents aspects de l'entéropathie au gluten. Devenez membre d'une association de la maladie cœliaque, consultez des forums de discussion. Vous serez alors en contact avec des gens qui vivent la même chose que vous et qui ont plusieurs années d'expérience avec le régime sans gluten. Visitez des sites Internet sur les allergies alimentaires, sur la cœliaquie et l'intolérance au gluten. Il existe une multitude d'associations, organismes et groupes de soutien qui offrent information et outils gratuits pour vous aider à mieux vivre avec la maladie (voir Ressources sans gluten à la page 350). Abonnez-vous à des magazines, alertes par courriel et infolettres spécialisées sur la maladie afin de vous tenir au courant des derniers développements scientifiques ou des dernières tendances en alimentation sans gluten.

Lorsque j'ai découvert que j'étais cœliaque, il n'y avait pas autant d'organismes et de services pour les personnes atteintes de cette maladie. Mais il était primordial pour moi de devenir membre de la Fondation québécoise de la maladie cœliaque, ce que j'ai fait la journée même de mon diagnostic. Puis, j'ai lu des tonnes de documents et études sur la maladie et j'ai acheté quatre livres de recettes sans gluten, qui m'ont aussi fourni beaucoup d'information sur la maladie et le régime.

SUIVRE LE RÉGIME SANS GLUTEN

Lorsque vous commencez un régime sans gluten, il est important de le suivre rigoureusement. Vous ne devez y faire aucune entorse.

Il n'est pas facile de s'y retrouver quand on commence à manger sans gluten, car cette protéine est présente dans plusieurs aliments et souvent sous forme cachée. Il vous faudra donc de la patience pour maîtriser ce régime complexe. Avec le temps, vous connaîtrez les complexités de ce régime. Mais, au début, simplifiez votre vie en ne mangeant que des produits qui sont naturellement sans gluten, comme le poisson, la volaille, les viandes, les œufs, les produits laitiers, les légumes et les fruits. Votre système digestif sera aussi fragile, le temps que la paroi intestinale se répare. Il se peut donc que vous ne soyez pas en mesure de tolérer le lait, les œufs, le sucre, le gras, les aliments très fibreux, ou d'autres aliments.

Les enzymes digestives sont produites en partie par les villosités dans votre petit intestin. Lorsque vous suivez un régime sans gluten, elles peuvent se régénérer totalement ou en partie. Vous pourriez donc rester sensible à certains aliments. Certaines personnes deviennent aussi intolérantes à la caséine (protéine contenue dans le lait) ou au lactose (glucide contenu dans le lait) qu'on trouve dans les produits laitiers.

Au début de mon régime sans gluten, ma nutritionniste m'a recommandé d'éviter les produits laitiers pendant quelques mois, le temps que les villosités commencent à se régénérer et que cesse l'inflammation dans mes intestins. Encore aujourd'hui, après 6 ans d'un régime strict sans gluten, j'éprouve de légers malaises intestinaux lorsque je mange des œufs et des produits laitiers. Ma nutritionniste m'avait aussi recommandé de consommer des enzymes digestives pour digérer le lactose, ainsi que des suppléments de calcium et de multivitamines pour compenser le manque de nutriments que mon corps avait subi au cours des années.

Lorsque vous cessez de manger des produits sans gluten, votre corps recommence à assimiler la nourriture. Il n'est donc pas rare qu'une prise de poids importante coïncide avec votre nouveau régime alimentaire. De plus, certaines farines sans gluten ont un indice glycémique élevé et sont souvent dépourvues de fibres et nutriments. La personne cœliaque doit donc manger des fibres provenant d'autres sources, tels les noix, les graines, les fruits et légumes, afin de pallier cette lacune.

La première année de mon régime a été marquée par une prise de poids de 40 % et de deux changements complets de ma garde-robe. Je suis passée d'une grandeur de vêtement 0 à 10... en 12 mois ! Cette première année coïncidait peut-être aussi avec les changements hormonaux d'une femme dans la quarantaine, mais j'en doute... Pour la première fois de ma vie, j'ai été confrontée à un léger problème de surpoids et j'ai dû contrôler les portions de mes assiettes. Mon poids se maintient depuis. L'important, c'est de garder un poids santé et de maintenir un régime de vie équilibré.

LES ASPECTS PSYCHOLOGIQUES DE LA MALADIE CŒLIAQUE

J'ai longtemps hésité avant de passer les tests pour la maladie cœliaque. Je pensais que le régime était trop contraignant et je n'avais pas le goût d'être « différente ». Le diagnostic peut provoquer de la joie chez certains cœliaques et du découragement chez d'autres. La cœliaquie est une maladie auto-immune qui, lorsque diagnostiquée, devrait soulager le malade puisque la solution pour éliminer ou réduire les symptômes est simple. Il suffit d'arrêter de manger des produits contenant du gluten. Sur papier, la solution est effectivement simple, mais la réalité est totalement différente.

Le sentiment de vulnérabilité et de désarroi est souvent manifeste au début d'un RSG, car la diète est complexe. Le gluten est présent dans tellement de produits alimentaires, qu'une personne peut facilement s'y perdre et se décourager.

Lorsque de j'ai cessé de manger du gluten, j'ai été déprimée pendant quelques semaines, car je considérais le régime comme une montagne. J'étais aussi mélancolique, car je croyais à tort qu'il fallait que je renonce à plusieurs aliments que j'aimais. De plus, je n'osais pas manger à l'extérieur de la maison, car j'avais peur d'être jugée par les gens ou pire, d'être contaminée. Et j'avais toujours l'impression de déranger mes proches et amis avec mes contraintes alimentaires. Cette période de ma vie où j'ai été diagnostiquée a aussi coïncidé avec mon départ peu après pour un voyage de deux mois à vélo en Europe centrale. Là-bas, j'ai dû apprivoiser la maladie en terrain inconnu. J'ai souvent hésité avant de présenter mon petit papier expliquant la maladie dans les restaurants ou dans les épiceries par peur d'être jugée ou parce que je n'acceptais tout simplement pas encore ma condition.

La première étape dans la prise en charge de la cœliaquie, à la suite d'un diagnostic, est l'acceptation de la maladie. Cette étape est la plus importante, car tous les comportements de la personne cœliaque découleront de cette nouvelle réalité.

Qu'est-ce que le gluten ?

Le gluten est un ensemble de protéines que l'on trouve dans les grains de certaines céréales. Le gluten donne l'élasticité aux pâtes composées de ces farines et est présent dans plusieurs produits alimentaires transformés ou préparés, et souvent sous une forme cachée.

ON TROUVE DU GLUTEN PRINCIPALEMENT DANS :

▷ **Le blé, la protéine de blé et ses variantes (formes et appellations)**
alica, amidonnier, blé, blé dur (durum), germe de blé, boulgour ou bulgur, couscous, dinkel, engrain, emmer, épautre, farina, farine, farine complète, farro, froment, fu, gluten, graham, granari (a ou y), germe et huile de blé, kamut, harina, maftoul, miàn j n, mì c ng ou mì c n, triticale, triticum, semoule, seitan, son

▷ **L'orge et ses variantes (formes et appellations)**
alcool, bière, boricha, café ou tisane d'orge, caffè d'orzo, céréales maltées, malt, mugicha, hordeum, escourgeon, orge mondé, orge perlé, sucre d'orge, son, tsampa, farine d'orgeat, orge grillée

▷ **Le seigle et ses variantes (formes et appellations)**
alcool, bière, céréales maltées, malt, roggenmehl, roggen vollkornmehl, pumpernickel, son, secale

▷ **L'avoine et d'autres céréales sans gluten contaminées lors de la transformation dans la meunerie**

Le gluten est aussi présent dans différents ingrédients et autres applications industrielles comme agent liant ou colle.

LES PRODUITS DANS LESQUELS ON TROUVE OU POURRAIT TROUVER LE GLUTEN

Il faut faire attention avec les aliments ou ingrédients suivants, car ils contiennent ou pourraient contenir du gluten. Avant d'acheter ou de manger ces produits, lisez toujours les étiquettes. Même si vous le savez sans gluten, un fabricant peut changer la composition des ingrédients de son aliment.

- Agent liant non identifié
- Alcool non identifié
- Alcools non distillés
- Alcools de grains ou de céréales
- Amidon, fécule ou matière amylacée dont l'origine n'est pas identifiée
- Amidon modifié dont l'origine n'est pas identifiée
- Avoine ou produits d'avoine contaminés
- Bacon, charcuteries, viandes et poissons séchés ou fumés
- Barres et carrés énergétiques
- Biscuits, biscottes, biscotti
- Bleu (fromage avec moisissures)
- Blinis
- Boissons énergétiques ou suppléments alimentaires liquides
- Bonbons, confiseries
- Bouillons du commerce liquides, en poudre ou en cubes
- Boulettes
- Caramel
- Cari
- Canard ou volaille confits ou rôtis (barbecue) du commerce
- Céréales, farines, grains, flocons, gruau, semoule, poudre de source non identifiée ou dont le processus de production n'est pas libre de contaminants au gluten
- Céréales, farines, grains, flocons, gruau, semoule, poudre naturellement sans gluten dont le processus de production n'est pas libre de contaminants au gluten
- Cornets
- Crèmes pâtissières
- Crème glacée
- Crème de céréales
- Crêpes
- Conserves (avec alcool ou vinaigre)
- Condiments (moutarde, ketchup, etc.)
- Cosmétiques (rouge à lèvres, crème, shampoing, etc.)
- Chocolats
- Couscous
- Croquettes
- Croûtons
- Dentifrice
- Desserts
- Desserts glacés
- Épaississants non identifiés
- Épices moulues
- Extrait de vanille (ou autres saveurs) avec alcool
- Farine de grains ou de céréales naturellement sans gluten (si non identifié sans gluten)
- Frites
- Fromages (fondu, à croûte lavée à la bière ou à l'alcool de céréales, bleu, aromatisé, tranché au comptoir de charcuterie)
- Fruits secs
- Garniture de pâtisserie
- Garam masala
- Gaufres
- Gomme à mâcher
- Grains ou céréales naturellement sans gluten ou produits faits à partir de (si non identifié sans gluten)
- Hosties
- Huiles de friture (dans un restaurant entre autres)
- Imitation de crabe (surimi), de canard, de crevette, de viande et de charcuterie
- Jus et boissons protéinés
- Lait d'amandes, de riz, de soya ou autre

- Levure chimique
- Levure naturelle
- Malt non identifié
- Marinades
- Médicaments, vitamines, suppléments alimentaires
- Muffins
- Nouilles
- Noix, arachides, amandes, ou produit faits à partir de ces ingrédients
- Panures et aliments panés
- Pain
- Panachés
- Pastilles
- Pâtes alimentaires
- Pâte à modeler
- Pâte d'amandes
- Pâtés de viande, de foie, de volaille, de poisson
- Pâtisseries
- Pizzas, fougasses, focaccias
- Protéine végétale hydrolysée (ou extrait de protéines végétales hydrolysées ou texturées)
- Protéine non identifiée
- Poudre anti-agglomérante (pour couvrir les noix rôties à sec, fruits séchés et pâtes de fruits séchés)
- Produit et sous-produit de soya
- Produits de beauté
- Roux
- Sauces, marinades, vinaigrettes, vinaigres
- Saucisses (incluant hot-dog)
- Sandwichs
- Sirops sucrés divers
- Sirop de malt
- Sirop contre la toux
- Soba
- Soupes ou potages
- Succédanés de café
- Sucre ou sirop non identifié
- Sushis
- Viande hachée (peut avoir été liée avec de la farine de blé)
- Viande pressée
- Viande séchée ou fumée
- Yogourts

Comment lire et interpréter les étiquettes

Une étiquette portant la mention *sans gluten* ne signifie pas toujours que le produit est entièrement sans gluten. Les seuils de présence du gluten dans les produits alimentaires sont définis différemment d'un pays à un autre. De plus, certains produits naturellement sans gluten peuvent aussi avoir été contaminés par le gluten. Il est donc difficile pour une personne cœliaque ou intolérante au gluten de s'y retrouver parmi toutes les appellations utilisées sur les aliments sans gluten et avec de l'information souvent incomplète dans la liste des ingrédients d'un produit.

Le Canada est un des rares pays au monde à s'être doté d'une réglementation de l'utilisation de l'expression « sans gluten » et a développé une politique en matière d'étiquetage sans gluten qui devrait bientôt être mise en œuvre.

Au Canada, il est interdit d'étiqueter, d'emballer ou de vendre un aliment ou d'en faire la publicité de manière à donner l'impression qu'il est sans gluten, sauf s'il s'agit d'un aliment qui ne contient ni blé – dont l'épeautre et le kamut –, ni avoine, ni orge, ni seigle, ni triticale, ni aucun élément de ces grains. Par contre, il n'existe pas à ce jour au Canada d'organisme officiel pour assurer la production d'aliments et d'ingrédients avec certification sans gluten. L'Association canadienne de la maladie cœliaque travaille présentement avec différents intervenants sur un projet de certification « sans gluten », ainsi qu'un logo de certification, qui garantirait que le produit est sans gluten selon des standards et protocoles d'évaluation établis par l'organisme[2].

Aux États-Unis, la Food and Drug Administration (FDA) propose de définir l'expression « sans gluten » aux fins d'une utilisation facultative sur l'étiquette des aliments. À ce jour, la réglementation n'est pas encore finalisée. La FDA définit un produit sans gluten à 20 parties par million ou ppm.

L'Union européenne développe présentement un règlement en matière d'étiquetage sans gluten basé sur la norme du Codex alimentarius de 20 ppm. Le règlement devrait entrer en vigueur en janvier 2012.

Les standards d'étiquetage sans gluten les plus sévères sont en Nouvelle-Zélande et en Australie. Pour être étiqueté sans gluten, le règlement de la Food Standards Australia New Zealand (FSANZ) précise qu'on ne doit déceler aucune trace de gluten dans le produit. Les tests de détection les plus sensibles présentement sur le marché mesurent 3 ppm.

Il existe des organismes de certification sans gluten indépendants aux États-Unis, tels que la Celiac Sprue Association (CSA), qui certifient, avec entre autres le Recognition Seal, que des produits alimentaires sont sans gluten et dont le taux de gluten est inférieur à 5 ppm. Le Gluten-Free Certification Organization du Gluten Intolerance Group (GiG) certifie les produits alimentaires sans gluten dont le taux de gluten mesure moins de 10 ppm. Les produits

alimentaires sans gluten certifiés portent le sceau de la Celiac Sprue Association, celui de la Gluten-Free Certification Organization. Les fabricants qui portent l'un des sceaux sans gluten utilisent des méthodes de détection du gluten selon le protocole établi par ces organismes. Pour s'informer sur ces programmes de certification des produits sans gluten de ces deux organismes, visitez leur site Internet au www.csaceliacs.org/CSASealofRecognition.php ou au www.gfco.org.

Certified

GF

Gluten-Free

Le logo épi barré dans un cercle est la propriété de l'Association cœliaque du Royaume-Uni. En 1995, elle a cédé les droits d'utilisation aux autres associations cœliaques européennes membres de l'AOECS. En France, le logo est la propriété de l'Association française des intolérants au gluten (AFDIAG) qui en contrôle l'utilisation. Il garantit un produit fini « non contaminé » dont la teneur en gluten résiduel

---

[2] Pour vous informer sur ce projet, rendez-vous à www.celiac.ca/certification.php.

ne peut dépasser 20 ppm, seuil du Règlement européen N°41/2009 et du Codex alimentarius. Il ne peut être utilisé en France qu'après signature d'un contrat dit « Contrat de licence pour l'utilisation de marque et de dessin ».

COMMENT LIRE LES ÉTIQUETTES

Si l'étiquette d'un aliment naturellement sans gluten (par exemple, une noix ou un fruit séché) mentionne qu'il pourrait contenir du gluten ou si l'étiquette mentionne sans blé, l'aliment pourrait quand même contenir du gluten provenant d'une autre céréale. Ne pas le consommer.

Certaines étiquettes ne mentionnent pas la présence de blé ou de gluten, selon le pays d'origine du produit. Il faut alors être très vigilant et lire la liste d'ingrédients, qui quelquefois est incomplète. Si vous êtes incertain des ingrédients et que cet aliment fait partie de ceux pouvant contenir du gluten, ne pas le manger. Le Canada a développé une politique en matière d'étiquetage sans gluten qui devrait bientôt être mise en œuvre.

De plus en plus de compagnies font maintenant des tests systématiques pour mesurer le taux de gluten dans un produit alimentaire selon la méthode Elisa R5 Mendez. Cette méthode est fiable. Vérifiez auprès des fabricants quelle est la méthode utilisée pour mesurer le taux de gluten dans leurs aliments ainsi que les protocoles et processus de production des aliments. Plusieurs fabricants affichent cette information sur leur site Internet (voir la liste des Manufacturiers et distributeurs à la page 358).

Il arrive que des produits alimentaires sans gluten, naturellement sans gluten ou dont la liste des ingrédients ne mentionne pas la présence de gluten, soient contaminés par du gluten. Il est donc essentiel pour une personne cœliaque d'être abonnée aux alertes à l'allergie par courriel (régie par les gouvernements d'un pays) pour être au courant rapidement des rappels d'aliments contaminés par des allergènes. Je suis moi-même présentement abonnée à l'infolettre de l'Agence canadienne d'inspection des aliments (ACIA) et de la FDA. J'ai reçu à l'occasion, des courriels de rappels sur des produits sans gluten que j'avais achetés. Mieux vaut prévenir que guérir. (Voir Ressources sans gluten à la page 350)

Si vous réagissez mal après l'ingestion d'un produit que vous croyez sans gluten, cessez de le consommer, puis informez-vous auprès du manufacturier. Le produit pourrait avoir été contaminé par du gluten ou par un autre contaminant, ou peut-être avez-vous développé une nouvelle intolérance alimentaire. Consultez la liste détaillée de produits alimentaires, ingrédients et termes alimentaires en à la page 335.

L'AVOINE PURE NON CONTAMINÉE PAR LE GLUTEN

Des associations de la maladie cœliaque et des instances gouvernementales ont déclaré que certaines personnes cœliaques pouvaient consommer en petites quantités de l'avoine pure (sans trace de contamination au gluten). Avant d'essayer l'avoine pure, vous devez en discuter avec votre professionnel de la santé. L'avoine pure (non contaminée) est étiquetée sans gluten aux États-Unis, mais pas au Canada.

Santé Canada et l'avoine pure non contaminée

En 2007, sur la base d'un examen exhaustif des ouvrages scientifiques traitant de l'innocuité de l'avoine dans un RSG, Santé Canada a conclu que la majorité des personnes atteintes de la MC peuvent tolérer des quantités modérées d'avoine non contaminée par le gluten d'autres céréales telles que le blé, l'orge et le seigle. Cette observation concorde avec la position de l'Association canadienne de la maladie cœliaque. Pour s'informer davantage sur la position officielle de Santé Canada et du Projet de politique proposé pour la modification des exigences d'étiquetage des produits sans gluten au Canada, Bureau d'innocuité des aliments, Direction des aliments, Direction générale des produits de santé des aliments, Santé Canada, 2010 rendez-vous à www.hc-sc.gc.ca/fn-an/securit/allerg/cel-coe/oats_cd-avoine-fra.php

 Vivre sans gluten au quotidien

Pour une personne cœliaque, les termes « sans gluten » s'appliquent non seulement à son alimentation, mais aussi à son régime de vie. Adopter le régime sans gluten signifie la prise en charge complète de ce qu'une personne cœliaque ou celle d'un enfant cœliaque va manger en tout temps et dans toutes les situations possibles, ainsi que l'établissement d'un système de contrôle de ses aliments afin d'éviter toute possibilité de contamination avec le gluten, à l'extérieur de la maison et chez elle.

Comment manger sans gluten à l'extérieur de la maison

En famille ou entre amis

Pour une personne cœliaque, manger à l'extérieur de la maison peut être difficile, voire périlleux, pour sa santé si celle-ci n'est pas prête à braver les imprévus.

La première intervention que vous aurez à faire auprès des membres de votre famille et de vos amis est de les renseigner sur les conséquences, pour une personne cœliaque, d'ingérer du gluten, aussi petite la quantité soit-elle. Ensuite, fournissez-leur une liste d'ingrédients permis et à éviter et expliquez-leur comment prévenir la contamination croisée lors de la préparation de vos repas sans gluten. Aussi, avant votre visite, faites parvenir à vos amis et membres de votre famille l'hyperlien de votre association locale de la maladie cœliaque (voir Ressources sans gluten, à la page 350) pour qu'ils se renseignent davantage sur l'alimentation et le régime sans gluten.

Si vous êtes invité à un repas à l'extérieur de la maison, n'hésitez surtout pas à demander à vos hôtes de quoi est constitué le repas. Dans le doute ou l'incertitude, insistez pour lire les étiquettes ou voir les ingrédients qui ont été utilisés. Vérifiez aussi comment le repas a été préparé. Posez des questions sur les méthodes de travail de vos hôtes pour éviter la contamination avec le gluten.

Il y a quelques années, je suis allée déjeuner chez mon patron avec des collègues de bureau. Parmi ceux-ci, il y avait deux personnes cœliaques. Nos hôtes avaient donc élaboré un très beau menu sans gluten digne des plus grands restaurants. Bien que notre hôtesse se soit informée des ingrédients sans gluten à utiliser dans la préparation de ses plats, celle-ci a par mégarde utilisé du bouillon de poulet du commerce dans sa casserole de thon. Si je n'avais pas insisté pour voir la boîte de conserve du bouillon, nous aurions été malencontreusement intoxiqués au gluten. Il faut être toujours attentif et sur ses gardes, mais avant tout, il ne faut jamais avoir peur de poser des questions ou de refuser de manger un aliment ou un plat si vous le croyez contaminé par le gluten. La meilleure personne pour vous protéger contre la contamination au gluten, c'est vous.

Si vos hôtes vous offrent des fromages à la fin du repas, demandez-leur de vous servir quelques tranches avant que le plat ne soit déposé sur la table. De plus, avisez les autres convives et servez-vous en premier pour prévenir la contamination de votre fromage par des particules de pain ou de biscottes transmises par les couteaux. Apportez-vous aussi du pain ou des biscuits/biscottes sans gluten. Vous pourrez ainsi manger votre fromage en toute quiétude.

Vous avez la dent sucrée ? Pourquoi ne pas proposer à vos hôtes de fournir le dessert ? Ou apportez-vous des biscuits ou pâtisseries sans gluten pour accompagner les autres convives lors du dessert. Sinon, vous pouvez toujours grignoter quelques fruits. Si vos hôtes ont eu la délicatesse de cuisiner un dessert sans gluten, vérifier tout de même avec eux les ingrédients qu'ils ont utilisés et la méthode de préparation.

Barbecue

Vous êtes reçu à un barbecue et avez peur d'être contaminé par du gluten ?

Demandez à vos hôtes de faire cuire votre repas enveloppé dans du papier d'aluminium afin d'éviter la contamination avec le gluten sur les grilles du barbecue. Vérifiez aussi les ingrédients de la marinade. Si la marinade contient du gluten, proposez à vos hôtes de faire mariner votre viande ou volaille dans de l'huile d'olive et du citron ou, tout simplement, de le frotter avec une gousse d'ail, du sel et du poivre fraîchement moulu. Ou suggérez à vos hôtes une recette facile de marinade sans gluten.

Malgré toute la bonne volonté de vos hôtes, ceux-ci peuvent quand même faire des erreurs. Soyez vigilant.

Lors d'un barbecue entre amis, notre hôtesse s'était informée des ingrédients à utiliser pour préparer un repas sans gluten et avait même consulté le site Internet de la Fondation québécoise de la maladie cœliaque pour obtenir de l'information. Mais, malheureusement, celle-ci avait préparé un poulet rôti sur une canette de bière. Lorsque je suis arrivée sur les lieux, j'ai demandé ce qui était au menu. Constatant sa bévue, ma copine s'est confondue en excuses. Malgré tout, j'ai mangé un très bon repas composé de salade verte, de fromages et de fruits.

Finalement, si vous désirez contrôler entièrement le contenu alimentaire de votre repas, ou que vous préférez manger en toute sécurité, avisez vos hôtes et apportez votre repas ou quelques trucs sans gluten.

Repas partage ou communautaire

J'ai participé à de nombreux repas communautaires où chaque convive contribuait au repas avec un mets. Dans ce cas, j'apporte toujours un plat consistant et des fruits, au cas où je ne pourrais manger autre chose.

Si possible, placez les plats sans gluten dans une section séparée afin de prévenir toute contamination croisée ou directe et avisez les participants de ne pas déplacer les ustensiles de service. Si vous êtes tenté par les plats apportés pas les autres convives, posez des questions avant de manger. Il faut toujours être en mode prévention et ne jamais laisser ses gardes tomber.

À Noël, il y a quelques années, je me suis presque fait prendre au piège par ma propre gourmandise. Je croyais que mon frère avait préparé son fameux gâteau aux carottes avec de la farine sans gluten, comme il en avait l'habitude. Mais, avant d'avaler ma première bouchée, je lui ai demandé quelle farine il avait utilisée. « De la farine d'épeautre », m'a-t-il répondu. Je suis donc passée à une bouchée de m'intoxiquer avec du gluten à cause de ma présomption.

Cocktail/5 à 7

Lors d'un cocktail, il est impossible de contrôler la nourriture qui sera distribuée, à moins d'être l'un des organisateurs. Avec les années, j'ai appris à ne pas être prise au dépourvu lors de tels événements. Je m'apporte toujours une barre tendre sans gluten au cas où je ne pourrais pas manger ce qui est offert. Aussi, je rencontre le maître d'hôtel afin qu'il m'indique quels sont les hors-d'œuvre et canapés sans gluten. Occasionnellement, les employés de la cuisine me préparent même une assiette de bouchées sans gluten. Quelquefois, je mange un repas léger avant d'aller à un 5 à 7. Ainsi, j'ai le ventre plein et je peux m'amuser en toute quiétude. Si vous désirez prendre un verre d'alcool, ne buvez que du vin ou du mousseux. Vous aurez la certitude que votre alcool est sans gluten.

Réception

Si vous assistez à une réception avec service de repas aux tables (par exemple, un mariage), avertissez les organisateurs à l'avance de votre intolérance au gluten. À votre arrivée à la réception, vérifiez avec le maître d'hôtel si l'information a été communiquée à la cuisine. Si le personnel de la cuisine n'est pas au courant de votre intolérance au gluten, informez-les des ingrédients à utiliser et la méthode de préparation des aliments pour éviter la contamination croisée. S'il est impossible pour la cuisine de vous préparer un repas sans gluten à cause de contraintes d'opération de la cuisine, demandez au serveur de vous apporter une salade verte sans vinaigrette, des légumes, des fruits tranchés ou du fromage.

Restaurant

Il est maintenant plus facile de manger sans gluten au restaurant, car les employés de ces établissements sont de plus en plus informés sur les allergies, intolérances et contraintes alimentaires. Mais, pour une personne atteinte de la maladie cœliaque, manger sans gluten au restaurant demeure quand même un défi. Surtout pour les nouvellement diagnostiqués qui ne se sont pas encore familiers avec tous les ingrédients pouvant contenir du gluten.

Si vous planifiez manger dans un restaurant, lors de votre réservation, informez-vous du menu auprès du gérant ou du chef et avisez-les de votre condition. Durant cet appel, vérifiez aussi le niveau de connaissance des employés de ce restaurant sur le gluten et sur la contamination croisée. À votre arrivée au restaurant, précisez au maître d'hôtel et à votre serveur que vous ne pouvez pas tolérer la moindre particule de gluten dans votre assiette. La cœliaquie est une maladie auto-immune et non une allergie. Mais quand je fais une réservation ou que je vais au restaurant, j'utilise souvent le terme allergie au gluten pour décrire ma condition avec le personnel, car je trouve que cela a plus d'impact que le mot intolérance. Certaines associations de la maladie cœliaque fournissent même un document explicatif en format poche à distribuer aux serveurs. Avant de choisir vos plats, demandez au serveur de vous pointer ceux qui sont sans gluten. Si vous avez des doutes, n'hésitez pas à poser des questions sur les ingrédients utilisés et demandez à votre serveur de s'informer à la cuisine. Si vous désirez commander de la nourriture qui a été frite dans de l'huile, vérifiez tout d'abord avec votre serveur si des aliments panés ont été cuits dans cette même huile. Si vous voulez manger de la viande grillée, vérifiez comment les viandes ont été cuites (par exemple, sur un grill qui pourrait être contaminé). Évitez les plats en sauce, car certains restaurants utilisent du bouillon du commerce qui contient du gluten ou lient les sauces avec de la farine. Si vous commandez une salade, demandez qu'on vous la serve sans vinaigrette, ni assaisonnement et avec de l'huile végétale à part.

Bien que vous suiviez toutes ces recommandations à la lettre, vous devez tout de même être constamment en mode préventif au restaurant. À quelques reprises, j'ai été obligée de retourner mon assiette à la cuisine. Lors d'un repas dans un restaurant à Baie-Saint-Paul, la serveuse m'a apporté mon plat de canard servi sur du couscous…

Une autre fois, dans l'un des plus grands restaurants de Montréal, j'ai reçu une assiette de mini-croûtons de pain et de cubes de fruits dissimulés sous une couche de fromage fondu. Cette assiette était destinée à mon conjoint, mais il y a eu inversion lors du service. Il va sans dire que je n'ai pas payé pour ma portion du repas et que je me suis précipitée tout de go à la maison. Depuis cet incident, mon conjoint commande toujours des plats sans gluten au restaurant, au cas où.

Buffet

Si vous le pouvez, évitez les buffets ou les banquets. Les probabilités de contamination croisée sont assez élevées à cause du nombre important de personnes qui s'y servent et surtout, qui ne se soucient pas de votre condition de cœliaque. Si vous devez manger à un buffet, optez pour de la salade verte, du fromage, des œufs durs cuits à la coque, des légumes cuits à la vapeur ou crus et des fruits. Si vous choisissez de manger du riz, vérifiez avant avec le personnel de la cuisine si le riz a été cuit dans du bouillon du commerce ou si des épices ont été ajoutées.

Au travail

La meilleure façon de manger sans gluten au travail est d'apporter son lunch. De plus, votre repas sera nutritif et vous économiserez de l'argent. Vous n'avez pas le temps de faire votre repas ? Il existe de nombreuses compagnies qui produisent des repas sans gluten (voir la liste des Manufacturiers et distributeurs à la page 358).

Si vous partagez un réfrigérateur avec vos collègues de bureau, identifiez vos contenants. Apposez une étiquette d'avertissement sans gluten, par exemple, sur vos contenants de fromage à la crème, de beurre d'arachide, de margarine ou d'houmous. Aussi, ne laissez pas vos ustensiles et assiettes dans la cuisine. Ils pourraient être contaminés par vos collègues de travail. Vous aimez manger du pain grillé le matin ? Apportez-vous des sacs protecteurs en silicones pour protéger vos tranches de pain sans gluten. Aussi, ayez toujours dans vos tiroirs du papier d'aluminium pour protéger vos aliments lorsque vous les faites cuire dans le petit four. De plus, assurez-vous d'avoir en tout temps un kit d'urgence alimentaire, c'est-à-dire un ensemble d'aliments sans gluten qui se conservent longtemps. Par exemple, des noix et fruits séchés, des biscottes et des barres tendres, des biscuits sucrés secs, des jus et des compotes de fruits, du thon en conserve, une soupe sans gluten en sachet ou en conserve. Ainsi vous ne serez jamais pris au dépourvu si vous oubliez votre lunch ou si avez un imprévu. Si votre entreprise possède une cantine ou une cafétéria, demandez au responsable de la cuisine s'il est possible qu'on vous prépare des repas sans gluten. Si cela est impossible, choisissez alors des aliments naturellement sans gluten comme les salades de légumes ou de légumineuses, le riz, les légumes, les fruits, le fromage, le yogourt nature (sans additifs alimentaires) et les œufs.

À l'école

Pour manger sans gluten à l'école en toute quiétude, il vous suffit d'apporter un lunch tous les jours. Si vous mangez à la cantine ou à la cafétéria, rencontrer la personne responsable de la cuisine pour lui demander de vous préparer des repas sans gluten. Vérifiez les connaissances du personnel de la cuisine quant à la préparation de repas sans gluten et en cas de doute, fournissez-leur de l'information. Ayez toujours dans votre casier un kit d'urgence alimentaire (voir paragraphe ci-contre) sans gluten. Vérifiez les dates de péremption des aliments régulièrement et changez-les au besoin.

En plein air ou lors d'activités sportives

Il est important de manger des collations ou des repas nutritifs lors d'activités sportives. Mais il n'est pas toujours facile de trouver des aliments sans gluten dans les lieux où se pratiquent ces activités. Par exemple, dans un aréna ou un centre sportif, peu d'aliments peuvent être consommés par une personne cœliaque, à part les fruits et les jus. Certains centres sportifs vendent des smoothies ou des boissons énergisantes. Si vous êtes tenté pas ces nectars, vérifiez s'ils contiennent des ingrédients pouvant contenir du gluten, comme de la poudre de protéines. Attention si vous partagez de l'eau ou autres liquides lors d'activités en plein air. Vos compagnons de plein air pourraient contaminer le contenant de liquide. Il est préférable de vous apporter un contenant individuel de liquide pour éviter toute contamination croisée.

Il existe aussi en pharmacie des supléments nutritionnels liquides qui sont sans gluten, et surtout, qui sont pratiques à transporter. Les barres tendres, compotes de fruits et petites conserves sont aussi vendues à l'épicerie en petits formats pratiques. Les bananes, pommes, poires, fruits et noix séchés (sans gluten) sont des aliments nutritifs facilement transportables lors d'activités de plein air. Un sandwich au beurre d'arachide, une tortilla de maïs roulée aux fromage et légumes, une salade de quinoa et thon, sont tous des mets sans gluten que j'ai pu déguster lors de randonnée en montagne ou en vélo. Il suffit d'être bien préparé.

À l'hôpital ou dans un centre de soins de santé

Si vous ou un proche ayant la maladie cœliaque devez séjourner à l'hôpital, apportez une liste des ingrédients et les explications de la maladie avec vous. Rencontrez le nutritionniste et expliquez-lui en détail le régime sans gluten. Discutez avec le personnel soignant et assurez-vous que soient indiquées les spécificités du RSG sur la feuille d'information accrochée à l'armature de votre lit. Si possible, portez un bracelet indiquant que vous êtes cœliaque. Si votre séjour est de courte durée, apportez-vous des barres tendres, des noix, du jus et des collations nourrissantes sans gluten. Mon expérience personnelle me permet de vous confirmer que, dans le cas contraire, vous ne serez pas nourri.

COMMENT MANGER SANS GLUTEN EN VOYAGE

Il est souvent difficile de gérer une allergie ou une intolérance alimentaire lorsqu'on est à l'extérieur de chez soi. En terrain inconnu, lors d'un voyage, par exemple, il est encore plus compliqué de contrôler ce que l'on mange.

Avant de partir, faire de la recherche

Vous trouverez maintenant plusieurs ressources et organismes pour vous aider à planifier votre voyage sans gluten et sans tracas. Pour éviter les surprises ou ennuis durant vos vacances, faites une recherche sur Internet à propos des endroits à visiter et des entreprises qui vendent ou produisent des aliments sans gluten. Imprimez-vous l'information recueillie pour consultation lors du voyage et conservez-la en mémoire dans votre boîte de courriels, au cas où vous l'égareriez. Aussi, si vous voyagez dans un pays dont la langue vous est inconnue, consultez les sites Internet pour obtenir l'information appropriée à propos de ces pays. Plusieurs sites ont des sections internationales pour les visiteurs. (Voir la page 350 pour les adresses Internet des associations et autres organismes à travers le monde). Le site Internet de la Fondation québécoise de la maladie cœliaque publie dans la section réservée à ses membres des textes à remettre au personnel de restaurant en français, anglais, italien, espagnol et allemand.

Les sites Celiac travel et Gluten Free Passport, deux organismes anglophones, offrent une multitude de conseils et d'informations pratiques pour voyager sans gluten tels que des cartes repas en 51 langues, une liste de compagnies aériennes, restaurants et endroits où sont servis des repas sans gluten. www.celiactravel.com, www.glutenfreepassport.com

Quand j'ai appris que j'étais cœliaque, je m'apprêtais à partir pour un voyage de deux mois en vélo en Europe centrale (Autriche, Italie, Slovénie, Croatie, Hongrie, République tchèque). Ne parlant aucune langue des pays visités, j'ai fait une recherche sur Internet pour trouver les sites Web des différentes associations de la maladie cœliaque, puis j'ai obtenu de l'information par courriel. N'hésitez pas à écrire aux organismes et associations de la maladie cœliaque des pays à visiter pour recevoir toute information qui pourrait faciliter vos vacances sans gluten.

Quoi manger en voyage

En voyage, il est parfois difficile de trouver ou d'identifier des produits qui sont sans gluten. La lecture des étiquettes en langue étrangère s'avère souvent un casse-tête. Dans ce cas, mangez des produits qui sont naturellement sans gluten et non modifiés tels que des fruits, des légumes, des œufs, du fromage, de la viande, de la volaille, du poisson et des crustacés frais, de l'eau, du vin et du lait. Attention, certains jus de fruits sont fortifiés avec des céréales et certaines crèmes glacées sont sucrées avec du sirop de malt. Dans le doute, abstenez-vous de manger un produit ou repas si vous n'avez pas assez d'information sur sa composition. Si vous le pouvez, avant de partir en voyage, apportez dans vos bagages des barres tendres et des biscottes sans gluten que vous traînerez avec vous en tout temps, au cas où vous en auriez besoin.

Location de résidence de vacances

Une façon de voyager sans gluten et d'éviter tout souci lors des repas est de louer un appartement ou une suite d'hôtel avec cuisine. Même lorsque je voyage au Québec, je loue un appartement ou une maison afin de cuisiner mes repas. Certains cœliaques vont même jusqu'à apporter leurs accessoires de cuisine pour éviter toute contamination croisée lors de la préparation de leur repas en vacances. De mon côté, j'apporte dans mes bagages quelques produits essentiels pour cuisiner, mais pas trop encombrants : du poivre, du sel, quelques épices et des paquets de pâtes alimentaires et de céréales. Et pour éviter tout incident de contamination lors de la préparation des repas, je nettoie rigoureusement les zones à risque et je suis les conseils énoncés en page 36.

Formule tout-compris

Si vous partez en vacances dans un hôtel ou dans un centre avec formule tout-compris, avisez le gérant ou le responsable de l'accueil que vous devez manger sans gluten. Demandez à rencontrer le chef de la cuisine afin de lui parler de vos restrictions alimentaires. Vérifiez les connaissances du personnel de la cuisine sur la contamination croisée au gluten. Plusieurs cuisines d'hôtel peuvent vous préparer des repas sans gluten pour toute la durée du séjour. S'il est impossible qu'on vous prépare des repas sans gluten qui ne font pas partie du menu ou du buffet, demandez au personnel de la cuisine de vous indiquer quels sont les plats sans gluten. Et si vous n'êtes pas certain du contenu ou de leur réponse, posez d'autres questions, sinon mangez de la salade verte, des fruits et du fromage. Pour les boissons alcoolisées, ne buvez que du vin, au cas où l'alcool ou les autres consommations et cocktails contiendraient du gluten. Apportez aussi dans vos bagages des pâtes alimentaires sèches et autres ingrédients peu encombrants et faciles à transporter, puis demandez au personnel de la cuisine de vous préparer des repas sans gluten en utilisant vos ingrédients. Généralement, le personnel de cuisine saura vous accommoder selon vos restrictions alimentaires.

Commander un repas dans un restaurant, en langue étrangère

Si vous avez oublié d'apporter votre carte restaurant sans gluten ou votre lettre explicative en langue étrangère et que vous vous retrouvez dans un restaurant inconnu au menu indécodable, demandez à votre serveur s'il parle une langue que vous maîtrisez ou si un membre du personnel la parle. Expliquez-lui vos restrictions alimentaires et demandez-lui qu'on vous prépare un repas sans gluten ou une salade verte ou de fruits. Si la communication est difficile, voire impossible, tentez d'aller en cuisine et pointez les aliments que vous pouvez manger et ceux que vous ne pouvez pas manger. Sinon, quittez le restaurant ou commandez-vous de l'eau pétillante ou un verre de vin en regardant les autres membres du groupe manger tout en gardant votre sourire...

Manger sans gluten à l'aéroport, en avion ou en train

Selon mon expérience personnelle de voyages, la plupart des aéroports et gares de train n'offrent pas un très bon choix d'aliments ou repas sans gluten, mais cela commence à s'améliorer un peu. Certains aéroports logent maintenant de petites épiceries où vous pouvez facilement vous ravitailler en aliments sans gluten. Si vous prévoyez manger à l'aéroport, durant un transit ou avant de prendre l'avion, apportez-vous un repas ou des collations sans gluten. La plupart des aéroports ont plusieurs kiosques de restauration rapide et peu de restaurants où il est facile d'obtenir un repas sans gluten. Votre meilleure option est de commander une salade sans gluten et un jus de fruits pur à 100 %.

Les compagnies aériennes offrent maintenant des repas payants sur leur vol de courtes durées, et continuent à offrir des repas gratuits sur ceux de longue durée. Plusieurs compagnies aériennes offrent le repas sans gluten sur ces vols, mais il faut le commander à l'avance. Lors de la réservation de votre vol, indiquez vos restrictions alimentaires. Et 48 heures avant de partir, confirmez par téléphone avec votre compagnie aérienne ou de train que le repas sans gluten a bel et bien été commandé pour votre trajet. Il m'est arrivé à quelques reprises que le repas spécial que j'avais commandé à l'avance par Internet ne soit jamais livré dans l'avion. Cela est particulièrement agaçant sur un très long vol. Si cela vous arrive, insistez auprès du personnel de service pour qu'on vous trouve des aliments sans gluten. Lors de longs vols sans service de repas gratuits, apportez dans votre sac de cabine un sandwich, des noix, des biscuits et des barres sans gluten. Attention aux fruits et légumes qui sont interdits de transport d'un pays à l'autre.

LA MALADIE CŒLIAQUE ET LES ENFANTS

À la maison

Il est plus facile de contrôler l'alimentation sans gluten d'un enfant quand celui-ci est encore en bas âge et qu'il dépend entièrement de vous pour le nourrir. Mais lorsque l'enfant est assez grand pour se procurer lui-même de la nourriture dans le garde-manger, sur les comptoirs ou dans le réfrigérateur, votre cuisine pourrait devenir un endroit dangereux pour votre enfant cœliaque. Si vous avez converti votre maisonnée en un lieu entièrement sans gluten, le problème ne se pose pas. Si plusieurs personnes résident dans la maison, que votre jeune enfant est le seul suivant un régime sans gluten et que vous avez choisi de préparer des repas avec gluten et sans, votre cuisine doit être réaménagée. Si c'est votre situation, vous devez sécuriser les espaces de travail et de rangement pour éviter que votre enfant puisse atteindre la nourriture contenant du gluten. Déplacez tous les aliments qui sont facilement accessibles et qui contiennent du gluten (tiroirs et étagères inférieures dans le garde-manger et le réfrigérateur) et rangez-les dans un endroit sécuritaire et hors de portée (parties supérieures des étagères du réfrigérateur et du garde-manger).

Placez la nourriture sans gluten seulement dans des endroits faciles d'accès, au cas où votre enfant serait tenté de fouiller dans le garde-manger. Expliquez-lui que c'est son étagère, ou sa section spéciale réservée uniquement pour sa nourriture (par exemple, les barres tendres, les céréales, les friandises, les compotes, les biscottes, le pain). Identifiez les aliments que votre enfant peut manger avec des étiquettes ou collants « sans gluten » d'une couleur voyante et avec une illustration spécifique. Si votre enfant aime la couleur rose, posez des collants roses sur les aliments qu'il peut manger. Assurez-vous que les collants soient de formes identiques pour ne pas confondre votre enfant. Expliquez à votre enfant que les aliments sans l'étiquette pourraient le rendre malade. Gardez ce système de classement des aliments sans gluten et expliquez aux autres enfants dans la maison que leur frère ou sœur ne peut manger que des aliments étiquetés ainsi, et que ces aliments lui sont donc strictement réservés.

À l'extérieur de la maison

Rencontrez tous ceux qui pourraient offrir de la nourriture à votre enfant et expliquez-leur en détail ce qu'est la maladie cœliaque. Membres de la famille, amis, voisins, personnel de l'école et de garderie, entraîneur, professeur d'art, guide, gardiennes d'enfants, toute personne qui pourrait être en contact avec votre enfant cœliaque doit être éduquée sur le régime sans gluten. Rendez-vous en ligne sur l'un des nombreux sites d'associations de la maladie cœliaque et préparez un document qui indique clairement ce que votre enfant peut manger et toutes les sources possibles de gluten et de contamination. Il existe aussi de nombreux documents et guides pratiques et gratuits à télécharger. Préparez une version miniature plastifiée pour votre enfant avec une liste d'ingrédients pouvant contenir du gluten, afin qu'il la transporte en tout temps avec lui, ou faites-lui un petit bracelet « sans gluten » qu'il portera autour de son poignet.

Expliquez à votre enfant qu'il ne doit jamais accepter de la nourriture d'une personne inconnue ou qui n'est pas familière avec le régime sans gluten.

Prenez rendez-vous avec des nutritionnistes et médecins qui sauront trouver les mots pour lui expliquer la maladie et le régime

Lorsque votre enfant sera en mesure de comprendre la différence entre un biscuit et un fruit, commencez son apprentissage visuel. Les enfants sont intelligents. Ils vous observent à la maison, à l'épicerie, avec vos proches et assimilent facilement l'information.

Tous les membres de ma famille étendue savent que je suis cœliaque et que je ne peux pas manger de gluten, incluant mes petites-nièces. La dernière fois que je les ai vues, Sacha, ma petite-nièce de 4 ans m'a annoncé du haut de ses trois pommes que son éducatrice est, elle aussi, allergique au gluten. Je l'ai regardée tout ébahie d'entendre cette information sortant de la bouche d'une si petite personne. Comment avait-elle retenu cela ? Son éducatrice avait expliqué la maladie et le gluten aux enfants et la mère de ma petite-nièce lui avait aussi répété que je ne pouvais pas manger de gluten. Ma petite-nièce a ainsi fait le lien avec ma condition de cœliaque et a retenu cette donnée. Les enfants ont une très grande capacité d'absorption de l'information et vous serez surpris ce qu'ils peuvent retenir.

Comment expliquer le régime sans gluten à de très jeunes enfants

De nos jours, les enfants sont confrontés régulièrement aux contraintes alimentaires de leurs amis à l'école, dans le voisinage et en garderie. Plusieurs écoles ont en place des politiques en matière de gestion des allergènes, plus particulièrement des aliments contenant des noix et des arachides qui peuvent causer un choc anaphylactique. Les enfants sont donc au courant que certains aliments sont interdits à l'école et peuvent causer du mal à leurs amis. Expliquez à votre enfant que tout comme ses copains allergiques, il doit s'abstenir de manger des aliments qui le rendent malade. Mais comment lui expliquer les façons d'éviter le gluten quand cette protéine est si présente dans l'industrie alimentaire ? Avec de la patience, de la diligence, de l'organisation et un sourire.

Soyez patient avec votre enfant et restez positif. Montrez-lui physiquement et à répétition les aliments qu'il ne peut pas manger. Éduquer votre enfant afin qu'il soit en mesure de visualiser les produits contenant ou pouvant contenir du gluten. À force d'entendre et de voir les produits qui pourraient le rendre malade, votre enfant assimilera les différentes facettes du régime sans gluten.

Expliquez-lui aussi que les aliments préparés ou mangés à la maison sont spéciaux et sans gluten, même s'ils ressemblent à des produits contenant du gluten. Dites-lui, par exemple, que les biscuits sans gluten préparés à la maison ne le rendront jamais malade, tandis que ceux préparés à l'extérieur de la maison le pourraient. Votre enfant doit comprendre que seulement les aliments spéciaux sans gluten et les produits naturellement sans gluten comme les fruits et légumes sont sécuritaires.

Dès son jeune âge, répétez à votre enfant qu'il ne peut pas manger de la nourriture s'il n'est pas certain qu'elle est sans gluten. Habituez-le à dire systématiquement la phrase suivante à toute personne qui lui offre de la nourriture avant de manger lorsqu'il est à l'extérieur de la maison. « Je suis allergique au gluten. Est-ce que cet aliment contient du gluten, du blé ou de la farine ? Si oui, je ne peux pas le manger, car je vais être malade. »

Bien que vous ayez pris toutes les précautions nécessaires pour que votre enfant ne mange pas d'aliment contenant du gluten, les tentations sont fortes et l'erreur est humaine. Si cela arrive, et le risque est grand malgré tous vos bons soins, ne le réprimandez pas. Gardez une attitude positive et discutez avec votre enfant de ce qu'il a mangé durant la journée. Puis, si possible, indiquez-lui quel aliment l'a rendu malade. Votre enfant se souviendra que la crème glacée ou que le muffin qu'il a mangé par mégarde l'a rendu malade. Cette leçon fera partie de son apprentissage du régime sans gluten.

Les épiceries regorgent maintenant de produits sans gluten. Il est très facile de composer des repas variés, nutritifs et délicieux pour votre enfant. Sa boîte à lunch peut être aussi appétissante que celle de ses amis. Si votre enfant semble découragé ou se sent ostracisé par les enfants non allergiques, rendez son dîner du midi joyeux et intéressant. Mettez-lui des desserts, des fruits et légumes, des sandwichs, de la soupe, de la compote, du yogourt, des petits cubes de fromage, des muffins et des carrés sucrés. Bref, assurez-vous que le contenu de la boîte à lunch de votre enfant fait non seulement sourire son système digestif, mais aussi son petit cœur.

Avant la rentrée scolaire, rencontrez les professeurs, les éducateurs et le personnel de la cuisine de l'école et expliquez-leur ce qu'est la maladie cœliaque et les conséquences de l'ingestion de gluten pour votre enfant. Fournissez-leur de la documentation sur le régime sans gluten. Aussi, demandez à la direction une permission spéciale pour que votre enfant puisse aller aux toilettes librement en cas de contamination au gluten. Je me souviens avoir vécu des moments assez embarrassants à l'école, car je devais constamment lever la main pour demander la permission pour sortir de la classe.

Il se pourrait que votre enfant, rendu à l'âge ingrat n'en fasse qu'à sa tête et qu'il se laisse tenter par le démon du gluten. Si c'est le cas, ne lui faites pas la morale. Assoyez-vous simplement avec lui, demandez-lui pourquoi il a cessé de suivre le régime et passez en revue les conséquences de l'ingestion du gluten sur une personne cœliaque. Mieux encore, prenez rendez-vous avec votre médecin de famille et votre adolescent, puis discutez tous ensemble de son nouveau régime de vie. Votre adolescent sera peut-être plus attentif aux recommandations de votre médecin. Sinon, consultez les sites des différentes associations de la maladie cœliaque. Certaines ont des sections spécifiquement conçues pour les enfants et les adolescents, et offrent de nombreux conseils pour les parents afin de les aider dans la prise en charge d'un régime sans gluten.

OÙ ACHETER DES PRODUITS SANS GLUTEN ICI ET À L'ÉTRANGER

On peut facilement trouver des aliments étiquetés sans gluten dans les sections spéciales des rayons d'épiceries au Canada, aux États-Unis et en Australie. Certaines épiceries les tiennent dans la section bio, d'autres ont développé des sections spéciales entièrement sans gluten. De plus, de nombreux autres produits sans gluten sont disponibles en épicerie, tels des céréales, des gaufres, de la bière, du bouillon, et se retrouvent souvent rangés avec les aliments réguliers. Les aliments sans gluten sont aussi vendus dans les magasins d'aliments naturels et les boutiques spécialisées.

En Europe, on trouve des farines et autres produits de boulangerie/pâtisserie sans gluten dans les épiceries et les pharmacies, mais, par contre, l'offre n'est pas toujours grande dans certains pays de l'Europe centrale. Les magasins d'aliments naturels ou spécialisés offrent aussi une grande variété de produits. Mais la plus grande sélection se trouve sur Internet. Beaucoup de sites spécialisés dans la vente de produits sans gluten ont vu le jour récemment (voir la liste des Manufacturiers et distributeurs à la page 358) et maintenant on peut acheter en ligne directement du fabricant. N'oubliez pas de calculer les taxes, les frais de transport et de douanes dans le coût total, ce qui pourrait s'avérer dispendieux si vous achetez en petite quantité.

Avant de partir en voyage, consultez toujours les sites Internet des différentes associations de la maladie cœliaque. Elles fournissent pour la plupart de l'information sur les produits sans gluten disponibles dans le pays visité et où se les procurer.

Lorsque je voyage aux États-Unis, je n'ai aucune difficulté à trouver des produits sans gluten dans les épiceries, même celles situées dans des petits villages. En Europe et en Asie, selon le pays visité, il pourrait être difficile pour vous de trouver des produits sans gluten et de les identifier. Dans ce cas, achetez des produits qui sont naturellement sans gluten. Attention aux viandes hachées achetées en épiceries. Elles pourraient contenir de la farine de blé, qui est utilisée à l'occasion comme agent liant dans la viande. Une mise en garde prévaut aussi pour les jus de fruits fortifiés aux céréales et la crème glacée. En Australie, j'ai presque mangé de la glace à la vanille qui avait été sucrée avec du sirop de malt provenant du blé.

Il faut toujours lire les étiquettes avant d'acheter ou de manger un produit naturellement sans gluten, surtout si vous n'êtes pas familier avec les ingrédients qui le composent.

Lorsque vous faites votre épicerie, évitez les comptoirs de charcuterie. Achetez du bacon ou des charcuteries, saucisses, fromages tranchés qui sont déjà emballés par le fabricant. Les produits préemballés sans gluten sont, en principe, non contaminés. Si vous achetez des produits au comptoir de la charcuterie et les faites trancher sur la trancheuse, le risque de contamination croisée est très élevé. Vos aliments pourraient être contaminés par la tranche, le couteau, les particules des autres aliments contenant du gluten. Il vaut mieux s'en tenir à des produits préemballés, si vous voulez éviter que vos produits de charcuterie soient contaminés par le gluten.

Les produits vendus en vrac sont aussi à risque pour la personne cœliaque. Il se pourrait que l'aliment que vous convoitez ait été contaminé par l'outil de service, des particules de gluten qui flottent dans l'air ou des contenants utilisés préalablement pour des aliments contenant du gluten. Achetez toujours vos aliments, comme la farine, les noix, les poudres sans gluten, dans des contenants emballés par le fabricant. N'achetez jamais de produits en vrac qui ont été emballés dans le magasin. Aussi, dans certains comptoirs de vente de produits alimentaires on peut trouver des produits sans gluten à côté de produits avec gluten. Par exemple, si vous êtes tentés de manger des macarons dans une pâtisserie ou un pain sans gluten dans une boulangerie traditionnelle, ne vous procurez que des produits préemballés, sinon le risque de contamination par les autres produits est trop grand.

L'ALCOOL ET LE GLUTEN

Il y a tellement d'écoles de pensée et d'information contradictoires concernant la présence de gluten dans l'alcool qu'il est parfois mélangeant de savoir ce que l'on peut boire et ne pas boire. Dans un forum pour cœliaques, j'ai déjà lu que les tonneaux de chênes utilisés pour le vieillissement du vin seraient scellés avec de la colle qui contiendrait du gluten. Mais toutes les associations de la maladie cœliaque confirment que le vin est sans gluten. Il faut donc faire le tri de l'information lue et agir en fonction de l'information trouvée et vérifiée.

Selon l'information contenue sur le site de l'Association canadienne de la maladie cœliaque, les breuvages distillés, tels que le gin, la vodka, le whisky, le scotch ou le rye, sont conçus par fermentation de grains de blé, d'orge ou de seigle. Mais puisqu'ils sont distillés, ils ne contiendraient pas de prolamines et sont donc permis, à moins d'avis contraire.

Aux États-Unis, selon le site de la Celiac Sprue Association, les boissons alcoolisées suivantes seulement ne contiendraient pas de gluten : vin, brandy sans agents de conservation ou teinture, vodka de pommes de terre, rhum et bière sans gluten.

Toujours chez nos voisins américains, la Celiac Disease Foundation (CDF) indique sur son site Internet que tous les alcools et vinaigres distillés seraient sans gluten. Des fabricants ajoutent du malt et des produits d'arôme et de coloration dans certains alcools et vinaigre après le processus de distillation, la fondation recommande donc d'être vigilant. Selon la CDF, tout produit d'alcool fermenté à partir de malt serait aussi à éviter.

Selon le site web celiac.com, l'une des sources d'information et de services pour les cœliaques les plus importantes sur le Web, l'alcool distillé ne contiendrait pas de gluten, puisque lors du processus de distillation, l'éthanol (alcool), qui est volatil, s'évapore et flotte vers un autre récipient qui servira ensuite à composer la boisson alcoolisée. À la suite de la distillation, le gluten qui n'est pas volatil reste dans le récipient d'origine et ne servira pas à la composition de la boisson alcoolisée.

Quoi boire et ne pas boire

J'ai cessé de boire des spiritueux lorsque j'ai été diagnostiquée cœliaque. Mes intestins étaient très fragiles et je ne savais pas vraiment quel alcool était sans gluten. J'ai donc limité ma consommation d'alcool aux vins, vins mousseux et quelquefois au rhum. À l'occasion, j'utilise du cognac ou du cidre pour cuisiner, mais cela s'arrête à ça. Vous seul savez comment vous réagissez lorsque vous consommez un aliment particulier ou une boisson. Votre corps vous préviendra rapidement si l'un des alcools, supposément sans gluten, présentés dans la liste ci-dessous ne vous sied pas.

À CONSOMMER (avec modération)

- Alcool distillé (par exemple, la vodka, le whisky, le scotch ou le rye)
- Bières garanties sans gluten à base de riz, millet ou sarrasin ou autres céréales sans gluten
- Calvados
- Produits à base de raisins : armagnac, brandy, cognac, vin, vin liquoreux, vin mousseux, champagne, sherry, porto, vermouth
- Rhum (alcool fermenté à partir de sucre). Attention au colorant ou arômes ajoutés.

- Saké (vérifier de quoi est composé le miso utilisé pour fermenter le saké)
- Vin de miel (hydromel)
- Vin de fruits (attention, vérifier avant si de l'alcool non distillé aurait été utilisé comme ingrédient)

À ÉVITER

- Alcool contenant du colorant, des arômes ou du caramel
- Alcool fermenté à partir de céréales contenant du gluten ou de malt de source non identifié
- Bière (sauf les bières conçues à base de céréales sans gluten)
- Coolers, panachés, boissons aromatisées (certains sont faits avec de l'alcool de grains non distillé, de malt ou de la bière)

Si l'ingestion d'une boisson alcoolisée vous incommode, cessez de la boire. Votre corps vous lance le message clair qu'il n'est pas capable de la tolérer. Le gluten ou autre ingrédient pourrait être en cause. Faites des recherches (vous devrez faire le tri de l'information, car plusieurs sources sont contradictoires) ou contactez le fabricant pour obtenir de l'information sur les ingrédients et le processus de fabrication. La contamination croisée pourrait aussi avoir causé votre malaise. Dans un bar ou un restaurant, soyez prudent lorsque vous commandez ou que l'on vous offre une boisson alcoolisée. Assurez-vous que cette boisson est sans gluten et qu'elle n'est pas mélangée avec d'autres ingrédients contenant du gluten ou qu'elle n'a pas été contaminée lors de la préparation.

L'IMPÔT ET LA MALADIE CŒLIAQUE

Au Canada et au Québec, les frais supplémentaires pour acheter des produits alimentaires sans gluten (correspondant à la différence entre le coût de ces produits et le coût de produits comparables avec gluten) sont admissibles comme frais médicaux et peuvent être soumis par une personne cœliaque (une attestation médicale est obligatoire) pour obtenir un crédit d'impôt remboursable pour l'année d'imposition, selon des caractéristiques établies par les agences de revenu, si le revenu personnel de la personne déclarante la rend admissible à un crédit d'impôt.

Les produits admissibles sont ceux conçus pour les régimes sans gluten, par exemple pain, céréales, gâteaux, ou pour cuisiner farine, riz, épices sans gluten. Si une personne partage des aliments ou ingrédients sans gluten seule la partie consommée par la personne cœliaque sera comptabilisée dans le calcul du crédit pour frais médicaux. Pour s'informer davantage sur le crédit d'impôt pour personne cœliaque, consultez:
Agence du revenu du Canada
www.cra-arc.gc.ca/tx/ndvdls/tpcs/ncm-tx/rtrn/cmpltng/ddctns/lns300-350/330/clc-fra.html
Revenu Québec
www.revenuquebec.ca/documents/fr/publications/in/in-130(2008-10).pdf

NOTE :
L'équipe de Services sans gluten, un groupe de soutien bénévole québécois, a élaboré un fichier Excel pratique pour préparer un tableau de coûts différentiels de produits sans gluten avec le prix moyen des produits alimentaires par province. Il suffit de devenir membre (l'inscription est gratuite) pour y avoir accès. www. servicessansgluten.ca

En France, les frais de remboursements pour les aliments sans gluten sont accordés aux cœliaques diagnostiqués par biopsie.

En Italie, les cœliaques reçoivent 140 € par mois pour la nourriture sans gluten et 2 jours de congé par mois pour magasiner leurs aliments sans gluten.

En Irlande, après 120 € de dépenses mensuelles en produits alimentaires sans gluten (les produits naturellement sans gluten sont exclus), le surplus mensuel est payé par l'État. Le gouvernement paie aussi pour certains produits sans gluten aux cœliaques détenant une carte médicale. Une allocation supplémentaire est aussi accordée aux cœliaques ayant un petit revenu ou qui sont prestataires de l'aide sociale.

 Cuisiner sans gluten

LA CONTAMINATION AU GLUTEN

L'endroit le plus dangereux pour la contamination au gluten n'est probablement pas où vous le croyez. Si vous êtes nouvellement diagnostiqué cœliaque et que vous n'avez encore pas entrepris l'éducation des personnes résidant avec vous ou la réorganisation de votre cuisine, les risques de contamination au gluten chez vous s'avèrent élevés. Les possibilités de contamination croisée sont nombreuses à la maison, plus particulièrement dans une cuisine. Plan de travail et aliments partagés, outils de cuisine abîmés et négligence de la part d'un proche ne sont que quelques sources potentielles de contamination des aliments lors de la préparation de repas sans gluten.

La contamination au gluten peut se produire de deux façons : indirectement (croisée) ou directement (contact direct de la nourriture avec du gluten).

Par le toucher

Si une personne touche à un produit contenant du gluten, puis met ses mains sur des ustensiles, surfaces, aliments, il pourrait y avoir contamination.

Par la bouche

Une personne ayant mangé ou bu un produit contenant du gluten pourrait contaminer une personne cœliaque en l'embrassant, en utilisant ses ustensiles, en buvant dans son verre ou avec sa paille.

Par des surfaces ou accessoires de cuisine non nettoyés ou mal nettoyés où sont logées des particules de gluten.

Par le partage de produits sans gluten entre plusieurs utilisateurs, par exemple des condiments ou du beurre

Par le partage d'accessoires ou de surfaces de travail pour préparer ou servir des repas ou aliments avec gluten et sans gluten.

Par l'utilisation de farines avec gluten qui flottent à l'air libre dans une cuisine.

L'éducation des membres de son entourage sur la contamination croisée et ses effets, ainsi que la réorganisation d'une cuisine à la suite à d'un diagnostic de la maladie cœliaque sont donc prioritaires, voire urgentes.

L'ÉDUCATION DES MEMBRES DE VOTRE ENTOURAGE

Le Codex alimentarius (norme internationale en alimentation utilisée en Europe et ailleurs) et Santé Canada considèrent à cette date qu'un produit contient du gluten pouvant causer des dommages à une personne cœliaque si on y mesure 20 parties par million et plus. Cette quantité de gluten est microscopique, mais selon ces standards, intolérable pour une personne cœliaque. Lorsque je suis allée visiter les membres de ma famille après mon diagnostic, je me suis heurtée à leur incompréhension. Bien que l'allergie alimentaire soit chose commune dans ma famille, on croyait à tort que je pouvais tolérer le gluten en très petite quantité, puisque son ingestion ne créait pas de choc anaphylactique. J'ai dû démontrer aux membres de ma famille que même une infime quantité de gluten pouvait générer une réaction auto-immune dans mon corps et faire des dommages à la paroi de mon petit intestin. Lors de cette même visite, j'ai donné à mes parents un livret d'information sur la maladie cœliaque qu'ils ont lu religieusement. Ils se sont ensuite procuré un livre de recettes sans gluten et ont garni leur garde-manger d'aliments et d'ingrédients que je pourrais manger en toute quiétude.

Il est très important pour une personne cœliaque de faire comprendre à son entourage que l'ingestion de gluten, même en quantité microscopique, est inacceptable et de leur expliquer dans quels aliments on trouve le gluten et comment éviter la contamination croisée.

L'éducation d'une nouvelle personne dans votre vie amoureuse

Il pourrait être délicat de mentionner à son nouvel amoureux ou à sa nouvelle flamme que vous ne pouvez pas l'embrasser après avoir mangé à moins que cette personne nettoie ses dents, sa bouche, son visage et ses mains. Quelquefois la passion l'emporte sur la raison, mais si la nouvelle personne dans votre vie amoureuse tient à vous, elle comprendra qu'un baiser ou un toucher après l'ingestion de gluten pourrait sérieusement vous incommoder. Sinon, votre nouvelle flamme n'est peut-être pas la bonne personne pour vous.

LE GRAND MÉNAGE DE LA CUISINE

Avant d'entreprendre la réorganisation de votre cuisine, vous devez tout d'abord décider si votre maisonnée sera entièrement sans gluten ou seulement en partie. L'option entièrement sans gluten, bien qu'onéreuse, facilitera votre vie et diminuera grandement le risque de contamination à la maison.

Pour organiser une cuisine entièrement sans gluten, il faut premièrement faire le grand ménage. Commencer par vider le garde-manger, les étagères, les tiroirs et le réfrigérateur de leur contenu. Ensuite, nettoyer rigoureusement toutes les surfaces qui ont été en contact avec des aliments contenant du gluten, c'est-à-dire les comptoirs, les tiroirs, les contenants et compartiments à ustensiles et accessoires, les poignées, l'intérieur du réfrigérateur, le garde-manger et les étagères.

Ensuite, faites un tri parmi les aliments et ingrédients avec gluten et sans gluten. Si vous choisissez de cuisiner en tout temps sans gluten, même si la maladie ne touche pas tous les membres de votre famille ou ménage, dépouillez votre cuisine de tout ce qui contient ou pourrait contenir du gluten. Si vous décidez de conserver certains aliments contenant du gluten à la maison, il est alors primordial de déterminer des zones et sections de la cuisine qui demeureront à l'abri du gluten. Vous devrez aussi éduquer les personnes résidant avec vous sur la contamination croisée et leur faire respecter scrupuleusement les zones et sections sans gluten. Si vous avez des enfants, la tâche sera un peu plus ardue (voir la maladie cœliaque et les enfants à la page 30).

LES ACCESSOIRES ET OUTILS DE CUISINE

Vous devez ensuite inspecter minutieusement les accessoires de cuisine qui sont utilisés dans la préparation de vos repas, plus particulièrement ceux composés de matériaux poreux. Vérifier si leur surface est en bon état, c'est-à-dire, non grafignée ou endommagée. Le gluten peut se loger dans les éraflures, les petits trous et même être absorbé par les matériaux en bois ou usés par le temps. Par la suite, mettez de côté tous les instruments et accessoires de cuisine qui ont été utilisés dans la préparation d'aliments avec gluten. Ceux qui sont constitués de matériaux poreux, en bois, grafignés ou avec de petits trous ou cavités ne doivent plus être utilisés pour préparer des aliments sans gluten. Par exemple, si vous utilisez une planche en bois pour abaisser votre pâte brisée, celle-ci pourrait être contaminée par des particules de farine de blé incrustées au cours des années d'utilisation. De même que pour les passoires, fouets, récipients et lames de robot, et cela même si vous les avez bien nettoyés après chaque utilisation.

Voici une liste d'accessoires et d'instruments de cuisine à éliminer pour la préparation de repas sans gluten, car ils pourraient avoir été contaminés par des aliments contenant du gluten.

- Planche à couper en bois, en plastique ou en matériau poreux grafigné ou endommagé
- Rouleau à pâtisserie en bois ou en matériaux poreux, grafigné ou endommagé
- Ustensiles en bois ou en matériaux poreux ou endommagés
- Grille-pain
- Grilles de refroidissement
- Grilles d'un four, petit four, barbecue
- Casseroles avec recouvrement intérieur en téflon, antiadhésif, céramique et en émail endommagées ou grafignées
- Passoires, tamis, écumoire et chinois (les trous rendent le nettoyage très difficile)
- Fouet (des particules de gluten pourraient se loger entre les tiges de métal ou plastique)
- Bol et contenants en bois, en plastique ou en matériaux poreux, grafignés ou endommagés
- Gaufrier, crêpière, avec recouvrement intérieur en téflon, antiadhésif, céramique et en émail endommagés ou grafignés
- Moules et plaques à boulangerie et pâtisserie en matériaux poreux, grafignés ou endommagés/tachés
- Gril/plaque à cuisson en téflon, antiadhésif, céramique et en émail endommagés ou grafignés

- Baguette en bois ou en matériaux poreux, grafignés ou endommagés
- Brosse à nettoyer le barbecue
- Pinceaux pour badigeonner
- Filets
- Paniers et contenants/boîtes à pâtisserie ou à boulangerie
- Boule à thé ou tisane
- Poêle et plaque à cuisson en matériaux poreux, grafignés ou endommagés
- Mortier en matériaux poreux, grafignés ou endommagés

Après avoir identifié les accessoires et ustensiles de cuisine à éliminer pour la préparation de repas sans gluten, décidez de leur sort. Si vous choisissez de vivre dans une maison entièrement sans gluten, débarrassez-vous de ces accessoires. Si vous conservez certains ou tous vos accessoires de cuisine pour préparer exclusivement des repas avec gluten pour vos proches, prenez soin de les ranger dans une section qui leur est strictement réservée. Ensuite, procurez-vous de nouveaux accessoires pour préparer exclusivement les repas sans gluten. Cette dernière option est risquée, puisque l'erreur et la distraction sont humaines.

RANGEMENT ET PRÉPARATION DES ALIMENTS SANS GLUTEN

Après avoir fait le grand ménage de votre cuisine et fait le tri de vos aliments, vous devez les ranger. Si vous choisissez de vivre dans une maisonnée sans gluten, vous n'aurez pas à déterminer de sections réservées pour la préparation et le rangement des aliments sans gluten.

Par contre, si vous préparez aussi des repas avec gluten, il faudra déterminer des zones dédiées dans la cuisine pour le rangement et la préparation des aliments sans gluten. Si les aliments dans votre cuisine ne sont pas clairement identifiés sans gluten, apposez des étiquettes qui les différencient des autres aliments afin d'éviter que vos proches ou colocataires les contaminent. Aussi, lorsque des aliments sont utilisés par plusieurs personnes dans une résidence (par exemple, le miel, les condiments, la confiture ou le beurre), cela augmente grandement le risque de contamination croisée. Pour prévenir tout incident de contamination, mettez une partie de l'aliment alors qu'il n'est pas encore entamé dans un contenant à part et clairement identifié pour une utilisation sans gluten. Une autre façon d'éviter la contamination par des utilisateurs multiples est d'utiliser des aliments avec bec verseur (par exemple, pour le miel, le ketchup, la moutarde, la mayonnaise, etc.). Aussi, lors du service d'aliments multiples sans gluten et contenant du gluten sur une même table, déposez tous les aliments contenant du gluten d'un côté et les aliments sans gluten de l'autre. Puis, mettez des ustensiles dans chacun des récipients pour un usage exclusivement réservé au service individuel de chaque aliment. Assurez-vous que les personnes cœliaques soient servies en premier, au cas où il y aurait contamination des aliments par le toucher ou par des ustensiles distraitement insérés après usage dans les récipients sans gluten.

Si vous cuisinez des plats contenant du gluten pour vos proches ou que vous cohabitez avec des non-cœliaques, désignez une section spéciale dans votre cuisine pour la préparation des aliments sans gluten. Il sera ainsi plus facile de gérer les risques de contamination croisée, car cette section serait en principe libre de contaminants. L'utilisation de la farine contenant du gluten dans une section de la cuisine est risquée, même dans un endroit désigné. Lors de l'utilisation de la farine, des particules flottent dans l'air et vont ensuite se déposer sur les surfaces et ustensiles, dont celles désignées sans gluten. Pire encore, ces particules pourraient même être respirées et provoquer une réaction auto-immune chez une personne cœliaque.

S'il vous est impossible de changer certains de vos accessoires de cuisine ou que vous devez partager la cuisine avec des personnes non cœliaques (par exemple, des colocataires), voici quelques trucs pour minimiser vos risques de contamination croisée lors de la préparation de vos repas sans gluten.

- Nettoyer rigoureusement les surfaces, accessoires et ustensiles de cuisine avant la préparation de repas et n'utiliser que des lingettes ou chiffons propres qui n'ont pas encore été souillés.
- Tapisser les surfaces de travail, planche à couper, plaque de cuisson, gril/ grille avec du papier parchemin, ciré, aluminium, silicone ou cellophane lors de la préparation de repas.
- Préparer vos repas avec des instruments, accessoires et casseroles en inox, pyrex ou en fibre de verre. Ils sont facilement lavables et difficiles à endommager.
- Si vous n'avez pas de rouleau à pâtisserie en inox, marbre ou céramique, abaisser vos pâtons sans gluten avec un verre ou un contenant rond. Ou, envelopper le rouleau avec de la pellicule de plastique, puis jeter la pellicule après utilisation.

- Égoutter vos aliments cuits dans l'eau (par exemple, pâtes alimentaires sans gluten ou légumes) en gardant le couvercle sur la casserole ou le plat et en laissant couler l'eau chaude par une petite fente.
- Faire griller vos tranches de pain dans des enveloppes protectrices en silicone ou dans une poêle avec un peu de beurre ou d'huile ou sur un cintre en métal propre au dessus d'un rond de poêle.
- Acheter des condiments (moutarde, mayonnaise) avec becs verseurs et toujours nettoyer la surface du bec avant de l'utiliser.
- Identifier tous vos aliments sans gluten et apposer une étiquette d'avertissement pour usage strictement sans gluten sur chaque contenant et sac.
- Si de la farine avec gluten a été utilisée et que vous devez utiliser la cuisine immédiatement après, nettoyer tous accessoires et surfaces, puis couvrir vos voies respiratoires pour éviter de respirer les particules de farine qui flottent dans l'air.

CUISINER SEULEMENT SANS GLUTEN POUR TOUS LES MEMBRES DE LA FAMILLE

Il est beaucoup plus facile cuisiner sans gluten pour tous les membres de votre maisonnée que partiellement. Vous diminuez ainsi les risques de contamination et évitez de dédoubler le travail dans la cuisine.

Quand j'ai commencé à concocter des plats sans gluten, je cuisinais à l'occasion des repas partiellement sans gluten pour la maisonnée. Je cuisinais mon souper du soir entièrement sans gluten et celui de mon conjoint pouvait contenir des ingrédients contenant du gluten. Par exemple, lorsque je faisais des pâtes alimentaires, je cuisinais mes pâtes sans gluten, puis les pâtes de mes proches. Je croyais à tort qu'économiser sur le prix des produits alimentaires sans gluten en les utilisant que pour moi était valable. Mais, après quelques mois, j'ai arrêté de travailler ainsi dans la cuisine et tous les repas familiaux du soir sont devenus entièrement sans gluten. C'est beaucoup plus simple. On économise temps et énergie. Et le risque de contamination est éliminé. Chez nous, les seuls repas préparés avec gluten sont les lunchs et les petits déjeuners qui sont pris individuellement par une personne non cœliaque, c'est-à-dire, lorsque le repas n'est pas aussi préparé pour moi.

On pourrait croire que cuisiner avec des produits strictement sans gluten pourrait aussi être dur sur le portefeuille. Cela dépend des produits que vous achetez. Si vous cuisinez avec des produits qui sont naturellement sans gluten, comme les produits laitiers, les fruits, les légumes, les viandes, les volailles, les noix, grains, les fines herbes, épices entières et céréales sans gluten, votre facture d'épicerie ne sera pas plus élevée qu'avant, sauf si la situation économique le dicte.

Par contre, si vous cuisinez avec plusieurs produits transformés et préparés sans gluten, vos dépenses en épicerie seront plus élevées. Certains produits garantis sans gluten sont dispendieux, quelquefois le double ou même le triple du prix d'un produit contenant du gluten. Ajoutez à cela que certains produits sans gluten transformés ou préparés ne sont pas nécessairement très nutritifs. Ils sont souvent très sucrés et salés. De plus, les farines et fécules blanches sans gluten (tapioca, riz blanc, arrowroot) sont sans valeur nutritive.

Pour éviter que la facture de votre panier d'épicerie sans gluten ne soit trop gonflée, achetez et cuisinez principalement des produits qui sont naturellement sans gluten (voir la Liste détaillée de produits à la page 42) et faites provision de quelques produits transformés sans gluten tels le pain, les pâtes alimentaires, les barres tendres, les biscuits salés et sucrés, et les bouillons. Aussi, selon votre revenu et si vous respectez les conditions d'admissibilité, vous pourriez recevoir un crédit d'impôt pour personne cœliaque, voir la page 35.

Les aliments et les ingrédients pour cuisiner sans gluten

CUISINER SANS GLUTEN

Vous achetez peut-être plusieurs produits préparés sans gluten parce que la cuisine sans gluten vous fait peur ou que vous croyez qu'elle est très complexe ou selon vous, les résultats sont moins que concluants ou savoureux. Si j'ai longtemps hésité avant de passer des tests de détection de la maladie cœliaque, c'est que j'avais une perception que tous les aliments préparés sans gluten étaient sans intérêt pour mon palais et peu nutritifs. Puis, tranquillement, je me suis mise à expérimenter avec les ingrédients et farines sans gluten et j'ai découvert tout un monde de saveurs et de grains nutritifs.

Lorsque j'ai commencé à cuisiner sans gluten, j'ai suivi les recommandations de ma nutritionniste. Celle-ci, une spécialiste en nutrition sans gluten, m'a recommandé de manger des produits qui sont naturellement sans gluten, comme les produits laitiers, la viande, les œufs, les fruits, les légumes, et certains grains comme le riz et le maïs. Elle m'a donné une liste de produits et ingrédients à éviter ou qui pourraient être contaminés par le gluten. Elle m'a aussi suggéré de ne pas utiliser trop de farines différentes sans gluten, car selon elle, il existerait toujours un risque de contamination, aussi petit soit-il. J'ai donc amorcé mon apprentissage de la cuisine sans gluten en n'utilisant que des ingrédients naturellement sans gluten, et non transformés. Puis, j'ai lentement intégré différents types de farines et grains sans gluten dans ma cuisine. Ayant fait le grand ménage dans ma cuisine, je me suis acheté de nouveaux accessoires et outils pour cuisiner et j'ai garni mon garde-manger et mon réfrigérateur. Voici donc les essentiels dans ma cuisine sans gluten.

Aliments

- Beurre salé et non salé (pour biscuits, pains, pâtisseries, viennoiseries et pâtes brisées)
- Bicarbonate de soude (pour faire lever une pâte ou donner des bulles dans une préparation)
- Bouillon fait à la maison réduit (congelé pour utilisation en tout temps) ou du commerce sans gluten et faible en sodium
- Cacao pur extra brut, pistoles de chocolat de 50 à 70 % sans gluten (pour sauce, friandises et pâtisseries diverses)
- Champignons sauvages séchés (pour sauces, plats divers)
- Citron (multiples usages, dont vinaigrette)
- Crème (dessert, sauces, pâtisseries, crèmes fraîches et glacées)
- Crème fraîche ou crème sure pure (en remplacement de la crème dans tout)
- Crème de tartre (agent levant et stabilisant des blancs d'œuf en neige)
- Épices entières diverses (par exemple, fenugrec, poivre, curcuma, cumin, coriandre) beaucoup plus goûteuses et sans gluten
- Extrait de vanille (fait maison)
- Fines herbes fraîches
- Flocons de quinoa, sarrasin, millet, riz brun ou avoine pure; ils peuvent être utilisés dans du pain, des biscuits, des pâtisseries (souvent cuits dans de l'eau bouillante et mangés chauds sous forme de gruau au petit-déjeuner).

- Fromage parmesan reggiano en bloc (non râpé)
- Fruits purs en purée (pour sauces, pour ajouter humidité et pectine dans pains ou pâtisseries)
- Gélatine (agent liant)
- Gingembre frais (ou congelé en cubes)
- Gomme de xanthane ou de guar (agent liant donne élasticité aux pains et pâtes)
- Gousses de vanille et d'ail
- Graines de chia et de lin conservées au réfrigérateur pour augmenter le taux de fibre dans du pain et des biscuits. Moulus puis mélangés avec de l'eau chaude, pour créer une gelée qui peut être utilisée à la place d'autres agents liants comme la gomme de xanthane ou guar, les œufs ou la gélatine.
- Grains de maïs moulus finement (pour polenta et pour panure)
- Graines de riz sauvage, riz brun, riz blanc, riz arborio, riz basmati
- Graines sans gluten diverses – maïs, sésame, pavot, sarrasin, quinoa, amarante, teff, millet (pour augmenter le taux de fibre dans une préparation), ces graines peuvent aussi être cuites dans l'eau bouillante et servies en plat d'accompagnement ou au petit-déjeuner.
- Huile d'agrumes - citron, orange et lime (pour ajouter arôme naturel dans différents plats et pâtisseries)
- Huile de noix diverses (pour vinaigrette, desserts, sauces, arômes)
- Huile d'olive (pour vinaigrette, cuisson, pain)
- Huiles pour friture (avec point de fumage élevé)
- Lait (petit-déjeuner, desserts, sauces, crème glacée, pâtisseries, pains)
- Lait en poudre (pour une mie plus uniforme)
- Levure instantanée (ferment pour pain, une seule poussée)
- Levure pour pizza (spécialement formulé pour pizza et pains plats)
- Levure régulière (pour pain, 2 levées)
- Levure à robot boulanger
- Miel, sirop de sucre de canne, sirop d'agave, sirop d'érable (usages divers en cuisine pour sucrer et aider à la conservation du pain)
- Œuf (aide à lier et faire gonfler une pâtisserie, pain, etc.)
- Pesto maison congelé
- Petits fruits frais ou surgelés lorsque ce n'est pas la saison (smoothie, sorbet, dessert divers)
- Piments forts séchés ou blanchis, puis rangés au congélateur
- Poivre divers en grains entiers (non moulu)
- Poudre à pâte (pour faire lever une pâte)
- Sel en grains et en flocons (non aromatisé)
- Sucre, sucre brun, sucre blond, sucre vanillé
- Tomates pures en boîte, sans jus ni pâte de tomate (plats mijotés et sauces)
- Tomates pures en purée en tube (pour sauces)
- Vin et cognac pour cuisson
- Vinaigres de vin, de riz ou de cidre (dans vinaigrette, pain, agent de conservation)
- Yogourt nature (pour dessert, smoothie, petit-déjeuner, et pour utilisation dans des pains)

Accessoires

- Balance numérique (plusieurs recettes SG sont données en poids et non en volume et aussi parce des farines de même volume peuvent avoir un poids différent)
- Batteur électrique ou fouet (pour fouetter les mélanges liquides)
- Chinois (pour tamiser aliments et sauces)
- Cocotte en fonte (pour les plats mijotés ou faire cuire du pain sans gluten)
- Contenants en plastique avec bec verseur (pour éviter la contamination croisée)
- Couteau à pain (les pains sans gluten sont denses)
- Étiquettes (pour identifier les aliments sans gluten)
- Grandes casseroles (pour stériliser les conserves)
- Grille de refroidissement (pour faire refroidir les pains, pâtisseries, biscuits, etc.)
- Gros congélateur (pour la congélation de repas, pains, pâtisseries et viennoiseries)
- Machine à pâtes alimentaires (mécanique ou électrique, pour faire des pâtes alimentaires maison)
- Mélangeur électrique (pour réduire les aliments en liquide, en purée ou en poudre)
- Mortier et moulin électrique (pour moudre les épices)
- Moules à pain divers
- Grands moules à cuisson (pour y verser de l'eau pour créer de la vapeur lors de la cuisson des pains)
- Papier aluminium (pour protéger des surfaces de travail, des aliments cuits sur une grille ou pour cuire en papillote.
- Papier parchemin (pour protéger des surfaces de travail ou pour la cuisson)
- Pied-mélangeur (pour réduire les aliments en purée)
- Pierre de cuisson ou à pizza (pour aider à uniformiser la cuisson au four)
- Pinceaux (pour badigeonner le dessus d'un pain, les viandes et volailles)
- Planches diverses (pour couper ou pour abaisser des pâtes)
- Planches spéciales à pizza (pour faire glisser la pâte à pizza ou les pains dans le four)
- Plaque de bois dur (pour abaisser les pâtes ou couper du pain sans gluten)
- Plaque de marbre (pour abaisser les pâtes ou tempérer du chocolat)
- Plaque en plastique (pour abaisser les pâtons)
- Robot boulanger (à température et temps de cuisson contrôlé)
- Robot-mélangeur (pour moudre les noix, couper les aliments, mélanger les pâtes)
- Rouleau à pâtisserie (pour abaisser les pâtons divers)
- Sacs ou contenants en vitre ou plastique hermétiques (pour conserver farines et aliments sans gluten et les garder à l'abri des autres aliments contenant du gluten)
- Saladiers divers (pour mélanger les ingrédients et faire lever la pâte)
- Spatules en silicone diverses (pour mélanger et étendre la pâte)
- Tamis (pour tamiser la farine)
- Tapis en silicone (pour protéger les surfaces de travail ou pour la cuisson)
- Tasses et instruments à mesurer de différents formats (la cuisine sans gluten demande des mesures précises)
- Thermomètre à bonbons et à viande (pour mesurer la température de l'eau pour faire pousser la levure et des aliments lors de la cuisson des pains, gâteaux et confiseries)

• Vaporisateur (pour vaporiser l'intérieur du four pour créer de la vapeur lors de la cuisson d'un pain)

Tous ces aliments et accessoires ne sont pas nécessaires dans votre cuisine sans gluten. Ce sont ceux que j'utilise et ils me permettent de créer des aliments savoureux sans gluten facilement.

Les produits sans gluten du commerce

Quand j'ai été diagnostiquée cœliaque il y a plus de cinq ans, les produits sans gluten du commerce n'abondaient pas autant qu'aujourd'hui dans les épiceries. Il fallait que je fasse un détour par les magasins d'aliments naturels pour bien stocker mon garde-manger. Maintenant, je peux trouver à mon épicerie du coin des produits de base sans gluten, comme de la farine de riz brun, et des produits préparés, comme de la pizza sans gluten.

Choisissez et utilisez des ingrédients de base sans gluten selon vos besoins, mais portez une attention particulière aux valeurs nutritives des farines et féculents. Plusieurs farines blanches sans gluten sont pauvres en éléments nutritifs et en fibres ou sont très riches en glucides. Les produits de base pour cuisiner sans gluten sont décrits plus loin dans ce chapitre.

Les produits du commerce sans gluten sont constitués d'ingrédients divers et leur teneur en sodium et glucide peut s'avérer assez élevée, tout comme plusieurs produits du commerce traditionnels. Ce n'est pas parce qu'un produit est étiqueté sans gluten qu'il est nécessairement bon pour la santé. Faites des choix éclairés. Lisez les informations nutritives sur l'emballage d'un produit avant de l'acheter. Vous serez surpris de constater que certains de vos produits favoris sans gluten du commerce ne sont peut-être pas aussi sains que vous le croyiez.

Les médicaments, vitamines, produits d'entretien corporel

Avant de prendre un médicament avec ordonnance (par exemple, un antibiotique) ou sans ordonnance (par exemple, du sirop pour la toux ou un antihistaminique), vérifiez avec votre pharmacien quels sont les ingrédients qui composent ce médicament. Si le pharmacien n'est pas capable de vous confirmer si le médicament contient du gluten ou non, contactez la compagnie pharmaceutique qui le fabrique.

Au Canada, le Compendium des Produits et Spécialités pharmaceutiques (CPS) contient la liste des fabricants pharmaceutiques qui n'utilisent pas le gluten comme excipient. Informez-vous auprès de votre pharmacien ou demandez à consulter le guide. Le CPS est aussi disponible en librairie et en bibliothèque.

Aux États-Unis on peut vérifier si des médicaments contiennent du gluten en consultant le site www.glutenfreedrugs.com.

Cosmétiques

Les rouges à lèvres, crèmes pour le corps, shampoings, dentifrices, rince-bouche, suppléments alimentaires et vitamines sont tous des produits pour l'entretien ou la santé du corps qui peuvent contenir du gluten.

Divers

Les pâtes à modeler, la colle, la colle d'enveloppe, les timbres sont aussi des produits non alimentaires qui pourraient contenir du gluten et vous contaminer. J'achète maintenant des timbres autocollants et je colle mes enveloppes avec une petite éponge imbibée d'eau.

Vérifiez auprès du manufacturier la liste des ingrédients pour vous assurer de ne pas absorber de gluten.

Une farine sans gluten ne pourra jamais remplacer entièrement une farine avec gluten, justement parce qu'elle ne contient pas de gluten, un ensemble de protéines qui donne de l'élasticité et de la tenue à la pâte et emprisonne les gaz lors de la cuisson permettant à la pâte de lever. Les farines sans gluten peuvent-elles remplacer les farines contenant du gluten ? En partie oui, surtout si on ajoute certains additifs alimentaires. Les farines sans gluten sont faites à partir de grains ou de racines. Puisqu'elles ne contiennent pas le gluten qui donnera élasticité, structure et texture à la pâte, elles ne peuvent être utilisées individuellement sans l'ajout d'ingrédients texturant, liant ou structurant.

Plusieurs personnes aiment mélanger leurs farines ensemble pour ne pas avoir à mesurer chaque ingrédient. Je ne cuisine pas ainsi. J'aime choisir différentes farines selon ce qui se trouve dans mon garde-manger ou mon inspiration du moment. De cette façon, j'expérimente différentes combinaisons. Cela me prend beaucoup de temps pour faire ma mise en place avant de commencer à cuisiner, mais je découvre ainsi ce qui fonctionne bien ensemble.

Voici différentes combinaisons de farines sans gluten à essayer si vous ne voulez pas mesurer chaque ingrédient. Il est préférable de les réfrigérer, car certaines farines sont difficiles à conserver. Vous pouvez essayer ces différentes combinaisons et remplacer celles proposées dans mes recettes ou autres recettes sans gluten, pourvu que les quantités utilisées soient les mêmes. À force d'expérimenter, vous développerez vos propres combinaisons et trucs de remplacement, selon vos goûts et les résultats recherchés.

COMBINAISONS DE FARINES

Combinaison de farines blanches

40 % de farine de riz
15 % de fécule de tapioca
15 % de farine de maïs
15 % de farine de millet ou sorgho
15 % de fécule de pommes de terre, de maïs ou de farine de riz gluant

Combinaison de farines complètes

25 % de farine de riz complet
25 % de farine de millet ou sorgho
15 % de farine de teff, quinoa ou d'amarante
10 % de farine de maïs
15 % de fécule de pommes de terre, de maïs, de tapioca ou de marante
10 % de farine de riz gluant, de riz blanc ou d'amandes moulues

Combinaisons de farines de fèves

30 % de farine de fèves ou haricots
40 % de farine de riz blanc
25 % de farine de millet ou sorgho
5 % de fécule de maïs ou farine de tapioca

Combinaison soyeuse de farine

30 % de farine de soya dégraissée
70 % de farine de riz blanc ou 40 % de farine de riz blanc et 30 % de farine de tapioca

Cette dernière est une de mes combinaisons favorites pour un gâteau au chocolat ou aux fruits. La farine de soya rend la texture du gâteau soyeuse. Attention, la pâte avec farine de soya brunit facilement, il faut donc réduire la température de cuisson de 25 °F (10 °C) et cuire plus lentement.

Lorsque vous utilisez ces farines, bien les mélanger chaque fois. Ensuite, tamisez-les au-dessus d'un gros saladier, puis mesurez la quantité. Ne tassez pas la farine dans vos tasses à mesurer. Ajoutez ensuite vos agents liants ou de remplacement du gluten telles les gommes de xanthane, la poudre à pâte, etc. Mélangez à nouveau afin que les agents liants, levants et de remplacement soient bien intégrés dans vos farines.

Voici un tableau résumant les types d'utilisation et le rôle de la farine de blé et comment elle peut être remplacée, quel additif il faut ajouter et le niveau de difficulté de la réalisation.

Les biscuits, gâteaux, muffins, crêpes, petits fours et pains plats sont faciles à cuisiner sans gluten et requièrent, pour la plupart, la même quantité de farine sans gluten qu'une recette avec farine traditionnelle. Il n'est pas nécessaire d'utiliser d'autres agents liants, structurants et levants, mais cela aide à mieux réussir la recette. Aussi, il est préférable de refroidir les pâtes à tarte ou biscuits contenant du beurre 1 heure avant la mise au four.

Les options de remplacement pour la farine et le blé

	FARINE DE BLÉ	FARINE SG	ADDITIFS SUGGÉRÉS	DIFFICULTÉ
SAUCE	Épaississant/liant	Épaississant/liant ne goûte pas la colle comme la farine de blé.	Aucun	FACILE
PANURE	Croquant	Croquant	Aucun	FACILE
GÂTEAU	Donne texture et levée au gâteau.	Produit un bon résultat si on fait une recette traditionnelle de gâteau.	On peut ajouter de l'air, des œufs, des blancs d'œufs en neige, de la gomme de xanthane pour aider la levée et la texture.	FACILE
BISCUIT	Donne texture et élasticité au biscuit.	Produit un bon résultat si on fait une recette traditionnelle.	On peut ajouter des œufs, de la gomme de xanthane pour aider l'élasticité et la tenue du biscuit.	FACILE Attention : la pâte à biscuit s'étend rapidement au four. Mettre la pâte au réfrigérateur 1 heure avant la cuisson.
PÂTE À TARTE (pâte brisée)	Donne tenue et texture à la pâte à tarte. Le beurre ou la graisse produisent le feuilleté.	Produit un bon résultat si on fait une recette traditionnelle.	On peut ajouter des œufs ou de la gomme de xanthane pour aider l'élasticité et la tenue de la pâte.	MOYENNE, car la pâte à tarte est fragile et difficile à manipuler si elle est faite avec du beurre.
VIENNOISERIE	Donne de l'élasticité à la viennoiserie. Le beurre crée le feuilletage de la pâte.	Produit un bon résultat si on fait une recette traditionnelle.	On peut ajouter des œufs ou de la gomme de xanthane pour aider l'élasticité et la tenue de la pâte. On peut ajouter de la poudre levante pour aider le feuilletage de la pâte.	DIFFICILE Les pâtes feuilletées sont difficiles à faire, avec gluten ou pas
PÂTE SABLÉE	Donne tenue et texture à la pâte à tarte. Texture sablonneuse de type biscuits.	Produit le même résultat si on fait une recette traditionnelle, car on utilise aussi de la poudre d'amandes.	Aucun	FACILE

	FARINE DE BLÉ	FARINE SG	ADDITIFS SUGGÉRÉS	DIFFICULTÉ
BEIGNET	Donne tenue et texture à la pâte à beignets. Selon le type de recette, la pâte à beignets est légère ou dense.	Produit le même résultat si on fait une recette traditionnelle, surtout pour les beignets à pâte dense.	On peut ajouter des œufs ou de la gomme de xanthane pour aider l'élasticité et la tenue de la pâte.	MOYENNE
FLAN	Certains flans sont épaissis avec un peu de farine de blé.	Produit le même résultat si on fait une recette traditionnelle.	Aucun	FACILE
CRÈME PÂTISSIÈRE	Les crèmes pâtissières sont épaissies avec un peu de farine.	Produit le même résultat si on fait une recette traditionnelle.	Aucun	FACILE
PÂTE À CHOUX	Les œufs jouent le rôle le plus important dans le gonflement de la pâte à chou.	Produit le même résultat si on fait une recette traditionnelle.	Aucun	MOYENNE, la difficulté provient de la technique pour réussir une pâte à choux.
PAIN LEVÉ	Le gluten dans la farine de blé est très important, car il donne de la texture et de l'élasticité à la pâte de pain et lui permet de lever.	Un pain sans gluten, bien que pouvant s'y rapprocher, ne sera jamais de la même consistance qu'un pain avec gluten.	C'est nécessaire. Il faut ajouter de la gomme de xanthane, des œufs, de la gelée de graines de chia ou de lin, ou de la gélatine.	MOYENNE, les levures sont des matières vivantes et complexes. La levée peut être affectée par de nombreux facteurs. L'expérience est clé.
PAIN PLAT	Le gluten donne de l'élasticité au pain plat et de la texture.	Produit le même résultat si on fait une recette traditionnelle, par exemple pain injera à la farine de teff.	L'additif aide à l'élasticité et à la tenue du pain. Il faut ajouter de la gomme de xanthane, des œufs, de la gelée de graines de chia ou de lin, ou de la gélatine.	MOYENNE, car cela prend de la technique pour étendre uniformément la pâte sur une pierre chaude ou dans une poêle.

	FARINE DE BLÉ	FARINE SG	ADDITIFS SUGGÉRÉS	DIFFICULTÉ
LEVAIN	Un levain peut-être fait avec n'importe quelle farine.	On peut facilement utiliser de la farine sans gluten dans un levain.	Aucun	DIFFICILE, car la technique du levain est complexe à maîtriser et à contrôler avec ou sans gluten.
POOLISH	Un poolish peut-être fait avec n'importe quelle farine.	On peut facilement utiliser de la farine sans gluten dans un poolish.	Aucun	FACILE, la technique du poolish est facile à maîtriser et à contrôler.
PIZZA/ FOUGASSE, FOCACCIA	Le gluten joue un rôle d'élasticité de la pâte. La levée n'est pas trop importante.	Produit un bon résultat si on fait une recette traditionnelle.	Il faut ajouter de la gomme de xanthane ou de la gelée de chia pour aider l'élasticité de la pâte.	FACILE, le pain n'est pas trop levé, donc plus facile à réaliser.
CRÊPE	La farine de blé donne de l'élasticité à la crêpe et de la tenue.	On peut faire des crêpes SG qui se tiennent bien à cause de la présence des œufs.	Aucun	MOYENNE, certaines crêpes sont fragiles notamment celles à la farine d'avoine.

FARINES ET INGRÉDIENTS EXOTIQUES SANS GLUTEN (utilisées dans certaines régions en Afrique, en Amérique du Sud, en Asie et en Europe).

Ces farines sont difficilement accessibles et distribuées à petite échelle. De plus, elles pourraient avoir été contaminées lors de leur traitement ou de la récolte. Elles proviennent toutes de racines ou de grains sans gluten. Assurez-vous que ces produits sont sans gluten avant de les utiliser.

- Lupin (grains)
- Fonio, acha ou fundi (grains)
- Eddoe, dasheen ou taro (racine)
- Igname ou yam (racine)
- Larmes de Job, hato mugi, larmes de Juno, grains du fleuve (grains)
- Maca
- Mesquite (poudre)
- Millet d'Afrique, millet de doigt, souchet
- Noix tigrées
- Noix de maya
- Plantain (racine)
- Ragi
- Toloman
- Urad (farine de riz et de pois chiches)

ADDITIFS ALIMENTAIRES OU INGRÉDIENTS DE REMPLACEMENT

Dans la cuisine sans gluten, plusieurs ingrédients sont utilisés pour structurer, lier, texturer ou émulsifier une pâte à cuire à la place du gluten. Voici une liste des principaux additifs alimentaires ou ingrédients de remplacement dans une cuisine sans gluten.

GOMME DE GUAR

Extrait de la fève Cyamopsis tetragonolobus riche en fibre soluble. La gomme de guar sert de liant et d'émulsifiant dans les pâtes sans gluten.

GOMME DE XANTHANE

La gomme de xanthane est fabriquée à partir de la fermentation de grains de maïs et de la bactérie Xanthomonas campestris. Le résultat de la fermentation est une substance gluante et visqueuse que l'on transforme ensuite en poudre, la gomme de xanthane.

Les gommes de xanthane et de guar sont essentielles comme agents liants, émulsifiants ou épaississants, et l'industrie alimentaire les utilise couramment. Certaines personnes ne tolèrent pas ces gommes. Leurs effets peuvent être remplacés par de la gelée de chia ou de lin.

AGAR-AGAR

Ingrédient produit à partir d'algues et utilisé comme agent liant et gélifiant. L'agar-agar peut remplacer la gélatine.

GÉLATINE

Ingrédient produit à partir de la cuisson du porc. Utilisée comme agent liant et gélifiant.

PECTINE

Ingrédient produit à partir de la cuisson de certains fruits. Utilisé comme agent liant et gélifiant, il peut remplacer la gélatine. La pectine doit être utilisée avec du citron et du sucre pour faire son travail.

ŒUF

Ingrédient utilisé comme agent liant, levant et structurant. Le blanc d'œuf battu en neige permet d'aérer une pâte.

AMIDON ET FÉCULE (de maïs, d'arrowroot (marante), de pommes de terre, de tapioca)

Ingrédients utilisés comme agents épaississants et de gélatinisation. Peuvent être utilisés à la place de la farine de blé pour lier soupes, sauces ou faire un roux.

GRAINES DE CHIA

Très riches en fibres, riches en calcium et bonnes sources d'acides gras oméga-3.

GRAINES DE LIN

Riches en vitamines du groupe B, en fibres, en minéraux et en acides gras oméga-3.

Moulues finement, puis mélangées dans de l'eau chaude, les graines de chia et de lin forment une gelée (liquide visqueux) qui peut remplacer les gommes de xanthane, de guar ou les œufs dans une préparation, et agir comme agent liant et de gélatinisation.

LES AGENTS LEVANTS DANS LA CUISINE SANS GLUTEN

BICARBONATE DE SOUDE

Agent levant utilisé dans des gâteaux, muffins, pains spéciaux, viennoiserie. Il permet aussi de créer des bulles d'air pour alléger une pâte en l'ajoutant à de la crème, de la crème aigre ou du sirop.

POUDRE À PÂTE

Agent levant utilisé dans des gâteaux, muffins, pains spéciaux, viennoiseries.

CRÈME DE TARTRE

Sel de potassium de l'acide tartrique qui est utilisé comme agent levant avec le bicarbonate de sodium et l'amidon de maïs. Mais il est surtout utilisé seul pour stabiliser les blancs d'œufs fouettés en neige (meringue), pour faire bonbons, gâteaux éponge et glaçages.

LA LEVURE DE BOULANGER

La levure est un champignon qui provoque la fermentation. Elle est utilisée en boulangerie pour faire lever le pain. Attention : les champignons de certaines levures ont été cultivés sur de la mie de pain. Vérifier auprès de votre fabricant si les levures que vous utilisez sont sans gluten. Il existe différentes sortes de levure disponibles en poudre ou en bloc :

- Levure sèche active traditionnelle
- Levure sèche active rapide ou instantanée (une seule levée suffit)
- Levure pour machine à pain (levure faite spécialement pour déposer sur le mélange de pain dans une machine à pain; une seule levée suffit)
- Levure pour pizza ou pain plat (levure faite spécialement pour les pizzas et les pains plats, comme les foccacia)

PRÉ-FERMENTS *(eau, sucre, levure et farine sont mélangés, puis laissés pendant un temps en pré-fermentation)*

Cette méthode donne un pain qui goûte moins la levure, avec une petite touche acidulée.

- Levain pré-fermentation
- Poolish pré-fermentation
- Biga pré-fermentation

COMMENT UTILISER CES INGRÉDIENTS DANS DES RECETTES SANS GLUTEN À PARTIR DE RECETTES TRADITIONNELLES

GOMMES

Utiliser 1 c. à thé de gomme de guar ou de xanthane par 500 ml (2 tasses) de farine sans gluten dans les recettes de pains, pizzas, viennoiseries et pâtes alimentaires.

Utiliser $1/2$ à $1/3$ de c. à thé de gomme de guar ou de xanthane dans vos recettes de biscuits, gâteaux, muffins, carrés ou barres.

ŒUF

Utiliser 1 œuf (ou de la gelée de chia) pour aider à lier et à donner de la structure à vos pâtes à tarte, pizzas, pains ou biscuits. J'ajoute quelquefois 1 œuf de plus que les recettes traditionnelles lorsque je cuisine des gâteaux ou des muffins.

GÉLATINE

Utiliser 1 c. à thé de gélatine végétale ou animale dans vos recettes de pain ou pâte à pizza pour donner de la structure à la pâte.

POUDRE À PÂTE

Ne pas augmenter les quantités, car cela pourrait donner un goût métallique, selon la marque de poudre à pâte, ou trop faire lever vos pâtes.

Utiliser aussi 1 c. à thé dans la pâte brisée afin de la rendre plus feuilletée.

AUTRES TRUCS
DE CUISSON SANS GLUTEN
ABAISSE

Lorsque vous abaissez une pâte à tarte, à brioches ou à scones, faites-le entre 2 morceaux de papier parchemin ou de pellicule plastique. La pâte sera plus facile à abaisser, puis à transférer dans le plat de cuisson.

PLAT D'EAU POUR CRÉER DE LA VAPEUR

Remplissez un moule ou plat allant au four pour créer de la vapeur dans votre four. Cela aidera à la cuisson et à la levée du pain. Vous pouvez aussi asperger le fond et les côtés du four avec un vaporisateur à eau.

PIERRE À CUISSON OU À PIZZA POUR UNIFORMISER LA CHALEUR DU FOUR

Mettre une pierre à cuisson ou à pizza à chauffer dans le four 30 minutes avant la cuisson de votre pain. Puis, déposer le moule ou la pâte à pain sur la pierre de cuisson.

FOUETTER ET TAMISER VOS FARINES ENSEMBLE AVANT DE LES UTILISER

Avant d'utiliser vos farines dans un mélange de pâte, tamisez toujours vos farines et ingrédients secs ensemble, puis fouettez-les avec un batteur électrique ou un fouet afin d'amalgamer toutes les farines ensemble dans le but d'en créer une seule. De plus, cette opération aère vos farines, les rendant plus légères.

FIEZ-VOUS À VOTRE INTUITION ET EXPÉRIMENTEZ

Mon intuition (qui est une belle façon de définir mes nombreuses années à cuisiner) m'a souvent permis de me débrouiller avec une recette qui semblait sur le bord de la catastrophe. Si votre pâte à pain semble trop sèche, ajouter un peu de liquide. Si elle est trop mouillée, ajouter de la farine. Si elle semble ni liée ni incapable de se tenir, ajouter de la gomme de xanthane, de guar ou de la gelée de chia. Dites-vous qu'une recette, c'est un groupe d'ingrédients mélangés ensemble et qui réagissent chimiquement pour former un tout, souvent délicieux, mais parfois décevant. Expérimentez et surtout, acceptez de faire des erreurs. C'est en cuisinant, et en re-cuisinant, qu'on apprend à mieux cuisiner.

Notez les ingrédients et résultats de vos recettes dans un calepin

D'une recette à une autre, on oublie à l'occasion le résultat, la méthode de fabrication ou les ingrédients utilisés. Par exemple, si vous faites un pain et que vous trouvez que la mie est sèche, notez cette remarque dans votre calepin et la prochaine fois, testez différentes approches. En notant les résultats de vos exploits et de vos défaites culinaires, vous aurez ainsi un journal détaillé de ce que vous avez créé. Notez, par exemple, vos impressions du goût, de la texture, de la densité, le temps de cuisson, ainsi que vos réactions physiques à la suite de l'ingestion (vous ne tolérerez peut-être pas certains ingrédients). Inscrivez le plus de détails possible. Ce journal vous servira de guide lors de vos prochaines créations et vous permettra de mieux comprendre la chimie des aliments sans gluten. De plus, à partir de ce journal, vous pourrez créer les combinaisons de farines et ingrédients sans gluten qui vous plaisent.

Les farines sans gluten et leurs propriétés

FARINE	POIDS (VOLUME)	CALORIES	CARACTÉRISTIQUES	GOÛT
BLÉ ENRICHI	120 g (1 tasse)	480	Gluten donne élasticité	Aucun
BLÉ COMPLET	100 g (1 tasse)	369	Gluten donne élasticité	Léger goût de noisette
AMARANTE	100 g (1 tasse)	370	Garde humidité Très nutritive, structurante et liante	Terreux, sucré, noix, poivré
MAÏS	116 g (1 tasse)	400	Texture légère	Sucré et noix
GARFAVA	100 g (¾ tasse)	230	Dense, bon facteur d'humidité, fibreuse	Goût prononcé de fèves, pois chiches et gourganes
SOYA FAIBLE EN GRAS	100 g (¾ tasse)	370	Texture soyeuse Brûnit facilement	Goût de noix et fève
MILLET	100 g (1 tasse)	380	Donne de la consistance telle une texture de gâteau	Goût sucré, de maïs
PATATE (POMME DE TERRE)	113 g (½ tasse)	370	Donne texture et garde l'humidité	Goût prononcé de patate (pomme de terre)
QUINOA	110 g (¾ tasse)	370	Très nutritif et dense. Trop de farine rend la texture instable	Goût très prononcé de noix et d'herbe, amertume
SORGHO	100 g (1 tasse)	340	Donne de la texture et du croquant, propriétés se rapprochant le plus du blé	Faible goût de maïs et d'amertume
RIZ GLUANT/ GLUTINEUX OU SUCRÉ	100 g (⅔ tasse)	360	Collant, effet gommant permet de lier	Neutre Sucré
RIZ BLANC	100 g (¾ tasse)	370	Donne de la texture car granuleuse	Goût neutre
RIZ BRUN	100 g (¾ tasse)	350	Fibreux et granuleux	Goût léger de noix
AVOINE PURE	120 g (1 tasse)	480	Fibreux, réduit taux de cholestérol	Goût sucré
TEFF	120 g (1 tasse)	450	Farine très fine presque fondante et gélatineuse	Goût léger de cacao et de mélasse
SARRASIN	170 g (1 tasse)	580	Farine très fibreuse	Terreux

Les données sur le poids et les calories sont basés sur l'information du fabricant. Elles peuvent ne pas coïncider avec vos mesures, le poids des farines est variable selon le fabricant. Les farines utilisées sont El Peto, Bob's Red Mill, Farine Soleil Santé Bio. Informations aussi recueillies dans le Fichier canadien sur les éléments nutritifs (FCÉN) de Santé Canada.

COULEUR	UTILISATIONS	% DANS LA PRÉPARATION	VALEUR NUTRITIVE	CONSERVATION
Blanc	Tout	100	Peu de valeur nutritive	Durée de vie limitée
Beige	Tout	100	Riche en fibres, potassium	Durée de vie limitée
Jaune pâle	Galette, gâteau, crêpes, pizza, pain savoureux épaississant	25	Riche en lysine protéine, fibres et fer	Durée de vie courte
Blanc	Tortillas, pains, crêpes biscuits	25	Un peu de fer et protéine	Durée de vie courte
Beige gris	Gâteaux, pains sucrés, crêpes salées	25	Riche en protéine, fibres et fer	Durée de vie courte
Jaune pâle	Gâteaux, pains sucrés, crêpes salées	25 à 30	Riche en protéine, fibres, potassium et fer	Durée de vie courte
Jaune pâle	Pain, galette, crêpes salées, muffins, gâteaux	25 à 30	Riche en manganèse, fibre fer, protéines, vitamine B1	Durée de vie courte
Blanc	Pains, gâteaux galettes et crêpes	10	Riche en fibres, peu de valeur nutritive	Durée de vie courte
Jaune pâle	Pain, galettes, crêpes	15 à 25	Très riche en protéines, fibres et minéraux	Durée de vie courte
Beige	Dans les pains, biscuits, pizza, gâteaux, muffins	15 à 25	Riche en fer, protéine et vitamine B complexe et fibres	Durée de vie courte
Blanc	Dans les pains et gâteaux	5 à 10	Peu nourrissant, faible quantité de fer	Durée de vie moyenne
Blanc	Dans les pains, gâteaux et crêpes, épaississant	50	Peu nourrissant, faible quantité de fer, beaucoup de glucides	Durée de vie moyenne
Brun pâle	Dans les pains, gâteaux et crêpes, épaississant	50	Riche en fibres et en fer	Durée de vie courte
Beige	Gâteaux, pains, crêpes, muffins, biscuits, granola	25	Riche en fibres, fer et bon gras	Durée de vie courte
Brun ou beige selon la farine utilisée	Gâteaux, pains surtout injera, biscuits, épaississant	15 à 20	Riche en calcium, fer, fibres	Durée de vie moyenne
Gris ou jaune/vert pâle selon la farine utilisée	En petites quantités dans pain et galette. Surtout pour crêpes	15 à 20	Riche en flavonoïdes, fibres et minéraux	Durée de vie moyenne

Les farines sans gluten et leurs propriétés

FÉCULE/AMIDON POUDRE	POIDS (VOLUME)	CALORIES	CARACTÉRISTIQUES	GOÛT
MAÏS	100g (¾ tasse)	330	Velouté	Maïs
TAPIOCA	100 g (¾ tasse)	360	Donne du corps, donne de l'élasticité	Neutre
ARROWROOT (MARANTE)	100 g (¾ tasse)	360	Velouté, épaississant très doux pour système digestif	Métallique, substitut pour maïs
POMMES DE TERRE	100 g (¾ tasse)	333	Permet d'épaissir le pain et de garder l'humidité	Neutre Pas d'odeur
SEMOULE DE MAÏS	130 g (1 tasse)	440	Donne du croquant à une pâte	Goût sucré de maïs
POIS CHICHES ET AUTRES FARINES DE LÉGUMINEUSES	environ 120 g (1 tasse, selon légumineuse)	440	Donne de la texture, permet de conserver l'humidité, protéines, très fibreux	Sucré, goût de fèves
LENTILLES	100 g (¾ tasse)	367	Donne de la texture, permet de conserver l'humidité, très fibreux	Lentilles
NOIX DE COCO	14 g (2 c. à soupe)	60	Très fibreux, absorbe l'humidité	Sucré goût de noix de coco
NOISETTES MOULUES	112 g (1 tasse)	720	Donne de la texture, des fibres et de l'onctuosité	Bon goût sucré de noisette
AMANDES MOULUES	112 g (1 tasse)	640	Bon pour aérer. Donne de la texture, des fibres, des protéines et de l'onctuosité à la pâte.	Goût d'amandes

Les données sur le poids et les calories sont basées sur l'information du fabricant. Elles peuvent ne pas coïncider avec vos mesures, le poids des farines est variable selon le fabricant. Les farines utilisées sont El Peto, Bob's Red Mill, Farine Soleil Santé Bio. Informations aussi recueillies dans le Fichier canadien sur les éléments nutritifs (FCÉN) de Santé Canada.

COULEUR	UTILISATIONS	% DANS LA PRÉPARATION	VALEUR NUTRITIVE	CONSERVATION
Blanc	Épaississant, pour pains gâteaux et biscuits	10 à 15	Un peu de fer	Durée de vie longue
Blanc	Panure, pain, gâteau, biscuits, épaississant	25	Peu de valeur nutritive Un peu de fer et de calcium	Durée de vie longue
Blanc	Épaississant pour sauce roux, gâteau, pain. panure	10 à 15	Pas de valeur nutritive	Durée de vie longue
Blanc	Épaississant, pains	10	Pas de valeur nutritive	Durée de vie longue
Jaune	Gâteaux, crêpes, pa-nure gruau (polenta)	25	Pas de cholestérol, riche en provitamine A	Durée de vie longue
Selon les légumineuses	Selon les légumineuses	Selon les légumi-neuses	Riche en fibres et protéines	Durée de vie courte
Vert ou jaune	Pain, gâteau, galette crêpe	25	Riche en fibres, calcium et vitamine du groupe B	Durée de vie courte
Blanc	Gâteaux, muffins, biscuits, barres	25	Riche en fibres et en potassium	Durée de vie courte
Beige foncé	Gâteaux, pains, biscuits, pâtes à tarte	10 à 15	Riche en protéines, bons gras, potassium, fibres	Durée de vie courte
Beige pâle	Gâteaux, pains sucrés, biscuits, macarons	25 à 30	Riches en fibres, vitamine E et en gras non saturé	Durée de vie courte

Note :
Les farines de grains, de noix et de fèves, ainsi que les grains et flocons, doivent être conservés aux réfrigérateur dans des contenants hermétiques pour prolonger leur durée de vie. Toujours sentir et goûter avant d'utiliser. Une farine ou des grains rances pourraient ruiner votre création culinaire.

Entrées et hors-d'œuvre

Note :
Tous les ingrédients utilisés pour les recettes de ce livre sont sans gluten.
Avant de commencer à cuisiner, assurez-vous que tous les produits que vous utilisez
sont sans gluten.

Hors-d'œuvre

Rillettes ou cretons

Quand j'ai commencé à cuisiner sans gluten, j'ai concocté une recette de tourtière sans gluten avec du porc et du canard. En y goûtant, j'ai constaté que la garniture ferait de très bonnes rillettes ou cretons sans gluten. Je ne savais donc pas trop comment nommer cette recette puisque le mélange des saveurs et des textures me fait tantôt penser à des cretons, tantôt à des rillettes. À vous de juger...

pour **15 pots** de 125 ml

Ingrédients

45 ml (3 c. à soupe) de **gras de canard**

1,5 kg de **porc haché maigre**

1 gros **oignon** tranché

3 **cuisses de canard** grasses

1,5 l (6 tasses) d'**eau** bouillante

500 ml (2 tasses) de **jus d'orange**

4 gousses d'**ail**

2 ml ($\frac{1}{2}$ c. à thé) de **clous de girofle moulus** (environ 14 clous de girofle)

30 ml (2 c. à soupe) de mélange d'**épices entières à cipâte** du Lac-Saint-Jean ou à cretons

14 graines de **piment de la Jamaïque**

15 ml (2 c. à soupe) de **gélatine**

Méthode

1. Préchauffer une poêle à feu moyen. Faire fondre une cuillerée à soupe de gras de canard. Cuire le porc haché dans la poêle, 500 g à la fois. Lorsque le porc est cuit, enlever le plus de gras possible en faisant égoutter le porc dans un tamis au-dessus d'un gros plat. Mettre le gras dans un récipient hermétique et le jeter.

2. Déposer une très grosse marmite et la préchauffer à feu moyen. Faire fondre une cuillerée à soupe de gras de canard. Caraméliser les morceaux d'oignon. Ajouter les cuisses de canard et griller de chaque côté. Ajouter ensuite le porc haché cuit, 1,5 litre d'eau bouillante, deux tasses de jus d'orange, les quatre gousses d'ail, le clou de girofle moulu, les épices à cipâte et les graines de piment de la Jamaïque. Laisser mijoter 2 heures.

3. Retirer les cuisses de canard et les laisser refroidir dans une assiette. Enlever la peau et les os des cuisses et bien effilocher la chair de canard en fines lanières. Remettre la viande de canard dans le mélange de porc. Passer au pied-mélangeur et réduire jusqu'à la consistance désirée. De mon côté, j'aime bien que le mélange soit finement haché.

4. Faire mijoter le tout 1 heure supplémentaire ou jusqu'à ce que l'eau et le jus d'orange se soient évaporés, mais que le mélange soit encore humide. Si le mélange manque d'onctuosité, ajouter du gras de canard fondu, au goût.

5. Une fois l'heure écoulée, ajouter deux cuillerées à soupe de gélatine et battre vigoureusement afin que la gélatine soit bien intégrée au mélange. Laisser reposer 1 heure.

6. Tasser le mélange dans des petits contenants en plastique de 125 ml (¹/₂ tasse) afin d'obtenir des rillettes ou des cretons bien pressés.

7. Pour obtenir une apparence qui rappelle les rillettes, recouvrir le mélange de gras de canard fondu. Déposer les contenants au congélateur où ils peuvent être conservés plusieurs mois.

NOTE : Si vous désirez conserver vos rillettes ou vos cretons au réfrigérateur dans des pots en verre, utilisez la méthode de stérilisation des aliments à faible acidité.

Olives aux agrumes et aux épices

J'ai goûté à des olives épicées et parfumées aux zestes d'agrumes chez une copine de bureau. Elle avait mélangé des olives noires à des graines de fenouil et à des zestes d'oranges. J'ai adapté sa recette pour créer une version un peu plus épicée. Préparez les olives quelques heures ou même la journée avant de recevoir des invités ou de les manger afin que les saveurs soient plus prononcées.

pour 500 ml d'olives

Voir photo à la page 73

Ingrédients

5 ml (1 c. à thé) de graines de **fenouil** grillées

5 ml (1 c. à thé) de graines de **cumin** grillées

500 ml (2 tasses) d'**olives** mixtes

5 ml (1 c. à thé) de **zestes de citron**

5 ml (1 c. à thé) de **zestes d'orange**

1 gousse d'**ail** réduite en purée

75 ml (5 c. à soupe) d'**huile d'olive extra vierge**

Méthode

1. Dans un mortier, écraser un peu les graines de fenouil et de cumin grillées.

2. Mélanger tous les ingrédients dans un bol, puis verser dans un contenant hermétique.

3. Ranger au réfrigérateur et laisser macérer au moins 4 heures avant de consommer.

*NOTE : Les olives se conservent un **maximum de sept jours** au réfrigérateur (à cause de l'ail en purée).*

Rondelles de pommes de terre frites garnies de crème fraîche et d'œufs de saumon

Ces jolies petites rondelles de pommes de terre frites parées d'œufs de saumon et de crème fraîche trouveront rapidement preneur si vous les servez comme entrée. Cette recette est simple, facile à exécuter et, surtout, vous donnera de très bons hors-d'œuvre colorés et sans gluten qui raviront vos invités.

pour **4** personnes

Ingrédients

4 petites **pommes de terre jaunes** ou Russet bien lavées et essuyées, et tranchées en 16 rondelles d'une épaisseur d'environ 5 mm

100 ml (environ $^3/_8$ tasse) d'**huile végétale**

Tiges d'**aneth**

Tiges de **ciboulette**

200 ml (environ $^3/_4$ tasse) de **crème fraîche** ou de crème sure

100 g d'**œufs de saumon**

Méthode

1. Sur un feu moyen, faire chauffer l'huile dans une grande poêle. Lorsque l'huile est assez chaude, déposer doucement les rondelles de pommes de terre dans la poêle. Faire frire les rondelles de pommes de terre environ 4 minutes de chaque côté ou jusqu'à ce qu'elles soint doré.

2. Couvrir une grande assiette d'une serviette de papier. Y déposer les rondelles de pommes de terre frites chaudes. Les éponger avec une serviette de papier afin d'absorber l'huile.

3. Hacher finement des tiges de ciboulette et d'aneth. Garnir chaque rondelle de pomme de terre frite de 5 ml (1 c. à thé) de crème fraîche. Décorer chaque monticule de crème avec des œufs de saumon, puis des tiges hachées de ciboulette et d'aneth.

Potages et soupes

Bisque de homard

La bisque de homard est un plat laborieux à réaliser et c'est peut-être pour cette raison que ce potage exquis est souvent réservé pour souligner les grandes occasions comme le Nouvel An. En juin, lorsque les viviers sont remplis de homards du Québec ou du Nouveau-Brunswick, je ne peux m'empêcher de trouver une raison pour célébrer l'arrivée de ces crustacés. Comme quoi tous les prétextes sont bons pour manger de la bisque de homard ! Cette recette vous permet de réaliser du fumet de homard que vous pouvez congeler et utiliser ultérieurement.

pour **6** personnes

Fumet de homard

INGRÉDIENTS

2 **homards femelles** d'environ 1 ¼ lb (570 g)

3 l (12 tasses) d'**eau salée**

Huile végétale

4 grosses **carottes** hachées grossièrement

2 petits **oignons** hachés grossièrement

2 branches de **céleri avec les feuilles**

hachées grossièrement

2 gousses d'**ail** hachées finement

1 grosse **tomate** épépinée coupée en petits cubes

125 ml (½ tasse) de **vin blanc**

1 feuille de **laurier**

1 tige d'**estragon**

MÉTHODE

1. Dans une très grande casserole d'eau bouillante salée, plonger les homards tête la première, puis cuire à gros bouillons 8 minutes. Retirer les homards de la casserole avec des pinces et réserver.

2. Passer l'eau de cuisson du homard dans un tamis très fin, réserver 2,5 l (10 tasses) et conserver le reste de l'eau de cuisson pour utilisation ultérieure. Transférer l'eau de cuisson réservée dans une grande casserole.

3. Lorsque les homards sont froids, les décortiquer, puis hacher la chair des queues en petits morceaux. Garder la chair des pinces

intacte. Vider les deux coffres des homards : retirer l'estomac qui est situé juste derrière la tête ainsi que l'intestin, c'est-à-dire la petite veine (souvent noire) qui descend jusqu'au bout de la queue. Conserver le corail (les œufs rouges). Mettre la chair de homard et le corail dans des contenants hermétiques et ranger au réfrigérateur.

4. Hacher grossièrement les coffres des homards, puis les déposer avec la carapace des pinces dans une poêle bien huilée sur un feu moyen. Saisir environ 4 minutes.

Suite ▷

5. Ajouter les carottes, les oignons, le céleri, l'ail et la tomate et faire cuire 5 minutes sur un feu d'intensité moyenne. Déglacer le tout avec le vin blanc et réduire de moitié. Transférer le contenu de la poêle dans la casserole d'eau de cuisson de homards et porter à ébullition. Ajouter le laurier et l'estragon, Réduire à feu doux et laisser mijoter 45 minutes. Éteindre le feu et laisser tiédir. Retirer la feuille de laurier et les carapaces des pinces.

NOTE : À cette étape, si vous ne désirez que du fumet, passez le liquide au tamis fin en pressant sur les ingrédients solides avec une maryse ou une spatule afin d'extraire le plus de jus possible. Puis laisser refroidir à température ambiante. Verser ensuite le fumet dans des contenants ou sacs de plastique et ranger au réfrigérateur ou congélateur, avec la chair de homard et le corail.

Bisque

INGRÉDIENTS

Fumet de homards, coffres, légumes et fines herbes réservés

Morceaux de **chair de homard**

Corail des homards

2 ml (½ c. à thé) de **safran**

15 ml (1 c. à soupe) de **beurre**

125 ml (½ tasse) de **crème 15 %**

1 grosse **pomme de terre blanche** pelée et coupée en petits cubes

5 ml (1 c. à thé) de flocons de **piments forts** réduits en poudre

125 ml (½ tasse) de **crème fraîche**, de crème sure ou de fromage à la crème

Le jus et le zeste de 1 **citron**

Feuilles d'**estragon**

MÉTHODE

1. Verser le fumet, les légumes et les morceaux de coffres dans un mélangeur électrique ou robot culinaire au moteur puissant. Réduire en purée et passer au tamis fin. Utiliser une louche ou une maryse pour presser sur les solides pour extraire le plus de liquide possible. Verser dans la casserole et déposer sur un feu d'intensité moyenne. Ajouter 2 c. à soupe de corail, le safran, les flocons de piments et les morceaux de pomme de terre. Lier la bisque avec du beurre. Laisser mijoter 45 minutes. Réduire ensuite en purée avec un pied-mélangeur. (Attention aux éclaboussures très chaudes).

2. Ajouter la crème et les morceaux de chair de homards (sauf les pinces) et poursuivre la cuisson à feu doux 5 minutes. Goûter, puis rectifier l'assaisonnement.

DÉCORATION ET SERVICE

1. Dans un petit bol, mélanger le reste du corail (sauf une cuillerée à thé) et la crème fraîche. Réserver.

2. Servir la bisque dans un bol et déposer au centre une cuillerée à thé de crème fraîche au corail. Mettre une pince sur chaque monticule de crème fraîche et garnir de jus et de zeste de citron, ainsi que de corail et de feuilles d'estragon.

NOTE : Conserver le reste de l'eau de cuisson du homard et les carapaces au congélateur dans des contenants ou des sacs de plastique hermétiques. Le fumet et les carapaces peuvent être utilisés pour parfumer une bouillabaisse ou une soupe aux poissons et fruits de mer.

Soupe à l'oignon gratinée

Je me souviens qu'à une époque, pendant mon enfance, la soupe à l'oignon gratinée faisait des malheurs dans plusieurs foyers du Québec. Cette soupe était servie comme repas les soirs d'hiver.
Je n'ai pas la nostalgie de ce potage consistant, mais, à l'occasion, après une journée d'hiver passée en plein air, j'aime bien me retrouver devant un bol fumant de soupe à l'oignon gratinée.

pour **4 personnes**

Ingrédients

60 ml (4 c. à soupe) de **beurre**

4 gros **oignons** émincés

65 ml (¼ tasse) de **vin blanc** sec

1 gousse d'**ail** émincée

500 ml (2 tasses) d'**eau**

1 l (4 tasses) de **bouillon de bœuf** maison (voir recette à la page 311)

1 feuille de **laurier**

5 ml (1 c. à thé) d'**herbes de Provence**

8 gros **croûtons sans gluten**

125 ml (½ tasse) de **gruyère** ou d'emmenthal rapé

Méthode

1. Dans une grande casserole à feu doux, faire fondre le beurre.

2. Faire cuire et caraméliser les oignons dans la casserole (environ 30 minutes). Verser le vin blanc sur les oignons caramélisés et laisser l'alcool s'évaporer.

3. Ajouter l'ail émincé. Ensuite, ajouter l'eau, le bouillon de bœuf, la feuille de laurier et les herbes de Provence dans la casserole. Porter à ébullition, puis réduire à feu doux et laisser mijoter environ 25 minutes.

4. Préchauffer le four à 475 °F (245 °C).

5. Faire griller les croûtons des deux côtés. Verser la soupe dans des bols allant au four. Déposer deux croûtons sur la soupe par bol, puis garnir de gruyère rapé. Enfourner jusqu'à ce que le fromage soit bien doré.

NOTE : Lors du service, placer une serviette de papier sur une assiette, puis déposer le bol de soupe sur la serviette.

Soupe asiatique au poulet et aux vermicelles de riz

Cette soupe sans gluten a surtout été inspirée par ce qu'il me restait dans le frigo après une semaine de vacances. Le résultat: une soupe légère aux multiples couleurs et textures. C'était aussi la première fois que j'utilisais des vermicelles de riz brun.

pour 4 personnes

Voir photo à la page 76.

Ingrédients

2 l (8 tasses) de **bouillon de poulet** maison (voir recette à la page 310) ou du commerce, sans gluten et réduit en sodium

4 **carottes** tranchées en julienne

2 **panais** tranchés en julienne

2 **oignons** tranchés en julienne

600 g de tranches de **poulet pour fondue** coupées en fines lanières

250 g de **vermicelles de riz brun**

4 poignées de feuilles de **coriandre**

8 **champignons portobello** tranchés finement

1 cm de **gingembre** frais râpé

4 têtes d'**oignons verts** tranchées finement

Sauce **tamari** sans gluten

Fèves germées au goût

Huile de sésame grillée

Méthode

1. Dans une grande casserole, faire bouillir le bouillon de poulet à feu moyen. Ajouter les juliennes de carottes, de panais et d'oignons. Faire bouillir environ 10 minutes. Ajouter ensuite les lanières de viande et laisser mijoter encore 5 minutes.

2. Dans un grand bol rempli d'eau bouillante, faire tremper les vermicelles de riz 4 minutes. Égoutter.

3. Dans quatre bols de soupe, répartir les vermicelles également au fond de chaque bol. Les remplir ensuite avec la soupe.

4. Décorer finalement chaque bol de soupe avec des feuilles de coriandre, des morceaux de champignons, de gingembre râpé, des tranches d'oignons verts, des gouttes de sauce tamari sans gluten, des fèves germées et des gouttes d'huile de sésame grillée, selon les quantités désirées et au goût.

Soupe au poulet et au riz

Après avoir mangé du poulet rôti, j'aime utiliser la carcasse pour créer un bouillon de poulet (voir recette à la page 310). Ensuite, je le conserve en petites portions individuelles congelées dans des contenants ou des sacs de plastique. C'est très pratique quand j'ai besoin d'un bouillon pour une sauce ou une soupe, et c'est certain qu'il ne contient pas de gluten. Les bouillons du commerce contiennent souvent du gluten ou sont généralement très salés. Si vous n'avez pas de bouillon de poulet maison pour cette recette, vous pouvez utiliser du bouillon de poulet sans gluten du commerce et à teneur réduite en sodium.

pour environ 14 personnes

Ingrédients

4,5 l (18 tasses) de **bouillon de poulet** maison (voir recette à la page 310)

2 **carottes** finement hachées

2 **oignons** finement hachés

1 branche de **céleri** finement haché

250 ml (1 tasse) de **riz brun** court

125 ml (½ tasse) de **riz sauvage** rincé

Sel et **poivre** du moulin

500 ml (2 tasses) de **poulet** cuit coupé en petits morceaux

Méthode

1. Dans une grande casserole, faire bouillir le bouillon de poulet à feu moyen. Ajouter les carottes, les oignons et la branche de céleri hachés. Ajouter ensuite les deux types de riz.

2. Assaisonner au goût avec du sel et du poivre. Laisser mijoter à feu doux 1 heure.

3. Si la soupe est trop épaisse, délayer avec de l'eau ou du bouillon de poulet. Ajouter le poulet cuit à la toute fin et laisser mijoter 15 minutes.

4. Verser la soupe dans des contenants en plastique, puis ranger au congélateur.

Soupe au bœuf multigrain

pour **10** personnes

Dès que les premiers flocons de neige se pointaient à l'horizon, ma mère nous mitonnait une bonne soupe au bœuf et à l'orge. C'était ma soupe réconfort. Puisque l'orge est un grain qui contient du gluten, j'ai utilisé des grains de quinoa et d'amarante pour recréer cette recette de mon enfance. J'aime utiliser les restants d'un bœuf braisé aux oignons. Si je n'ai pas de restant de bœuf braisé, j'utilise des cubes de bœuf que je fais brunir dans une poêle.

Ingrédients

Huile de pépins de raisins ou d'olive

1 kg de **bœuf** coupé en petits cubes ou de restant de bœuf braisé aux oignons ou de rôti de bœuf

2 grosses **carottes** finement hachées

2 **panais** finement hachés

2 branches de **céleri et ses feuilles** finement hachées

1 gros **oignon** finement haché (ne pas ajouter d'oignon si des restants de bœuf braisé aux oignons sont utilisés)

3 l (12 tasses) de **bouillon de bœuf** (voir recette à la page 311)

2 gousses d'**ail** finement hachées

800 ml (1 boîte) de **tomates** sans gluten ou 5 grosses tomates épépinées et tranchées en cubes

1 feuille de **laurier**

Feuilles de 4 tiges de **thym** frais

1 tasse de grains de **quinoa** très bien rincés à l'eau

65 ml (¼ tasse) de grains d'**amarante** rincés à l'eau

250 ml (1 tasse) de **petits pois verts** surgelés ou deharicots verts hachés

Poivre du moulin et **sel** au goût

Copeaux de **parmesan** ou de vieux cheddar

Méthode

1. Dans une poêle, faire brunir les cubes de bœuf avec un peu d'huile. Réserver dans un bol.

2. Ajouter un peu d'huile dans la poêle et brunir ensuite les morceaux de carottes, de panais, de céleri et d'oignon à feu moyen. Réserver dans un bol.

3. Dans une très grande casserole, mettre le bouillon de bœuf, l'ail, les tomates, les cubes de bœuf, les légumes brunis, la feuille de laurier, les feuilles de thym et faire mijoter à feu doux au moins 1 heure. Ajouter les grains de quinoa et d'amarante et laisser mijoter à feu moyen encore 25 minutes. Ajouter du bouillon ou de l'eau si la soupe est trop épaisse.

4. Finalement, ajouter les pois verts surgelés ou haricots verts et laisser mijoter encore 8 minutes. Saler et poivrer au goût.

5. Servir la soupe dans des bols et garnir avec des copeaux de parmesan. Je sers quelquefois cette soupe avec des feuilles de coriandre fraîche à la place du fromage.

NOTE : Si vous utilisez des restants de bœuf braisé, ajoutez les morceaux de bœuf dans la soupe seulement à la toute fin, en même temps que les pois ou les haricots verts. Si vous n'avez pas de grains de quinoa ou d'amarante, vous pouvez utiliser du riz brun. Cette soupe se congèle très bien.

Potage froid à l'avocat

Ce potage froid à l'avocat est parfait quand le soleil se montre le bout du nez et qu'il fait trop chaud pour se retrouver devant une marmite. Pour bien réussir cette recette, vous devez utiliser des avocats mûrs. Je vous recommande donc d'acheter vos avocats à l'avance afin de les laisser mûrir chez vous, car, souvent, les avocats qu'on trouve à l'épicerie ne sont pas prêts à être consommés.

pour **4** personnes

Potage

INGRÉDIENTS

750 ml (3 tasses) de **bouillon de poulet** froid sans gluten maison (voir recette à la page 310) ou du commerce

2 **avocats** mûrs

125 ml (½ tasse) de **lait** ou de crème

2 **oignons verts** tranchés

5 ml (1 c. à thé) de graines de **cumin** grillées

Jus d'un **citron**

• • •

Garniture

INGRÉDIENTS

Crème sure sans gluten

1 **oignon vert** tranché

Feuilles de **coriandre**

Poivre

Fleur de sel

Cheddar, ou mozzarella, râpé

Gouttes de jus de **citron** ou d'huile d'avocat

MÉTHODE

1. Dans un mélangeur électrique ou un robot culinaire, mélanger le bouillon de poulet, la chair des avocats, le lait, les tranches d'oignons verts, les graines de cumin grillées et le jus de citron à vitesse rapide pendant 30 secondes ou jusqu'à consistance veloutée.

2. Verser le mélange dans quatre bols. Laisser reposer les bols de potage au réfrigérateur de 30 minutes à 1 heure.

3. Avant de servir, déposer 15 ml (1 c. à soupe) de crème sure au centre de chaque bol de potage. Sur chaque portion de crème sure, déposer de petites tranches d'oignons verts et des feuilles de coriandre. Parsemer chaque bol de fromage râpé, de poivre fraîchement moulu et de cristaux de fleur de sel. Ajouter quelques gouttes de jus de citron ou d'huile d'avocat.

NOTE : Servir le potage avec des croustilles 100 % maïs. Vous pouvez aussi garnir ce potage avec d'autres ingrédients. Inspirez-vous de ce que contiennent votre garde-manger et votre réfrigérateur. Par exemple, vous pourriez garnir ce potage avec de petites lanières de saumon ou de jambon fumés, de la chair de crabe ou de homard effilochée, des crevettes nordiques, des graines de citrouille ou de sésame rôties, du pesto à la coriandre, de la salsa aux tomates et des lanières de tortillas de maïs grillés, etc.

Soupe froide aux tomates

Un vrai gaspacho contient de la mie de pain blanc rassis, du vinaigre de xérès et tous les légumes sont crus. Puisque je n'ai presque jamais de pain blanc sans gluten à la maison, j'ai sauté cet ingrédient. De plus, j'ai fait griller mes légumes afin de donner plus de saveur au potage. J'ai donc nommé cette recette «soupe froide» car elle ne respecte pas vraiment la tradition du gaspacho.

Soupe

pour **4** personnes

Voir photo à la page 75.

INGRÉDIENTS

95 ml (³/₈ tasse) d'**huile d'olive**

1 **échalote** grise émincée

1 gousse d'**ail** hachée finement

1 petit **poivron rouge**, épépiné et coupé en cubes

250 ml (1 tasse) de **tomates** en cubes ou de tomates cerises coupées en deux

15 ml (1 c. à soupe) de **vin blanc** sec ou de vinaigre de xérès

300 ml (1 ¹/₈ tasse) de **jus de tomate**

4 petits **concombres** du Québec, pelés et coupés en cubes

6 feuilles de **basilic**

Sel et **poivre**

• • •

Garniture (au choix)

INGRÉDIENTS

Crème fraîche ou crème sure

Tiges de **ciboulette**

Brunoise de concombres et de **poivrons rouges**

Huile d'olive

Feuilles de **basilic**

Crème 35%

MÉTHODE

1. Dans une poêle huilée déposée sur un feu moyen, faire sauter de 2 à 3 minutes les morceaux d'échalote, d'ail, de poivron et de tomates. Déglacer avec le vin blanc ou du vinaigre de xérès.

2. Au mélangeur, réduire en purée tous les ingrédients chauds avec le jus de tomate jusqu'à consistance homogène. Ajouter l'huile d'olive, les cubes de concombres et les feuilles de basilic, puis continuer à réduire en purée. Saler et poivrer. Goûter et rectifier l'assaisonnement.

3. Réfrigérer 3 heures ou toute la nuit. Servir la soupe froide dans des bols préalablement refroidis au réfrigérateur.

4. Garnir la soupe d'une cuillerée à thé de crème fraîche au centre, de ciboulette, d'une brunoise de concombres et de poivrons rouges, d'un trait d'huile d'olive ou de crème 35 % et de petites feuilles de basilic.

NOTE : Les feuilles de basilic peuvent être remplacées par des feuilles de coriandre. J'ajoute souvent une trentaine de crevettes nordiques par bol, créant ainsi un plat principal.

Velouté aux asperges et aux topinambours et son flan aux champignons sauvages

Cette recette est devenue un classique à la maison pour souligner les grandes occasions. Maintenant que les asperges sont disponibles à l'année, plus besoin d'attendre au mois de mai pour célébrer.

pour 4 personnes

Velouté aux asperges et aux topinambours

INGRÉDIENTS

2 bottes d'**asperges** vertes hachées (la partie tendre seulement)

2 **topinambours** pelés et coupés en dés

½ **oignon** tranché en petits morceaux

2 gousses d'**ail** finement hachées

500 ml (2 tasses) de **bouillon de poulet**

125 ml (½ tasse) de **crème** 15 %

Poivre et **sel** au goût

NOTE : *Ce velouté aux asperges et tampinambours est délicieux servi avec le flan aux champignons.*

MÉTHODE

1. Dans une grande casserole, faire sauter 5 minutes sur un feu moyen les morceaux d'asperges, d'oignons et d'ail. Réservez le tiers des légumes pour la garniture. Ajouter ensuite les topinambours et le bouillon de poulet. Laisser mijoter à feu doux pendant 15 minutes ou jusqu'à ce que les topinambours soient cuits. Laisser refroidir.

2. Dans un robot culinaire ou un mélangeur électrique, réduire les asperges et le bouillon en purée.

3. Vider la purée dans une casserole, ajouter la crème et laisser mijoter à feu doux 5 minutes. Saler et poivrer.

4. Verser le velouté dans des bols et garnir avec les têtes d'asperges. Garnir le velouté avec les morceaux de légumes grillés et le flan aux champignons sauvages. Réserver.

Flan aux champignons sauvages

INGRÉDIENTS

1 **échalote** émincée

1 gousse d'**ail** émincée

750 g (3 tasses) de **champignons sauvages** frais tranchés (chanterelle, pleurote et bolet comestibles)

5 ml (1 c. à thé) de **vin blanc** sec

2 **jaunes d'œufs** + 1 **œuf**

125 ml (½ tasse) de **crème fraîche**, de crème sure ou de crème 35 %

15 ml (1 c. à soupe) d'**huile d'olive**

Poivre

MÉTHODE

1. Préchauffer le four à 250 °F (120 °C).

2. Dans une poêle, faire chauffer l'huile et le beurre. Faire ensuite sauter les morceaux d'échalote, d'ail et les tranches de champignons environ 5 minutes jusqu'à ce que les champignons soient dorés. Déglacer avec le vin blanc. Réserver et laisser refroidir.

3. Dans un malaxeur ou un robot culinaire, mélanger les jaunes d'œufs, l'œuf, la crème, les légumes grillés et les champignons. Assaisonner avec du poivre et un peu de sel.

4. Graisser quatre ramequins. Y vider la préparation et les déposer dans un grand récipient

Suite ▷

allant au four. Verser de l'eau chaude jusqu'à mi-hauteur des ramequins. Cuire au four environ 1 heure 20 minutes.

5. Servir le flan au centre du bol de velouté aux asperges et aux topinambours ou tout simplement, en entrée individuelle.

Soupe aux pois

La soupe aux pois est servie un peu partout dans le monde et est préparée de différentes façons selon la tradition du pays ou de la région. C'est un des plats traditionnels du Québec et l'un de mes favoris.

pour **4** personnes

Ingrédients

500 ml (2 tasses) de **pois jaunes** secs entiers

2 l (8 tasses) d'**eau**

500 ml (2 tasses) de **bouillon de poulet** sans gluten maison (voir recette à la page 310) ou bio du commerce

2 **carottes** coupées en petits dés

2 **oignons** coupés en petits dés

2 **panais** coupés en petits dés

2 branches de **céleri** avec les feuilles coupées en petits dés

2 feuilles de **laurier**

5 ou 6 tiges de **thym** frais

190 ml (³/₄ tasse) de **jambon** sans gluten coupé en petits cubes (j'ai utilisé un restant de jambon mijoté, voir recette à la page 120)

Sel et **poivre** au goût

Méthode

1. Dans une grande casserole, mettre les pois secs et l'eau. Déposer le couvercle sur la casserole. Laissez tremper les pois pendant 12 heures.

2. Égoutter les pois et les rincer à l'eau froide. Mettre les pois rincés et les 2 litres d'eau dans une grande casserole. Faire cuire les pois à feu doux et à couvert pendant environ 3,5 heures. Vérifier constamment le niveau de liquide dans la casserole afin que les pois ne collent pas au fond.

3. Quand les pois sont tendres, ajouter le bouillon de poulet, les morceaux de carottes, d'oignons, de céleri, de panais et de jambon, ainsi que les feuilles de laurier et les tiges de thym. Assaisonner au goût avec du sel et du poivre du moulin. Laisser mijoter à feu doux encore 1 heure.

NOTE : *Attention, les pois secs peuvent prendre beaucoup de temps à cuire. Il y a différents facteurs qui peuvent influer sur la cuisson des pois secs tels que l'âge et la qualité de pois utilisés ainsi que les autres ingrédients composant la soupe.*

Olives aux agrumes et aux épices (p.61)

Hummus aux épices (p.81) et craquelins aux grains complets (p.288)

Soupe froide aux tomates (p.70)

Soupe asiatique au poulet et aux vermicelles (p.66)

Salade de canard confit et de clémentines (p.95)

Salade de bocconcini, de tomates et de proscuitto (p.96)

Salade de pâtes courtes au thon (p.97)

Salade de quinoa et de légumes (p.98)

Trempettes et Salsa

Hummus aux épices

Plusieurs de mes collègues de travail sont friands d'hummus. Un jour, pas moins de 10 contenants d'hummus identiques se trouvaient dans le réfrigérateur du bureau ! Chacun devait donc identifier son contenant afin d'assurer l'intégrité de son contenu. Seule notre collègue d'origine libanaise était certaine que personne ne confondrait son hummus avec le sien, car elle le faisait elle-même. Son hummus était vraiment délicieux, bien supérieur à notre trempette commerciale. Je n'ai jamais obtenu sa recette, mais l'hummus que j'ai créé est assurément meilleur que celui que j'apportais au travail.

Voir photo à la page 74.

Ingrédients

500 ml de **pois chiches** en conserve

125 ml (½ tasse) d'**huile d'olive**

5 ml (1 c. à thé) de **graines de cumin** grillées

5 ml (1 c. à thé) de flocons de **piments forts** ou 1 petit piment fort séché

4 **gousses d'ail** confites

7 ml (1 ½ c. à thé) de **sel**

250 ml (1 tasse) de **beurre de sésame** (tahini)

170 ml (⅔ tasse) d'**eau**

Jus d'un gros citron

Méthode

1. Bien rincer les pois chiches, puis les faire tremper 1 heure dans l'eau. Rincer de nouveau les pois chiches, puis les égoutter.

2. Dans un mortier ou un moulin à épices, réduire en poudre les graines de cumin grillées et les flocons de piments forts.

3. Dans un robot culinaire, réduire en purée les pois chiches et l'ail confit. Ajouter ensuite le beurre de sésame, la poudre d'épices, l'huile d'olive, le sel et le jus de citron et mélanger. Ajouter l'eau et bien mélanger. Avec une cuillère, goûter puis rectifier l'assaisonnement ou allonger avec de l'eau ou de l'huile d'olive, au goût.

NOTE : L'hummus maison se conserve un maximum de sept jours au réfrigérateur (à cause de l'ail). Pour éviter la contamination croisée, servir l'hummus dans des contenants individuels. Si la quantité d'hummus est trop grande pour une consommation à l'intérieur de sept jours, conserver au congélateur dans des petits contenants hermétiques. Sortir les contenants du congélateur et dégeler au réfrigérateur jusqu'à utilisation. Si une couche brune se forme à la surface à cause de la congélation, l'enlever avec une cuillère avant de servir.

L'hummus peut être servi garni de poudre de paprika, de noix ou de graines de sésame grillées et nappé d'une sauce verte au persil, ou d'huile d'olive.

Raïta

Cette sauce me fait penser un peu à du tzatziki, mais plus épicée. Elle est délicieuse avec du poulet grillé indien et du pain plat sans gluten.

250 ml (1 tasse)

Ingrédients

1 **concombre** épépiné et tranché en très petits cubes

1 **oignon vert** tranché finement

1 **gousse d'ail** finement hachée

7 ml (1/2 c. à soupe) de **sucre**

1 ml (1/4 c. à thé) de **graines de cumin** rôties et finement moulues

10 grosses feuilles de **menthe** fraîche grossièrement hachées

1 poignée de feuilles de **coriandre** tranchées finement

250 ml (1 tasse) de **yogourt nature**

Méthode

Mélanger tous les ingrédients. Couvrir d'une pellicule plastique et mettre au réfrigérateur au moins 8 heures.

Salsa de mangues et de tomates

J'ai créé cette salsa en vacances pour accompagner un filet de poisson grillé, mais elle peut aussi bien être servie comme plat principal en ajoutant un concombre, que comme dessert en enlevant les oignons et la coriandre, puis en remplaçant les tomates par des petits fruits rouges.

375 ml (1 1/2 tasse)

Ingrédients

1 **mangue** fraîche pelée et coupée en dés

125 ml (1/2 tasse) de **tomates cerises** coupées en deux

1 **oignon** finement haché

10 feuilles de **menthe** fraîche

20 feuilles de **coriandre** fraîche

30 ml (2 c. à soupe) de **jus d'orange** (ou de citron ou de lime)

Sel et **poivre** fraîchement moulu au goût

Filet d'**huile d'olive** au goût

Méthode

1. Dans un bol, mélanger les dés de mangue, les morceaux de tomates et d'oignon.

2. Hacher grossièrement les feuilles de menthe et de coriandre et les ajouter au mélange préparé précédemment.

3. Incorporer ensuite le jus d'orange. Mélanger délicatement tous les ingrédients.

4. Ajouter un filet d'huile d'olive.

NOTE : Cette salsa est aussi délicieuse servie avec du porc ou du poulet grillé.

Trempette aux fines herbes et au poivre

Ma mère fait la meilleure trempette au monde avec de la crème sure, mais je ne peux plus en manger, car son ingrédient vedette est le fromage bleu dont la moisissure est souvent créée à partir de la mie de pain. J'ai donc inventé une recette de trempette sans gluten que je consomme, bien sûr, avec modération. Je n'achète jamais de trempette commerciale, car elle pourrait contenir du gluten; d'ailleurs, quant à moi, une trempette maison, c'est bien meilleur.

Pour cette trempette, j'utilise les fines herbes de mon potager et quand la saison est terminée, je m'en procure à l'épicerie.

500 ml (2 tasses)

Ingrédients

500 ml (2 tasses) de **crème sure** sans gluten

Tiges de **ciboulette** (au goût)

Feuilles de **thym** (au goût)

Feuilles d'**origan** ou de marjolaine (au goût)

5 poivres fraîchement moulus (au goût)

$1/2$ **gousse d'ail** émincé très finement (facultatif)

50 g de **feta** émiettée (facultatif)

Méthode

Dans un bol, mélanger tous les ingrédients. Recouvrir le bol d'une pellicule de plastique. Mettre au réfrigérateur au moins 1 heure afin que la crème sure s'imprègne du goût des autres ingrédients.

Servir avec des légumes tranchés ou des croustilles de maïs ou de pommes de terre sans gluten.

Guacamole aux oranges sanguines

Lorsque les oranges sanguines sont de saison, je ne peux résister à la beauté de ce fruit à la chair rouge et au goût léger de framboise. Ce qui donne la belle couleur rouge à la chair d'une orange sanguine est un pigment nommé anthocyanine, un antioxydant puissant présent dans plusieurs fruits tels les bleuets, les raisins et les mûres.

Pour créer cette recette de guacamole, j'ai remplacé les tomates par des morceaux d'oranges sanguines. Le goût fin de cette orange à la chair rougeâtre s'est agréablement marié à celui de l'avocat. Si vous n'avez pas d'oranges, utilisez des clémentines ou des tomates.

500 ml (2 tasses)

Ingrédients

2 **avocats** mûrs

2 ml (½ c. à thé) de **zestes d'orange sanguine**

1 **orange sanguine** en quartiers (j'ai utilisé le cultivar Moro)

12 feuilles de **coriandre** fraîche hachées grossièrement

2 ml (½ c. à thé) de **grains de cumin**, rôties et réduites en poudre dans un mortier

1 **oignon vert** ou de la ciboulette fraîche ou 1 échalote finement hachée - environ 15 ml (1 c. à soupe)

Sel et **poivre** au goût

Méthode

1. Avec une fourchette dans un petit bol ou avec un pilon dans un mortier, réduire la chair des avocats en purée ou selon la consistance désirée.

2. Au-dessus du bol, extraire le jus de deux ou trois quartiers de l'orange sanguine en les écrasant dans la main.

3. Couper le reste des quartiers de l'orange sanguine en petits morceaux et les ajouter à la purée d'avocats.

4. Ajouter les autres ingrédients à la purée et mélanger avec la fourchette ou le pilon.

5. Assaisonner au goût avec du sel et du poivre.

NOTE :

_____

_____

_____

_____

_____

_____

_____

_____

_____

_____

_____

_____

_____

_____

_____

_____

_____

_____

_____

_____

_____

_____

_____

_____

_____

_____

_____

_____

_____

_____

_____

_____

Accompagnements

Accompagnements

Pommes de terre rôties
aux fines herbes et aux oignons

Lorsque je visite mes parents en Outaouais, je supplie toujours mon père de me préparer ses fameuses petites patates et ses légumes rôtis pour le petit-déjeuner du dimanche.
Chaque fois, mon père acquiesce à ma demande. Je suis presque devenue une experte en patates rôties à force de manger de si bonnes pommes de terre !

pour 4 personnes

Ingrédients

125 ml (½ tasse) d'**huile d'olive** légèrement chauffée

45 ml (3 c. à soupe) de **fines herbes** fraîches hachées au goût (ciboulette, origan, romarin, thyn, estragon, basilic, sauge)

8 **pommes de terre Russet** lavées et tranchées en rondelles d'environ ½ cm d'épaisseur

1 **oignon jaune** tranché finement

Poivre du moulin et **sel**

Méthode

1. Dans une casserole, faire mijoter à feu très doux l'huile d'olive. L'huile ne doit pas fumer. Ajouter les fines herbes et laisser infuser environ 5 minutes. Si les fines herbes commencent à brunir, retirer la casserole du feu.

2. Régler la température du barbecue ou du four à environ 450 °F (230 °C).

3. Sur une plaque de cuisson, déposer une feuille d'aluminium. Déposer les pommes de terre sur la plaque et les enrober d'huile d'olive aux fines herbes. Ajouter ensuite l'oignon. Déposer la plaque de pommes de terre sur la grille au centre du four ou sur la grille du haut au centre du barbecue. Si votre barbecue ne possède pas de grille du haut, déposer sur la grille au centre du barbecue, puis fermer le feu du centre.

4. Cuire les pommes de terre de 15 à 20 minutes, puis réduire la température à 400 °F (200 °C) et cuire 15 minutes supplémentaires, ou cuire au barbecue avec le couvercle fermé de 25 à 30 minutes. Saler et poivrer au goût.

Purée de pommes de terre jaunes et de céleri-rave

J'essaie de manger le plus souvent des légumes-racines quand arrive l'automne. Ils sont très économiques et réconfortants, surtout lorsqu'ils sont servis en purée avec un plat de viande braisée. La combinaison des saveurs de la pomme de terre jaune et du céleri-rave est agréable et permet de mettre en valeur cette racine à l'allure ingrate.

pour **4** personnes

Ingrédients

8 **pommes de terre à chair jaune** (Yukon Gold) de grosseur moyenne, pelées et coupées en quartiers

1 **céleri-rave** pelé et coupé en morceaux de même taille que les quartiers de pommes de terre

85 ml (1/3 tasse) de **beurre salé**

170 ml (2/3 tasse) de **lait** ou de bouillon de poulet sans gluten

Sel et **poivre** au goût

Méthode

1. Mettre les quartiers de pommes de terre et de céleri-rave dans une grande marmite remplie d'eau froide. Faire cuire à haute intensité jusqu'à ce que les légumes soient tendres (environ 20 minutes). Retirer la marmite du feu et égoutter les cubes de pommes de terre et de céleri-rave. Une fois égouttés, remettre les cubes dans la marmite   et garder au chaud.

2. Dans une casserole, chauffer le lait ou le bouillon de poulet. Ajouter le beurre et le faire fondre. Ne pas faire bouillir. Piler les cubes de pommes de terre et de céleri-rave avec un pilon à pommes de terre ou les passer dans un moulin à légumes. Ajouter le lait. Mélanger avec une cuillère en bois ou une spatule jusqu'à la consistance désirée. Saler et poivrer au goût.

NOTE : *Le céleri-rave peut être remplacé par du panais ou des navets.*

Polenta au beurre salé

La polenta peut être servie comme plat principal au petit-déjeuner ou comme accompagnement pour le souper. Cette recette d'accompagnement comprend de la semoule de maïs à gros grains qui prend environ 45 minutes à cuire. Pour le petit-déjeuner, j'aurais opté pour de la semoule finement moulue à cuisson rapide et remplacé le bouillon par de la crème.

pour 4 personnes

Ingrédients

250 ml (1 tasse) d'**eau**

500 ml (2 tasses) de **bouillon de poulet** sans gluten maison ou du commerce

190 ml (³/₄ tasse) de **polenta** (semoule de maïs) à gros grains

125 ml (¹/₂ tasse) de **beurre salé**

Sel, poivre et **fines herbes** au goût

Méthode

1. Dans une casserole de grosseur moyenne, porter à ébullition l'eau et le bouillon de poulet. Ajouter graduellement la polenta tout en brassant continuellement. Réduire à feu doux et laisser mijoter environ 45 minutes. Brasser continuellement la polenta avec une cuillère en bois afin qu'aucun grumeau ne se forme et qu'elle ne colle pas dans le fond de la casserole. Si la polenta semble un peu sèche, ajouter de l'eau ou du bouillon de poulet.

2. Cinq minutes avant d'éteindre le feu, ajouter le beurre salé. Laisser fondre, puis brasser. Retirer la casserole du feu. Assaisonner avec du sel, du poivre et des fines herbes.

NOTE : *Bien que la semoule de maïs soit composée de grains de maïs seulement, elle pourrait avoir été contaminée par d'autres grains durant son traitement. Assurez-vous donc que la semoule de maïs utilisée est garantie sans gluten.*

Pour donner un aspect plus crémeux à la polenta, ajouter deux cuillerées à soupe de fromage à la crème à la toute fin avant d'assaisonner. Vous pouvez aussi changer 250 ml (1 tasse) de bouillon de poulet par 250 ml (1 tasse) de crème. La polenta au beurre salé est le plat d'accompagnement idéal pour le jarret d'agneau braisé aux tomates (voir recette à la page 130) ou l'osso buco (voir recette à la page 132).

NOTE:

Salades

Salades

Salade de crabe des neiges et d'avocats

J'ai trouvé l'inspiration pour cette recette dans un bol de fruits où j'ai déniché un avocat bien mûr, une orange, des tomates cerises et un citron. Il n'en fallait pas plus pour que je concocte cette belle salade de crabe des neiges et d'avocats digne de ce magnifique crustacé.

pour 2 personnes en plat principal ou pour 4 personnes en entrée

Ingrédients

500 g de **chair de crabe des neiges**

La chair de 2 **avocats** mûrs, mais toujours fermes, coupée en petits cubes

4 **oignons verts** grossièrement hachés

4 petits **concombres** pelés, épépinés et coupés en dés

La chair de 1 **orange**

1 grosse **tomate** épépinée et coupée en dés ou 20 tomates cerises coupées en quartiers

1 poignée de feuilles de **coriandre** grossièrerement hachées

Jus d'un **citron**

Poivre du moulin et **fleur de sel**

30 ml (2 c. à soupe) d'**huile d'olive**

30 ml (2 c. à soupe) de **mayonnaise**

Méthode

1. Dans un bol, mélanger délicatement l'avocat, les concombres, les tomates, l'orange, la coriandre et les oignons verts. Saler et poivrer au goût.

2. Dans un autre bol, mélanger la moitié de la chair de crabe avec deux cuillerées à soupe de mayonnaise et la moitié du mélange à l'avocat.

3. Déposer un emporte-pièce au centre de quatre grandes assiettes. Répartir la seconde moitié de mélange à l'avocat dans chaque emporte-pièce. Presser délicatement avec le dos d'une cuillère pour que le mélange soit bien distribué. Étendre ensuite la préparation à la mayonnaise, au crabe et à l'avocat.

4. Garnir finalement avec la seconde moitié de chair de crabe et décorer à l'aide de feuilles de coriandre et d'un trait d'huile d'olive et de jus de citron.

Salade de canard confit et de clémentines

Voir photo à la page 77.

Vinaigrette

INGRÉDIENTS

125 ml (¹/₂ tasse) d'**huile d'olive extra vierge**

45 ml (3 c. à soupe) de **vinaigre balsamique** de Modène, de vinaigre de framboise ou de jus d'orange

Poivre fraîchement moulu

MÉTHODE

Fouetter ensemble tous les ingrédients de la vinaigrette dans un petit contenant. Réserver.

Salade

INGRÉDIENTS

4 **cuisses de canard confit** sans gluten

2 l (8 tasses) de feuilles de **mesclun** ou d'épinards

125 ml (¹/₂ tasse) de **pignons** grillés

2 branches de **céleri** finement hachées

¹/₂ **oignon** finement haché

24 **tomates cerises** coupées en deux

4 **clémentines** divisées en quartiers

MÉTHODE

1. Sur le gril d'un barbecue, faire griller les quatre cuisses de canard environ 20 minutes à 350 °F (180 °C).

2. Pendant que les cuisses grillent, mélanger tous les ingrédients de la salade dans un grand bol.

3. Retirer les cuisses de canard du gril et laisser reposer afin qu'elles deviennent tièdes.

4. Lorsque les cuisses sont tièdes, enlever la peau, le gras et les os et séparer la chair en gros filaments. Mettre les filaments de canard dans la salade.

5. Bien mélanger la salade, le canard et la vinaigrette dans un grand bol. Saupoudrer la salade de poivre moulu. Ne pas ajouter de sel, car le confit est déjà assez salé. Servir dans trois ou quatre bols ou assiettes.

Salade de bocconcinis, de tomates et de prosciutto

Quand j'ai très faim et que je suis pressée par le temps, je réalise cette salade express et pleine de saveurs en quelques minutes. Je préfère manger cette salade quand les tomates cerises et le basilic poussent dans mon jardin. Les saveurs sont encore plus prononcées.

pour 1 personne

Voir photo à la page 78.

Ingrédients

20 **tomates cerises** mûres

10 petits **fromages bocconcinis** tranchés en deux

3 tranches de **prosciutto** coupées en petits morceaux

1 poignée de feuilles de **basilic** frais finement tranchées

15 ml (1 c. à soupe) de **noix de pin** grillées

Fleur de sel

Poivre du moulin

60 ml (4 c. à soupe) d'**huile d'olive extra vierge**

Quelques gouttes de **vinaigre de cidre**, balsamique de Modène ou 5 ml (1 c. à thé) de jus de citron

Méthode

Mélanger tous les ingrédients dans un saladier, puis déguster !

NOTE : *Le vinaigre balsamique que j'utilise est vieilli plus de 12 ans. Je l'utilise donc avec modération, sinon son goût est trop présent.*

Salade de pâtes courtes au thon

Je me suis inspirée de la recette de salade tiède très simple et rapide qu'un copain m'a déjà servie il y a bien des années pour créer cette recette. Je mange quelquefois cette salade au thon comme lunch ou à l'occasion comme souper.

Voir photo à la page 79.

Ingrédients

250 g de **pâtes courtes** sans gluten

16 **tomates cerises** coupées en deux

170 g de **thon** ou de saumon émietté en boîte

2 **oignons verts** finement hachés

60 ml (4 c. à soupe) de **mayonnaise** sans gluten

30 ml (2 c. à soupe) de **moutarde de Dijon** sans gluten

30 ml (2 c. à soupe) d'**huile d'olive extra vierge**

Sel et **poivre du moulin**

Méthode

1. Faire cuire les pâtes selon les instructions du fabricant. Mettre les pâtes cuites dans un grand bol.

2. Dans un autre bol, mélanger le thon, la mayonnaise, la moutarde et l'huile d'olive. Intégrer le mélange de thon aux pâtes. Pour une préparation au thon moins dense, ajouter de l'huile d'olive ou de la mayonnaise.

3. Ajouter les tomates tranchées et les oignons verts. Mélanger le tout délicatement.

4. Saler et poivrer au goût.

NOTE : Pour varier les ingrédients, j'ajoute quelquefois des cubes de fromage à pâte ferme, des cubes d'avocats et des olives noires séchées au soleil.

Salade de quinoa et de légumes

J'ai découvert le quinoa avant même de savoir que j'étais cœliaque. Je suis devenue une inconditionnelle de ce grain complet non seulement parce qu'il est sans gluten, mais surtout à cause de sa grande valeur nutritive. Riches en protéines et en fer, les grains de quinoa contiennent aussi beaucoup de minéraux et d'acides aminés essentiels. Le quinoa est un aliment très facile à cuisiner et très polyvalent. Ses grains au léger goût de noisette peuvent être servis en salade, en accompagnement et même au petit-déjeuner avec du lait chaud et du sucre brun. Je préfère l'utiliser dans une salade, rehaussé d'une multitude de légumes colorés.

Voir photo à la page 80.

pour **2** personnes

Ingrédients

250 ml (1 tasse) de **quinoa**

30 ml (2 c. à soupe) d'**huile d'olive**

370 ml (1 $\frac{1}{2}$ tasse) d'**eau**

2 **concombres anglais** ou libanais épluchés, épépinés et coupés en dés

1 **poivron** épépiné et coupé en dés

3 petits **oignons verts** hachés finement

1 branche de **céleri** hachée finement

1 grosse **tomate** épépinée et coupée en dés

125 ml ($\frac{1}{2}$ tasse) de **grains de maïs**

1 poignée de feuilles de **coriandre** hachées finement

1 ml ($\frac{1}{4}$ c. à thé) de **gingembre** frais finement haché

125 ml ($\frac{1}{2}$ tasse) d'**huile d'olive extra vierge**

30 ml (2 c. à soupe) de **sirop d'érable** ou de miel

Jus d'un petit **citron**

100 g de **fromage** émietté ou en petits cubes (vieux cheddar ou feta)

Méthode

1. Faire tremper les grains de quinoa dans un grand bol. Rincer les grains jusqu'à ce que l'eau ne mousse plus. (On rince les grains de quinoa afin d'enlever la saponine, une couche amère qui recouvre les grains.)

2. Faire bouillir l'eau.

3. Pendant ce temps, déposer une casserole à fond épais sur un feu moyen. Ajouter les grains de quinoa égouttés et les faire rôtir avec l'huile d'olive quelques minutes dans la casserole.

4. Verser ensuite l'eau bouillante sur les grains de quinoa et réduire à feu doux. Couvrir la casserole et cuire 15 minutes. Retirer la casserole du feu et laisser reposer 5 minutes. Séparer les grains de quinoa à l'aide d'une fourchette.

5. Dans un petit contenant, mélanger l'huile d'olive, le sirop d'érable (ou le miel), le gingembre et le jus de citron.

6. Dans un grand saladier, mélanger tous les ingrédients, ainsi que la vinaigrette. Ajouter les miettes ou les cubes de cheddar.

NOTE :

Plats principaux

Plats sans viande

Crêpes blanches salées

Les crêpes sont très faciles à faire, même sans gluten. Adolescente, je suis devenue experte dans la préparation de crêpes françaises. Presque tous les dimanches matin, je devais préparer des crêpes pour ma famille. Je les cuisine moins souvent maintenant, mais, à l'occasion, j'aime bien en faire un repas pour le souper.

pour **4** personnes

Ingrédients

65 ml (¹/₄ tasse) de **farine de riz**

65 ml (¹/₄ tasse) de **farine d'amarante**

65 ml (¹/₄ tasse) de **farine de tapioca**

250 ml (1 tasse) de **lait**

1 **œuf** battu

2 ml (¹/₂ c. à thé) de **sel**

Huile de pépins de raisins ou autre huile végétale

NOTE : En ajoutant 15 ml (1 c. à soupe) de sucre et 2 ml (¹/₂ c. à thé) d'extrait de vanille au mélange, on obtient des crêpes sucrées. Une fois cuites, il suffit de les garnir de fruits, de sirop d'érable ou de sauce chaude au chocolat (voir à la page 259).

Méthode

1. Dans un bol, tamiser les farines, puis ajouter le sel.

2. Creuser un puits au centre et verser l'œuf battu. Avec une fourchette, mélanger l'œuf et les farines tout en versant le lait graduellement en un mince filet jusqu'à l'obtention d'une consistance souple. Couvrir et laisser reposer la pâte une heure au réfrigérateur.

3. Dans une poêle, faire chauffer 2 ml (¹/₂ c. à thé) d'huile à feu moyen. Avec un pinceau, badigeonner uniformément l'huile dans la poêle. Verser deux cuillerées à soupe de mélange à crêpes, puis incliner la poêle pour napper le fond. Faire cuire la crêpe de 2 à 3 minutes puis, la retourner avec une spatule et cuire une minute supplémentaire. Déposer la crêpe dans une assiette sur du papier absorbant. Couvrir la crêpe d'un papier absorbant et répéter jusqu'à ce que toutes les crêpes soient faites.

Risotto aux asperges et au citron

Quand je n'ai pas le goût de manger de la viande ou de la volaille pour le souper, j'opte pour un plat onctueux qui est naturellement sans gluten : le risotto. Ce risotto aux asperges et aux zestes de citron est une explosion de saveur à chaque bouchée. Si vous n'êtes pas aussi fanatique que moi du citron, je vous suggère de réduire la quantité de zestes dans la recette.

pour 4 à 6 personnes

Ingrédients

6 c. à soupe de **beurre salé**

45 ml (3 c. à soupe) d'**huile d'olive**

500 ml (2 tasses) de **riz arborio**

1,5 l (6 tasses) de **bouillon de poulet sans gluten** maison ou du commerce

250 ml (1 tasse) de **vin blanc**

30 **asperges** coupées en petits morceaux (n'utiliser que la partie tendre de l'asperge et conserver les têtes d'asperges pour la fin de la recette)

1 **échalote grise** finement hachée

Zestes d'un **citron**

Jus d'un **citron**

4 grosses poignées (environ 125 g) de **parmesan** fraîchement râpé

Sel et **poivre** du moulin

Pour décorer : huile d'olive, parmesan râpé thym citronné et zestes de citron

NOTE : *Ce risotto est encore plus copieux si on y ajoute de fines tranches de jambon de Parme.*

Méthode

1. Dans une casserole, faire fondre quatre cuillerées à soupe de beurre et deux cuillerées à soupe d'huile d'olive, à feu moyen. Ajouter le riz arborio dans la poêle et napper les grains de riz de beurre fondu. Brasser avec une cuillère de bois. Le riz ne doit pas coller au fond de la casserole. Déglacer avec le vin blanc et remuer doucement jusqu'à ce que le liquide soit presque complètement évaporé.

2. Ajouter ensuite deux tasses (500 ml) de bouillon de poulet sans gluten, les morceaux d'asperges (sauf les têtes) et brasser doucement le riz jusqu'à ce que le bouillon de poulet soit complètement évaporé. Réduire à feu doux.

3. Ajouter ensuite une demi-tasse (125 ml) de bouillon de poulet à la fois et répéter lorsque le liquide s'est évaporé jusqu'à ce que les grains de riz soient cuits, mais un peu fermes en leur centre.

4. Dans une poêle, sur un feu de chaleur moyenne, faire fondre une cuillerée à soupe de beurre, puis ajouter 1 c. à soupe d'huile d'olive. Faire sauter les têtes d'asperges avec les morceaux d'échalote grise. Ajouter les zestes de citron. Retirer la casserole de riz du feu et incorporer le reste du beurre, les têtes d'asperges grillées, les zestes de citron, le parmesan râpé, le sel, le poivre, le jus de citron et remuer. Couvrir et laisser reposer quelques minutes.

4. Servir dans des bols ou assiettes chauds. Garnir les assiettes avec un peu de parmesan râpé, des zestes de citron, des feuilles de thym citronné et un trait d'huile d'olive extra vierge.

Grilled cheese au cheddar âgé et aux oignons caramélisés

Chaque fois que je mange un grilled cheese, je pense à ce moment quand, à l'âge de 10 ans, je partais en autobus avec ma meilleure amie. Notre expédition nous amenait au restaurant du magasin Woolworth du coin où nous partagions un sandwich grillé au fromage fondu et une orangeade glacée. Aujourd'hui, si mon visage s'illumine à la simple vue d'un grilled cheese, ce n'est pas parce que je crois avoir recréé la recette de sandwich au fromage fondu de mon enfance, mais plutôt parce que je suis heureuse d'avoir une amitié qui dure depuis si longtemps.

pour 1 personne

Ingrédients

2 tranches de **pain multigrain sans gluten**

5 tranches de **cheddar âgé**

3 **échalotes françaises** finement tranchées

Beurre salé

Méthode

1. Préchauffer une grande poêle à feu moyen.

2. Dans la poêle, faire fondre une cuillerée à soupe de beurre salé. Ajouter les tranches d'échalotes et les faire caraméliser. Réserver dans un petit plat.

3. Dans la même poêle, faire fondre une cuillerée à thé de beurre salé. Déposer une tranche de pain sur le beurre fondu et « essuyer » le beurre de la poêle avec la tranche de pain.

4. Mettre des tranches de fromage sur la tranche de pain qui est en train de griller dans la poêle. Ajouter les tranches d'échalotes caramélisées sur les tranches de fromage. Mettre l'autre tranche de pain sur celle qui est en train de dorer.

5. Avec une spatule, écraser les deux tranches de pain. Enlever le sandwich de la poêle et y ajouter une cuillerée à thé de beurre. Remettre le sandwich dans la poêle du côté de la tranche non grillée.

6. Essuyer le beurre avec la tranche de pain non grillée tout en pressant avec une spatule pour écraser le grilled cheese.

7. Lorsque les deux côtés sont bien dorés, retirer de la poêle et déposer dans une assiette.

Servir avec une orangeade maison (voir recette à la page 307), des frites maison ou des croustilles natures.

Soufflé aux asperges et au fromage de chèvre

J'ai longtemps hésité avant d'essayer une recette de soufflé par simple peur de l'échec. J'ai surmonté ma peur spécialement pour ce livre. À ma première tentative, mon soufflé est tombé, car je l'ai laissé dans le four une minute de trop. Rectifiant le tir, j'ai soustrait une minute au temps de cuisson et, à ma deuxième tentative, j'avais réussi ! Lorsqu'on fait un soufflé, il faut le servir immédiatement à sa sortie du four. Si vous attendez, ne serait-ce que quelques minutes, le soufflé s'effondrera et la présentation spectaculaire prévue pour vos invités aussi…

pour 8 petits soufflés ou un gros soufflé

Ingrédients

450 g d'**asperges vertes**

65 ml (¼ tasse) de **beurre** + beurre pour graisser les ramequins

60 ml (4 c. à soupe) de **fécule de maïs**

300 ml (1 ⅛ tasse + 1 c. à thé) de **lait**

4 **œufs**, blancs et jaunes séparés

125 g de **fromage de chèvre** émietté

5 ml (1 c. à thé) de **sel**

1 ml (¼ c. à thé) de **noix de muscade** fraîchement râpée

1 ml (¼ c. à thé) de **poivre du moulin**

45 ml (3 c. à soupe) de **pacanes** grillées et finement hachées (facultatif)

Méthode

1. Parer les asperges. Tenir une asperge par son bout et tenter de la plier. Vous remarquerez un point d'inflexion dans la partie moins fibreuse. C'est à cet endroit qu'il faut casser l'asperge.

2. Dans une grande casserole d'eau bouillante salée, faire cuire les asperges parées 10 minutes. Égoutter et laisser refroidir.

3. Réduire les asperges en purée et réserver. Si la purée d'asperges est trop liquide, la faire chauffer dans une poêle à feu moyen pendant quelques minutes jusqu'à l'obtention d'une purée consistante.

4. Dans une grande casserole et à feu moyen, faire fondre le beurre sans le faire brunir, puis ajouter la fécule de maïs. Ne pas faire roussir le roux. Ajouter graduellement le lait en fouettant constamment. Chauffer la béchamel environ 5 minutes en fouettant pour ne pas que la sauce colle ou que se forment des grumeaux. Râper un peu de noix muscade dans la béchamel.

5. Ajouter les jaunes d'œufs, la purée d'asperges et 100 g de fromage de chèvre. Bien remuer et cuire 4 minutes à feu très doux. Réserver.

6. Mettre la grille au centre du four. Préchauffer le four à 425 °F (215 °C).

7. Graisser les ramequins avec du beurre en utilisant les doigts pour couvrir toute la surface intérieure.

8. Couvrir le fond de chaque ramequin avec une cuillerée à thé de pacanes grillées (facultatif). Déposer ensuite quelques miettes de fromage de chèvre dans chacun des ramequins.

9. Dans un grand bol, fouetter les blancs d'œufs en neige avec une cuillerée à thé de sel. Incorporer deux cuillerées à soupe de blanc d'œuf en neige dans la béchamel. Plier délicatement, puis ajouter le reste des blancs d'œufs en neige en pliant délicatement avec une spatule ou une maryse. Verser le mélange à soufflé dans les ramequins jusqu'à 1 cm du rebord.

10. Cuire à 425 °F (215 °C) 5 minutes, puis réduire la température à 350 °F (180 °C). Cuire de nouveau de 14 à 15 minutes.

ATTENTION : Ne pas ouvrir la porte du four lors de la cuisson, sinon les soufflés tomberont. Aussi, attention aux pas lourds, aux portes qui claquent et aux enfants qui sautent sur le plancher. Les soufflés peuvent caler s'ils sont ébranlés par une vibration.

NOTE : Servir les soufflés en plaçant les ramequins dans une assiette couverte d'un papier décoratif ou à motifs. Ces soufflés sont excellents avec une simple salade de roquette et d'oignons verts.

Confit de cuisses de canard

La méthode de cuisson lente dans le gras rend les cuisses de canard moelleuses et tendres. Le confit de canard est délicieux servi dans une salade aux agrumes ou dans un hachis Parmentier (voir recette à la page 108). Si vous possédez un autoclave, vous pouvez même faire des conserves que vous pourrez utiliser en tout temps.

Ingrédients

8 **cuisses de canard**

60 ml (4 c. à soupe) de **gros cristaux de sel à conserve**

15 ml (1 c. à soupe) de **sucre**

Tiges de **thym**

2 **feuilles de laurier** réduites en poudre

Poivre du moulin

1 à 1,5 l (4 à 6 tasses) de **gras de canard**

2 **gousses d'ail**

Méthode

1. Dans un grand saladier, déposer les cuisses de canard. Frotter les cuisses de canard avec les cristaux de sel et le sucre. Recouvrir le saladier d'une pellicule plastique et mettre au réfrigérateur 24 heures.

2. Préchauffer le four à 250 °F (120 °C).

3. Sortir les cuisses de canard et bien les rincer pour enlever les cristaux de sel à conserve. Égoutter les cuisses, puis les éponger avec un essuie-tout. Assaisonner les cuisses de canard avec des feuilles de thym, de la poudre de feuilles de laurier et du poivre.

4. Faire fondre le gras de canard à feu doux dans une cocotte. Déposer les cuisses de canard assaisonnées dans la cocotte et ajouter deux petites gousses d'ail sans chemise. Si le gras ne recouvre pas complètement les cuisses, ajouter plus de gras fondu. Couvrir la cocotte et mettre sur une grille au centre du four. Cuire de quatre à cinq heures. Les cuisses sont prêtes lorsque la chair se défait facilement de l'os.

5. Retirer les cuisses de canard de la casserole et les mettre dans un plat hermétique en prenant soin de les recouvrir de gras de canard fondu. Laisser refroidir puis ranger au réfrigérateur. Utiliser le canard confit dans les trois jours suivant sa préparation.

NOTE POUR FAIRE DES CONSERVES :
On peut conserver les confits de canard plus longtemps en stérilisant les bocaux remplis de confit dans un autoclave. Pour faire du canard confit en conserve, cuire les cuisses de canard deux heures au four. Déposer deux cuisses de canard dans un bocal stérilisé et couvrir avec de la graisse de canard chaude jusqu'à un quart de pouce du bord. Nettoyer les bords avec un linge propre et fermer avec un couvercle de conserve stérilisé et jamais utilisé. Déposer les bocaux dans l'autoclave et cuire lentement selon les indications du manuel d'instructions. Retirer les bocaux de canard confit avec des pinces et laisser refroidir. Si le couvercle est bombé

(c'est-à-dire qu'il n'est pas aspiré à cause de la pression), le bocal n'est pas bien scellé et votre confit devra être utilisé dans la semaine à venir. Ranger les bocaux scellés hermétiquement au réfrigérateur et consommer le confit dans les six mois suivant sa

préparation. Ne pas manger le contenu de conserves dont le couvercle serait bombé ou facile à ouvrir.

Hachis Parmentier au canard et au foie gras

J'ai toujours un torchon de foie gras dans mon réfrigérateur durant la période des Fêtes et, quelquefois, je ne réussis pas à le consommer à temps. La durée de vie d'un torchon déjà entamé étant assez courte, soit environ une semaine. Il ne me restait que quelques jours pour consommer mon foie gras, alors j'ai fait un test. J'en ai utilisé dans un hachis Parmentier au canard. Le résultat fut riche et concluant.

pour 4 personnes

Ingrédients

10 **pommes de terre jaunes** (Yukon Gold) pelées et coupées en deux

2 **patates douces** pelées et coupées en trois

125 ml (½ tasse) de **torchon de foie gras de canard**

65 ml (¼ tasse) de **gras de foie gras** fondu

65 ml (¼ tasse) de **lait** ou de crème légèrement chauffés

65 ml (¼ tasse) de **parmesan** râpé ou de crème fraîche

2 gros **oignons** tranchés finement

4 **cuisses de canard** confites sans gluten

Méthode

1. Préchauffer le four à 350 °F (180 °C).

2. Cuire les pommes de terre dans une casserole remplie d'eau bouillante. Les pommes de terre seront cuites quand la pointe d'un couteau entrera facilement dans leur chair.

3. Réduire les pommes de terre cuites en purée. Ajouter le lait légèrement chauffé, le parmesan râpé et le gras de foie gras fondu. Mélanger jusqu'à consistance lisse. Réserver.

4. Dans une poêle, faire caraméliser les morceaux d'oignons (environ 10 minutes à feu moyen).

5. Cuire les quatre cuisses de canard confites 15 minutes au four. Sortir les cuisses du four et les laisser refroidir jusqu'à ce qu'elles puissent être manipulées sans occasionner de brûlures.

6. Émietter la chair de canard et réserver dans une assiette.

7. Dans le fond d'un plat en pyrex de 10 × 6 po (25 × 10 cm), étendre les morceaux d'oignons. Sur les morceaux d'oignons, déposer ensuite le canard effiloché, puis le torchon de foie gras en petits cubes. Couvrir finalement le tout avec la purée de pommes de terre.

8. Mettre au four à 450 °F (230 °C) de 15 à 20 minutes.

9. Servir dans une assiette avec de la salade de roquette et de la confiture d'oignons sucrée.

Poulet à l'ananas

Je n'ai jamais été une adepte de l'ananas, mais après avoir goûté à ce fruit frais et bien mûr en vacances à Maui, j'ai enfin compris pourquoi autant de gens l'aiment. J'ai donc concocté ce plat de poulet à l'ananas un soir pendant notre séjour à Hawaï. Il ne comporte que cinq ingrédients et ne prend que quelques minutes à préparer.

pour 4 personnes

Ingrédients

4 poitrines de **poulet** désossées

1 **ananas** mûr (l'ananas est mûr lorsqu'on peut facilement retirer les feuilles de sa couronne et qu'il est bien parfumé)

30 ml (2 c. à soupe) d'**huile d'olive** ou de pépins de raisins

Sel et **poivre** au goût

Méthode

1. Sur un feu moyen, déposer une poêle. Huiler le fond de la poêle avec deux cuillerées à soupe d'huile. Déposer les poitrines de poulet et faire dorer les deux côtés (environ 10 minutes par côté).

2. Pendant que les poitrines de poulet cuisent dans la poêle, couper la chair de l'ananas en petits cubes, en prenant soin d'enlever le cœur de l'ananas au centre. Déposer les cubes d'ananas dans la poêle et laisser caraméliser (de 5 à 8 minutes).

3. Couvrir (ajouter un peu d'eau si les cubes d'ananas commencent à coller au fond de la poêle). Cuire de 3 à 5 minutes. Assaisonner au goût. Servir avec du riz.

Poulet barbecue
cuit sur une canette de bière

Au Québec, on trouve facilement de la bière sans gluten dans les épiceries. Bien qu'elle ne soit pour l'instant vendue qu'en bouteille de verre, j'ai trouvé une méthode pour réaliser la populaire recette de poulet barbecue sur une canette de bière.

Ingrédients

1 **poulet entier** vidé de ses abats

1 **canette de boisson gazeuse sans gluten**, vidée et rincée à l'eau

170 ml (1/2 bouteille) de **bière sans gluten**

1 **gousse d'ail** coupée en cinq

2 ml (1/2 c. à thé) de **piments secs**

2 ml (1/2 c. à thé) de **graines de cumin**

1 ml (1/4 c. à thé) de **paprika fumé**

2 ml (1/2 c. à thé) de **graines de coriandre**

2 ml (1/2 c. à thé) de **graines de cinq poivres**

2 ml (1/2 c. à thé) de **piments de la Jamaïque**

1 ml (1/4 c. à thé) ou 4 clous de **girofle**

30 ml (2 c. à soupe) de **cassonade**

2 ml (1/2 c. à thé) de **sel**

Méthode

1. Préchauffer le barbecue à 450 °F (230 °C).

2. Réduire les épices en poudre dans un mortier ou un moulin électrique. Ajouter la cassonade et le sel et bien mélanger.

3. Déposer une cuillerée à soupe du mélange d'épices moulues et sucre dans la cavité du poulet et frotter. Frotter également l'extérieur du poulet avec une cuillerée à soupe d'épices moulues.

4. Remplir à moitié la canette vide avec de la bière sans gluten. Mettre le restant des épices et les morceaux d'ail dans la canette.

5. Sur un plat de métal allant au barbecue, déposer le poulet sur la canette et former un trépied avec les deux cuisses et la canette. Réduire le feu du barbecue en coupant le gaz d'un brûleur. Déposer le plat avec le poulet sur le côté du barbecue où le brûleur est fermé. Le poulet va ainsi cuire à la chaleur indirecte. (ATTENTION : Vous devez absolument faire cuire le poulet du côté du barbecue où le brûleur est fermé, sinon le poulet pourrait prendre feu à cause des éclaboussures de la bière).

6. Fermer le couvercle du barbecue et laisser cuire de 1 h 15 à 1 h 30 ou jusqu'à ce que le poulet soit cuit. (On vérifie la cuisson interne d'un poulet en insérant un thermomètre dans sa partie la plus charnue. Le poulet est prêt quand le thermomètre indique de 180 °F à 185 °F (82 °C à 85 °C).

7. Fermer tous les brûleurs et laisser reposer le poulet 5 minutes dans le barbecue. Déposer le plat avec le poulet sur une surface plate et solide. À l'aide de pinces de métal, retirer le poulet de la canette de bière. Attention, la canette et son contenu seront très chauds. Déposer le poulet dans un plat de service. Servir avec du riz et des légumes grillés.

NOTE : *Cette recette se fait aussi dans le four. Déposez le poulet sur une plaque de cuisson, puis sur la grille du bas du four.*

Poulet de type éthiopien aux arachides et aux aubergines

Je suis allée manger une seule fois dans un restaurant éthiopien et c'est lors d'une visite à Washington en 1990 chez des amis. Le souvenir de mon repas est donc vague, mais je me rappelle qu'il faisait beau et chaud et que le restaurant était bondé de gens de toutes nationalités. J'étais étonnée de manger avec mes mains et d'utiliser un pain plat comme ustensile, mais j'ai vite compris que cette façon de manger était très conviviale et, surtout, que le pain injera, telle une éponge, permettait d'absorber toutes les saveurs du repas.

Ingrédients

125 ml (¹/₂ tasse) d'**huile d'arachide**

1 gros **oignon** rouge haché finement

1 **aubergine** coupée en dés

4 grosses **pommes de terre** coupées en dés d'un demi-pouce (1,25 cm)

1,4 kg de **poitrines de poulet** désossées sans la peau, coupées en lanières ou en petits cubes

125 ml (¹/₂ tasse) de **vin de miel** (hydromel) ou de riesling

3 grosses **tomates**

65 ml (4 c. à soupe) de **beurre d'arachide naturel** (100 % arachides seulement)

250 ml (1 tasse) d'**eau** ou de bouillon de poulet maison (voir recette à la page 310)

1 petit **piment fort** séché ou 2 petits piments forts frais

1 **clou de girofle**

Les graines d'une **gousse de cardamome**

1 cm de bâton de **cannelle** réduit en poudre dans un mortier

1 cm de racine de **gingembre** frais réduit en purée

Sel et **poivre**

Méthode

pour **4** personnes

1. Faire revenir à feu doux dans une poêle profonde contenant un peu d'huile d'arachide l'oignon et l'aubergine. Ajouter les morceaux de poulet et les faire dorer à feu moyen.

2. Pendant ce temps, dans une casserole d'eau bouillante, faire blanchir les tomates.

Après quelques minutes dans l'eau bouillante, retirer les tomates et les plonger dans un grand bol d'eau froide. Mettre les cubes de pommes de terre dans l'eau bouillante et faire cuire 5 minutes. Retirer la peau des tomates, puis les couper en deux. Épépiner les tomates et les couper grossièrement en cubes. Mettre les cubes de tomates dans la poêle avec le piment fort, le vin et l'ail émincé.

3. Délayer le beurre d'arachide dans le bouillon de poulet et le verser dans la poêle. Ajouter finalement les cubes de pommes de terre blanchies et les épices. Laisser mijoter à feu doux environ 20 minutes.

NOTE : *Servir le poulet sur ou avec des pains injera (voir recette à la page 289) qui serviront d'ustensiles pour manger le poulet et éponger la sauce.*

Poulet façon tandoori

J'adore la cuisine indienne, mais je ne vais plus à mon restaurant indien favori, car certains caris ou mélanges d'épices moulues peuvent contenir du gluten. Je préfère manger à la maison et faire moi-même mon cari avec des épices entières. Je peux ainsi contrôler ce qui se retrouve dans mon assiette. J'ai créé cette recette de poulet tandoori il y a plus de 20 ans. Elle est assez épicée, donc si vous n'êtes pas aussi fanatique des épices que moi, je vous recommande de doser leur quantité selon votre tolérance.

pour 4 personnes

Ingrédients

2 ml (½ c. à thé) de **graines de fenouil indien**

2 ml (½ c. à thé) de **graines de cumin**

2 ml (½ c. à thé) de **graines de cardamome**

5 ml (1 c. à thé) de **graines de fenugrec**

1 cm de racine de **gingembre** frais haché finement

2 ml (½ c. à thé) de **macis** (la membrane de la noix de muscade)

1 cm de racine de **curcuma**

5 ml (1 c. à thé) de graines de **piments forts** ou un petit piment fort sec

4 petites **gousses d'ail** hachées finement

15 ml (1 c. à soupe) de **jus de citron** frais

500 ml (2 tasses) de **yogourt nature**

4 **demi-poitrines de poulet** ou cuisses et dos de poulet, préférablement avec la peau

2 poignées de feuilles de **coriandre** fraîches

NOTE : *Ce poulet tandoori s'accompagne bien d'un riz basmati parfumé au safran, de raisins secs et d'amandes effilées ainsi que d'une sauce raïta (voir recette à la page 82).*

Méthode

1. Déposer une poêle sur un feu moyen. Y faire griller les graines de fenouil, de cumin, de cardamome et de fenugrec pendant 1 minute. Remuer la poêle pour ne pas que les graines brûlent. Réserver et laisser refroidir.

2. Dans un mortier, moudre toutes les épices jusqu'à consistance très fine. Ne pas mettre la racine de curcuma dans un moulin électrique. Ceci pourrait le briser tellement la racine est dure. Un bon mortier fera l'affaire.

3. Dans un grand bol, mélanger le yogourt, les épices moulues, l'ail et le jus de citron. Avec un couteau, entailler la peau du poulet.

4. Ajouter le poulet dans le bol de marinade et bien enrober le poulet du mélange. Couvrir d'une pellicule plastique et laisser mariner au moins huit heures au réfrigérateur.

5. Préchauffer le four ou le barbecue à 375 °F (190 °C) ou à intensité moyenne.

6. Égoutter les morceaux de poulet, puis les déposer sur une plaque allant au four. Mettre au four ou dans le barbecue fermé de 45 minutes à une heure ou jusqu'à ce que le poulet soit cuit.

7. Garnir l'assiette de poulet avec des feuilles de coriandre tranchées finement.

Poulet au beurre

Le poulet au beurre est l'un de mes plats favoris. Puisque je n'ai plus la possibilité de manger à mon restaurant indien favori à cause des risques de contamination au gluten avec le cari, je cuisine souvent ce plat réconfortant et très épicé.

pour **4** personnes

Ingrédients

250 ml (1 tasse) de **yogourt nature**

1 **gousse d'ail** en purée

1 cm de racine de **gingembre** réduit en purée

$\frac{1}{2}$ ml ($\frac{1}{8}$ c. à thé) de **cannelle** moulue

$\frac{1}{2}$ ml ($\frac{1}{8}$ c. à thé) de **graines de cumin**

$\frac{1}{2}$ ml ($\frac{1}{8}$ c. à thé) de **graines fenouil indien**

$\frac{1}{2}$ ml ($\frac{1}{8}$ c. à thé) de **graines coriandre**

$\frac{1}{2}$ ml ($\frac{1}{8}$ c. à thé) de **graines cardamome**

$\frac{1}{2}$ ml ($\frac{1}{8}$ c. à thé) de **macis**

$\frac{1}{2}$ ml ($\frac{1}{8}$ c. à thé) **clous de girofle**

2 grosses **poitrines de poulet**, désossées et sans la peau, coupées en lanières

1 petit **oignon** émincé

1 **tomate** épépinée, peau enlevée et coupée en petits cubes

1 petit **piment fort** séché

125 ml ($\frac{1}{2}$ tasse) de **bouillon de poulet**

85 ml ($\frac{1}{3}$ tasse) de **poudre d'amandes**

65 ml ($\frac{1}{4}$ tasse) de **beurre clarifié**

Pincée de **sel**

65 ml ($\frac{1}{4}$ tasse) de **crème 15 %**

Le jus d'un citron

Méthode

1. Dans une poêle, faire griller légèrement pendant 1 minute, les graines de cumin, les graines de fenouil indien, les graines de coriandre et les graines de cardamome. Laisser refroidir, puis ajouter le macis et les clous de girofle et dans un mortier, réduire les épices en poudre. Réserver.

2. Dans un grand bol, préparer la marinade avec le yogourt, l'ail, les épices et le jus de citron. Laisser reposer au réfrigérateur au moins quatre heures.

3. Dans une grande casserole contenant un peu de beurre clarifié fondu, faire griller les lanières de poulet et les oignons. Ajouter le bouillon de poulet, le petit piment fort et la tomate.

4. Faire mijoter à feu doux une heure, puis ajouter la marinade au yogourt, la poudre d'amandes et le beurre clarifié. Mijoter à feu très doux environ une demi-heure.

5. Goûter et rectifier l'assaisonnement. Si la sauce est trop épicée, ajouter un peu de yogourt et du bouillon de poulet. Assaisonner avec un peu de sel, puis allonger la sauce avec la crème. Laisser mijoter à feu très doux 15 minutes.

6. Servir avec un riz basmati, du pain naan sans gluten (voir recette à la page 290) et une bière sans gluten.

NOTE : Ce poulet en sauce est meilleur le lendemain de sa préparation, car le goût des épices est encore plus prononcé.

Tourte au poulet et aux légumes

Ma grand-mère maternelle a, pendant de nombreuses années, été l'hôtesse du souper de Noël. Celle-ci faisait presque toujours une énorme tourte au poulet et aux légumes. À cette époque, je préférais la tourtière de ma mère, mais, pour ne pas attrister ma grand-maman, je prenais toujours une petite pointe de tourte. Quand elle est décédée, ma mère a poursuivi la tradition du souper de Noël sans la tourte au poulet. Nostalgique du plat réconfortant de ma grand-mère, j'ai créé cette recette sans gluten pour célébrer cette tradition familiale.

Ingrédients

pour **4** personnes

2 grosses **poitrines de poulet** désossées et sans peau coupées en cubes ou 500 ml (2 tasses) de poulet cuit haché en cubes

1 blanc de **poireau** finement haché

10 ml (2 c. à thé) de **beurre salé**

2 **carottes** hachées en petits cubes

1 gros **oignon** finement haché

1 branche de **céleri** hachée

2 grosses **pommes de terre** blanches pelées et coupées en très petits cubes

1 **gousse d'ail** confite et réduite en purée

250 ml (1 tasse) de **petits pois verts** surgelés

125 ml (½ tasse) de **parmesan** ou **romano** fraîchement râpé

125 ml (½ tasse) de **vin blanc**

5 tiges de **thym**

8 petites feuilles de **sauge**, finement hachées

250 ml (1 tasse) de **bouillon de poulet**

30 ml (2 c. à soupe) de **fécule de maïs** délayée dans de l'eau

125 ml (½ tasse) de **crème 15 %**

Sel et **poivre du moulin**

1 **abaisse de pâte brisée salée** sans gluten (voir recette à la page 134)

1 **œuf**

45 ml (3 c. à soupe) de **lait**

Méthode

1. Utiliser quatre moules en céramique/pyrex de 5 × 5 po ou de 4 × 6 po ou un grand moule 12 × 8 po.

2. Dans une très grande poêle huilée, faire cuire les morceaux de poulet 20 minutes à feu moyen. Les retirer de la poêle et les mettre dans un grand bol. Réserver.

3. Déposer quelques noisettes de beurre salé dans la poêle chaude, puis ajouter les morceaux de légumes (sauf la purée d'ail et les petits pois). Faire sauter les légumes 5 minutes, puis les transférer dans le plat de morceaux de poulet. Déglacer la poêle avec le vin blanc et laisser l'alcool s'évaporer. Ajouter ensuite les feuilles de thym, de sauge et le bouillon de poulet.

4. Laisser réduire du tiers, puis ajouter les petits pois, l'ail émincé, le parmesan râpé, les morceaux de poulet, les légumes, l'eau et la fécule, puis la crème. Assaisonner au goût avec du sel et du poivre, puis rectifier l'assaisonnement. Remuer avec une cuillère en bois pour bien mélanger tous les ingrédients. Éteindre le feu lorsque la sauce est assez épaisse. Laisser tiédir.

5. Sur un plan de travail fariné, abaisser la pâte. Utiliser l'un des moules en céramique pour vous guider dans la taille des quatre pâtes à tourte. Tailler les formes en gardant un excédent d'environ 1,5 po (4 cm) plus grand que la surface du moule.

6. Couvrir individuellement les abaisses d'une feuille de parchemin, recouvrir avec une pellicule plastique et mettre au réfrigérateur environ une demi-heure.

7. Verser l'appareil au poulet dans les quatre moules jusqu'à un demi-pouce (1 cm) du bord.

8. Couvrir la garniture au poulet avec les abaisses. Replier l'excédent de pâte sous l'abaisse ou par-dessus le moule (au goût).

9. Dans une tasse, mélanger le lait et l'œuf avec un petit fouet ou une fourchette.

10. Badigeonner toute la surface des abaisses avec la préparation œuf/lait.

11. Préchauffer le four à 400 °F (200 °C).

12. Faire quatre petites cheminées avec du papier d'aluminium et les insérer au centre de chaque tourte ou entailler la pâte avec un couteau pour laisser la vapeur s'échapper durant la cuisson. Mettre les tourtes au four, réduire la température à 375 °F (190 °C) et cuire de 35 à 40 minutes. Surveiller la cuisson de la pâte. Si la croûte devient dorée rapidement, la couvrir de papier d'aluminium (sauf la cheminée), puis l'enlever 5 minutes avant de retirer la tourte du four.

NOTE : *Cette tourte peut être préparée avec du canard confit. Dans ce cas, ne pas mettre de parmesan dans la sauce, ni de sel. Remplacer les carottes par des champignons sauvages ou shiitakes et la crème par un fond de gibier à plumes.*

Plats principaux viandes

Bavettes de bœuf marinées

Je ne mange pas souvent de viande rouge, mais quand l'envie me prend, je trouve qu'il n'y a rien de plus succulent qu'une bonne bavette de bœuf marinée. Je sers souvent ma bavette avec des pommes de terre rôties aux fines herbes et aux oignons (voir recette à la page 88).

pour **4** personnes

Ingrédients

4 **bavettes de bœuf** d'environ 150 g cha-cune (choisissez des bavettes de même épaisseur pour une cuisson égale)

30 ml (2 c. à soupe) de **romarin** frais fine-ment haché

30 ml (2 c. à soupe) de **thym** frais

30 ml (2 c. à soupe) d'**origan** frais finement haché

45 ml (3 c. à soupe) de **vinaigre balsamique de Modène**

30 ml (2 c. à soupe) de **sauce tamari** sans gluten

30 ml (2 c. à soupe) de **sauce mirin** sans gluten ou de **vin rouge**

60 à 75 ml (4 à 5 c. à soupe) de **moutarde de Meaux** sans gluten

125 ml ($^1/_2$ tasse) d'**huile d'olive** extra vierge

2 **gousses d'ail** finement hachées

Poivre du moulin et **sel**

Méthode

1. Avec un couteau, quadriller légèrement chaque côté des bavettes. Déposer les bavettes dans un très grand sac hermétique. Mettre le reste des ingrédients dans un sac hermétique en plastique. Fermer le sac et masser les bavettes afin de les couvrir de marinade. Mettre le sac au réfrigérateur et laisser mariner les bavettes entre 12 et 24 heures.

2. Régler la température du barbecue à environ 450 °F (230 °C).

3. Sortir les bavettes du réfrigérateur et les égoutter.

4. Éteindre le feu du brûleur du centre et déposer les bavettes sur la grille au centre du barbecue. Fermer le couvercle du barbecue et cuire les bavettes par chaleur indirecte de 8 à 20 minutes, selon la cuisson désirée. Vérifier la cuisson des bavettes ; elles ne doivent pas être trop cuites, mais plutôt saignantes ou rosées.

5. Fermer tous les brûleurs du barbecue. Envelopper les bavettes de papier d'aluminium et les laisser reposer dans le barbecue, couvercle fermé, environ 5 minutes.

Bœuf sauté aux poivrons et aux oignons façon tex-mex

Vous cuisinerez ce repas de type tex-mex en moins d'une demi-heure. Vous pouvez utiliser des épices différentes de celles qui sont proposées dans cette recette, ou simplement les remplacer par deux cuillerées à soupe de votre salsa épicée sans gluten favorite.

pour **4** personnes

Ingrédients

30 ml (2 c. à soupe) d'**épices mexicaines** (au goût : graines de coriandre, feuilles d'origan séchées, graines de cumin grillées, piments forts séchés, poivre et sel)

Huile végétale

2 **oignons** tranchés en fines lanières

4 **poivrons** tranchés en fines lanières

500 g de **bœuf** coupé en languettes

1 **gousse d'ail** en purée

Ingrédients garniture

250 ml (1 tasse) de **crème sure**

2 **tomates** mûres tranchées en petits cubes

Feuilles de **coriandre**

2 **avocats** tranchés ou guacamole

250 g de **fromage râpé**

Nachos ou **tortillas** de maïs pur

Méthode

1. Moudre les épices dans un mortier ou dans un moulin à épices. Réserver.

2. Dans une poêle huilée, faire tomber les lanières d'oignons.

3. Ajouter les lanières de poivrons. Faire sauter à feu moyen jusqu'à ce que les poivrons soient cuits, soit environ 10 minutes.

4. Dans un plat, réserver les lanières de poivrons et d'oignons.

5. Dans la même poêle que celle qui a été utilisée pour les oignons, faire sauter les languettes de bœuf à feu moyen environ 15 minutes. Ajouter les épices moulues et l'ail au bœuf et cuire 5 minutes. Puis, ajouter le mélange de poivrons et d'oignons. Laisser mijoter 3 minutes.

NOTE : Servir le bœuf sauté avec du riz, des nachos ou des tortillas de maïs pur (voir recette à la page 292) et la garniture suivante au goût : crème sure, feuilles de coriandre, tranches d'avocat ou guacamole, tomates et fromage râpé.

Chili con carne

Mon premier souvenir de chili con carne remonte à ma préadolescence. Un soir d'automne, ma mère avait décidé de nous préparer ce plat typique du sud des États-Unis. Sa recette ne ressemble en rien à celle que j'ai développée au cours des années, mais elle marqua le début de ma grande passion pour ce plat consistant et réconfortant. Depuis que je cuisine sans gluten, les épices entières et herbes fraîches ont pris une plus grande place dans mes recettes. Dans ce chili con carne, la coriandre et le cumin jouent un rôle aussi important que le piment. Si vous n'êtes pas amateur de coriandre, je vous suggère tout simplement de l'enlever de la recette ou d'utiliser de l'origan séché.

Voir photo à la page 121.

Ingrédients

Huile végétale

450 g de **porc haché** maigre

350 g de **bison** ou de bœuf haché maigre

1 gros **oignon** tranché finement

1 **poivron vert** ou rouge coupé en dés

2 **gousses d'ail** émincées

2 boîtes de 800 ml de **tomates** sans gluten

250 ml (1 tasse) de **bouillon de bœuf** sans gluten (voir recette à la page 311)

30 ml (2 c. à soupe) de **sucre blond** ou de cassonade

30 ml (2 c. à soupe) de **vinaigre de cidre**

5 ml (1 c. à thé) de **graines de cumin**

5 (ou plus, au goût) petits **piments forts** séchés et réduits en poudre au mortier

2 ml (½ c. à thé) de poudre de **paprika** ou **chili** sans gluten

5 ml (1 c. à thé) d'**origan** séché

1 grosse poignée de **feuilles de coriandre**

540 ml (1 boîte) de **haricots noirs** rincés à l'eau

540 ml (1 boîte) de **haricots rouges** rincés à l'eau

Garniture

Crème sure

Feuilles de **coriandre**

Fromage rapé

Chips de maïs pur

Méthode

1. Dans une grosse marmite à fond épais, faire chauffer deux cuillerées à soupe d'huile. Faire brunir la viande hachée et enlever le gras.

2. Dans une poêle, faire tomber les oignons et les cubes de poivron. Ajouter ensuite dans la casserole les morceaux d'ail émincé, les tomates, le bouillon de bœuf, le sucre blond et le vinaigre de cidre. Laisser mijoter à petit feu au moins une heure.

3. Faire chauffer une petite poêle à feu moyen. Y faire griller pendant 15 secondes les graines de cumin. Laisser refroidir. Réduire en poudre avec les cinq petits piments forts, dans un mortier ou dans un petit moulin électrique. Ajouter la poudre de cumin, de piments, le paprika et l'origan au chili et bien mélanger. Laisser mijoter encore une heure.

4. Ajouter une grosse poignée de feuilles de coriandre ainsi que les haricots rincés à l'eau. Laisser mijoter une demi-heure supplémentaire. Si le chili est trop épais, ajouter une petite boîte de jus de tomate sans gluten ou un peu de bouillon de bœuf sans gluten. Si le chili est trop liquide, laisser mijoter jusqu'à la consistance désirée.

5. Servir dans un bol avec du fromage cheddar râpé, de la crème sure (ou du fromage à la crème), quelques feuilles de coriandre, des chips ou tortillas de maïs sans gluten ou du pain à la bière sans gluten (voir recette à la page 280).

Crêpes au jambon de Parme, au fromage et aux asperges

pour **2** personnes en plat principal ou 4 personnes en entrée

Ingrédients

Huile végétale

16 grosses **asperges** ou 24 petites

Échalotes grises

Champignons

8 **crêpes salées** (voir recette à la page 102)

8 tranches de **jambon de Parme**

250 ml (1 tasse) de **sauce béchamel** (voir recette à la page 312)

250 ml (1 tasse) de **mozzarella** ou de gruyère râpé

Poivre

Méthode

1. Préchauffer le four à 400 °F (200 °C).

2. Dans une poêle légèrement huilée, faire sauter des asperges. Y faire également revenir les échalotes et les champignons 2 minutes à feu moyen en remuant.

3. Déposer une crêpe dans une assiette. Y placer une tranche de jambon de Parme, deux cuillerées à soupe de fromage râpé et 2 grosses asperges ou 3 petites (les pointes doivent être visibles).

4. Rouler la crêpe et la déposer le pli en dessous dans un moule de 8 × 6 po légèrement huilé. Répéter et placer trois autres crêpes roulées dans le moule.

5. Couvrir les crêpes de sauce béchamel, puis de fromage râpé. Enfourner de 10 à 15 minutes ou jusqu'à ce que le fromage soit gratiné. Poivrer.

NOTE : *Servir le moule chaud déposé sur une serviette dans une assiette.*

Jambon mijoté à la bière

Les jambons commerciaux contiennent des nitrites et du sodium, parfois même du gluten. J'évite donc d'en acheter et, de cette façon, je suis certaine de ne pas consommer de gluten. Mais quand ma sœur m'a offert un jambon bio provenant d'un ami agriculteur, je n'ai pu résister et j'ai finalement concocté une recette parfaite pour le temps des sucres ou pour un repas pascal.

pour **8** à **10** personnes

Voir photo à la page 122.

Ingrédients

1 **jambon fumé** bio sans gluten d'environ 2,5 kg

5 ml (1 c. à thé) de **gingembre sec**

5 ml (1 c. à thé) de **grains de poivre de la Jamaïque** ou de cinq épices

5 ml (1 c. à thé) de **grains de poivre noir**

18 **clous de girofle** ($^2/_3$ c. à thé)

5 ml (1 c. à thé) de **graines d'anis étoilé**

5 ml (1 c. à thé) de **paprika fumé**

125 ml ($^1/_2$ tasse) de **sirop d'érable** ou de miel ou de sucre blond

341 ml (1 bouteille) de **bière** sans gluten

2 tasses (500 ml) d'**eau**

Méthode

1. Préchauffer le four à 300 °F (150 °C).

2. Moudre tous les ingrédients secs dans un mortier ou dans un moulin électrique. Réserver.

3. Dans une casserole en fonte émaillée, faire bouillir l'eau avec le jambon environ une demi-heure.

4. Enlever ensuite l'eau bouillante et verser la bière dans la casserole. Ajouter le sirop d'érable et tous les ingrédients secs.

5. Couvrir la casserole et enfourner. Cuire le jambon environ trois heures.

6. Réduire ensuite la température à 250 °F (120 °C) et laisser cuire de quatre à cinq heures supplémentaires. Sortir le jambon de la casserole et enlever la couenne de gras.

7. Recouvrir les morceaux de jambon de papier d'aluminium et laisser reposer environ 30 minutes. Servir avec des pommes de terre et des oignons rôtis au four.

Chili con carne (p.118)

Jambon mijoté à la bière (p.120)

Côtes levées au porc façon barbecue (p.137)

Gnocchis aux pommes de terre (p.144)

Pâtes à la Jojo (p.150)

Tortellins au fromage et aux épinards (p.151)

Pizza au pesto et aux légumes (p.156)

Foccacia aux olives noires et aux fines herbes (p.153)

Jarrets d'agneau braisés aux agrumes

Chaque fois que je mange du jarret d'agneau braisé, j'imagine qu'il serait encore plus savoureux si l'agneau avait mijoté avec des agrumes. Puisque les clémentines sont presque toujours de saison, j'ai créé ce plat réconfortant avec ces agrumes, mais vous pouvez aussi utiliser des oranges ou des tangerines.

pour 4 personnes

Ingrédients

4 jarrets (ou souris) d'**agneau**

15 ml (1 c. à soupe) de **beurre**

15 ml (1 c. à soupe) d'**huile végétale**

1 gros **oignon** coupé en dés

30 ml (2 c. à soupe) de **vinaigre de cidre**

250 ml (1 tasse) de **vin blanc**

500 ml (2 tasses) de **fond d'agneau** ou de veau sans gluten

2 grosses tiges de **romarin**

4 tiges de **thym**

2 **gousses d'ail** hachées finement

60 ml (4 c. à soupe) de **pâte de tomates** sans gluten

4 **clous de girofle**

Sel et **poivre** au goût

8 **clémentines** (ou 4 oranges) pelées et séparées en quartiers

Méthode

1. Préchauffer le four à 325 °F (165 °C).

2. Faire chauffer le beurre et l'huile dans une cocotte en fonte émaillée à feu moyen. Dans la cocotte, saisir les jarrets d'agneau de tous les côtés. Enlever les jarrets et le gras de la cocotte.

3. Déglacer le fond de la cocotte avec le vinaigre de cidre et, ensuite, avec le vin blanc. Remettre les jarrets dans la cocotte avec le reste des ingrédients. Couvrir la cocotte et mettre au centre du four. Cuire deux heures à 325 °F (165 °C).

4. Enlever le couvercle de la cocotte et poursuivre la cuisson une heure supplémentaire ou jusqu'à ce que la viande s'enlève facilement de l'os. Servir avec une purée de pommes de terre et de céleri-rave (voir recette à la page 89).

NOTE : Ce plat est meilleur servi un ou deux jours après sa cuisson, car les saveurs se bonifient avec le temps.

Jarrets d'agneau braisés aux tomates et aux fines herbes

La chair de ces jarrets d'agneau fond dans la bouche tellement les tomates ont fait un bon travail d'attendrissement durant la cuisson. Vous aurez de la difficulté à ne manger qu'un seul jarret tant cette viande braisée est tendre et savoureuse.

pour **4** personnes

Ingrédients

4 **jarrets d'agneau** du Québec

1 boîte (796 ml) de **tomates** sans gluten coupées en cubes

1 tasse (250 ml) de **bouillon de bœuf maison** (voir recette à la page 311) ou du commerce sans gluten

125 ml (½ tasse) de **vin blanc**

4 **gousses d'ail**

1 gros **oignon** tranché finement

2 tiges de **romarin** frais

6 tiges de **thym** frais

4 c. à soupe d'**huile de pépins de raisins**

Poivre du moulin

Fleur de sel au goût

Méthode

1. Préchauffer le four à 350 °F (180 °C).

2. Dans une cocotte en fonte, faire chauffer l'huile de pépins de raisins à feu moyen-élevé.

3. Ajouter les jarrets un à un et les faire dorer de tous les côtés. Une fois dorés, déposer les jarrets dans une assiette.

4. Ajouter les morceaux d'oignon dans la cocotte et les faire caraméliser dans l'huile. Enlever les morceaux d'oignon et les réserver.

5. Déglacer la cocotte avec le vin blanc et laisser réduire. Ajouter ensuite les jarrets, les oignons, les cubes de tomates, le bouillon de bœuf, les tiges de romarin et de thym et les gousses d'ail et faire mijoter à feu doux jusqu'à l'obtention d'un léger frémissement.

6. Assaisonner avec du sel et du poivre du moulin.

7. Déposer la cocotte au centre du four.

8. Réduire la température du four à 325 °F (165 °C).

9. Cuire les jarrets de trois à quatre heures. Ajouter du jus de tomate si le bouillon a trop réduit durant la cuisson.

10. Servir avec de la polenta au beurre salé (voir recette à la page 90).

NOTE : *Vous pouvez remplacer l'agneau par du veau ou du porc.*

Mijoté de veau au vin blanc

Ma mère cuisinait souvent ce plat quand j'étais petite, mais elle utilisait toujours du cidre. N'ayant pas souvent de cidre à la maison, j'ai modifié la recette de ma mère et utilisé du vin blanc.

pour **4** personnes

Ingrédients

600 g de **cubes de veau**

2 petits **oignons** tranchés finement

2 **gousses d'ail** pelées

300 g de **champignons blancs** tranchés

2 **carottes** pelées et coupées en deux

2 branches de **céleri** coupées en deux

Une petite boîte de **tomates** (environ 125 ml) sans gluten

1 l (4 tasses) de **bouillon de poulet** ou de veau sans gluten

250 ml (1 tasse) de **vin blanc** sec

15 ml (1 c. à soupe) de **beurre** et 15 ml (1c. à soupe) d'**huile d'olive**

1 **bouquet garni**

Sel et **poivre du moulin**

Méthode

1. Déposer une casserole en fonte sur un feu moyen. Ajouter une cuillerée à soupe d'huile d'olive et une cuillerée à soupe de beurre. Déposer graduellement les cubes de veau dans la casserole et les faire brunir. Ajouter les morceaux d'oignons, d'ail, de céleri et de carottes et les faire caraméliser.

2. Mouiller les cubes de veau et les légumes avec le vin blanc et le laisser évaporer. Ajouter la boîte de tomates et mouiller ensuite le tout avec le bouillon sans gluten. Assaisonner avec un bouquet garni, du sel et du poivre du moulin.

3. Porter à ébullition, réduire ensuite la chaleur et laisser mijoter à feu doux environ deux heures et demie avec le couvercle de la casserole à peine entrouvert. Vérifier à l'occasion le niveau du liquide et si celui-ci est trop bas, ajouter du bouillon ou de l'eau et rectifier l'assaisonnement.

4. Vingt minutes avant de servir, ajouter les champignons et laisser mijoter à découvert. Servir avec du riz blanc.

Osso buco à la milanaise

Ce plat réconfortant est facile à préparer et, surtout, difficile à rater. Les recettes d'osso buco traditionnelles demandent qu'on enfarine les jarrets de veau, mais cette version sans gluten est tout aussi savoureuse. N'hésitez surtout pas à utiliser la gremolata pour garnir votre osso buco. Cela rehaussera le goût de ce plat braisé.

Osso buco

pour 4 personnes

INGRÉDIENTS

2 petits **oignons** hachés finement

1 grosse **carotte** tranchée en rondelles

2 branches de **céleri** tranchées en 4 bâtonnets

2 **gousses d'ail** finement hachées

4 **jarrets de veau**

300 g de **cubes de veau** de lait

1 boîte (796 ml) de **tomates italiennes**

125 ml ($^1/_2$ tasse) de **jus de tomate**

250 ml (1 tasse) de **bouillon de poulet** ou de **veau**

250 ml (1 tasse) de **vin blanc** sec

4 tiges d'**origan**

4 tiges de **thym**

10 feuilles de **basilic**

30 ml (2 c. à soupe) d'**huile d'olive** ou de pépins de raisins

30 ml (2 c. à soupe) de **beurre**

Sel et **poivre** fraîchement moulu au goût

Parmesan Reggiano

MÉTHODE

1. Préchauffer le four à 375 °F (190 °C).

2. Dans une cocotte ou une marmite allant au four, faire chauffer deux cuillerées à soupe d'huile et deux cuillerées à soupe de beurre. Essuyer les jarrets et cubes de veau avec une serviette en papier. Déposer les cubes et jarrets de veau dans la cocotte un à la fois et faire dorer de chaque côté. Réserver dans une assiette.

3. Dans la cocotte, faire griller les morceaux d'oignons, de carotte, de céleri et les deux gousses d'ail. Réserver dans une assiette.

4. Ajouter le vin blanc dans la cocotte et laisser réduire de moitié. Ajouter les tomates, le jus de tomate, les morceaux de veau, les légumes grillés, le bouillon, les fines herbes, le sel et le poivre. Laisser mijoter à feu doux 15 minutes. Enfourner.

5. Réduire la température du four à 325 °F (165 °C) et laisser mijoter environ trois heures.

6. Servir l'osso buco dans une assiette creuse sur un risotto ou une polenta crémeuse (voir recette à la page 90). Garnir chaque portion d'osso buco de gremolata et de parmesan fraîchement râpé.

• • •

Gremolata

INGRÉDIENTS

30 ml (2 c. à soupe) de **persil** finement haché

30 ml (2 c. à soupe) de **zestes de citron**

2 **gousses d'ail** finement hachées

MÉTHODE

Mélanger tous les ingrédients.

Tourtières ou pâtés de viande de Noël

Pour moi, le réveillon de Noël ne serait pas aussi mémorable si je ne pouvais pas manger une tourtière bien épicée. Après avoir reçu mon diagnostic de la maladie cœliaque, j'ai décidé de créer une tourtière digne de celle de ma grand-mère maternelle. Cette tourtière sans gluten est le résultat de quelques années de tests et si grand-maman Irène était toujours vivante, je suis certaine qu'elle serait fière de sa petite-fille.

pour **6** tourtières de 10 po/25 cm

Garniture à la viande

INGRÉDIENTS

15 ml (1 c. à soupe) de **gras de canard**

1,5 kg de **porc haché** maigre

1 kg de **veau haché** maigre

4 **cuisses de canard**

4 **pommes de terre jaunes** (grosseur moyenne) pelées et coupées en petits dés

4 **gousses d'ail** finement émincées

3 **oignons** finement émincés

15 ml (1 c. à soupe) de **poivre** moulu

15 ml (1 c. à soupe) de **5 épices** moulues

15 ml (1 c. à soupe) de **clous de girofle** moulu

15 ml (1 c. à soupe) de **sarriette** séchée et réduite en poudre

15 ml (1 c. à soupe) de **sauge** séchée et réduite en poudre

1 ml (¼ c. à thé) **d'écorce de cannelle** ou de casse réduite en poudre

1 l (4 tasses) de **bouillon de poulet** sans gluten

1 l (4 tasses) d'**eau**

Sel au goût

MÉTHODE

1. Préchauffer une grande poêle sur un feu moyen. Faire fondre une cuillerée à soupe de gras de canard. Faire cuire le porc et le veau hachés dans la poêle, 500 g à la fois. Lorsque la viande est cuite, enlever le plus de gras possible en faisant égoutter la viande dans un tamis au-dessus de l'évier.

2. Prendre une très grosse marmite et la préchauffer sur un feu moyen. Faire fondre une cuillerée à soupe de gras de canard. Faire caraméliser les morceaux d'oignons.

3. Ajouter les cuisses de canard et faire griller de chaque côté. Ajouter ensuite la viande hachée cuite, 1,5 litre d'eau bouillante, 250 ml d'eau, les quatre gousses d'ail et les épices moulues ; laisser mijoter deux heures.

3. Après deux heures, enlever les cuisses de canard et les laisser refroidir dans une assiette.

4. Enlever la peau et les os et effilocher la viande de canard.

5. Ajouter la viande de canard au mélange. Passer le mélange au pied-mélangeur jusqu'à la consistance voulue. Ajouter les cubes de pommes de terre. Faire mijoter le tout encore une heure ou jusqu'à ce que les liquides soient évaporés, mais que le mélange soit encore un peu humide. Si le mélange manque d'onctuosité, ajouter du gras de canard fondu, au goût.

7. Réfrigérer la garniture à la viande 24 heures.

Suite ▷

Pâte brisée salée sans gluten

Ingrédients

500 ml (2 tasses) de **beurre** mi-salé ou salé très froid

190 ml (³/₄ tasse) de **farine de tapioca**

190 ml (³/₄ tasse) de **farine de sorgho**

250 ml (1 tasse) de **farine de maïs**

500 ml (2 tasses) de **farine de riz**

30 ml (2 c. à soupe) de **poudre à pâte**

10 ml (2 c. à thé) de **gomme de xanthane**

2 **œufs**

30 ml (2 c. à soupe) de **vinaigre de riz** ou de cidre

250 ml (1 tasse) d'**eau** très froide

Méthode

1. Dans un grand bol, mélanger tous les ingrédients secs.

2. Dans une tasse, mélanger les œufs, le vinaigre et l'eau froide. Ajouter le beurre râpé froid aux ingrédients secs. Mélanger jusqu'à ce que le mélange ait l'apparence de gros flocons de gruau ou de gros pois.

3. Ajouter les ingrédients liquides aux ingrédients secs et mélanger avec une fourchette.

4. Former douze disques de pâte de même dimension. Mettre au réfrigérateur environ une heure.

5. Une fois les disques de pâtes refroidis, déposer un disque de pâte sur une pellicule/ feuille bien enfarinée. Abaisser le disque de pâte avec un rouleau jusqu'à ce que l'abaisse atteigne la dimension et l'épaisseur désirées. Répéter pour tous les disques de pâte.

7. Séparer chaque abaisse avec une feuille de papier ciré. Couvrir et ranger les abaisses au réfrigérateur au moins une heure.

Attention : Ne pas trop manipuler la pâte afin de ne pas faire fondre le beurre. Les pâtes brisées au beurre sans gluten sont fragiles et difficiles à manipuler. Pour faciliter la manipulation des abaisses, couvrir le plan de travail avec une pellicule plastique ou une feuille de papier ciré.

• • •

Préparation des tourtières

1. Préchauffer le four à 450 °F (230 °C).

2. Après réfrigération, sortir les abaisses du frigo. Soulever chaque feuille de papier ciré par les extrémités et foncer les moules à tarte d'une abaisse.

3. Sortir la garniture à la viande du réfrigérateur. La répartir dans chaque plat. Couvrir ensuite d'une abaisse et bien sceller les extrémités avec les doigts ou une fourchette. Perforer le centre de chaque tourtière avec un couteau afin de permettre   à l'humidité de s'évacuer lors de la cuisson.

4. Cuire les tourtières au centre du four à 450 °F (230 °C) 10 minutes. Réduire ensuite à 350 °F (180 °C) et cuire de 40 à 50 minutes ou jusqu'à ce que les tourtières soient bien dorées. Sortir du four et servir avec du ketchup maison ou de la mélasse.

Bœuf grillé à la marinade sèche et mole au cacao

J'ai fait cette recette de bœuf grillé au cacao à l'occasion de la visite de mes deux petites nièces. Leur maman m'avait avertie que ses filles n'appréciaient pas trop les épices. Lorsque l'une d'entre elles a vu le bœuf grillé, elle s'est empressée de me dire qu'elle n'aimait pas la viande brune et qu'elle allait manger un morceau de bœuf seulement pour me faire plaisir. Finalement, je n'ai pas été ravie de cette promesse, mais plutôt par ma petite nièce qui a tellement aimé son bœuf grillé au cacao qu'elle a mangé toute son assiette !

pour 4 personnes

Ingrédients

15 ml (1 c. à soupe) de **grains de poivre**

15 ml (1 c. à soupe) de **graines de coriandre**

15 ml (1 c. à soupe) de **graines de cumin**

15 ml (1 c. à soupe) de **cannelle**

1 petit **piment sec**

30 ml (2 c. à soupe) de **sel**

10 ml (2 c. à thé) de **cassonade** ou de sucre brut

75 ml (5 c. à soupe) de **cacao**

10 graines de **badiane** ou d'anis étoilé

2 ml (½ c. à thé) de **clou de girofle**

4 morceaux de **filet de bœuf** de 130 g chacun

Méthode

1. Dans un petit moulin électrique, moudre tous les ingrédients secs ensemble. Vider le contenu dans un petit bol et mélanger avec une cuillère en bois.

2. Dans un grand plat, déposer les quatre morceaux de filet de bœuf.

3. Avec une cuillère en bois, couvrir complètement les deux côtés de la viande avec la marinade sèche. Conserver le reste de la marinade sèche pour la sauce. Poser une pellicule plastique sur le plat et mettre au réfrigérateur un minimum de quatre heures ou toute la nuit.

4. Huiler une poêle striée, puis la faire chauffer à feu moyen. Déposer les morceaux de filet de bœuf dans la poêle et faire cuire jusqu'à la cuisson désirée. Envelopper les morceaux de filet de bœuf dans du papier d'aluminium et laisser reposer 5 minutes avant de servir avec la mole au cacao (recette qui suit).

Mole rapide au cacao

Ingrédients

125 ml ($\frac{1}{2}$ tasse) d'**eau**

250 ml (1 tasse) de **bouillon de bœuf** ou de poulet

45 ml (3 c. à soupe) de **marinade sèche au cacao**

15 ml (1 c. à soupe) de **fécule de maïs**

45 ml (3 c. à soupe) de **poudre d'amandes** blanches

60 ml (4 c. à soupe) de **graines de citrouille** grillées et réduites en poudre

1 petite **gousse d'ail** émincée

1 petit **piment fort** frais

NOTE : *La mole au cacao se marie aussi bien avec du bœuf épicé que du poulet grillé ou cuit dans la sauce. Utilisez du bouillon au poulet pour ce dernier.*

Méthode

1. Déglacer la poêle striée avec une demi-tasse (125 ml) d'eau en la penchant vers une casserole. Égoutter la poêle striée au-dessus de la casserole, puis la déposer sur un feu moyen.

2. Ajouter une tasse (250 ml) de bouillon de bœuf ou de poulet. Laisser mijoter à feu doux. Verser cinq cuillerées à soupe de bouillon chaud dans une tasse et diluer trois cuillerées à soupe de marinade sèche et une cuillerée à soupe de fécule de maïs, puis vider dans la poêle.

3. Ajouter le petit piment fort, l'ail émincé, la poudre d'amandes et les graines de citrouille. Laisser réduire la sauce de moitié. Enlever le petit piment. Servir la sauce sur les morceaux de filet de bœuf grillé.

Côtelettes de porc aux épices

Ingrédients

30 ml (2 c. à soupe) de **graines de coriandre** grillées

30 ml (2 c. à soupe) de **graines de cumin** grillées

5 ml (1 c. à thé) de **sel** ou de **fleur de sel**

30 ml (2 c. à soupe) de **poivre** du moulin

10 ml (2 c. à thé) de **piments secs**

30 ml (2 c. à soupe) d'**huile d'olive**

4 **côtelettes de porc**

Méthode

1. Moudre tous les ingrédients secs ensemble. Dans un sac de plastique assez grand pour contenir les côtelettes, mélanger les ingrédients secs et l'huile d'olive.

2. Ajouter ensuite les côtelettes de porc.

3. Les côtelettes doivent être bien recouvertes de marinade. Laisser au réfrigérateur un minimum de quatre heures et un maximum de 24 heures.

4. Griller les côtelettes dans une poêle à feu moyen jusqu'à ce qu'elles soient bien dorées de chaque côté (environ 5 minutes par côté).

5. Servir avec du riz blanc et de la sauce aux cerises de terre (voir recette à la page 330).

Côtes levées au porc façon barbecue

Cette recette de côtes levées peut tout aussi bien se faire dans un four que dans un barbecue. Vous pouvez donc les cuisiner à l'année. Ce plat est idéal pour faire oublier les grands froids d'hiver.

pour **4** personnes

Voir photo à la page 123.

Ingrédients

1,5 kg de **côtes levées de porc**

1 gros **oignon** haché grossièrement

2 **gousses d'ail** tranchées en deux

Eau

125 ml (¹⁄₂ tasse) de **pâte de tomates** ou de ketchup sans gluten

1 ml (¹⁄₄ c. à thé) de **flocons de chili** ou 1 petit piment sec réduit en poudre

5 ml (1 c. à thé) de **cinq épices** réduites en poudre fine

65 ml (¹⁄₃ tasse) de **vinaigre de cidre**

30 ml (2 c. à soupe) de **mélasse**

30 ml (2 c. à soupe) de **miel**

75 ml (5 c. à soupe) de **cassonade**

Méthode

1. Trancher les côtes levées en quatre morceaux (quatre os par morceau).

2. Dans une grande casserole, déposer les morceaux de viande, les morceaux d'oignon et d'ail et recouvrir d'eau froide. Saler et poivrer. Porter à ébullition. Laisser mijoter 45 minutes. Écumer pendant toute la durée de la cuisson.

3. Avec des pinces, retirer les morceaux de viande, égoutter et déposer dans un grand plat recouvert d'essuie-tout. Lorsque tièdes, essuyer les morceaux de viande. Récupérer les morceaux d'oignon et d'ail et réduire en purée. Réserver.

4. Préchauffer le four ou le barbecue à 400 °F (200 °C).

5. Dans un saladier, mélanger le reste des ingrédients et la purée d'oignon/ail. Verser la sauce dans une petite casserole et laisser mijoter à feu moyen de 8 à 10 minutes. Surveiller pour éviter que la sauce brûle.

6. Déposer les morceaux de viande dans un plat ou une plaque allant au four ou au barbecue et couvrir de sauce (badigeonner les deux côtés). Conserver le restant de la sauce pour badigeonner les côtes levées à la mi-cuisson.

7. Couvrir le plat de papier d'aluminium. Mettre au four ou dans le barbecue.

8. Après 25 minutes de cuisson, enlever le papier d'aluminium. Avec des pinces, tourner les côtes levées et badigeonner généreusement les deux côtés de sauce.

9. Remettre au four ou au barbecue et cuire de 30 à 35 minutes ou jusqu'à ce que les côtes soient bien dorées et que la viande se détache de l'os.

Poissons et fruits de mer

Poisson grillé et sa purée de fenouil et pommes de terre

Le goût et la texture de la purée de fenouil se marient bien avec ceux d'un poisson grillé. Vous pouvez donc utiliser n'importe quel poisson de pêche durable (saumon, omble chevalier) ou de gros pétoncles pour ce repas simple, mais aux saveurs complexes.

pour **4** personnes

Ingrédients

2 bulbes de **fenouil**

5 grosses **pommes de terre** jaunes ou rouges pelées et coupées en quartiers

65 ml (¼ tasse) de **crème fraîche** ou de crème 35%

60 ml (4 c. à soupe) de **beurre** salé

1 **petit oignon** coupé en quartiers

Sel et **poivre**

5 ml (1 c. à thé) de **zestes d'orange**

5 ml (1 c. à thé) de **graines de fenouil** grillées réduites en poudre

Poisson au goût

Huile d'olive

Pour décorer : feuillage de fenouil, gros sel

Méthode

1. Préchauffer le four à 375 °F (190 °C).

2. Laver les bulbes de fenouil. Couper la partie supérieure des bulbes (les branches) et réserver le feuillage. Parer chaque bulbe de fenouil et ôter le talon dur. Couper les bulbes de fenouil en huit morceaux dans le sens de la longueur.

3. Tapisser de papier parchemin le fond d'un récipient allant au four. Déposer les quartiers d'oignon et les morceaux de bulbes de fenouil dans le récipient. Badigeonner les morceaux de légumes avec de l'huile d'olive. Griller au four environ une heure ou jusqu'à ce que les morceaux de fenouil soient tendres. Sortir du four et laisser refroidir.

4. Faire cuire les pommes de terre à l'eau bouillante de 15 à 20 minutes ou jusqu'à ce qu'elles soient tendres. Égoutter les pommes de terre et laisser tiédir.

5. Mettre les morceaux de fenouil et d'oignon dans un robot culinaire, et réduire en purée.

6. Avec un presse-purée ou un pilon, réduire les pommes de terre en purée. Ajouter la crème fraîche, le beurre, le sel et le poivre.

7. Mélanger la purée de fenouil et la purée de pommes de terre. Verser la purée dans un plat allant au four, couvrir et enfourner.

8. Mettre quatre grandes assiettes au four. Réduire la température du four à 250 °F (120 °C).

9. Pendant ce temps, faire chauffer deux cuillerées à soupe d'huile d'olive dans une grande poêle.

10. Déposer les tranches de poisson dans la poêle et saisir chaque côté de 1 à 2 minutes ou plus (selon le type de poisson utilisé ou de cuisson désirée).

11. Sortir les assiettes chaudes du four ainsi que le plat de purée. Déposer de la purée au centre de chaque assiette. Sur chaque monti-cule de purée, déposer une tranche ou un filet de poisson grillé.

12. Garnir chaque tranche ou filet de poisson avec des zestes d'orange, de la poudre de graines de fenouil grillées, du feuillage de fenouil, des grains de sel et d'un trait d'huile d'olive.

Rouleaux printaniers aux crevettes nordiques

Mes visites fréquentes en Gaspésie m'ont permis d'apprécier encore plus les fruits de mer. Là-bas, les crevettes se mangent comme des bonbons tellement elles sont fraîches et sucrées. Je fais régulièrement cette recette l'été afin de goûter pleinement à la fine saveur des crevettes nordiques lorsqu'elles sont de saison au Québec.

Sauce

pour **4** personnes

INGRÉDIENTS

125 ml (½ tasse) de **sauce tamari** sans gluten

125 ml (½ tasse) d'huile de **sésame grillé**

125 ml (½ t asse) de **vinaigre de riz** ou d'eau

Gingembre frais râpé au goût

125 ml (½ tasse) de **feuilles de menthe** hachées

1 paquet de **feuilles de riz**

1 paquet de **vermicelles de riz**

MÉTHODE

Mélanger tous les ingrédients. Réserver.

• • •

Rouleaux printaniers

INGRÉDIENTS

500 g de **crevettes nordiques** cuites et décortiquées

1 **mangue** coupée en petits cubes

125 ml (½ tasse) de **noix d'acajou** hachées en petits morceaux

4 petits **oignons verts** hachés ou une vingtaine de tiges de **ciboulette**

125 ml (½ tasse) de **feuilles de coriandre** hachées

MÉTHODE

1. Placer tous les ingrédients en rangée sur une planche à découper sauf les vermicelles et les feuilles de riz.

2. Tremper les vermicelles de riz dans un bol contenant de l'eau bouillante pendant environ 1 minute. Rafraîchir avec de l'eau froide.

3. Bien égoutter les vermicelles et les laisser refroidir dans un bol.

4. Tremper une feuille de riz à la fois dans un grand bol contenant de l'eau tiède et retirer après 15 secondes. Répéter 7 fois.

5. Étendre chaque feuille de riz trempée dans une assiette en prenant soin de mettre une feuille de papier ciré entre chacune d'elles afin qu'elles ne collent pas ensemble.

Suite ▷

MONTAGE DES ROULEAUX

1. Dans une grande assiette, étendre une feuille de riz trempée.

2. Plier le premier quart de la feuille de riz et déposer les ingrédients de la garniture en suivant cet ordre : une petite poignée de vermicelles, une petite poignée de crevettes, une cuillerée à soupe de cubes de mangue, une cuillerée à thé de noix d'acajou hachées, une petite poignée de feuilles de menthe et de coriandre, trois ou quatre tiges de ciboulette ou une cuillerée à thé d'oignons verts hachés.

3. Rabattre les deux bords latéraux sur la garniture, puis rouler pour former un rouleau bien serré.

4. Déposer deux rouleaux dans chaque assiette et napper légèrement le rouleau avec la sauce.

Filets de poisson et panure à la bière

(*fish and chips* à l'anglaise)

pour **6** personnes

À la fin de mes études universitaires, je suis allée visiter un ami qui étudiait à Cambridge, au Royaume-Uni. Lors de ce séjour, j'ai fait avec lui la tournée des plus beaux campus et des meilleurs pubs anglais. J'ai donc bu de la très bonne bière brune et, surtout, j'ai mangé d'excellents fish and chips. À cette époque, je ne soupçonnais pas que la bière et la panure me rendaient malade. J'ai tenté de recréer cette fameuse panure à la bière, mais sans gluten. J'ai été agréablement surprise par le résultat. La panure était d'une légèreté et d'un croquant étonnants, tellement que je me suis imaginée de retour dans un pub anglais.

Panure à la bière

INGRÉDIENTS

30 ml (2 c. à soupe) de **farine de riz** gluant

125 ml (½ tasse) de **farine de sorgho** ou de millet

125 ml (½ tasse) (77 g) de **farine de riz** blanc

65 ml (¼ tasse) (25 g) de **fécule** ou amidon de maïs

5 ml (1 c. à thé) de **bicarbonate de soude**

2 ml (½ c. à thé) de **gomme de xanthane**

1 ml (¼ c. à thé) de **poudre de cayenne** ou de fines herbes séchées réduites en poudre

2 ml (½ c. à thé) de **poivre** fraîchement moulu

5 ml (1 c. à thé) de **fleur de sel**

341 ml de **bière sans gluten**

MÉTHODE

1. Dans un grand bol, mélanger tous les ingrédients secs (sauf la fécule de maïs).

2. Ajouter la bière et remuer avec un fouet afin qu'aucun grumeau ne se forme. Cette panure est très épaisse et s'apparente à une préparation à gâteau.

3. Laisser reposer.

• • •

Sauce tartare

INGRÉDIENTS

250 ml (1 tasse) de mayonnaise maison (voir recette à la page 333)

2 gros cornichons coupés en petits cubes

15 ml (1 c. à soupe) de câpres (facultatif)

Jus d'un demi-citron

3 têtes d'oignons verts finement hachées

Poivre et sel

1. Dans un petit bol, mélanger la mayonnaise, les minicubes de cornichons, les câpres, les tranches d'oignons verts, le jus de citron, le sel et le poivre.

2. Répartir la sauce tartare dans six petits contenants en verre. Conserver au réfrigérateur jusqu'au moment de servir.

• • •

Cuisson et service du fish and chips

INGRÉDIENTS

60 ml (4 c. à soupe) de **fécule** ou amidon de maïs pour fariner les filets de poisson

6 filets de **poisson blanc** d'environ 150 g chacun (sole, morue, aiglefin, tilapia, plie)

500 ml (2 tasses) d'**huile d'arachide**, de tournesol, de pépins de raisins ou de maïs pour la friture

1 **citron** coupé en six

Petits **pois verts**

MÉTHODE

1. Préparer des pommes de terre rôties (voir recette à la page 88) et les mettre à cuire au four.

2. Saupoudrer une grande assiette de quatre cuillerées à soupe de fécule de maïs. Couper les filets en morceaux d'environ 5 × 2 po.

3. Fariner les morceaux de poisson et les déposer dans un grand plat.

4. Dans une grande casserole aux rebords élevés (afin d'éviter les éclaboussures d'huile) ou une friteuse, faire chauffer l'huile à 375 °F (190 °C). Faire un test avec un petit bout de pain sans gluten ou une tranche de pomme de terre. Si le pain ou la pomme de terre frit

adéquatement, l'huile est prête. Attention de ne pas surchauffer l'huile.

5. Lorsque la température est atteinte, tremper les morceaux de poisson dans la panure, deux à la fois, les égoutter puis les déposer délicatement dans l'huile chaude. Frire les morceaux de poisson dans l'huile jusqu'à ce qu'ils soient dorés (de 4 à 8 minutes, selon leur épaisseur). Retirer de l'huile et déposer dans une assiette recouverte de papier absorbant. Saler et poivrer. Répéter jusqu'à ce que tous les morceaux soient frits. Mettre les morceaux dans un plat, puis au four 5 minutes à 250 °F (120 °C).

6. Saler et poivrer les pommes de terre rôties.

7. Servir les morceaux de poisson frits dans une assiette avec des frites, des petits pois verts cuits, des quartiers de citron et la sauce tartare.

NOTE : Si une friteuse est utilisée, ne pas déposer les morceaux de poisson recouverts de panure directement sur le grillage du panier. Descendre le panier dans l'huile, puis déposer les morceaux de poisson enduits de panure directement dans l'huile. Si les morceaux de poisson sont déposés directement sur le grillage du panier avant d'être plongés dans l'huile, la panure collera sur le grillage.

ATTENTION : Ne jamais laisser la friteuse ou la casserole d'huile chaude sans surveillance. Pour éviter les éclaboussures, déposer délicatement les aliments dans l'huile et ne jamais descendre brusquement le panier avec les aliments dans l'huile.

Pot-en-pot revisité des Îles-de-la-Madeleine

Bien qu'originaire de la Gaspésie, ma belle-sœur m'a fait découvrir le pot-en-pot. Elle cuisine souvent cette tourte réconfortante aux fruits de mer pour sa famille. Le pot-en-pot est une création culinaire des Îles-de-la-Madeleine, mais, pour faire plaisir à mon Gaspésien, j'en ai créé une sans gluten en utilisant exclusivement des fruits de mer provenant de son coin de pays.

Ingrédients

pour **4 personnes**

250 ml (1 tasse) de **crevettes nordiques** du Québec cuites

250 ml (1 tasse) de **chair de crabe**, ou de homard du Québec, cuite et hachée grossièrement

250 ml (1 tasse) de petits **pétoncles** du Québec

Blanc d'un **poireau** finement haché

10 ml (2 c. à thé) de **beurre** salé

2 **carottes** en petits cubes

1 gros **oignon** finement haché

1 bulbe de **fenouil** coupé en cubes

2 grosses **pommes de terre blanches** pelées et coupées en très petits cubes

1 **gousse d'ail** confite et réduite en purée

250 ml (1 tasse) de petits **pois verts** surgelés

125 ml (½ tasse) de **vin blanc**

5 ml (1 c. à thé) de **feuilles de fenouil**

5 ml (1 c. à thé) d'**estragon**

250 ml (1 tasse) de **fumet de homard** (voir recette à la page 63) ou **de poisson**

30 ml (2 c. à soupe) de **fécule de maïs** délayée dans de l'eau

125 ml (½ tasse) de **crème 15 %** ou **35 %**

Sel et **poivre** du moulin

1 abaisse de **pâte brisée salée** sans gluten (voir recette à la page 134)

1 **œuf**

45 ml (3 c. à soupe) de **lait**

Méthode

1. Égoutter les pétoncles, puis les éponger avec un essuie-tout.

2. Dans une très grande poêle, faire fondre du beurre jusqu'à ce qu'il soit de couleur noisette. Faire caraméliser les pétoncles de chaque côté 30 secondes. Ne pas faire caraméliser plus de cinq pétoncles à la fois, car ceux-ci vont bouillir, ce qui rendra leur chair trop dure. Enlever les pétoncles de la poêle et les réserver dans une grande assiette.

3. Déposer quelques noisettes de beurre salé dans la poêle chaude, puis ajouter les morceaux de légumes (sauf la purée d'ail et les petits pois). Faire sauter les légumes 5 minutes, puis les transférer dans un bol. Réserver.

4. Déglacer la poêle avec le vin blanc. Ajouter ensuite les feuilles de fenouil et d'estragon. Laisser réduire du tiers puis ajouter, les petits pois, la purée d'ail confit, les légumes, le fumet et la fécule, puis la crème. Assaisonner au goût avec du sel et du poivre. Remuer avec une cuillère en bois pour bien mélanger tous les ingrédients. Éteindre le feu lorsque la sauce est assez épaisse et ajouter les crevettes, la chair de homard et les pétoncles. Laisser refroidir.

5. Sur un plan de travail fariné, abaisser la pâte. Utiliser une cocotte pour vous guider dans la taille des huit pâtes. Tailler les formes

en gardant un excédent d'environ 3,5 pouces (9 cm) plus grand que la surface du moule. Couvrir individuellement les abaisses d'une feuille de parchemin, recouvrir d'une pellicule plastique et mettre au réfrigérateur environ une demi-heure.

6. Préchauffer le four à 350 °F (180 °C).

7. Déposer une abaisse dans le fond de la cocotte en remontant la pâte jusqu'aux trois quarts des côtés. Avec du papier d'aluminium, couvrir le fond de pâte et les côtés, puis verser des petits pois ou des haricots secs sur le papier d'aluminium. Faire cuire la pâte à blanc environ 20 minutes. Laisser refroidir, puis enlever le papier d'aluminium et les petits pois secs.

8. Verser l'appareil aux fruits de mer dans la cocotte jusqu'à un demi-pouce (1 cm) des côtés de la croûte intérieure. Couvrir l'appareil aux fruits de mer avec les abaisses. Replier l'excédent de pâte sous l'abaisse et joindre la croûte sur les côtés.

9. Dans une tasse, mélanger le lait et l'œuf avec un petit fouet ou une fourchette. Badigeonner toute la surface des abaisses avec la préparation œuf/lait.

10. Faire quatre petites cheminées avec du papier d'aluminium et les insérer au centre de chaque abaisse ou entailler la pâte avec un couteau pour laisser la vapeur s'échapper durant la cuisson.

11. Mettre le pot-en-pot au four, réduire la température à 325 °F (165 °C) et cuire de 45 à 50 minutes. Surveiller la cuisson de la pâte. Lorsque la croûte est dorée, le pot-en-pot est prêt.

NOTE : Ce pot-en-pot peut aussi être préparé uniquement avec de la chair de poisson ou une combinaison de poissons et de fruits de mer.

Pâtes alimentaires

Gnocchis aux pommes de terre

La première fois que j'ai cuisiné des gnocchis aux pommes de terre, la recette indiquait de ne pas utiliser de jaunes d'œufs, qui, selon l'auteur, durciraient la pâte. Toutefois, pour cette recette sans gluten, j'ai utilisé un œuf afin de donner de la tenue aux gnocchis. J'ai tout de même obtenu des gnocchis légers, parfaitement équilibrés et, surtout, pas trop denses.

Voir photo à la page 124.

pour **6** personnes
en plat principal
(pour environ 125 petits gnocchis)

Ingrédients

600 g de **pommes de terre Russet**
de grosseur moyenne (2 ½ pommes de
terre de 12 cm de longueur)

85 ml (⅓ tasse) de **farine d'amarante**

190 ml (¾ tasse) de **farine de riz** blanc

65 ml (¼ tasse) de **farine de tapioca**

2 ml (½ c. à thé) de **sel**

5 ml (1 c. à thé) de **gomme de xanthane**

1 **œuf**

Méthode

1. Préchauffer le four à 400 °F (200 °C).

2. Avec une fourchette, piquer les pommes de terre à plusieurs reprises. Déposer les pommes de terre sur une plaque de cuisson. Mettre la plaque de cuisson au centre du four sur la grille du haut. Cuire les pommes de terre environ une heure (vérifier la cuisson en insérant la pointe d'un petit couteau au centre de la pomme de terre ; si la chair de la pomme de terre offre de la résistance, elle n'est pas assez cuite).

3. Retirer les pommes de terre, les fendre au milieu avec un couteau et les laisser refroidir.

4. Dans un saladier, mélanger les farines, le sel et la gomme de xanthane.

5. Peler les pommes de terre. Dans un grand bol, réduire la chair des pommes de terre en une purée lisse avec un pilon ou une fourchette. Si la purée contient des grumeaux, les écraser avec une fourchette. Ajouter ensuite l'œuf, puis intégrer graduellement les farines. Mélanger avec une fourchette jusqu'à l'obtention d'une pâte lisse.

6. Sur une surface farinée avec de la farine de riz, pétrir doucement la pâte à gnocchis avec les mains jusqu'à ce qu'elle devienne souple. Si la pâte semble trop mouillée, ajouter de la farine de riz. Si elle est trop friable, ajouter un peu de gomme de xanthane (une pincée à la fois) et travailler la pâte jusqu'à ce qu'elle soit assez souple, mais encore ferme.

7. Façonner un gnocchi avec environ 2 ml (½ c. à thé) de pâte. Dans une grosse casserole d'eau bouillante, faire un test de cuisson avec le gnocchi. Celui-ci ne doit pas se désa-

gréger au contact de l'eau bouillante, mais plutôt se retrouver au fond de la casserole, puis remonter à la surface lorsqu'il est cuit. Calculer le temps de cuisson du moment où le gnocchi est plongé dans l'eau bouillante jusqu'à sa remontée en surface. Lorsque le gnocchi remontera à la surface, il sera presque prêt. Le laisser flotter 10 secondes supplémentaires, puis le retirer de l'eau bouillante. Laisser tiédir et goûter. Si la pâte du gnocchi ne semble pas assez cuite, faire un autre test afin de déterminer le temps de cuisson idéal des gnocchis, selon la texture recherchée.

8. Diviser la pâte à gnocchis en huit petites boules. Avec les mains, rouler la pâte sur une surface légèrement farinée de farine de riz blanc. Former un rouleau d'environ 1 cm de diamètre et couper en morceaux d'une longueur d'environ 3/4 pouce (2 cm). Avec le pouce, presser chaque gnocchi au centre ou le rouler sur le dos d'une fourchette de haut en bas. Déposer les gnocchis sur une plaque recouverte d'un papier parchemin ou sulfurisé en attendant de les faire cuire.

9. Dans une grande casserole d'eau bouillante salée, plonger 10 gnocchis à la fois et, lorsque cuits, les retirer à l'aide d'une écumoire. Déposer les gnocchis cuits et égouttés dans un récipient et réserver.

10. Répéter jusqu'à ce que le nombre de gnocchis désirés soit atteint. Compter environ 20 petits gnocchis par personne pour un plat principal.

11. Servir les gnocchis gratinés avec une sauce rosée (voir recette à la page 331), tomate ou bolognaise.

12. S'il reste des gnocchis non cuits, les déposer sur une plaque de cuisson, puis les congeler à plat toute une nuit. Le lendemain, ranger les gnocchis congelés au congélateur dans un sac ou un contenant hermétique.

Suite ▷

Raviolis de canard confit et de morilles, sauce au vin rouge

Cette recette de raviolis de canard confit et de morilles est très laborieuse, mais le travail en vaut vraiment la peine. Vous le constaterez à la première bouchée de ce succulent plat.

> pour **24** raviolis
> ou **2** personnes en plat principal
> ou **4** personnes en entrée

Pâte alimentaire

INGRÉDIENTS

125 ml ($^1/_2$ tasse) de **farine de tapioca**

125 ml ($^1/_2$ tasse) de **farine de riz brun**

250 ml (1 tasse) de **farine de quinoa**

2 poignées de **farine de tapioca** ou de **maïs** pour enfariner la surface de bois

Pincée de **sel**

10 ml (2 c. à thé) de **gomme de xanthane**

2 **œufs**

15 ml (1 c. à soupe) d'**huile d'olive**

MÉTHODE

1. Mélanger les ingrédients secs dans un grand bol.

2. Dans un autre bol, mélanger l'huile d'olive et les œufs. Ajouter le mélange liquide aux ingrédients secs. Travailler la pâte avec les mains et faire une boule. Recouvrir et réfrigérer environ une heure.

3. Diviser la pâte en trois morceaux.

4. Si vous ne possédez pas de machine à fabriquer des pâtes alimentaires, abaisser chaque morceau de pâte avec un rouleau à pâte à tarte sur une surface enfarinée jusqu'à ce que l'épaisseur de la pâte soit d'environ 1 $^1/_2$ mm à 2 mm.

5. Si vous possédez une machine à pâtes alimentaires, suivez les instructions du fabricant pour obtenir des pâtes d'une épaisseur d'environ 1 $^1/_2$ mm à 2 mm.

6. Avec un verre ou un couteau, couper la pâte et faire des ronds ou des carrés de pâte d'environ 2 $^1/_2$ pouces (6 cm) de diamètre. Pour 24 raviolis, vous aurez besoin de 48 morceaux de pâte de même taille.

7. Empiler les petits ronds de pâtes en prenant soin de mettre un carré de papier de parchemin ou sulfurisé entre chaque morceau de pâte. À ce stade de la recette, vous pouvez ranger les pâtes de raviolis au réfrigérateur pour un usage ultérieur.

· · ·

Garniture au canard et aux morilles

INGRÉDIENTS

2 cuisses de **canard confit**

15 g de **morilles séchées**

1 $^1/_2$ **oignon** finement haché

30 ml (2 c. à soupe) d'**huile de pépins de raisins**

1 **patate douce** pelée et coupée en dés

1. Hacher finement la chair des deux cuisses de canard confit.

2. Dans une tasse d'eau bouillante, hydrater les morilles séchées. Après 15 minutes, passer le liquide des morilles à travers un tamis très fin et réserver. Rincer les morilles à l'eau froide pour enlever toute trace de sable ou de terre. Hacher en très petits morceaux.

3. Cuire la chair de la patate douce dans de l'eau bouillante et réduire en purée une fois cuite.

4. Dans une poêle, faire chauffer l'huile et y faire caraméliser les morceaux d'oignon. Mettre l'oignon dans un bol et laisser refroidir.

5. Dans un grand bol, mélanger tous les ingrédients de la garniture et réserver.

• • •

Sauce au vin rouge

400 ml (environ 1 $^5/_8$ tasse) de **fond de gibier à plumes sans gluten** (on en trouve dans les congélateurs de certaines épiceries au Québec). La même quantité de **fond de volaille maison** fait aussi l'affaire.

250 ml (1 tasse) de **liquide de morilles** préparé plus tôt

125 ml (½ tasse) de **vin rouge**

Morceaux caramélisés d'un **demi-oignon** préparé plus tôt

45 ml (3 c. à soupe) de **crème fraîche**, de **crème sure** ou de **crème 35 %**

Dans une petite casserole, faire mijoter le fond de gibier ou de volaille sans gluten, le liquide des morilles, les morceaux d'oignons caramélisés et le vin rouge. Laisser réduire le liquide de moitié. Ajouter la crème fraîche et laisser mijoter 2 minutes.

• • •

1. Sur une surface recouverte de farine de tapioca ou de riz, déposer les petits ronds ou carrés de pâtes alimentaires. Mouiller les rebords de chacun d'eux.

2. Déposer une cuillerée à thé de garniture sur un rond ou carré de ravioli et couvrir d'une autre pâte. Presser les rebords avec les doigts.

3. Faire cuire les raviolis dans une grande casserole d'eau bouillante. Lorsque les pâtes flottent à la surface de l'eau, les retirer et les déposer dans un bol.

4. Couvrir les raviolis de sauce au vin rouge.

NOTE : Si vous n'avez pas de champignons séchés à la maison, je vous recommande d'utiliser des champignons frais et de remplacer le liquide des champignons séchés par du fond de volaille ou de gibier.

Suite ▷

Lasagne aux trois fromages et aux épinards

La première fois que j'ai goûté une lasagne faite maison, je me suis presque évanouie de bonheur. Tous les dimanches, la mère de mon amoureux de l'époque, une Italienne du Nord, faisait une lasagne avec des pâtes fraîches. Elle se levait tôt le matin pour faire sa pâte et partait ensuite à l'église. Je trouvais qu'elle mettait beaucoup trop d'efforts dans la préparation de son plat, mais dès ma première bouchée de lasagne, j'ai immédiatement oublié celle de ma mère...

Pendant des années, j'ai tenté de recréer cette fameuse recette de lasagne du mieux que je pouvais en achetant des pâtes fraîches. Je n'avais ni le courage ni la machine pour faire des pâtes maison. Maintenant que j'ai un appareil pour faire des pâtes fraîches sans gluten, j'ai réalisé que ce n'est pas aussi compliqué que je le croyais. Et même si vous n'avez pas de machine, vous pouvez facilement abaisser votre pâte à lasagne avec un rouleau à pâte.

Pâtes alimentaires

pour **8** personnes

INGRÉDIENTS

125 ml (¹/₂ tasse) de **farine de tapioca**

125 ml (¹/₂ tasse) de **farine de maïs**

250 ml (1 tasse) de **farine de quinoa**

2 poignées de **farine de tapioca** ou de maïs pour fariner la surface de travail

2 ml (¹/₂ c. à thé) de **sel**

3 c. à soupe de **gomme de xanthane**

3 **œufs**

2 c. à soupe d'**huile d'olive**

MÉTHODE

1. Mélanger les ingrédients secs dans un grand bol.

2. Dans un autre bol, mélanger l'huile d'olive et les œufs.

3. Ajouter le mélange liquide aux ingrédients secs. Travailler la pâte avec les mains et en faire une boule. Recouvrir et réfrigérer environ une heure.

4. Diviser la pâte en morceaux de 5 cm².

5. Si vous ne possédez pas de machine à fabriquer des pâtes alimentaires, abaisser chaque morceau avec un rouleau à pâte à tarte sur une surface farinée avec de la farine de maïs, jusqu'à ce que l'épaisseur de la pâte soit d'environ 3 millimètres.

6. Si vous possédez une machine à pâtes alimentaires, suivez les instructions du fabricant pour obtenir des pâtes d'une épaisseur de 3 mm, d'une largeur de 6 cm et d'une longueur de 30 cm.

7. Mettre chaque lanière de pâte de lasagne sur un plat ou une assiette et couvrir d'une pellicule de plastique.

Garniture

INGRÉDIENTS

750 ml (3 tasses) de **sauce tomate** ou bolognaise sans gluten

500 ml (2 tasses) de **feuilles d'épinards**

500 ml (2 tasses) de **ricotta**

250 ml (1 tasse) de **mozzarella** râpée

125 ml (¹/₂ tasse) de **parmesan** râpé

MONTAGE DE LA LASAGNE

1. Préchauffer le four à 350 °F (180 °C).

2. Mélanger la ricotta et les feuilles d'épinards.

3. Recouvrir le fond d'un plat rectangulaire profond allant au four de 250 ml (1 tasse) de sauce tomate ou bolognaise sans gluten. Recouvrir de pâtes de lasagne. Étendre le mélange ricotta/épinards sur les pâtes. Recouvrir le fromage et les feuilles d'épinards de lanières de pâtes fraîches. Étendre ensuite le restant de la sauce. Ajouter une dernière couche de pâtes fraîches. Finalement, étendre la mozzarella et le parmesan râpé.

4. Cuire au four environ une heure.

Orecchiettes

pour **4** personnes

Les orecchiettes sont de petites pâtes alimentaires en forme d'oreille. Ces pâtes de forme concave sont parfaites pour accueillir de la sauce tomate ou bolognaise et elles cuisent en un rien de temps.

Ingrédients

65 ml (¹/₄ tasse) de **farine de riz blanc** ou de riz brun

65 ml (¹/₄ tasse) de **farine de maïs**

250 ml (1 tasse) de **farine de quinoa**

15 ml (1 c. à soupe) de **farine de pommes de terre** ou de riz gluant

2 poignées de **farine de maïs** pour fariner la surface de travail

2 ml (¹/₂ c. à thé) de **sel**

30 ml (2 c. à soupe) de **gomme de xanthane**

3 **œufs**

30 ml (2 c. à soupe) d'**huile d'olive**

Méthode

1. Mélanger les ingrédients secs dans un grand bol. Faire un puits au centre.

2. Ajouter les œufs et l'huile au centre, mélanger avec une fourchette, puis incorporer graduellement avec la main les ingrédients secs dans le mélange liquide.

3. Travailler la pâte avec les mains et en faire une boule. Si la pâte semble trop sèche et friable, ajouter une cuillerée à soupe d'huile d'olive et refaçonner en boule.

4. Recouvrir et réfrigérer environ une heure.

5. Façonner des petites boules d'environ 1 cm de diamètre, puis presser au centre en poussant la pâte vers le haut pour créer une forme d'oreille (*orecchio* en italien). Déposer l'orechiette sur une plaque de cuisson recouverte d'un papier parchemin.

Suite ▷

6. Dans une grande casserole d'eau bouillante, saupoudrer une cuillerée à thé de sel, puis faire cuire les orecchiettes de 8 à 10 minutes. Les orecchiettes sont cuits lorsqu'ils flottent à la surface de l'eau. Retirer les pâtes avec une écumoire, puis les couvrir de sauce rosée (voir recette à la page 331), de sauce bolognaise ou tomate.

Pâtes à la Jojo

Afin de goûter pleinement à la saveur des tomates cerises de saison, j'ai concocté cette recette de pâtes sans gluten. L'inspiration pour cette recette m'est venue un jour lorsque, trouvant des pâtes au riz brun insipides, j'ai ajouté de l'huile d'olive dans mon plat.

La recette de pâtes à la Jojo est maintenant devenue un classique à la maison. La meilleure période de l'année pour essayer cette recette est durant la saison des tomates, surtout si elles poussent dans votre potager ou que vous venez d'en acheter au marché.

Voir photo à la page 125.

pour **4** personnes

Ingrédients

24 **tomates cerises** coupées en petits cubes

24 petits **bocconcinis** coupés en petits cubes

24 **olives noires** séchées au soleil

2 poignées de **feuilles de basilic** ciselées

6 tranches de **prosciutto** sans gluten ciselées en lanières

65 ml (¼ tasse) de **noix de pin**

500 g de **pâtes alimentaires** sans gluten

125 ml (½ tasse) d'**huile d'olive** extra vierge

Poivre fraîchement moulu

NOTE : *Cette recette est très salée. Il ne faut pas y ajouter de sel.*

Méthode

1. Dans une grande poêle, faire chauffer à feu moyen deux cuillerées à soupe d'huile d'olive ; ajouter les lanières de prosciutto et faire cuire jusqu'à ce qu'elles soient croustillantes. Ajouter les olives noires dénoyautées et les noix de pin. Cuire à feu doux.

2. En même temps, faire cuire les pâtes alimentaires selon les indications du fabricant ou selon la consistance désirée.

3. Lorsque les pâtes sont al dente, les rincer à l'eau froide (si elles sont collées ou pour enlever le résidu d'amidon). Égoutter les pâtes et les mettre dans la poêle avec le mélange de prosciutto. Ajouter les tomates, les feuilles de basilic et les bocconcinis. Mélanger tous les ingrédients dans la poêle et chauffer jusqu'à ce que les pâtes soient chaudes.

4. Asperger d'huile d'olive et garnir de poivre fraîchement moulu. Servir dans de gros bols.

Tortellinis au fromage et aux épinards

Pâte alimentaire

pour **4** personnes

Voir photo à la page 126.

INGRÉDIENTS

65 ml (¼ de tasse) de **farine de riz blanc** ou de riz brun

65 ml (¼ de tasse) de **farine de maïs**

125 ml (½ tasse) de **farine de quinoa**

15 ml (1 c. à soupe) de **farine de pommes de terre** ou de riz gluant

2 poignées de **farine de maïs** pour fariner la surface de travail

2 ml (½ c. à thé) de **sel**

45 ml (3 c. à soupe) de **gomme de xanthane**

3 **œufs**

30 ml (2 c. à soupe) d'**huile d'olive**

MÉTHODE

1. Mélanger les ingrédients secs dans un grand bol.

2. Faire un puits au centre. Ajouter les œufs et l'huile au centre, mélanger avec une fourchette, puis incorporer graduellement avec la main les ingrédients secs dans le mélange liquide.

3. Travailler la pâte avec les mains et en faire une boule. Si la pâte semble trop sèche et friable, ajouter une cuillerée à soupe d'huile d'olive et refaçonner en boule. À l'inverse, si elle semble trop molle, ajouter de la farine, 1 c. à soupe à la fois. Diviser la pâte en deux et façonner en morceaux de 10 × 15 cm. Recouvrir et réfrigérer environ une heure.

4. Si vous ne possédez pas de machine à fabriquer des pâtes alimentaires, abaisser chaque morceau avec un rouleau à pâtisserie sur une surface farinée de farine de maïs jusqu'à ce que l'épaisseur de la pâte soit d'environ 3 millimètres.

5. Si vous possédez une machine à pâtes alimentaires, suivez les instructions du fabricant pour obtenir des pâtes d'une épaisseur de 3-4 mm, d'une largeur de 15 cm et d'une longueur de 30 cm.

6. Avec un emporte-pièce, un verre, un gobelet ou un coupe-ravioli rond d'un diamètre de 5 à 5,5 cm, préparer les ronds de pâte. Préparer 40 à 48 ronds de tortellinis.

7. Déposer les ronds de tortellinis dans une grande assiette ou un plat.

8. Mouiller une serviette propre (sans odeur de savon ou d'assouplissant), l'égoutter, puis la tordre afin d'enlever le plus d'eau possible. Couvrir les ronds de pâtes avec la serviette humide.

. . .

Farce au fromage et aux épinards

INGRÉDIENTS

250 ml (1 tasse) de **ricotta** ou de mascarpone

125 ml (½ tasse) de **parmesan** ou de romano râpé

125 ml (½ tasse) de **mozzarella** râpée

125 ml (½ tasse) d'**épinards** blanchis, égouttés et finement hachés

1 **gousse d'ail** confite et réduite en purée

Suite ▷

MÉTHODE

Dans un bol, mélanger tous les ingrédients. Réduire en purée avec un pied-mélangeur ou un mélangeur électrique. Couvrir et mettre au réfrigérateur.

. . .

MONTAGE DES TORTELLINIS

1. Battre un jaune d'œuf dans trois cuillerées à soupe d'eau et utiliser ce mélange pour sceller les pâtes.

2. Préparer les tortellinis, un à la fois, en gardant la serviette sur les ronds de pâte.

3. Au centre de chaque pâte, déposer un quart de cuillerée à thé de farce au fromage et aux épinards. Badigeonner la moitié du pourtour de la pâte (le pourtour doit être d'au moins 1 cm), puis replier sur la partie de pâte non badigeonnée. Avec les doigts, presser sur les extrémités et enlever toute bulle d'air.

4. Badigeonner les extrémités (pointes) du demi-cercle de pâte et les joindre en exerçant une petite pression avec les doigts afin de bien les coller. Garder un doigt au centre des tortellinis lors du soudage des extrémités afin de créer une petite bague de pâte.

5. Déposer les tortellinis sur une plaque de cuisson recouverte d'un papier parchemin en attendant la cuisson.

6. Dans une grande casserole d'eau bouillante, saupoudrer de sel (1 c. à thé), puis faire cuire les tortellinis environ 5 minutes. Les tortellinis sont cuits lorsqu'ils flottent à la surface de l'eau. Retirer les tortellinis avec une écumoire, puis les couvrir de sauce rosée (voir recette à la page 331) ou de sauce tomate.

NOTE : *On peut servir ces tortellinis gratinés au four. Dès qu'ils sont retirés de l'eau, les égoutter, puis les mettre dans un plat en pyrex. Recouvrir de sauce tomate ou rosée chaude, puis de mozzarella et de parmesan. Mettre au four à 475 °F (245 °C) et faire gratiner jusqu'à ce que le fromage soit doré, soit de 3 à 4 minutes.*

Pizzas et foccacia

Foccacia aux olives noires et fines herbes sur poolish

La poolish est une méthode pour faire lever un pain. En travaillant son pain avec une poolish, on utilise moins de levure et le goût du pain s'en trouve amélioré. On prépare une poolish en mélangeant une petite quantité de levure avec de l'eau, du sucre et de la farine. La quantité de levure utilisée dépend du temps de fermentation. On laisse ensuite fermenter une poolish entre 2 et 12 heures. Plus on laisse fermenter, moins on utilisera de levure. La poolish est prête une fois qu'elle a fait des bulles et qu'elle est gonflée. Ensuite, on l'utilise avec les ingrédients pour le pain, et une petite quantité de levure. Cette méthode permet donc de limiter la levure dans le pain tout en rendant la mie plus aérée et en donnant un goût moins acide qu'un pain au levain. C'est une méthode idéale pour les pains plats comme les foccacia.

Voir photo à la page 128.

Poolish

INGRÉDIENTS

160 ml (⅝ tasse) de **farine** de millet

160 ml (⅝ tasse) de **farine de riz blanc**

170 ml (⅔ tasse) d'**eau** tiède à 120 °F ou 49 °C

1 ml (¼ c. à thé) de **levure** instantanée

5 ml (1 c. à thé) de **cassonade** ou de sucre brut

MÉTHODE

Mélanger tous les ingrédients de la poolish dans un petit bol. Couvrir le bol d'une pellicule plastique et laisser reposer pendant 10 heures. Il est préférable de faire la poolish le soir et de la laisser travailler durant la nuit.

Foccacia

INGRÉDIENTS

65 ml (¼ tasse) de **farine de millet**

65 ml (¼ tasse) de **farine de tapioca**

65 ml (¼ tasse) de **farine de riz blanc**

35 ml (⅛ tasse) de **farine de pommes de terre**

190 ml (¾ tasse) de **farine de sorgho**

10 ml (2 c. à thé) de **graines de chia** ou de lin moulues

65 ml (¼ tasse) d'**eau bouillante**

65 ml (¼ tasse) d'**eau** tiède (120 °F ou 49 °C).

5 ml (1 c. à thé) de **levure** instantanée

65 ml (¼ tasse) d'**huile d'olive**

5 ml (1 c. à thé) de **gomme de xanthane**

1 **œuf**

5 ml (1 c. à thé) de **vinaigre de riz** ou de cidre

Pincée de **sel**

125 ml (¼ tasse) d'**olives noires** séchées au soleil et dénoyautées

Suite ▷

MÉTHODE

1. Dans un petit bol, mélanger les graines de chia et l'eau bouillante. Laisser gélifier pendant 10 minutes, puis y ajouter l'huile d'olive, le vinaigre et l'œuf et fouetter jusqu'à l'obtention d'un mélange homogène.

2. Dans un grand saladier, mélanger les farines, le sel et la gomme de xanthane. Mélanger l'eau, la levure et la poolish, Creuser un puits au centre et y verser le mélange d'huile. Puis, ajouter en petite quantité l'eau, la poolish et la levure et en utilisant votre main droite ou une cuillère en bois, mélanger à partir du centre en faisant retomber la farine petit à petit jusqu'à ce qu'elle soit complètement amalgamée. Ajouter les olives noires et pétrir la pâte.

3. Déposer la pâte sur un plan de travail légèrement fariné et avec vos mains, façonner la pâte en forme ovale ou rectangulaire. Mouiller vos mains et lisser la pâte au besoin. Couvrir la pâte avec de la pellicule plastique, puis la ranger dans un endroit à l'abri des courants d'air. Laisser lever la pâte pendant   2 heures.

4. Déposer une plaque allant au four sur une grande feuille de papier parchemin. Avec des ciseaux, couper le papier au format de la plaque et déposer la feuille dans la plaque. Fariner la feuille de papier parchemin et y déposer la pâte à fougasse. Huiler vos mains avec de l'huile d'olive. Étaler d'abord la pâte en l'écrasant doucement avec la paume de vos mains, puis en l'étirant lentement vers les bords de la plaque. Laisser environ un espace de 2 cm entre la fougasse et les rebords. Couvrir avecun linge propre humide ou d'une pellicule plastique et laisser lever la pâte pendant 45 minutes.

5. Pendant ce temps, dans une petite casserole à feu très doux, faire chauffer pendant 10 minutes 250 ml d'huile d'olive et 2 c. à soupe d'un mélange de feuilles de romarin et de thym frais. Retirer la casserole et laisser infuser 15 minutes.

6. Préchauffer le four à 425 °F ou 215 °C.

7. Retirer la pellicule plastique et enfoncer vos doigts sur toute la surface de la pâte en y laissant des empreintes de doigts d'environ 1 cm. Attention de ne pas percer la pâte. Avec un pinceau, badigeonner généreusement la surface de la pâte avec de l'huile infusée aux herbes. Garnir la surface de la foccacia avec les fines herbes et de gros grains de sel.

8. Déposer la plaque sur la grille du haut au centre du four. Cuire pendant 15 minutes puis tourner la plaque de sens et cuire encore 10 à 15 minutes.

NOTE : Le pain foccacia se conserve environ 3 à 4 jours enveloppé dans un linge propre non parfumé, puis rangé dans un sac de plastique hermétique.

. . .

Biscottes aux olives noires et fines herbes

Après quelques jours, mettez au four des tranches très minces de foccacia. Les faire griller à 250 °F (120 °C) de 30 à 45 minutes. Ces tranches grillées font d'excellentes biscottes aux olives et fines herbes et sont délicieuses avec une trempette.

Pizza sur poolish

La poolish est un liquide pré-fermenté à base de levure, d'eau et de farine. Cette méthode artisanale pour faire lever des pâtes à pain ou à pizza donne un goût légèrement acidulé à la pâte et est l'une de mes techniques favorites pour faire de la pâte à pizza car on utilise moins de levure.

Poolish à pizza

INGRÉDIENTS

160 ml (⁵/₈ tasse) (50 g) de **farine de millet** ou sorgho

160 ml (⁵/₈ tasse) (50 g) de **farine de riz blanc**

170 ml (²/₃ tasse) d'**eau** tiède à 120 °F (50 °C)

1 ml (¹/₄ c. à thé) de **levure instantanée**

5 ml (1 c. à thé) de **cassonade** ou de sucre brut

MÉTHODE

Mélanger tous les ingrédients de la poolish dans un petit bol. Couvrir le bol d'une pellicule de plastique ou d'une assiette et laisser mousser 10 heures dans un endroit à l'abri des courants d'air. Il est préférable de préparer la poolish le soir et de laisser travailler la levure durant la nuit. La poolish va gonfler, buller et ressemblera à un mélange de crêpes rempli de bulles. Vous pouvez conserver votre poolish dans un contenant fermé dans le réfrigérateur pour une maximum de 2 jours (le goût de votre pâte à pizza sera même meilleur).

• • •

Pâte à pizza

INGRÉDIENTS

65 ml (¹/₄ tasse) de farine **de millet** ou de **sorgho**

65 ml (¹/₄ tasse) de **farine de tapioca**

65 ml (¹/₄ tasse) de **farine de riz blanc**

35 ml (¹/₈ tasse) de **farine de pommes de terre**

190 ml (³/₄ tasse) de **farine de sorgho**

10 ml (2 c. à thé) de **graines de chia** ou de lin moulues

65 ml (¹/₄ tasse) d'**eau** bouillante

65 ml (¹/₄ tasse) d'**eau** tiède à 120 °F (50 °C)

5 ml (1 c. à thé) de **sucre**

5 ml (1 c. à thé) de **levure instantanée**

30 ml (2. c. à soupe) d'**huile d'olive**

5 ml (1 c. à thé) de **gomme de xanthane**

1 **œuf**

5 ml (1 c. à thé) de **vinaigre de riz** ou de cidre

Pincée de **sel**

MÉTHODE

1. Dans un petit bol, mélanger les graines de chia et l'eau bouillante. Laisser gélifier 10 minutes, puis ajouter l'huile d'olive, le vinaigre et l'œuf. Fouetter jusqu'à l'obtention d'un mélange homogène.

2. Dans un grand saladier, mélanger les farines, le sel, la gomme de xanthane, le sucre et la levure. Ajouter l'eau tiède dans le bol de poolish, mélanger puis verser dans le saladier et brasser avec une cuillère de bois. Laisser reposer 20 minutes. Verser ensuite ce mélange dans le bol d'un mélangeur sur socle avec crochet pétrisseur, ajouter le liquide gélifié, puis pétrir jusqu'à l'obtention d'une consistance homogène, mais collante.

Suite ▷

3. Déposer la pâte sur un plan de travail légèrement fariné et, avec les mains, façonner la pâte en forme de disque. Mouiller les mains et lisser la pâte au besoin. La déposer sur une plaque recouverte d'un papier parchemin, huiler le dessus de la pâte, couvrir avec une pellicule de plastique ou une feuille de papier parchemin, puis ranger dans un endroit à l'abri des courants d'air. Laisser la pâte lever pendant 90 minutes.

4. Déposer une feuille de papier parchemin sur un plan de travail. La fariner avec de la semoule de maïs (polenta) et y déposer la pâte à pizza.

5. Huiler les mains avec de l'huile d'olive. Étaler d'abord la pâte en l'écrasant doucement avec la paume des mains, puis en l'étirant lentement pour agrandir le disque de pâte.

6. Préchauffer le four à 450 °F (230 °C). Déposer une pierre à pizza sur la grille du haut au centre du four.

7. Lorsque la température est atteinte, attendre 15 minutes, puis déposer la pâte à pizza avec le papier parchemin sur la pierre à pizza. Si vous n'avez pas de pierre à pizza, déposer la pizza sur une plaque à cuisson avec le papier parchemin. Cuire la pâte 7 minutes, puis retirer la pâte, la pierre à pizza et le moule d'eau.

8. Réduire la température à 425 °F (215 °C).

9. Garnir la pizza, puis déposer au four sur une plaque de cuisson. Cuire environ 10 à 15 minutes, selon l'épaisseur de la pâte.

Pizza au pesto et aux légumes

Voir photo à la page 127.

Ingrédients

1 disque de **pâte à pizza** surgelée ou pâte à pizza maison sans gluten (voir recette à la page 155)

125 ml (½ tasse) de **sauce tomate** pour pizza

65 ml (¼ tasse) de **champignons** tranchés finement

65 ml (¼ tasse) de **poivrons** verts et rouges tranchés finement

250 ml (1 tasse) de **mozzarella** (au goût)

30 ml (2 c. à soupe) de **pesto à l'origan** (voir recette à la page 326)

Méthode

1. Préchauffer le four à 400 °F (200 °C). Déposer une pierre huilée à pizza au four. Si la pâte à pizza n'est pas cuite, la faire cuire au four sur la pierre à pizza ou la plaque de cuisson pendant 7 à 8 minutes. Retirer le disque de pizza et laisser tiédir.

2. Napper la pâte à pizza de sauce tomate. Garnir de champignons tranchés et de morceaux de poivrons. Badigeonner avec du pesto. Couvrir de mozzarella râpée.

3. Déposer la pizza sur un papier parchemin, puis la glisser sur la pierre au four ou sur une plaque recouverte d'un papier parchemin. Cuire environ 10 à 15 minutes, selon l'épaisseur de la pâte.

Pizza rapide aux olives noires, aux tomates et aux fines herbes

Avant d'être diagnostiquée cœliaque, je mangeais de la pizza presque tous les jours pour le lunch. Ma passion pour ce mets est tellement forte que, lorsque j'ai déménagé à Montréal, j'ai choisi de vivre dans un logement situé à côté d'une populaire pizzeria. Il me vient donc souvent une envie d'en manger. Lorsque je n'ai pas le temps de faire ma propre pâte, j'en utilise une du commerce. Voici donc une recette simple de pizza sans gluten, très rapide à faire, et facilement modifiable selon les ingrédients que vous avez à la maison.

Ingrédients

1 disque de **pâte à pizza** surgelée ou pâte à pizza maison sans gluten (voir recette à la page 155)

75 ml (5 c. à soupe) de **sauce à pizza** ou tomate sans gluten

5 poignées de **mozzarella**

4 tranches de **jambon de Parme** sans gluten tranché en fines lanières

20 **olives noires**

1 poignée de **fines herbes** (origan ou basilic)

Méthode

1. Préchauffer le four à 400 °F (200 °C). Déposer une pierre huilée à pizza au four.

2. Si la pâte à pizza n'est pas cuite, la faire cuire au four sur la pierre à pizza ou plaque de cuisson pendant 7 minutes. Retirer le disque de pizza et laisser tiédir.

3. Étaler la sauce tomate sur la pizza, puis répartir les fines herbes sur la sauce. Étaler le fromage et bien couvrir la pizza. Garnir d'olives noires et de fines herbes.

4. Déposer la pizza sur un papier parchemin, puis la glisser sur la pierre au four ou sur une plaque recouverte d'un papier parchemin. Cuire environ 10 à 15 minutes, selon l'épaisseur de la pâte.

5. Servir avec une salade de roquette.

Pizza au prosciutto et aux légumes

Ingrédients

1 pâte à **pizza surgelée** ou pâte à pizza maison sans gluten (voir recette à la page 155)

125 ml (½ tasse) de **sauce tomate** pour pizza

5 **cœurs d'artichauts**, égouttés et coupés en deux

250 ml (1 tasse) de **mozzarella** (au goût)

Quelques **feuilles de basilic** finement hachées

125 ml (½ tasse) de **minibocconcinis**

10 **asperges**

65 ml (¼ tasse) d'**olives noires**

3 tranches de **prosciutto** coupées en lanières de 1 cm de large

Méthode

1. Préchauffer le four à 400 °F (200 °C). Déposer une pierre huilée à pizza au four.

2. Si la pâte à pizza n'est pas cuite, la faire cuire au four sur la pierre à pizza ou la plaque de cuisson pendant 7 à 8 minutes. Retirer le disque de pizza et laisser tiédir.

3. Napper la pâte à pizza de sauce tomate. Garnir avec les artichauts, la mozzarella et le basilic. Ajouter les lanières de prosciutto, les olives noires, les asperges et les minibocconcinis.

4. Déposer la pizza sur un papier parchemin, puis la glisser sur la pierre au four ou sur une plaque recouverte d'un papier parchemin. Cuire environ 10 à 15 minutes, selon l'épaisseur de la pâte.

NOTE :

Desserts

Tartes

Tarte au sirop d'érable et aux pacanes

Dès que la sève des arbres se met à couler au printemps, je sens l'appel de la tarte au sirop d'érable. Pour créer cette recette, je me suis laissé tenter par un sac de pacanes et une bouteille de sirop d'érable rangés dans le réfrigérateur. J'ai ajouté des noix moulues dans ma pâte à tarte afin d'augmenter la quantité de fibres puisque les farines utilisées dans cette recette en contiennent peu.

Voir photo à la page 169.

Voir photo à la page 169.

pour **8** personnes

Préparation au sirop d'érable

INGRÉDIENTS

190 ml (³/₄ tasse) de **sirop d'érable**

170 ml (²/₃ tasse) de **sucre d'érable** ou de cassonade/sucre blond

30 ml (2 c. à soupe) de **fécule de maïs** délayée dans 30 ml (2 c. à soupe) d'**eau** froide

190 ml (³/₄ tasse) de **crème 35 %**

85 ml (¹/₃ tasse) de **pacanes** grossièrement hachées

65 ml (¹/₄ tasse) de **beurre non salé**

2 **œufs** de grosseur moyenne

Graines d'une demi-gousse de **vanille**

MÉTHODE

1. Mélanger la crème, la fécule de maïs délayée dans l'eau, le sirop et le sucre d'érable. Verser le mélange liquide dans une casserole et chauffer à feu doux environ 15 minutes. Incorporer le beurre et, avec une fourchette, fouetter le mélange jusqu'à ce que le beurre soit fondu. Retirer la casserole du feu et laisser refroidir.

2. Lorsque la préparation est froide, ajouter les œufs et les graines de vanille, puis fouetter jusqu'à ce que l'œuf soit bien intégré au mélange. Couvrir et réserver au réfrigérateur.

Pâte sablée au beurre et aux pacanes (pour 2 abaisses)

INGRÉDIENTS

125 ml (¹/₂ tasse) de **beurre non salé** très froid coupé en petits dés

250 ml (1 tasse) de **pacanes** finement moulues

65 ml (¹/₄ tasse) de **sucre d'érable** ou de sucre blond

1 gros **œuf**

15 ml (1 c. à soupe) de **vinaigre de cidre** ou de riz

85 ml (¹/₃ tasse) d'**eau** très froide

170 ml (²/₃ tasse) de **farine de marante** ou arrowoot

170 ml (²/₃ tasse) de **farine d'amarante**

250 ml (1 tasse) de **farine de riz blanc**

15 ml (1 c. à soupe) de **gomme de xanthane**

Pincée de **sel**

MÉTHODE

1. Dans un grand bol, tamiser tous les ingrédients secs ensemble, sauf les pacanes moulues et le sucre.

2. Dans un petit bol, battre l'œuf, le vinaigre et l'eau froide. Réserver.

3. Ajouter les dés de beurre aux ingrédients secs. Avec deux couteaux ou un coupe-pâte, couper les dés de beurre en petits morceaux tout en les mélangeant aux ingrédients secs.

4. Ajouter les pacanes moulues et le sucre, puis mélanger avec une fourchette. Continuer ensuite à travailler le mélange avec les doigts. Le mélange doit avoir une consistance sableuse.

5. Incorporer graduellement les ingrédients liquides aux ingrédients secs et mélanger avec une fourchette.

6. Avec les mains, former deux gros disques de pâte. Ne pas trop manipuler la pâte afin de ne pas faire fondre le gras du beurre et des noix.

7. Si la pâte semble trop trempée et collante, ajouter de la farine de riz blanc ou de marante. Si la pâte s'effrite, ajouter un peu d'eau froide, 5 ml (1 c. à thé) à la fois.

8. Couvrir les disques de pâte et réfrigérer environ une heure.

9. Sur un plan de travail fariné, abaisser un disque de pâte jusqu'à ce qu'il soit d'environ 3 mm d'épaisseur. Conserver l'autre disque de pâte au congélateur pour utilisation ultérieure ou découper des motifs ou lanières pour ensuite décorer la garniture à l'érable.

MONTAGE DE LA TARTE AU SIROP D'ÉRABLE ET AUX PACANES

1. Préchauffer le four à 375 °F (190 °C).

2. Foncer un moule à tarte de 10 po (25 cm) avec l'abaisse. Avec les doigts, presser doucement sur l'abaisse afin de couvrir entièrement le moule. Couper l'excédent de pâte avec un couteau et conserver les retailles.

3. Couvrir le fond de tarte avec une feuille de papier d'aluminium et le remplir entièrement avec des pois secs, des haricots secs ou des grains de riz pour empêcher que la pâte ne lève pendant la cuisson.

4. Cuire la croûte au centre du four de 10 à 15 minutes ou jusqu'à ce qu'elle soit légèrement dorée. Retirer la croûte du four. Enlever les pois secs et le papier d'aluminium et laisser refroidir.

5. Verser la préparation à l'érable refroidie dans la croûte à tarte. La décorer avec des retailles ou des motifs faits à partir de l'autre abaisse si désiré.

6. Déposer la tarte au centre du four sur la grille du haut. Réduire la température à 350 °F (180 °C) et cuire environ 40 minutes. Laisser la tarte tiédir avant de la couper.

7. Servir chaque pointe de tarte avec un filet de sirop d'érable.

Tarte à la citrouille

Que faire avec une citrouille qui traîne dehors une fois que les célébrations d'Halloween sont terminées ? De la purée de citrouille qu'on pourra ensuite congeler et utiliser au besoin dans un potage, des gnocchis, et bien sûr, dans une tarte à la citrouille bien épicée.

pour **8** personnes

Purée de citrouille

INGRÉDIENT

1 citrouille

MÉTHODE

1. Préchauffer le four à 350 °F (180 °C).

2. Couper la citrouille en deux et la vider de ses filaments et de ses pépins. Trancher la citrouille en quartiers, puis les déposer sur une plaque à cuisson et enfourner environ 45 minutes. Sortir la plaque du four et laisser les quartiers de citrouille refroidir environ une demi-heure.

3. Enlever la pelure et déposer les quartiers de citrouille dans un grand bol. Réduire en purée avec un pied-mélangeur. Vider la purée dans des contenants qui vont au congélateur. Se conserve au congélateur environ trois mois.

NOTE : Conserver les pépins rincés à l'eau, puis les assécher et les faire griller de 10 à 15 minutes dans un four à 350 °F (180 °C). Cela fera une très bonne collation ou une belle garniture pour un potage à la citrouille.

Tarte à la purée de citrouille

INGRÉDIENTS

1 abaisse de **tarte sans gluten** aux noix de pacanes (voir recette à la page 162)

250 ml (1 tasse) de **purée de citrouille**

125 ml ($^1/_2$ tasse) de **cassonade** ou de sucre blond

2 **œufs** battus

250 ml (1 tasse) de **crème fraîche** ou crème 35%

2 ml ($^1/_2$ c. à thé) de **cannelle** moulue

2 ml ($^1/_2$ c. à thé) de **muscade** moulue

2 ml ($^1/_2$ c. à thé) de **gingembre** moulu

Pour la croûte caramélisée

250 ml (1 tasse) de **pacanes** ou de noix de Grenobles hachées

125 ml ($^1/_2$ tasse) de **cassonade** ou de sucre blond

1. Préchauffer le four à 350 °F (180 °C).

2. Déposer l'abaisse dans un plat à tarte en pyrex de 9 pouces (23 cm) aux rebords assez hauts. Piquer l'abaisse avec une fourchette, la tapisser d'un papier d'aluminium, puis la couvrir avec des fèves ou des pois secs. Déposer le plat au centre du four et cuire l'abaisse de 15 à 20 minutes. Sortir le plat et laisser refroidir.

3. Maintenir le four à 350 °F (180 °C). Pour la garniture à la citrouille, dans un grand bol, mélanger les œufs, la cassonade, la purée de citrouille et la crème fraîche. Ajouter ensuite les épices et battre avec un fouet électrique. Verser la garniture à la citrouille sur la croûte à tarte.

4. Pour la croûte caramélisée, dans un petit bol, mélanger la cassonade et les pacanes hachées. Couvrir la garniture de citrouille avec le mélange de cassonade et de pacanes hachées. Enfourner environ 35 minutes.

5. Sortir la tarte du four et laisser refroidir environ une heure avant de servir.

Tarte au citron meringuée et pâte sablée aux amandes

pour **8** personnes

La première tarte que j'ai réalisée de ma vie est un classique de la pâtisserie française. Lors d'un cours d'économie familiale en première secondaire, nous avons appris à faire une tarte au citron meringuée à partir d'ingrédients de base. Personnellement, je trouvais que cette tarte comprenait trop d'ingrédients et que la recette était très compliquée. De plus, je ne comprenais pas pourquoi on devait faire une garniture au citron quand il suffisait d'utiliser un sachet en poudre provenant d'une boîte bleue et jaune. Cette leçon de cuisine m'a heureusement appris à apprécier la finesse du citron, un goût bien dosé, mais aussi, ancré en moi...

Voir photo à la page 170.

Pâte sablée aux amandes

POUR 1 ABAISSE

INGRÉDIENTS

65 ml (¼ tasse) de **farine d'amarante** ou de sorgho ou de millet

125 ml (½ tasse) de **fécule de maïs**

170 ml (⅔ tasse) de **farine de riz blanc**

170 ml (⅔ tasse) de **sucre à glacer**

2 ml (½ c. à thé) de **gomme de xanthane**

170 ml (⅔ tasse) de **poudre d'amandes** moulues

2 ml (½ c. à thé) de **sel**

Graines d'une demi-gousse de **vanille**

5 ml (1 c. à thé) d'extrait d'**amandes** pures

150 ml (⅔ tasse) de **beurre** mou

1 **œuf**

MÉTHODE

1. Dans un bol, mélanger le sel, le sucre à glacer, la gomme de xanthane et les farines sauf la poudre d'amandes.

2. Dans un grand bol, battre ensemble la poudre d'amandes, les graines de vanille, l'extrait d'amandes, le beurre et l'œuf.

3. Ajouter les ingrédients secs par petite quantité et battre à très basse vitesse avec un malaxeur jusqu'à consistance homogène.

4. Délicatement, sans trop travailler la pâte, former une boule. Sur un plan de travail recouvert d'une feuille de papier parchemin farinée, abaisser délicatement la boule et former un disque épais. Recouvrir d'une autre feuille de papier parchemin et mettre au réfrigérateur au moins une heure.

5. Préchauffer le four à 350 °F (180 °C).

6. Sortir le disque de pâte et déposer sur une pellicule plastique. Couvrir avec une autre pellicule plastique et abaisser la pâte à la dimension voulue. Soulever la pellicule plastique et déposer l'abaisse dans un moule à tarte beurré, puis couper les excès de pâte. Piquer le fond et les rebords de la tarte avec une fourchette. Disperser du sucre blond sur le fond de l'abaisse. Presser doucement sur les cristaux de sucre avec les mains.

7. Couvrir l'abaisse de tarte avec du papier parchemin au format du moule à tarte, puis répartir des pois ou des haricots secs. Cuire à blanc sur la grille au centre du four jusqu'à ce que les bords commencent à colorer. Enlever le papier parchemin et les pois secs et continuer la cuisson jusqu'à ce que la pâte à tarte soit dorée (de 10 à 15 minutes). Laisser refroidir.

Préparation au citron

INGRÉDIENTS

190 ml (³/₄ tasse) de **sucre**

250 ml (1 tasse) d'**eau**

Zestes de 3 **citrons**

170 ml (²/₃ tasse) de **jus de citron** (environ 3 citrons)

65 ml (¹/₄ tasse) de **fécule de maïs**

60 ml (4 c. à soupe) de **beurre** non salé fondu

3 **jaunes d'œufs**

sel

MÉTHODE

1. Avec une fourchette, délayer la fécule de maïs dans l'eau. Bien fouetter pour enlever tous les grumeaux. Vider dans une casserole, puis ajouter le sel, le sucre et les zestes des citrons. Porter à ébullition sur un feu à intensité moyenne. Remuer sans arrêt jusqu'à épaississement. Réduire le feu au plus bas.

2. Dans un petit bol, mélanger avec un fouet ou un batteur électrique le jus de citron, les œufs et le beurre. Verser dans une casserole à fond épais, puis ajouter le liquide chaud à la fécule de maïs une louche à la fois. Mélanger entre chaque louche. Goûter. Si la préparation est trop amère ou acide, rectifier en ajoutant 15 ml (1 c. à soupe) de sucre à la fois. Goûter après chaque ajout de sucre. Si la préparation est trop sucrée, ajouter un peu de jus et des zestes de citrons.

3. Cuire à feu moyen en remuant sans arrêt jusqu'à ce que la préparation épaississe.

4. Une fois épaissie, cuire la préparation au citron à feux doux encore deux minutes.

5. Retirer du feu. Réserver.

Meringue

INGRÉDIENTS

3 **blancs d'œufs**

1 ml (¹/₄ c. à thé) de **crème de tartre**

15 ml (1 c. à soupe) de **jus de citron**

190 ml (³/₄ tasse) de **sucre**

MÉTHODE

Dans un saladier mélanger les blancs d'œufs avec le jus de citron. Ajouter la crème de tartre et monter les blancs d'œufs en neige avec un batteur électrique jusqu'à la formation de pics mous. Serrer la consistance de la meringue en ajoutant graduellement le sucre et en augmentant au maximum la vitesse du malaxeur. Avec une main, pencher le saladier, puis fouetter jusqu'à l'obtention de pics fermes.

• • •

MONTAGE DE LA TARTE AU CITRON MERINGUÉE

1. Étendre la garniture au citron chaude dans l'abaisse cuite avec une maryse ou une spatule. Ajouter la meringue. Avec une cuillère à thé, former des pics décoratifs dans la meringue.

2. Déposer la tarte sur la grille au centre du four et cuire à 350 °F (180 °C) de 20 à 30 minutes ou jusqu'à ce que la meringue soit dorée. Laisser reposer la tarte de 4 à 5 heures avant de manger.

NOTE : La tarte est meilleure le jour même de sa préparation. Elle peut être conservée dans un contenant hermétique jusqu'à deux jours.

Tarte aux bleuets

La première recette que j'ai tentée après mon diagnostic de la maladie cœliaque est une tarte. Il n'y a rien de plus réconfortant pour moi que l'odeur d'une tarte aux fruits en train de cuire, surtout si la pâte brisée est faite avec du beurre.

J'ai donc essayé différentes recettes de pâte à tarte sans gluten et après de multiples tentatives et expérimentations, j'ai finalement réussi ma pâte brisée. Cette recette sans gluten est presque identique en goût et en texture à une pâte brisée traditionnelle au beurre. Quand je sers une de mes tartes maison à mes invités, ceux-ci ne s'aperçoivent même pas que mon dessert est sans gluten. Et surtout, elles plaisent aux critiques gastronomiques les plus sévères que je connaisse... les membres de ma famille.

pour **8** personnes
(4 abaisses de 8 pouces ou 2 tartes)

Pâte brisée sans gluten

INGRÉDIENTS

250 ml (1 tasse) de **farine de riz**

125 ml (½ tasse) d'**amidon de maïs**

190 ml (¾ tasse) de **farine de tapioca**

15 ml (1 c. à soupe) de **gomme de xanthane**

15 ml (1 c. à soupe) de **poudre à pâte**

250 ml (1 tasse) de **beurre** doux
très froid et coupé en dés

1 **œuf**

15 ml (1 c. soupe) de **vinaigre de riz** ou
de cidre

125 ml (½ tasse) d'**eau** glacée (plus
ou moins), selon le besoin

NOTE : *Vous pouvez combiner 50 % de beurre doux froid avec 50 % de graisse végétale froide pour créer votre pâte brisée.*

MÉTHODE

1. Dans un grand bol, mélanger tous les ingrédients secs.

2. Dans une tasse, mélanger l'œuf, le vinaigre et l'eau froide. Réserver.

3. Ajouter les dés de beurre aux ingrédients secs. Avec un grand couteau, couper les morceaux de beurre tout en les mélangeant aux ingrédients secs jusqu'à ce que le mélange ait l'apparence de gros flocons de gruau ou de gros pois.

4. Ajouter les ingrédients liquides aux ingrédients secs et mélanger avec une fourchette.

5. Former deux gros disques de pâte. Ne pas trop manipuler la pâte afin de ne pas faire fondre le beurre. Mettre les disques de pâte dans un grand bol et réfrigérer ensuite au moins une heure.

6. Puis, sortir les disques de pâte du frigo.

Tarte au sirop d'érable et aux pacanes (p.162)

Tarte au citron meringuée (p.166)

Tarte au chocolat et aux framboises (p.181)

Shortcake aux fraises (p.184)

Brownies au chocolat (p.185)

Caramels mous enrobés de chocolat (p.187)

Carré aux dattes (p.190)

Guimauves au sirop et à la poudre d'érable (p.195)

ATTENTION : Les pâtes brisées au beurre sont fragiles et difficiles à manipuler. Pour faciliter la manipulation de l'abaisse, mettre une pellicule plastique ou une feuille de papier ciré sur le plan de travail. Y déposer une boule de pâte. Abaisser la boule de pâte avec un rouleau jusqu'à ce que l'abaisse atteigne la dimension et l'épaisseur désirées. Soulever la pellicule par les extrémités et foncer le plat à tarte avec l'abaisse. Faire cuire le fond de tarte à blanc à 350 °F (180 °C) pendant 10 minutes. Sortir ensuite du four et laisser refroidir. Prendre une deuxième boule de pâte. Faire la deuxième abaisse en suivant les mêmes instructions, mais en ajoutant 15 ml (1 c. à soupe) de sucre brut à la pâte.

MONTAGE DE LA TARTE

1. Préchauffer le four à 450 °F (230 °C).

2. Vider la garniture de fruits dans le fond de tarte. Déposer ensuite la deuxième abaisse. Presser délicatement les rebords des deux abaisses avec une fourchette ou avec les doigts et faire ensuite deux incisions en forme de V au centre de la tarte. Enfourner, réduire la température à 350 °F (180 °C) et cuire de 35 à 40 minutes.

3. Servir avec de la crème anglaise, de la crème Chantilly ou de la crème glacée à la vanille.

NOTE : Congeler les 2 abaisses de tarte pour une utilisation ultérieure.

Garniture aux bleuets

INGRÉDIENTS

500 ml (2 tasses) de **bleuets** frais
(ou congelés si les fruits ne sont pas de saison)

190 ml (³/₄ tasse) de **sucre**

5 ml (1 c. à thé) de **zeste de citron**

30 ml (2 c. à soupe) d'**amidon de maïs** ou de farine de tapioca

30 ml (2 c. à soupe) de **beurre** en petits cubes

MÉTHODE

Dans un petit bol, mélanger délicatement les bleuets, le sucre, le zeste de citron, la farine de tapioca et les petits morceaux de beurre.

Tarte aux framboises et à la pâte sablée aux noix de macadam

Les noix de macadam sont très calorifiques et riches en gras et en minéraux (zinc, cuivre, magnésium, calcium, fer et potassium). Ces noix onctueuses contiennent le plus haut pourcentage de gras mono-insaturés, donc de bons gras. La pâte sablée sans gluten aux noix de macadam et au beurre est fragile et doit être manipulée avec délicatesse. Mais une seule bouchée de cette tarte moelleuse et riche en saveurs vous fera vite oublier cette petite difficulté technique.

Pâte sablée aux noix de macadam

pour 8 personnes

INGRÉDIENTS

85 ml (⅓ tasse) de **farine de maïs** (ou fécule de maïs)

85 ml (⅓ tasse) de **farine de riz blanc**

85 ml (⅓ tasse) de **farine de tapioca**

125 ml (½ tasse) de **noix de macadam** moulues très finement

5 ml (1 c. à thé) de **gomme de xanthane**

5 ml (1 c. à thé) de **poudre à pâte**

42 ml (⅙ tasse) de **sucre blond**

160 ml (⅝ tasse) de **beurre** doux très froid coupé en gros cubes

1 **œuf**

30 ml (2 c. à soupe) d'**eau** très froide

Farine sans gluten pour couvrir la pellicule plastique et le plan de travail

MÉTHODE

1. Dans un bol grand bol, mélanger la farine, la gomme de xanthane, la poudre à pâte et le sucre blond. Incorporer les cubes de beurre et, avec un couteau à pâte à tarte, couper les cubes en très petits morceaux. Avec une fourchette, un coupe-pâte ou dans un robot culinaire, mélanger les morceaux de beurre avec la farine et les noix de macadam jusqu'à ce que le mélange ressemble à de gros grains de sable. Couvrir et mettre au réfrigérateur environ une heure.

2. Dans une tasse, fouetter l'œuf et l'eau.

3. Ajouter la préparation liquide au mélange de pâte en grains et travailler la pâte jusqu'à ce qu'elle forme un disque. Couvrir le disque de pâte d'une pellicule plastique et mettre au réfrigérateur au moins deux heures.

4. Préchauffer le four à 375 °F (190 °C).

5. Couvrir le plan de travail d'une pellicule plastique et la fariner. Sortir le disque de pâte du réfrigérateur et le déposer sur la pellicule de plastique. Abaisser la pâte jusqu'à ce qu'elle mesure environ 1 cm d'épaisseur. Soulever la pellicule plastique et déposer délicatement l'abaisse dans un plat à tarte. Avec les restants de l'abaisse, découper des motifs ou des lanières.

6. Cuire à blanc la pâte sablée : mettre une feuille de papier sulfurisé sur la pâte et y déposer un autre plat ou une assiette ou des pois secs et enfourner de 10 à 15 minutes.

7. Sortir la pâte du four et la laisser refroidir complètement.

Garniture aux framboises

INGRÉDIENTS

750 ml (3 tasses) de **framboises**

125 ml ($\frac{1}{2}$ tasse) de **sucre**

Graines d'une demi-gousse de **vanille**

15 ml (1 c. à soupe) de **fécule de maïs**

15 ml (1 c. à soupe) de **beurre**

15 ml (1 c. à soupe) de **jus de citron**

MÉTHODE

Dans un bol, mélanger tous les ingrédients et réserver.

MONTAGE DE LA TARTE AUX FRAMBOISES ET PÂTE SABLÉE AUX NOIX DE MACADAM

1. Répartir la garniture sur le fond de tarte, puis déposer des lanières ou des motifs de pâte sur la garniture.

2. Enfourner à 375 °F (190 °C) et cuire environ 50 minutes.

....

Tarte aux pommes et pâte brisée au parmesan

Quand j'ai vu une recette de tarte aux pommes avec une croûte au cheddar publiée dans un site Web, je me suis dit qu'il fallait que j'en crée une sans gluten, et surtout, que j'incorpore du parmesan à ma pâte brisée. J'ai donc fait un test et le résultat fut délicieux. La pâte brisée sans gluten au parmesan combinée à la garniture mi-sucrée de pommes est selon moi un mariage parfait de saveurs.

pour **8** personnes
(pour 4 abaisses de 8 pouces)

Garniture de pommes

INGRÉDIENTS

8 grosses **pommes Cortland** pelées, épépinées et coupées chacune en 16 quartiers

125 ml ($\frac{1}{2}$ tasse) de **sucre roux** ou de cassonade

15 ml (1 c. à soupe) de **fécule de maïs**

15 ml (1 c. à soupe) de **beurre** non salé

15 ml (1 c. à soupe) de **jus de citron**

MÉTHODE

Dans un bol, mélanger tous les ingrédients sauf le beurre.

Suite ▷

Pâte brisée sans gluten au parmesan

INGRÉDIENTS

250 ml (1 tasse) de **farine de riz**

125 ml (½ tasse) d'**amidon de maïs**

190 ml (¾ tasse) de **farine de tapioca**

15 ml (1 c. à soupe) de **gomme de xanthane**

15 ml (1 c. à soupe) de **poudre à pâte**

250 ml (1 tasse) de **beurre** doux très froid coupé en petits dés

500 ml (2 tasses) de **parmigiano reggiano** ou grana padano fraîchement râpé et très froid (mettre au congélateur après avoir râpé le fromage)

1 **œuf**

15 ml (1 c. à soupe) de **vinaigre de riz** ou de cidre

125 ml (½ tasse) d'**eau** glacée (plus ou moins) selon le besoin

MÉTHODE

1. Dans un grand bol, mélanger tous les ingrédients secs.

2. Dans une tasse, mélanger l'œuf, le vinaigre et l'eau très froide. Réserver.

3. Ajouter les dés de beurre aux ingrédients secs. Avec un grand couteau, couper les morceaux de beurre tout en les mélangeant aux ingrédients secs jusqu'à ce que le mélange ait l'apparence de gros flocons de gruau ou de gros pois. Ajouter le parmesan râpé.

4. Mélanger les ingrédients liquides aux ingrédients secs avec une fourchette. Former deux gros disques de pâte. Ne pas trop manipuler la pâte afin de ne pas faire fondre le beurre et le fromage. Mettre les disques de pâte dans un grand bol et réfrigérer environ une heure.

5. Après réfrigération, sortir les disques de pâte du frigo.

ATTENTION : *Les pâtes brisées au beurre sont fragiles et difficiles à manipuler. Pour faciliter la manipulation de l'abaisse, mettre une pellicule de plastique ou une feuille de papier ciré sur le plan de travail. Y déposer la boule de pâte. Abaisser la boule de pâte avec un rouleau jusqu'à ce que l'abaisse atteigne la dimension et l'épaisseur désirées. Soulever la pellicule/feuille par les extrémités et foncer le plat à tarte avec l'abaisse.*

. . .

MONTAGE DE LA TARTE AUX POMMES ET PÂTE BRISÉE AU PARMESAN

1. Préchauffer le four à 450 °F (230 °C).

2. Déposer la garniture de pommes dans le plat contenant l'abaisse de tarte. Mettre des petites noisettes de beurre dans la garniture. Couvrir la garniture avec une abaisse de tarte. Presser le rebord de la tarte avec les doigts. Faire deux incisions au milieu de la pâte à tarte. Mettre la tarte au centre du four. Réduire la température du four à 350 °F (180 °C) et faire cuire la tarte une heure.

3. Laisser refroidir la tarte au moins une heure avant de la manger.

Tarte au chocolat et aux framboises

Cette tarte au chocolat et aux framboises est assez décadente et riche en saveur et en calories. Un seul petit morceau suffira pour assouvir votre envie de chocolat. Parfait pour partager, ce dessert est idéal pour souligner ou célébrer une occasion spéciale entre amis ou en famille.

Voir photo à la page 171.

pour **8** personnes

Garniture au chocolat et aux framboises

INGRÉDIENTS

85 ml (¹/₃ tasse) de **lait**

170 ml (²/₃ tasse) de **crème**

20 ml (1 c. à soupe + 1 c. à thé) de **beurre**

370 ml (1 ¹/₂ tasse) de pastilles ou pistoles de **chocolat noir à 70 %** de cacao

150 ml (¹/₂ tasse et 1 c. à soupe) de **pépites de chocolat à 50 %** de cacao

75 ml (5 c. à soupe) de **confiture de framboises**

2 **œufs**

MÉTHODE

1. Pendant que l'abaisse de pâte sablée est au four, préparer la ganache au chocolat.

2. Dans une casserole, faire bouillir doucement le lait et la crème. Bien surveiller afin que la crème ne brûle pas. Ajouter le beurre et bien mélanger jusqu'à ce que le beurre soit fondu. Retirer du feu et laisser baisser la température de la crème à 200 °F (95 °C); vérifier à l'aide d'un thermomètre à confiserie.

3. Dans un bol, mélanger les pépites avec les pistoles de chocolat. Verser la crème chaude sur le chocolat. Laisser reposer environ 1 minute. Brasser jusqu'à ce que le chocolat soit complètement fondu. Laisser tiédir.

4. Lorsque tiède, ajouter les deux œufs et la confiture de framboises et fouetter doucement le mélange afin de ne pas créer de bulles d'air.

• • •

Montage de la tarte au chocolat et aux framboises

INGRÉDIENT

1 abaisse de **pâte sablée** aux pacanes ou aux amandes (voir recette à la page 162)

MÉTHODE

1. Préchauffer le four à 350 °C (180 °C).

2. Sur une surface farinée, abaisser la pâte à tarte. Avec les doigts, tourner le disque de pâte d'un quart de tour, abaisser avec le rouleau et recommencer jusqu'à ce que le diamètre du cercle soit assez grand pour couvrir entièrement le moule à tarte et que la pâte soit d'une épaisseur d'environ 4 mm. Déposer la pâte à tarte dans un moule. Piquer le fond et les côtés de l'abaisse avec une fourchette.

3. Tapisser l'abaisse de papier d'aluminium et couvrir de grains de riz ou de pois secs pour empêcher que la pâte ne gonfle lors de la cuisson. Cuire au four environ 15 minutes ou jusqu'à ce que la croûte soit légèrement dorée. Sortir du four, enlever le papier d'aluminium et laisser refroidir. Baisser la température du four à 325 °F (165 °C).

Suite ▷

4. Verser la préparation au chocolat dans le fond de tarte. Cuire au four de 25 à 30 minutes. Le centre de la préparation au chocolat ne doit pas être liquide, mais plutôt tremblotant comme de la gélatine. Retirer du four et laisser refroidir au moins deux heures. Servir avec de la crème Chantilly ou quelques framboises fraîches.

5. Pour conserver, couvrir et mettre au réfrigérateur.

6. Avant de servir, sortir la tarte du réfrigérateur et laisser tempérer au moins une heure.

Gâteaux

Gâteau au fromage aux fraises

Ce gâteau au fromage aux fraises est idéal l'été lorsqu'il fait chaud, car il ne nécessite pas de cuisson et met en valeur les petits fruits du Québec. Vous pouvez remplacer les fraises par des cerises, des abricots, des pêches ou tout autre fruit sucré, pourvu que vous ayez de la confiture de même saveur que le fruit utilisé.

pour **12** personnes

Croûte de biscuits graham

INGRÉDIENTS

315 ml (1 ¼ de tasse) de **biscuits graham** sans gluten (voir recette à la page 213) réduits en miettes ou autres **biscuits au miel** ou à la mélasse sans gluten

65 ml (¼ tasse) de **beurre** doux fondu

65 ml (¼ tasse) de **cassonade**

MÉTHODE

Dans un bol, mélanger les miettes de biscuits graham avec le beurre et la cassonade. Couvrir le fond d'un moule à charnière avec une feuille de papier parchemin, puis l'intérieur (le bord) du moule avec une bande de papier parchemin. Assurez-vous que votre bande dépasse du moule. Étaler ensuite les miettes de biscuits graham dans le fond du moule et presser avec vos mains. Mettre au réfrigérateur.

Garniture au fromage

INGRÉDIENTS

1 paquet (250 g) de **fromage à la crème**

170 ml (⅔ tasse) de **cassonade**

85 ml (⅓ tasse) de **confiture aux fraises** ou confiture du fruit choisi

Les graines d'une demi-gousse de **vanille**

250 ml (1 tasse) de **mascarpone** ou de crème fraîche

125 ml (½ tasse) d'**eau** froide

15 ml (1 c. à soupe) de **gélatine**

15 ml (1 c. à soupe) de **jus de citron**

250 ml (1 tasse) de **confiture aux fraises** ou confiture du fruit choisi (facultatif)

500 ml (2 tasses) de **fraises** ou de tout autre fruit

1. Dans un bol, fouetter le fromage à la crème, le mascarpone, la cassonade, les graines de vanille et le jus de citron jusqu'à consistance crémeuse et homogène.

2. Faire gonfler la gélatine dans la demi-tasse d'eau froide. Dans un bol allant au micro-ondes ou dans une casserole, faire mijoter doucement le tiers de la confiture. Attention, surveiller pour que la confiture ne brûle pas.

3. Ajouter la gélatine gonflée à la confiture chaude et mélanger, puis verser dans la préparation au fromage et brasser avec un fouet. Réserver

• • •

MONTAGE ET DÉCORATION DU GÂTEAU AU FROMAGE AUX FRAISES

1. Si vous utilisez des fraises, les couper en deux à la verticale. Coller les morceaux de fraises à la verticale, face coupée sur la paroi de moule. Si les fraises ne collent pas, appliquer un peu de jus de confiture sur la fraise. Si vous n'utilisez pas de fraises, ajouter les fruits à la préparation au fromage puis mélanger délicatement afin que les fruits soient également répartis.

2. Verser doucement la préparation au fromage dans le moule sur les miettes de biscuits. Lisser le dessus avec une spatule ou une maryse. Réfrigérer jusqu'à ce que le gâteau soit ferme, environ 3 à 4 heures. Puis verser le reste de la confiture (facultatif) sur le dessus, puis garnir de fraises sur le dessus et réfrigérer de nouveau pour environ 1 heure ou jusqu'au service du gâteau.

3. Le gâteau au fromage peut aussi être monté en petits formats individuels en utilisant des emporte-pièce ronds ou des verres à whisky. Sur une plaque à biscuits recouverte d'une grande feuille de papier parchemin, déposer six emporte-pièce dont les rebords intérieurs ont été huilés ou graissés. Étaler ensuite les miettes de biscuits graham dans le fond de chaque moule et presser avec un verre pour compacter les miettes. Mettre la plaque au réfrigérateur. Préparer les petits gâteaux individuels en suivant les indications de la recette, sauf pour les morceaux de fraises tranchées en deux. Intégrer plutôt de petits morceaux à la préparation au fromage. Mettre au réfrigérateur, et lors du service, soulever chaque gâteau avec une spatule, déposer dans une assiette, puis enlever doucement l'emporte-pièce. Pour la présentation dans des verres à whisky, il n'est pas nécessaire de presser les miettes au fond, ni de graisser l'intérieur du verre.

NOTE : *Vous pouvez congeler le gâteau au fromage en l'enveloppant complètement avec de la pellicule plastique, puis avec du papier d'aluminium. Il se conservera au congélateur jusqu'à deux mois. Si vous congelez le gâteau, ne pas couvrir de confiture de fraises sur le dessus. Faites dégeler le gâteau dans le réfrigérateur et lorsqu'il est prêt, garnir avec la confiture et les fraises.*

Shortcake aux fraises

Sur le Web, on trouve de nombreuses recettes et interprétations de shortcakes aux fraises. Selon votre goût personnel, le shortcake peut être préparé avec un gâteau des anges, un gâteau éponge, une génoise, un biscuit de type sud des États-Unis ou des petits gâteaux de type scones. L'origine du mot « shortcake » vient de « shortening », qui était utilisé à l'époque comme corps gras dans les premières recettes.

Ma recette de shortcake aux fraises sans gluten est inspirée des vieilles recettes traditionnelles américaines, mais le résultat ressemble davantage à un scone sucré très léger qu'à un biscuit sablé.

Voir photo à la page 172.

Shortcake sans gluten

pour **12** shortcakes individuels

INGRÉDIENTS

125 ml (½ tasse) de **farine de sorgho**

125 ml (½ tasse) de **farine de riz blanc**

125 ml (½ tasse) de **fécule de maïs**

125 ml (½ tasse) de **farine de soya** dégraissée

15 ml (1 c. à soupe) de **poudre à pâte** sans gluten

Pincée de **sel**

5 ml (1 c. à thé) de **gomme de xanthane**

125 ml (½ tasse) de **beurre** doux ramolli

2 **œufs** séparés

125 ml (½ tasse) de **lait**

65 ml (¼ tasse) de **sucre vanillé**

MÉTHODE

1. Préchauffer le four à 425 °F ou 215 °C.

2. Dans un petit bol en verre, faire fondre le beurre au micro-ondes. Réserver et laisser refroidir. Lorsque froid, ajouter les jaunes d'œufs, le sucre vanillé, le lait et mélanger.

3. Dans un grand bol, mélanger les farines, le sel, la poudre à pâte et la gomme de xanthane. Réserver.

4. Dans un petit bol, monter les blancs d'œufs en neige. Réserver.

5. Ajouter graduellement le mélange liquide aux ingrédients secs et brasser le tout. Le mélange ressemblera à du gruau cuit. Ajouter finalement les blancs d'œufs en neige dans le mélange et plier délicatement avec une spatule, sans trop brasser.

6. Sur une plaque à biscuits recouverte d'une feuille de papier parchemin ou sulfurisé, déposer le mélange à shortcake 15 ml (1 c. à soupe) à la fois.

7. Cuire au four de 15 à 20 minutes. Laisser refroidir sur une grille.

• • •

Crème fouttée

INGRÉDIENTS

250 ml (1 tasse) de **crème 35 %**

60 ml (4 c. à soupe) de **sucre vanillé** ou les graines d'une demi-gousse de vanille et 4 c. à soupe de **sucre**

250 ml (1 tasse) de **fraises** du Québec coupées en deux

1. Dans un bol, mélanger les fraises coupées avec 30 ml (2 c. à soupe) de sucre vanillé. Laisser reposer à la température ambiante une heure.

2. Mélanger la crème et 30 ml (2 c. à soupe) de sucre vanillé (voir recette à la page 261). Fouetter avec un batteur électrique ou un fouet jusqu'à ce que la crème fouettée fasse des pics.

MONTAGE DES SHORTCAKES AUX FRAISES

1. Couper les shortcakes en deux (à l'horizontale).

2. Dans une assiette, déposer 15 ml (1 c. à soupe) de crème fouettée. Y coller le morceau plat de shortcake.

3. Ajouter 15 ml (1 c. à soupe) de crème fouettée sur le morceau de shortcake et ensuite 15 ml (1 c. à soupe) de mélange sucré de fraises.

4. Couvrir les fraises de 15 ml (1 c. à soupe) de crème fouettée et y déposer le morceau bombé de shortcake.

5. Garnir de nouveau avec de la crème fouettée et des fraises sucrées.

NOTE : Au lieu de la crème fouettée (ou Chantilly), le shortcake peut être servi avec du yogourt méditerranéen ou de la crème glacée à la vanille.

Carrés, bouchées, bonbons, chocolats et confiseries

Brownies au chocolat

pour environ **30** carrés

Quand j'ai commencé à cuisiner sans gluten, j'ai essayé différentes recettes de desserts que j'ai fait goûter à mes collègues de bureau et amis. Cette recette de brownies est sans contredit celle qui les a le plus impressionnés. Ces petits gâteaux chocolatés sont ultra-moelleux et ils le sont même quatre jours après leur préparation.

Voir photo à la page 173.

Ingrédients

2 ml (½ c. à thé) de **bicarbonate de soude**

2 ml (½ c. à thé) de **poudre à pâte**

5 ml (1 c. à thé) de **gomme de xanthane**

250 ml (1 tasse) de **farine d'amandes** moulue très finement

125 ml (½ tasse) de **farine de soya** dégraissée

125 ml (½ tasse) de **farine de riz blanc**

35 ml (⅛ tasse) de **fécule de maïs**

35 ml (⅛ tasse) de **farine de teff**

30 ml (2 c. à soupe) de **farine de pommes de terre**

Pincée de **sel** (si vous utilisez de la fleur de sel, la réduire en poudre fine)

250 ml (1 tasse) de **cassonade**

65 ml (¼ tasse) de **sucre vanillé**

250 ml (1 tasse) de **beurre** non salé fondu

90 ml (6 c. à soupe) de **poudre de cacao** extra brut

Suite ▷

2 gros **œufs**

250 ml (1 tasse) de **purée de pommes** sans sucre

250 ml (1 tasse) de **pépites de chocolat à 50 ou 60 %** de cacao

190 ml (³/₄ tasse) de **pacanes** finement hachées

Méthode

1. Préchauffer le four à 350 °F (180 °C).

2. Dans un grand bol, mélanger la fécule, les farines, le sel, le bicarbonate de soude, la poudre à pâte, la gomme de xanthane et le sel. Réserver.

3. Dans une très grande casserole à fond épais ou dans un bain-marie, faire fondre le beurre à feu doux. Éteindre le feu, puis ajouter le sucre vanillé. Laisser infuser quelques minutes et ajouter le cacao. Fouetter le beurre et le cacao jusqu'à consistance onctueuse.

4. Ajouter la cassonade à la préparation de cacao, puis battre avec un mélangeur électrique ou un fouet. Laisser tiédir. Ajouter les œufs un à la fois et fouetter.

5. Incorporer la farine, 125 ml (¹/₂ tasse) à la fois, et battre avec un mélangeur électrique jusqu'à ce que la pâte soit homogène, puis ajouter la purée de pommes et battre de nouveau. Ajouter les pacanes et les pépites de chocolat.

6. Verser la pâte à brownies dans un moule graissé, en silicone ou recouvert de papier parchemin. Déposer le moule au four et cuire environ 30 minutes ou jusqu'à ce qu'un cure-dents inséré au milieu du gâteau en ressorte propre, mais tout de même humide. Ces brownies sont très moelleux.

7. Déposer le moule sur une grille de refroidissement. Ne pas couper avant que les brownies soient froids.

NOTE : Ces brownies sont excellents servis avec une boule de glace à la vanille (voir recette à la page 251) et garnis de sauce chaude au chocolat (voir recette à la page 259). Ils se conservent cinq jours dans un contenant hermétique ou enveloppés individuellement dans une pellicule plastique.

Je congèle souvent la moitié des brownies. Je les emballe individuellement, puis je les range au congélateur dans un contenant ou un sac de plastique hermétique.

Vous pouvez remplacer la purée de pommes par de la confiture de framboises ou d'abricots. Dans ce cas, réduire la quantité de cassonade à 190 ml (³/₄ tasse). Si vous êtes allergique aux amandes, remplacer la tasse de poudre d'amandes par 125 ml (¹/₂ tasse) de farine de soya dégraissée et 125 ml (¹/₂ tasse) de farine de riz blanc.

Caramels mous enrobés de chocolat

Inspirée par un article sur le caramel paru dans un quotidien, j'ai décidé un matin de créer des caramels mous. Exceptionnellement, j'ai utilisé de gros cristaux de sucre doré pour confectionner mon caramel, mais lasse d'attendre que les cristaux se dissolvent complètement, j'ai retiré la casserole du feu et j'ai étalé mon caramel pour qu'il refroidisse. Le résultat : de beaux caramels tendres et fondants avec de jolis petits cristaux de sucre croquants au centre.

pour **20** carrés

Voir photo à la page 174.

Ingrédients

140 ml (¹/₂ tasse + 1 c. à soupe) de **sucre brut**, de **sucre blanc** ou de **cassonade** (j'ai utilisé de gros cristaux de sucre brun)

65 ml (¹/₄ tasse) de **crème 15 %** ou **35 %**

30 ml (2 c. à soupe) de **miel**

85 ml (¹/₃ tasse) de **beurre** doux ou salé (au goût)

Une demi-gousse de **vanille**

5 ml (1 c. à thé) de **beurre** ou d'huile de pépins de raisins pour huiler le plat ou la plaque de marbre

190 ml (³/₄ de tasse) de **chocolat mi-sucré** ou amer (j'ai utilisé des pistoles de chocolat à 75 % de cacao)

Méthode

1. Huiler un contenant carré en pyrex ou une plaque de marbre propre. Mettre le plat ou la plaque au réfrigérateur.

2. Dans une casserole à fond épais, dissoudre le sucre et le miel dans la crème. Ajouter les graines de vanille. Déposer la casserole sur un feu de chaleur moyenne. Porter à ébullition. Remuer constamment le mélange avec une cuillère en bois. Ajouter le beurre et remuer jusqu'à ce que le mélange atteigne la température de 250 °F (120 °C). Retirer la casserole du feu.

3. Sortir le plat de pyrex ou la plaque de marbre du réfrigérateur. Étaler le caramel dans le plat en pyrex ou sur la plaque de marbre. Laisser refroidir au moins trois heures à la température ambiante.

4. Couper les morceaux de caramel avec un couteau ou des ciseaux de cuisine. Déposer les morceaux de caramel sur du papier sulfurisé et réserver.

5. Verser les pistoles ou pépites de chocolat dans une grosse tasse en pyrex. Faire fondre le chocolat au micro-ondes par séries de 20 secondes jusqu'à ce qu'il soit complètement fondu. Brasser le chocolat entre chaque intervention. Vérifier constamment le chocolat afin qu'il ne brûle pas.

6. Poser la tasse de chocolat fondu sur une surface de travail stable près des morceaux de caramel. Plonger les caramels individuellement dans le chocolat tempéré avec une fourchette. Laisser le chocolat s'égoutter de la fourchette avant de déposer les caramels enrobés sur du papier sulfurisé ou parchemin.

7. Permettre au chocolat de se figer et réserver au moins trois heures dans une pièce fraîche. Déposer les caramels enrobés de chocolat dans un contenant hermétique et ranger dans un endroit frais, mais pas au réfrigérateur.

Carrés au chocolat et aux noix

Cette recette est dédiée aux amateurs de chocolat, car j'ai utilisé une quantité importante de cacao. Le goût du chocolat se bonifie au fil du temps et je dois avouer que ces carrés sont bien meilleurs deux jours après leur sortie du four. J'aime utiliser de la farine de soya dans toutes mes créations culinaires contenant du chocolat, car j'ai découvert que ces deux ingrédients faisaient bon ménage. De plus, j'ai constaté que la farine de soya rendait la texture des gâteaux très soyeuse.

pour 30 carrés

Ingrédients

170 ml ($^2/_3$ tasse) de **beurre** doux fondu

170 ml ($^2/_3$ tasse) de **sucre doré** ou de cassonade

80 ml ($^1/_4$ tasse + 1 c. à soupe) de **cacao** extra brut sans gluten

95 ml ($^3/_8$ tasse) de **farine de soya** dégraissée (faible en gras)

50 ml ($^3/_{16}$ tasse) de **farine de sorgho**

50 ml ($^3/_{16}$ tasse) de **farine de marante** (arrowoot)

30 ml (2 c. à soupe) de **poudre à pâte** sans gluten

15 ml (1 c. à soupe) de **bicarbonate de soude** sans gluten mélangé à 95 ml ($^3/_8$ tasse) de **crème sure** (attention : ne pas utiliser de crème sure contenant des amidons qui pourraient contenir du gluten)

50 ml ($^3/_{16}$ tasse) de **lait**

2 **œufs**

250 ml (1 tasse) de **noix de pacanes** tranchées finement

250 ml (1 tasse) de **pépites de chocolat** à 70 % ou 75 % de cacao sans gluten hachées finement

Méthode

1. Chauffer le four à 350 °F (180 °F).

2. Dans un bol, fouetter le beurre fondu, le cacao et la cassonade. Réserver.

3. Dans un autre bol, mélanger le reste des ingrédients secs sauf les noix et le chocolat.

4. Incorporer graduellement les ingrédients secs au mélange de cacao et au beurre et fouetter doucement jusqu'à consistance homogène. Ajouter les œufs et le lait et mélanger. Incorporer la crème sure avec une spatule et plier dans le mélange.

5. Ajouter les noix et les pépites de chocolat en réservant 65 ml ($^1/_4$ tasse) pour la garniture finale.

6. Vider le mélange chocolaté dans un plat carré (beurré) en pyrex de 8 po (20 cm) de large. Cuire au centre du four à 325 °F (165 °C) pendant 30 minutes.

7. Sortir le plat du four et disperser la garniture de noix et de pépites sur le dessus du gâteau. Remettre le plat au four et cuire de nouveau de 15 à 17 minutes.

Carrés au riz croustillant à la guimauve et aux amandes grillées

La première recette que j'ai cuisinée sans l'aide de ma mère est le carré de riz croustillant à la guimauve. La recette originale, populaire auprès des enfants, est très facile à faire et ne prend que quelques minutes, mais puisque je n'utilise plus de guimauves du commerce depuis que j'ai arrêté de manger du gluten, cette version prend un peu plus de temps et de doigté. Lorsque je fais des guimauves, j'utilise une partie de la préparation encore liquide pour créer ces carrés sans gluten de riz croustillant à la guimauve et aux amandes grillées.

pour 24 carrés

Ingrédients

35 ml (⅛ tasse) de **beurre** doux fondu

250 ml (1 tasse) de **guimauve liquide à l'érable** (voir recette à la page 195) ou guimauve sans gluten fondue

750 ml (3 tasses) de **riz soufflé** ou croustillant sans gluten (on peut aussi utiliser des graines de quinoa ou de millet soufflées, ou une combinaison de graines soufflées sans gluten)

125 ml (½ tasse) de **bâtons d'amandes** blanchies grillées (facultatif)

NOTE : *On peut garnir les carrés avec du chocolat fondu. Pour ce faire, mettre 250 ml (1 tasse) de pépites de chocolat dans une tasse et faire fondre au micro-ondes par séries de 20 secondes jusqu'à ce que le chocolat soit fondu. Attention de ne pas brûler le chocolat. Fouetter le chocolat avec une fourchette toutes les 20 secondes. Verser le chocolat fondu et tiède dans la poche d'une douille à pâtisserie. Mettre une douille avec un petit trou. Décorer les carrés selon l'inspiration du moment. Vous pouvez aussi ajouter dans la préparation 125 ml (¹/₂ tasse) de pépites de chocolat hachées.*

Méthode

1. Dans un petit bol, mélanger la guimauve liquide avec le beurre fondu.

2. Hacher les bâtons d'amandes grillées en très petits morceaux.

3. Dans un grand bol, mélanger les morceaux d'amandes grillées et le riz croustillant, puis ajouter la guimauve liquide.

4. Mélanger tous les ingrédients. La guimauve liquide doit enrober tous les grains de riz et les morceaux d'amandes grillées.

5. Avec une spatule beurrée, étaler la préparation dans un moule graissé de 8 × 8 po (20 × 20 cm), puis presser la préparation avec la spatule.

6. Laisser figer, puis couper en carrés et ranger au réfrigérateur dans un contenant hermétique tapissé de papier parchemin.

Carré aux dattes

Un dessert que ma mère aimait bien et qui demeure à ce jour un classique dans ma famille est le carré aux dattes. Pendant de nombreuses années, je me suis résignée à ne pas en manger par simple aversion pour ce fruit délicat, puis, parce que ce dessert est composé en partie de flocons d'avoine. Quand l'avoine pure non contaminée par le gluten est apparue sur le marché, j'ai longtemps hésité avant de l'essayer. Puis, j'ai réintroduit graduellement l'avoine dans ma cuisine en suivant les recommandations de Santé Canada (voir référence à la page 22).

Puisque, malheureusement, je n'ai jamais goûté au carré aux dattes de ma mère, je ne peux pas vous livrer sa fameuse recette, mais j'ai tout de même réussi à en créer une version sans gluten qui, selon moi, pourrait un jour rivaliser avec celle de ma chère maman...

pour **24** carrés

Voir photo à la page 175.

Préparation aux dattes

INGRÉDIENTS

454 g (1 lb) de **dattes Medjoul** ou fraîches dénoyautées et coupées en petits morceaux

5 ml (1 c. à thé) de **zestes d'orange**

30 ml (2 c. à soupe) de **beurre** doux

125 ml (½ tasse) d'**eau**

125 ml (½ tasse) de **sirop d'érable** ou de miel

MÉTHODE

Dans une casserole, faire cuire à feu doux environ 10 minutes les dattes avec l'eau, beurre, le sirop, les graines de vanille et les zestes d'orange. Écraser au besoin les dattes avec le dos d'une cuillère.

Croustillant

INGRÉDIENTS

190 ml (¾ tasse) de **beurre** non salé

125 ml (½ tasse) de **fécule de maïs** ou de tapioca

125 ml (½ tasse) d'**amandes** blanchies finement moulues

285 ml (1 ⅛ tasse) de **flocons d'avoine** pure, plus 30 ml (2 c. à soupe) pour la garniture

125 ml (½ tasse) de **cassonade** ou de sucre demerara

Graines d'une demi-gousse de **vanille**

65 ml (¼ tasse) de **lait**

NOTE : Si vous êtes sensible à l'avoine ou que vous préférez ne pas réintroduire cette céréale dans votre régime sans gluten, utilisez des flocons de sarrasin ou de riz brun sans gluten.

MÉTHODE

1. Préchauffer le four à 350 °F (180 °C).

2. Dans un bol, couper le beurre en petits cubes avec un coupe-pâte ou deux couteaux.

3. Ajouter la cassonade, ainsi que la fécule de maïs (ou tapioca) et bien mélanger avec les doigts.

4. Dans le récipient d'un robot culinaire ou d'un mélangeur électrique, réduire grossièrement les flocons d'avoine et, s'il y a lieu, les amandes blanchies en poudre. Ajouter les flocons d'avoine et la poudre d'amandes, ainsi que les graines de vanille au mélange de cassonade et de beurre. Mélanger avec une fourchette tout en incorporant le lait petit à petit jusqu'à l'obtention d'une texture avec grumeaux.

MONTAGE DU CARRÉ AUX DATTES

1. Répartir la moitié de la préparation à l'avoine dans le fond d'un contenant carré de 8 pouces (20 cm) de côté. Presser sur la préparation avec le dos d'une fourchette. Étendre ensuite la garniture aux dattes.Couvrir la garniture aux dattes avec le restant de la préparation à l'avoine. Garnir le dessus avec 30 ml (2 c. à soupe) de flocons d'avoine.

2. Déposer le plat au centre du four sur la grille du haut. Cuire de 35 à 40 minutes ou jusqu'à ce que le dessus soit doré. Sortir du four et laisser tiédir avant de servir.

Carrés de rêve à l'érable

Quand j'ai une petite fringale l'après-midi, j'aime bien grignoter un carré de rêve sans gluten. Ce dessert particulièrement sucré est l'une de mes gâteries favorites, car il contient des pacanes, du sirop d'érable et des flocons de noix de coco. Une fois refroidie, la préparation au sucre est encore coulante comme du bon caramel. Si vous préférez que vos carrés de rêve soient plus fermes et que la préparation au sucre soit moins coulante, réduisez la quantité de sirop d'érable et remplacez celui-ci par de la cassonade, du sucre blond ou du sucre d'érable.

pour 24 carrés

Garniture sablée

INGRÉDIENTS

170 ml (²/₃ tasse) de **farine de soya** dégraissée

85 ml (¹/₃ tasse) de **farine de tapioca**

125 ml (¹/₂ tasse) de **beurre** doux ramolli

65 ml (¹/₄ tasse) de **cassonade** ou de sucre blond

65 ml (¹/₄ tasse) de **sirop d'érable**

NOTE : Vous pouvez utiliser d'autres farines sans gluten que celles qui sont présentées dans cette recette, par exemple de la farine de riz et de la farine de maïs ou de la farine de sorgho et de la farine de marante ou même votre mélange favori de farines à pâtisserie sans gluten.

MÉTHODE

1. Dans un petit bol, mélanger tous les ingrédients de la garniture sablée. Presser le mélange sablé dans le fond d'un moule carré d'environ 12 po (30 cm).

2. Enfourner à 350 °F (180 °C) de 15 à 20 minutes ou jusqu'à ce que la garniture sablée soit dorée.

3. Sortir du four et réserver.

Garniture sucrée aux noix

INGRÉDIENTS

3 **œufs**

250 ml (1 tasse) de **cassonade**

85 ml (¹/₃ tasse) de **sirop d'érable**

65 ml (¹/₄ tasse) de **beurre** doux

250 ml (1 tasse) de **flocons de noix de coco**

250 ml (1 tasse) de **pacanes** grossièrement hachées

30 ml (2 c. à soupe) de **farine de tapioca**

5 ml (1 c. à thé) de **poudre à pâte** sans gluten

Une pincée de **sel**

MÉTHODE

Dans un autre bol, mélanger tous les ingrédients de la garniture sucrée aux noix.

• • •

MONTAGE DES CARRÉS DE RÊVE À L'ÉRABLE

1. Étaler la garniture sucrée sur la garniture sablée et enfourner à 350 °F (180 °C) environ 50 minutes ou jusqu'à ce que la garniture sucrée soit ferme et pas trop coulante.

2. Sortir du four et laisser refroidir au moins trois heures avant de manger.

Fondant ou moelleux au chocolat

Quand j'ai mentionné à une copine que j'avais utilisé de la farine de soya pour créer mes fondants au chocolat, celle-ci m'a affirmé qu'elle détestait le soya. Malgré ses réserves, je lui ai gentiment demandé de goûter à ce dessert en lui expliquant que la farine de soya se marie très bien au chocolat et qu'elle donne aux moelleux (ou même à un gâteau) une texture très soyeuse.

Cette recette est très facile à faire et, surtout, elle épatera vos convives, même ceux qui n'aiment pas le soya…

pour 6 personnes

Ingrédients

4 **œufs**

60 ml (4 c. à soupe) de **sucre blond**

125 ml ($^1/_2$ tasse) de **beurre** doux

200 ml ($^3/_4$ de tasse et 1 c. à soupe) de **pistoles** ou pépites de chocolat à 70 % de cacao sans gluten

65 ml ($^1/_4$ tasse) de **farine de soya** faible en gras (ou 35 ml ($^1/_8$ tasse) de **fécule de maïs** combinée à 35 ml ($^1/_8$ tasse) de **farine d'amandes**)

Méthode

1. Placer la grille au centre du four. Chauffer le four à 375 °F (190 °C).

2. Dans un bol, battre les œufs avec le sucre et réserver.

3. À feu doux, faire fondre le beurre dans une casserole. Lorsque le beurre est fondu, retirer la casserole du feu et déposer graduellement les pistoles dans le beurre. Mélanger jusqu'à ce que les pistoles de chocolat soient fondues.

4. Ajouter graduellement la farine et battre avec un fouet ou un batteur électrique jusqu'à ce que le mélange soit lisse.

5. Avec du beurre doux, graisser les parois intérieures et le fond de six ramequins (d'une capacité de 125 ml chacun). Répartir le mélange de chocolat dans chaque ramequin. Déposer les ramequins dans un plat profond. Ajouter de l'eau chaude dans le plat jusqu'à ce que le niveau d'eau atteigne la moitié de la hauteur des ramequins. Enfourner de 6 à 8 minutes, selon la puissance du four et la consistance désirée.

6. Servir avec des petits fruits et du sucre en poudre.

Fudge au chocolat

Cette recette de fudge au chocolat n'en est pas vraiment une... Pour créer ces délices chocolatés, j'ai plutôt utilisé une recette de ganache au chocolat comme base. Cuisiner du fudge de la façon traditionnelle nécessite de la patience, un thermomètre à bonbons ou, du moins, un œil averti pour déterminer quand la préparation est enfin prête. Cette recette de fudge ne respecte donc pas la tradition culinaire, mais, au moins, elle est facile et rapide. En seulement quelques heures, vous pourrez savourer de délicieux carrés au chocolat.

Fudge au chocolat
(recette de base)

pour **24** carrés

INGRÉDIENTS

170 ml (²/₃ tasse) de **pistoles** de **chocolat à 70 ou 75 %** de cacao finement hachées

85 ml (¹/₃ tasse) de **pépites de chocolat à 50 %** de cacao

170 ml (²/₃ tasse) de **crème 35 %**

MÉTHODE

1. Dans une casserole, faire bouillir de l'eau. Lorsqu'elle bout, réduire le feu au minimum ou retirer la casserole du feu.

2. Déposer un saladier en aluminium ou un bain-marie contenant les pistoles et pépites de chocolat au-dessus de la casserole. L'eau ne doit pas toucher au fond du saladier ou du bain-marie. Faire fondre les pistoles et pépites de chocolat.

3. Dans une autre petite casserole, faire chauffer la crème jusqu'au point d'ébullition. Retirer immédiatement du feu et laisser refroidir.

4. Faire chauffer de nouveau la crème jusqu'au point d'ébullition et retirer du feu. Incorporer la crème chaude dans le chocolat fondu et brasser jusqu'à ce que le mélange soit homogène.

5. Séparer la ganache dans deux bols pour créer deux saveurs de fudge distinctes.

Fudge au chocolat, aux pacanes et aux cristaux d'érable

INGRÉDIENTS

85 ml (¹/₃ tasse) de **pacanes** hachées

85 ml (¹/₃ tasse) de **cristaux** ou flocons de sucre d'érable ou de suxre à grains perlé

MÉTHODE

1. Dans un premier bol de fudge, ajouter les pacanes hachées et les cristaux de sucre d'érable. Mélanger jusqu'à ce que les morceaux de pacanes et les cristaux de sucre soient bien répartis dans le mélange.

2. Déposer du papier parchemin dans le fond d'un petit moule carré. Étendre le mélange dans le moule et laisser refroidir à la température ambiante quelques heures.

Fudge au chocolat et aux zestes d'orange

Ingrédients

2 ml (½ c. à thé) d'**huile d'orange**

5 ml (1 c. à thé) de **zestes d'orange**
ou de clémentine

Méthode

1. Dans un deuxième bol de fudge, ajouter les zestes et l'huile d'orange. Mélanger jusqu'à ce que les aromates soient bien incorporés au mélange.

2. Déposer du papier parchemin dans le fond d'un petit moule carré. Étendre le mélange dans le plat carré et laisser refroidir à la température ambiante quelques heures.

3. Ranger au réfrigérateur de 2 à 3 heures. Couper ensuite en petits cubes de un pouce et conserver au réfrigérateur dans un contenant hermétique.

. . . .

Guimauves au sirop et à la poudre d'érable

Quelquefois, je crée des recettes en m'inspirant de la nature. Un hiver très enneigé, lors d'une randonnée dans un champ recouvert d'un épais manteau blanc, j'ai été inspirée par le paysage qui se dessinait devant moi. Un épais tapis de neige recouvrait presque les gerbes dorées qui s'animaient au vent. Cette scène m'a immédiatement fait penser à d'immenses guimauves blanches saupoudrées de sucre d'or. Il n'en fallait pas plus pour qu'une nouvelle recette naisse dans ma tête : les guimauves au sirop et à la poudre d'érable.

Ingrédients

20 ml (1 c. à soupe + 1 c. à thé) de **poudre de gélatine**

125 ml (½ tasse) d'**eau** tiède

2 **blancs d'œufs** très frais (ou 60 ml (4 c. à soupe) de préparation à base de blancs d'œufs liquides pasteurisés)

65 ml (¼ tasse) de **fécule de maïs**

65 ml (¼ tasse) de **sucre à glacer**

125 ml (½ tasse) de **sucre d'érable** moulu en poudre très fine dans un moulin électrique

250 ml (1 tasse) de **sucre**

Une demi-gousse de **vanille** fendue en deux

250 ml (1 tasse) de **sirop d'érable**

65 ml (¼ tasse) de **sirop de sucre de canne** ou d'agave (je préfère ces deux produits au sirop de maïs du commerce, car ils ne contiennent pas d'additifs alimentaires)

pour **30** guimauves

Voir photo à la page 176.

Méthode

1. Graisser les parois intérieures d'un moule carré de 8 × 8 po (20 × 20 cm) puis couvrir le fond et les deux côtés du moule d'une seule feuille de papier parchemin. Le papier doit être plus long que la surface du fond et des côtés mis ensemble, car il doit pouvoir être soulevé une fois que la guimauve aura pris.

2. Dans un bol, verser l'eau tiède, puis saupoudrer la poudre de gélatine. Laisser agir 10 minutes. Réserver.

Suite ▷

3. Fouetter les blancs d'œufs en neige. Lorsqu'ils sont encore souples, les serrer avec 15 ml (1 c. à soupe) de sucre blanc. Réserver.

4. Dans une casserole, faire mijoter doucement le sucre, le sirop d'érable et de canne. Ajouter la demi-gousse de vanille fendue dans la préparation. La température de la préparation de sucre doit atteindre 121 °C sur un thermomètre à confiserie. Retirer la gousse de vanille, gratter l'intérieur et retirer toutes les graines. Mettre dans le sirop chaud.

5. Ajouter la préparation gélatineuse et bien fouetter pour que la gélatine fonde et se liquéfie.

6. Retirer la casserole du feu et verser doucement le liquide sucré en un mince filet sur la meringue. Remuer constamment avec un fouet jusqu'à ce que la préparation soit refroidie, mais encore liquide.

7. Verser la préparation à la guimauve dans le moule carré et étendre uniformément avec une spatule. Cette préparation est assez collante, donc il se peut que quelques traces de guimauve liquide soient laissées dans votre cuisine… Recouvrir le dessus du moule carré d'une pellicule plastique sans qu'elle touche à la guimauve.

8. Laisser la préparation à la guimauve saisir toute la nuit sur le comptoir de cuisine. Le lendemain, soulever le papier parchemin par les deux extrémités et déposer sur un plan de travail plat.

9. Dans un grand contenant rectangulaire, mélanger la fécule de maïs, le sucre à glacer et le sucre d'érable finement moulu. En saupoudrer le dessus de la préparation à la guimauve, puis avec un long couteau bien aiguisé, couper en petits cubes d'un pouce carré.

10. Déposer chaque cube de guimauve dans la préparation de sucres fins et rouler pour en couvrir toutes les surfaces.

11. Ranger les cubes de guimauve dans un grand contenant hermétique dont le fond a été recouvert de papier parchemin ou ciré. Mettre une feuille de papier parchemin entre chaque étage de guimauves.

NOTE : Ces guimauves ont un subtil goût d'érable et sont délicieuses fondues dans un chocolat chaud (voir recette à la page 304) ou grillées dans des s'mores (voir recette à la page 238). Aussi, j'utilise souvent une partie de la préparation à la guimauve liquide pour confectionner des carrés de riz croustillants et d'amandes grillées (voir recette à la page 189).

Le sirop d'érable peut être remplacé par du miel et le sucre d'érable, par du sucre de miel. Les guimauves auront par contre un goût de miel assez puissant.

Puisqu'il n'y a aucune cuisson des œufs dans cette recette, il est préférable d'utiliser une préparation liquide de blancs d'œufs du commerce pasteurisée, pour éliminer le risque de contamination à la salmonelle.

Rocky road

Le rocky road peut être fait avec une multitude de garnitures. Il existe donc de nombreuses recettes de cette friandise assez nourrissante. Si vous n'avez pas de guimauves dans votre garde-manger ni le courage d'en faire à la maison (voir recette à la page 195), augmenter la quantité de fruits séchés, de biscuits ou de noix.

pour 24 carrés

Ingrédients

125 ml (¹/₂ tasse) de **beurre** non salé ramolli

370 ml (1 ¹/₄ tasse) de **pépites** ou de pistoles de chocolat à 70 % de cacao

45 ml (3 c. à soupe) de **sirop d'érable**, de miel ou de canne à sucre

250 ml (1 tasse) de **biscuits au miel** ou sablés (voir recette à la page 227) écrasés grossièrement en petits morceaux (pas en miettes) ou de riz croustillant

250 ml (1 tasse) de **guimauves** coupées en cubes de 1 cm (voir recette à la page 195)

75 ml (5 c. à soupe) de **fruits séchés** coupés en cubes de 0,5 cm (facultatif)

75 ml (5 c. à soupe) d'**arachides**, d'amandes' ou de noisettes grillées en morceaux

30 ml (2 c. à soupe) de **sucre à glacer**

15 ml (1 c. à soupe) de **cacao** extra brut

NOTE : *J'ai utilisé des noix non salées dans ma recette, mais vous pouvez employer des noix salées, ce qui créera un contraste intéressant avec le sucre et l'amertume du chocolat.*

Méthode

1. Graisser un moule de 9 × 7 po (22 × 18 cm) avec du beurre doux.

2. Dans un petit bol, mélanger le cacao et le sucre à glacer. Utiliser les mains ou un fouet afin de bien amalgamer les ingrédients.

3. Faire fondre les deux tiers du chocolat au micro-ondes dans un bol en pyrex par séries de 20 secondes jusqu'à ce qu'il soit fondu complètement. Ajouter le reste du chocolat et le faire fondre dans le chocolat déjà fondu.

4. Faire fondre le beurre au micro-ondes, puis incorporer le sirop sucré. Brasser avec une cuillère en bois, puis ajouter au mélange de chocolat fondu et mélanger. Ajouter les morceaux de biscuits, les fruits séchés et les noix, puis mélanger avec la cuillère.

5. Finalement, lorsque le chocolat n'est plus tiède, mais encore souple et facile à travailler, ajouter les cubes de guimauve. Verser la préparation de rocky road dans le moulé graissé et, avec une spatule, étendre uniformément.

6. Garnir le dessus de sucre à glacer et de cacao. Couvrir et mettre au réfrigérateur au moins quatre heures.

Sucre à la crème au sirop d'érable

Plus jeune, j'aimais bien faire du sucre à la crème et du fudge au chocolat. Je suivais les instructions de ma mère à la lettre afin de ne pas rater mon coup. Maintenant, j'utilise un pratique thermomètre à cuisson qui indique quand la préparation a atteint la température idéale pour un sucre à la crème parfait.

pour **24** petits carrés d'environ 2,5 cm

Ingrédients

250 ml (1 tasse) de **sirop d'érable**

170 ml ($^2/_3$ tasse) de **crème 35 %**

55 ml (3 c. à soupe + 2 c. à thé) de **sucre d'érable**

15 ml (1 c. à soupe) de **beurre** doux

Graines d'une demi-gousse de **vanille**

150 ml ($^5/_8$ tasse) de **pacanes** hachées (facultatif)

NOTE : Si vous n'avez pas de thermomètre de cuisson, vous pouvez vérifier si le sucre à la crème est prêt de deux façons. Dans un verre d'eau très froid, faites tomber une goutte de la préparation. Si la goutte forme une petite boule molle qui se tient, la préparation est prête. L'autre méthode, celle que ma mère utilise depuis toujours, est de fouetter 30 ml (2 c. à soupe) de préparation dans un petit bol froid. Si la préparation perd son lustre au bout de quelques minutes de brassage, votre sucre à la crème est prêt.

Méthode

1. Graisser avec du beurre doux l'intérieur d'un moule carré de 4 po (10 cm) et tapisser ensuite le fond d'un papier parchemin ou d'un papier ciré.

2. Dans une casserole à fond épais, sur un feu moyen, faire chauffer le sirop d'érable, la crème, le sucre d'érable, les graines de vanille et le beurre. Remuer la préparation.

3. Installer un thermomètre de cuisson. Porter à ébullition et laisser mijoter jusqu'à ce que la préparation atteigne 240 °F ou 115 °C (voir la note).

4. Retirer du feu, ajouter les pacanes et laisser la préparation tiédir.

5. Une fois tiède, fouetter la préparation avec une fourchette ou avec un batteur électrique jusqu'à ce qu'elle perde son lustre tout en étant assez souple pour être étendue dans un plat.

6. Vider la préparation dans le moule et étendre avec une spatule.

Truffes au chocolat et ses trois variantes

Je ne peux pas passer les Fêtes sans façonner des truffes au chocolat, que ce soit par pur plaisir de les donner en cadeau ou, bien sûr, par pur égoïsme pour les savourer à mon tour. Chaque 31 décembre, mon amoureux et moi allons réveillonner chez des amis et j'apporte toujours un petit coffret rempli de truffes au chocolat sans gluten pour le dessert. Je m'assure ainsi moi aussi de manger une petite sucrerie !

pour **36** truffes

Ganache pour former les truffes

INGRÉDIENTS

170 ml ($^2/_3$ tasse) de **pistoles de chocolat à 70 %** ou 75% de cacao finement hachées

85 ml ($^1/_3$ tasse) de **pépites de chocolat à 50 %** de cacao

170 ml ($^2/_3$ tasse) de **crème riche (35 %)**

MÉTHODE

1. Mettre le chocolat haché et les pépites de chocolat dans un bol supportant la chaleur.

2. Dans une casserole à fond épais, faire chauffer la crème au point d'ébullition. Retirer et laisser refroidir la crème à 200 °F (95 °C).

3. Verser ensuite la crème dans le bol de chocolat haché et laisser reposer environ 1 minute. Remuer ensuite avec une cuillère en bois sans fouetter la ganache jusqu'à ce que le chocolat soit fondu. Réserver le bol de chocolat dans un endroit frais, mais non réfrigéré, environ 1 heure.

4. Tapisser une grande plaque de papier parchemin.

5. Une fois que la ganache est refroidie, faire de petites boules de chocolat à l'aide d'une cuillère à thé et les déposer sur la plaque tapissée de papier parchemin. Laisser les boules de chocolat se figer, environ une heure, dans un endroit frais à l'abri de l'humidité. Ne pas mettre au réfrigérateur ou au congélateur ; le chocolat déteste l'humidité.

• • •

Préparation des garnitures

INGRÉDIENTS

170 ml ($^2/_3$ tasse) de **cacao en poudre** extra brut

170 ml ($^2/_3$ tasse) de **sucre brut** très fin

170 ml ($^2/_3$ tasse) d'**amandes** grillées réduites en poudre

95 ml ($^3/_8$ tasse) de **pépites de chocolat à 50 %** de cacao à utiliser pour la couverture

Zestes d'oranges ou de **clémentines** finement hachés (les pelures doivent être bouillies au préalable une demi-heure et séchées afin d'enlever l'amertume)

MÉTHODE

1. Dans un micro-ondes, faire fondre les pépites de chocolat pour la couverture par séries de 20 secondes. Brasser entre chaque intervention. Vérifier toujours le chocolat afin qu'il ne brûle pas.

Suite ▷

2. Mettre le chocolat de couverture, le sucre brut, la poudre de cacao, les amandes grillées et les zestes d'oranges dans des bols individuels et selon l'ordre ci-dessus présenté.

. . .

Truffes de base au chocolat et au sucre brut

J'aime bien rouler mes truffes dans du sucre brut fin. Ceci leur donne une belle couverture croquante et puisque j'utilise du chocolat à 75 % de cacao, ça rend la truffe un peu plus sucrée.

MÉTHODE

1. Prendre une boule de ganache et, avec une fourchette, la tremper dans le chocolat de couverture. Enduire ensuite la boule de sucre brut, puis de poudre de cacao.

2. Réserver sur une plaque.

. . .

Truffes aux zestes d'oranges

MÉTHODE

1. Prendre une boule de ganache et, avec une fourchette, la tremper dans le chocolat de couverture. Laisser le chocolat s'égoutter.

2. Enduire ensuite la boule de zestes d'oranges puis la rouler dans le sucre brut et enfin dans le cacao.

3. Réserver sur une plaque.

Truffes aux amandes grillées

MÉTHODE

1. Prendre une boule de ganache et, avec une fourchette, la tremper dans le chocolat de couverture. Enduire ensuite la boule d'amandes grillées, puis la rouler dans du sucre brut et finalement dans la poudre de cacao.

2. Réserver sur une plaque.

. . .

QUE FAIRE AVEC LE RESTE DES INGRÉDIENTS ?

Écorces d'oranges
. . . .

J'ai trempé le reste de mes zestes d'oranges dans le chocolat de couverture, puis dans du sucre brut pour créer des petites écorces d'oranges.

Croquants aux amandes grillées
. . . .

Pour créer des croquants aux amandes grillées, j'ai simplement mélangé ce qu'il me restait de chocolat de couverture fondu et d'amandes grillées.

Les chocolats se conservent dans des contenants hermétiques au frais au moins 10 jours, mais pas au réfrigérateur, ni au congélateur.

Macarons aux noix de macadam, à la noix de coco et au chocolat

Depuis que j'ai goûté aux noix de macadam, j'ai en tête de créer une petite gâterie sans gluten qui combinerait aussi noix de coco et chocolat mi-sucré. Voici le résultat : des macarons chocolatés tout en parfum et en douceur. Le mélange des trois saveurs donne même une impression de caramel.

pour **12** petits macarons

Ingrédients

125 ml (¹/₂ tasse) de **flocons de noix de coco**

125 ml (¹/₂ tasse) de **noix de macadam** grossièrement hachées et grillées

85 ml (¹/₃ tasse) de **sucre doré**

2 ml (¹/₂ c. à thé) de **gomme de xanthane**

15 ml (1 c. à soupe) de **farine** sans gluten (j'ai utilisé de la **farine de tapioca**)

1 **œuf**, blanc et jaune séparés

15 ml (1 c. à soupe) de **miel**

Graines d'une demi-gousse de **vanille**

125 ml (¹/₂ tasse) de **pépites de chocolat mi-sucré** sans gluten

Méthode

1. Préchauffer le four à 325 °F (165 °C).

2. Dans un bol de grosseur moyenne, mélanger avec une fourchette les flocons de noix de coco, les noix de macadam, la farine sans gluten, la gomme de xanthane, le sucre doré, le miel, le jaune d'œuf et les graines de vanille.

3. Dans un petit bol, battre le blanc d'œuf en neige. Incorporer ensuite au mélange.

4. Sur une plaque recouverte d'un papier sulfurisé ou parchemin, déposer le mélange, une cuillerée à thé à la fois. Utiliser les mains au besoin pour améliorer l'apparence des macarons.

5. Mettre la plaque au centre du four et cuire de 15 à 17 minutes.

6. Sortir la plaque et laisser les macarons refroidir au moins 15 minutes.

7. Dans un bol en pyrex, faire fondre les pépites de chocolat au micro-ondes à moyenne intensité environ 4 minutes, par séries de 20 secondes. (Bien surveiller le chocolat afin qu'il ne brûle pas).

8. Avec une fourchette, tremper individuellement chaque macaron dans le chocolat fondu et déposer ensuite sur une plaque recouverte d'un papier sulfurisé ou parchemin. Laisser refroidir les macarons à la température ambiante au moins trois heures. Mettre les macarons dans un contenant hermétique et conserver à la température ambiante.

NOTE : Les macarons se conservent au moins une semaine si vous êtes capables de résister à la tentation. Vous pouvez remplacer les noix de macadam par des amandes blanchies grillées.

Macarons aux framboises

Je n'avais pas de colorant alimentaire dans mon garde-manger et, puisque je désirais faire des macarons aux framboises, j'ai décidé de créer mon propre colorant. Mes macarons sont sortis du four avec une belle couleur rose pâle. J'étais très heureuse du résultat et j'étais contente de ne pas avoir eu recours à un colorant dont la liste d'ingrédients est vraiment trop longue.

pour **30** macarons

Colorant rouge naturel
(pour 4 c. à soupe)

INGRÉDIENTS

1 petite **betterave** rouge

170 g de **framboises** fraîches ou surgelées

250 ml (1 tasse) d'**eau**

MÉTHODE

1. Dans une petite casserole, faire bouillir les framboises et l'eau trois minutes.

2. Passer les framboises et l'eau dans un tamis et presser sur les framboises pour en extraire le plus de jus possible. Conserver la chair des framboises pour la gelée.

3. Verser le jus de framboise dans une petite casserole avec la betterave rouge pelée et coupée en petits cubes. Faire cuire à feu doux jusqu'à ce que la betterave soit cuite, soit environ 15 minutes. Laisser tiédir.

4. Réduire en purée dans un mélangeur électrique. Passer la purée au tamis en pressant sur les betteraves avec une maryse pour extraire le jus coloré.

5. Passer de nouveau le jus coloré au tamis, puis verser dans un contenant en verre (pour éviter de tacher un contenant de plastique). Réserver.

Gelée de framboise

INGRÉDIENTS

Chair des framboises utilisées pour le colorant

30 ml (2 c. à soupe) de **confiture de framboises**

30 ml (2 c. à soupe) de **pectine** en poudre

65 ml ($\frac{1}{4}$ tasse) d'**eau**

MÉTHODE

1. Dans une petite casserole, faire bouillir l'eau, puis saupoudrer la pectine et mélanger vigoureusement 1 minute.

2. Dans une autre casserole, faire mijoter la chair de framboises et la confiture. Ajouter la préparation de pectine chaude aux framboises et cuire 3 minutes à feu moyen tout en fouettant constamment avec une fourchette. Réserver.

Meringue italienne

50 ml (³/₁₆ tasse) de **blancs d'œufs** (environ 2 blancs d'œufs)

75 ml (5 c. à soupe) d'**eau**

75 ml (5 c. à soupe) de **sucre**

1. Verser le sucre et l'eau dans une casserole à fond épais et faire bouillir à feu moyen jusqu'à ce que la température atteigne 118-120 °C sur un thermomètre à confiserie.

2. Mélanger le colorant rouge dans les blancs d'œufs. Pendant que le sirop cuit, battre les œufs en neige jusqu'à l'obtention de pics fermes.

3. Verser le sirop en un mince filet dans la meringue, puis battre jusqu'à ce que la meringue soit tiède (48-50 °C). Réserver.

• • •

Pâte à macarons

315 ml (1 ¼ tasse) de **poudre d'amandes**

190 ml (¾ tasse) de **sucre à glacer**

60 ml (4 c. à soupe) de **colorant** alimentaire rouge naturel

50 ml (³/₁₆ tasse) de **blancs d'œufs**

1. Dans un robot culinaire, réduire la poudre d'amandes et le sucre à glacer en poudre très fine puis tamiser dans un grand bol.

2. Verser la meringue sur la préparation de poudre d'amandes et mélanger doucement avec une spatule ou une maryse.

3. Déposer un tapis de silicone ou du papier parchemin sur deux plaques à biscuits.

4. Avec une spatule, plier délicatement la meringue italienne dans la préparation aux amandes. Attention : il ne faut pas trop brasser le mélange.

5. Verser la pâte à macarons dans une poche à douille, puis faire des petits monticules d'environ 3 cm de diamètre. Bien espacer chaque macaron. Tapoter légèrement la plaque pour arrondir les formes, puis laisser reposer 30 minutes afin que se forme une croûte. Assurez-vous d'avoir un nombre pair de coques. Déposer la plaque de macarons sur une plaque vide de même dimension ou plus grande (ceci permet aux macarons de ne pas cuire trop vite).

6. Préchauffer le four à 325 °F (165 °C). Enfourner et cuire au centre du four environ 15 minutes. Surveiller la cuisson afin que les macarons ne soient pas dorés.

7. Avec une petite spatule métallique, enlever les coques de la plaque à cuisson et laisser refroidir une demi-heure sur une grille de refroidissement. Si les coques semblent collées, soulever le papier parchemin et vaporiser légèrement d'eau la plaque de cuisson et reposer ensuite le papier parchemin sur la plaque.

• • •

1. Faire un test avec une coque pour déterminer la quantité de gelée nécessaire pour créer un macaron, puis garnir la moitié des coques inversées avec de la gelée de framboise.

2. Déposer ensuite une coque sur chaque coque garnie de gelée. Mettre les macarons dans un contenant hermétique et conserver au réfrigérateur.

NOTE : Les macarons sont meilleurs après 24 heures au réfrigérateur. Ils peuvent aussi être congelés.

Muffins et cupcakes

Minicupcakes à la vanille et glaçage au sucre

Avec les minicupcakes au chocolat (voir recette à la page 206), ce dessert à la vanille est le favori de mes petites nièces. Le format de ces jolis muffins les rend irrésistibles pour les petites mains, qui ont vite fait de se les approprier.

Cupcakes

pour **24** minicupcakes

Voir photo à la page 204.

INGRÉDIENTS

125 ml (½ tasse) de **lait**

Une demi-gousse de **vanille**

4 **œufs**, jaunes et blancs séparés

190 ml (¾ tasse) de **beurre** doux ramolli

170 ml (⅔ tasse) de **sucre**

85 ml (⅓ tasse) de **cassonade**

125 ml (½ tasse) de **farine de soya** dégraissée

125 ml (½ tasse) de **farine d'amandes** moulues finement

125 ml (½ tasse) de **farine de riz blanc**

65 ml (¼ tasse) de **farine de maïs**

30 ml (2 c. à soupe) de **farine de riz** gluant

15 ml (1 c. à soupe) de **gomme de xanthane**

5 ml (1 c. à thé) de **poudre à pâte**

2 ml (½ c. à thé) de **bicarbonate de soude**

Pincée de **sel**

MÉTHODE

1. Préchauffer le four à 350 °F (180 °C).

2. Placer des caissettes dans les cavités de deux moules à 12 minimuffins.

3. Dans une petite casserole, faire chauffer le lait à feu doux. Déposer une demi-gousse de vanille fendue, éteindre le feu et laisser infuser cinq minutes. Retirer la demi-gousse de vanille et gratter l'intérieur. Incorporer les graines de vanille dans le lait et fouetter avec une fourchette. Lorsque le lait est froid, ajouter les jaunes d'œufs et mélanger avec un batteur électrique ou un fouet.

4. Combiner le beurre avec le sucre et le mélange liquide. Fouetter jusqu'à consistance homogène.

5. Battre les blancs d'œufs en neige. Réserver.

6. Dans un bol, mélanger les farines, la gomme de xanthane, le sel, la poudre à pâte et le bicarbonate de soude. Incorporer les ingrédients secs aux ingrédients liquides, une demi-tasse à la fois.

7. Plier doucement les blancs en neige dans le mélange à muffins avec une spatule. Verser la pâte dans les caissettes.

8. Déposer les moules sur la grille du haut au centre du four et cuire environ 25 minutes. Les cupcakes doivent être à peine dorés. Vérifier la cuisson avec un cure-dents inséré au centre d'un cupcake. Il doit en ressortir propre, mais humide. Laisser tiédir.

9. Retirer les cupcakes des cavités du moule et déposer sur une grille de refroidissement afin qu'aucune humidité ne se forme sur les parois.

*NOTE : Ceci est une recette de base de cup-
cakes. Vous pouvez ajouter des pépites de
chocolat à 50 % de cacao, des petits fruits
secs, des noix hachées, des zestes d'agrumes
ou quelques gouttes d'huile d'agrumes ou
de noix.*

*On peut aussi parfumer les cupcakes avec
de la confiture ; il faut alors réduire la quantité de lait selon la quantité de confiture
utilisée.*

*Ces minicupcakes demeurent moelleux pen-
dant au moins cinq jours dans un contenant
hermétique.*

Glaçage au sucre

donne 500 ml

INGRÉDIENT

125 ml (½ tasse) de **beurre** doux ramolli

370 ml (1 ½ tasse) de **sucre à glacer**

45 ml (3 c. à soupe) de **sucre vanillé** (voir
recette à la page 261) moulu très fin

MÉTHODE

Dans un bol, battre le beurre en crème.
Ajouter le sucre vanillé, puis graduellement le
sucre à glacer. Fouetter avec un batteur électrique jusqu'à la consistance voulue.

*NOTE : Pour colorer le glaçage sans colo-
rants alimentaires, réduire en purée de petits
fruits colorés (par exemple des fraises ou
des framboises) et passer au tamis. Verser
quelques gouttes de liquide coloré jusqu'à
l'obtention de la couleur désirée.*

*J'aime bien décorer le glaçage des cupcakes
avec de gros cristaux de sucre brut ou
de petites fleurs comestibles et des zestes
d'agrumes cristallisés dans du sucre blanc.*

Minicupcakes au chocolat et glaçages chocolatés

Lors d'une fête d'enfants, j'ai apporté des minicupcakes pour le dessert. Les adultes ont eu droit à une version glacée à la ganache, tandis que les plus jeunes se sont amusés à les décorer avec du glaçage et des paillettes de toutes les couleurs. Personne ne s'est aperçu que les cupcakes étaient sans gluten.

Ces cupcakes se congèlent sans glaçage et peuvent être conservés au moins cinq jours dans un contenant hermétique.

pour 24 minicupcakes ou 12 muffins

Cupcakes

INGRÉDIENTS

95 ml (³/₈ tasse) de **farine de soya** dégraissée

95 ml (³/₈ tasse) de **farine de riz**

65 ml (¹/₄ tasse) de **farine de tapioca**

85 ml (¹/₃ tasse) de **poudre de cacao**

5 ml (1 c. à thé) de **poudre à pâte**

2 ml (¹/₂ c. thé) de **sel**

125 ml (¹/₂ tasse) de **pépites de chocolat mi-sucré**

30 ml (2 c. à soupe) de **pistoles de chocolat 70 %**

65 ml (¹/₄ tasse) de **beurre** doux

125 ml (¹/₂ tasse) d'**eau**

2 **œufs**, blancs et jaunes séparés

250 ml (1 tasse) de **cassonade** ou **sucre blond**

Graines d'une demi-gousse de **vanille**

65 ml (¹/₄ tasse) de **crème sure** réduite en gras

5 ml (1 c. à thé) de **bicarbonate de soude**

MÉTHODE

1. Préchauffer le four à 350 °F (180 °C).

2. Beurrer le dessus de deux moules à mini-cupcakes et disposer 24 caissettes en papier dans les cavités.

3. Dans un petit bol, mélanger la crème sure et le bicarbonate de soude avec une fourchette. Réserver.

4. Mettre les jaunes d'œufs dans un grand bol et y ajouter la cassonade et les graines de la demi-gousse de vanille. Mélanger puis réserver.

5. Battre les blancs d'œufs en neige. Réserver.

6. Faire bouillir l'eau.

7. Faire fondre le beurre dans un gros bol au micro-ondes environ 1 minute. Attention : surveiller le beurre afin qu'il ne surchauffe pas et qu'il ne se déverse pas dans le micro-ondes. Retirer le beurre chaud du micro-ondes et ajouter ¹/₃ de tasse de pépites de chocolat mi-sucré et ¹/₈ de tasse de pistoles de chocolat 70 %. Brasser avec une fourchette jusqu'à ce que les pépites soient fondues. Ajouter ensuite l'eau bouillante. Réserver et laisser tiédir.

8. Dans un grand bol, tamiser les trois farines ensemble et mélanger ensuite avec la poudre à pâte, le cacao et le sel. Réserver. Incorporer le mélange liquide de jaunes d'œufs au mélange liquide de chocolat. Bien mélanger.

9. Ajouter graduellement le mélange liquide aux ingrédients secs en le versant en petite quantité. Utiliser un fouet à main ou un batteur électrique et bien battre le mélange. Les ingrédients secs doivent être complètement trempés et bien incorporés au mélange liquide.

10. Ajouter la crème sure au mélange, puis les blancs d'œufs en neige. Incorporer en pliant dans le mélange. Ajouter finalement $1/_6$ tasse de pépites de chocolat et mélanger. Verser la préparation dans les moules à cupcakes.

11. Cuire environ 20 minutes ou jusqu'à ce qu'un cure-dents inséré dans le mélange en ressorte propre.

. . .

Glaçage au chocolat (ganache)

Ce glaçage est une ganache qui, une fois refroidie, est assez épaisse pour étendre sur le dessus des cupcakes. Et si on y ajoute du fromage à la crème, le glaçage devient plus liquide et onctueux.

INGRÉDIENTS

65 ml ($1/_4$ tasse) de **crème 10 %** ou 15 %

85 ml ($1/_3$ tasse) de **pépites de chocolat** mi-sucré

MÉTHODE

1. Dans un récipient, faire chauffer la crème dans le micro-ondes à haute intensité de 35 à 40 secondes. Dès que la crème commence à bouillir, la retirer du micro-ondes.

2. Ajouter les pépites de chocolat mi-sucré. Brasser jusqu'à ce que le chocolat soit bien fondu. Laisser refroidir jusqu'à la consistance désirée.

Glaçage au chocolat et au fromage à la crème

INGRÉDIENTS

Glaçage au chocolat

30 ml (2 c. à soupe) de **fromage à la crème**, de fromage frais ou de beurre doux ramolli

MÉTHODE

Pour obtenir un glaçage plus malléable, ajouter le fromage à la crème à la ganache refroidie. Mélanger avec une fourchette ou un batteur électrique jusqu'à ce que le mélange soit à la consistance désirée.

NOTE : Si vous trouvez que le glaçage au chocolat et au fromage à la crème n'est pas assez épais, ajoutez 1 c. à soupe de sucre à glacer à la fois jusqu'à la consistance désirée.

Minimuffins aux brisures de chocolat et aux bananes

Je n'étais pas très convaincue que le mélange des saveurs chocolat et banane serait gagnant, mais après avoir discuté avec plusieurs gourmands, j'ai tenté l'expérience. Le résultat : des minimuffins sans gluten ultra-savoureux et fondants et des collègues de bureau qui en redemandent.

pour **24** minimuffins

Voir photo à la page 218.

Ingrédients

370 ml (1 ¹/₂ tasse) de **farine** sans gluten (j'ai utilisé 125 ml (¹/₂ tasse) de **farine de teff**, 125 ml (¹/₂ tasse) de **farine de riz blanc** et 125 ml (¹/₂ tasse) de **farine de tapioca**)

190 ml (³/₄ tasse) de **sucre blond** ou de cassonade

Graines d'une demi-gousse de **vanille**

10 ml (2 c. à thé) de **poudre à pâte**

Pincée de **sel**

3 petites ou 2 grosses **bananes** en purée

2 **œufs**

125 ml (¹/₂ tasse) de **beurre** fondu

65 ml (¹/₄ tasse) de **lait**

250 ml (1 tasse) de **pépites** ou de **pistoles de chocolat mi-sucré** sans gluten

125 ml (¹/₂ tasse) de **noix de Grenoble**

Méthode

1. Préchauffer le four à 350 °F (180 °C).

2. Dans un bol, mélanger le sucre et le beurre fondu. Y ajouter les bananes en purée, les œufs, le lait et les graines de vanille.

3. Dans un autre bol, mélanger les farines, le sel et la poudre à pâte.

4. Ajouter graduellement les ingrédients secs à la préparation liquide et battre avec un fouet ou un malaxeur électrique. Ajouter les noix et les pépites de chocolat et bien mélanger.

5. Dans deux moules à minimuffins graissés, répartir également le mélange.

6. Cuire au four environ 25 minutes.

Muffins aux petits fruits
sans œuf, sans lait et sans gluten

Certaines personnes cœliaques, en plus d'être intolérantes au gluten, sont incapables de manger des œufs et de consommer des produits laitiers. Cette recette de muffins sans gluten aux petits fruits ne contient ni beurre, ni lait, ni œuf. La gelée créée par les graines moulues mélangées avec de l'eau bouillante joue le rôle d'agent liant dans cette recette et donne de la texture aux muffins. J'ai choisi des farines contenant des protéines pour remplacer celles des produits laitiers et de l'œuf. Ces muffins ont une consistance très légère et sont à peine sucrés. De vrais muffins santé.

pour 12 muffins

Voir photo à la page 219.

Ingrédients

60 ml (4 c. à soupe) d'**eau** bouillante

2 ml (½ c. à thé) de **graines de chia** finement moulues

2 ml (½ c. à thé) de **graines d'amarante** finement moulues

2 ml (½ c. à thé) de **graines de teff** finement moulues

65 ml (¼ tasse) d'**huile de pépins de raisins**

125 ml (½ tasse) de **purée de pommes** non sucrée

190 ml (¾ tasse) d'**eau**

65 ml (¼ tasse) de **sucre vanillé**

125 ml (½ tasse) de **miel de bleuets**

125 ml (½ tasse) de **poudre d'amandes**

125 ml (½ tasse) de **farine de soya**

65 ml (¼ tasse) de **farine de quinoa**

65 ml (¼ tasse) de **farine de riz** gluant

125 ml (½ tasse) de **farine de sorgho**

15 ml (1 c. à soupe) de **farine de pommes de terre**

5 ml (1 c. à thé) de **bicarbonate de soude**

5 ml (1 c. à thé) de **poudre à pâte**

5 ml (1 c. à thé) de **gomme de xanthane**

2 ml (½ c. à thé) de **sel** fin

250 ml (1 tasse) de **petits fruits** mélangés avec 2 c. à soupe de **farine de sorgho**

Méthode

1. Préchauffer le four à 375 °F (190 °C).

2. Placer des caissettes de papier dans un moule à muffins.

3. Dans un bol, mélanger l'eau bouillante et les graines moulues. Laisser gélifier.

4. Dans le bol d'un mélangeur sur pied électrique, verser l'huile, la purée de pommes, l'eau, le sucre, vanillé et le miel. Mélanger à basse vitesse puis intégrer la préparation gélifiée et battre à vitesse moyenne.

5. Dans un grand bol, mélanger toutes les farines, le bicarbonate de soude, la poudre à pâte, la gomme de xanthane et le sel.

6. Incorporer le mélange de farine une demi-tasse à la fois et mélanger à vitesse moyenne jusqu'à consistance homogène. Si le mélange semble trop épais, ajouter de l'eau un quart de tasse à la fois jusqu'à consistance d'un gâteau épais. Incorporer les fruits avec une spatule afin de ne pas les écraser.

7. Verser la préparation dans les caissettes jusqu'à ½ po (1 cm) du bord. Placer le moule au centre du four. Cuire environ 25 minutes.

Suite ▷

NOTE : Malgré l'absence de beurre, ces muffins sont très moelleux. Utiliser si possible des petits fruits de votre pays ou région, car les fruits importés sont souvent moins savoureux et pas assez sucrés. Des petits fruits congelés peuvent aussi être utilisés.

Les muffins se conservent trois jours, car ils sont très humides à cause des petits fruits. Pour une plus longue conservation, emballer individuellement chaque muffin, puis mettre dans des sacs hermétiques et ranger au congélateur.

Biscuits sucrés

Biscuits au pain d'épices

Il y a quelques années, j'avais en tête de faire de beaux bonshommes de pain d'épices sans gluten pour le réveillon, mais lorsque j'ai fait cuire ma première fournée, j'ai constaté que mes biscuits manquaient de tonus… et de farine. J'ai donc corrigé le tir et j'ai ajouté de la farine au mélange de biscuits qu'il me restait. Puis, plutôt que de créer des formes à l'emporte-pièce, j'ai façonné mes biscuits avec mes mains. Le résultat : des biscuits au pain d'épices délicieux, mais de forme carrée.

Ingrédients

190 ml (³/₄ tasse) de **beurre** doux ramolli

170 ml (²/₃ tasse) de **cassonade** ou sucre blond

15 ml (1 c. à soupe) de **mélasse**

1 **œuf**

1 ml (¹/₄ c. à thé) de **sel**

5 ml (1 c. à thé) de **poudre à pâte**

2 ml (¹/₂ c. à thé) de **bicarbonate de soude**

5 ml (1 c. à thé) de **gomme de xanthane**

85 ml (¹/₃ tasse) de **farine de marante** (arrowroot)

85 ml (¹/₃ tasse) de **farine de tapioca**

170 ml (²/₃ tasse) de **farine de maïs**

170 ml (²/₃ tasse) de **farine de soya** dégraissée

5 ml (1 c. à thé) de **gingembre** moulu au mortier

5 ml (1 c. à thé) de **cannelle** moulue au mortier

2 ml (¹/₂ c. à thé) de **noix de muscade** râpée

Sucre brut pour décorer les biscuits

pour **30** biscuits

Méthode

1. Dans un petit bol, battre le beurre avec l'œuf, puis ajouter la cassonade et la mélasse.

2. Dans un autre bol, mélanger les farines, la poudre à pâte, le bicarbonate de soude, la gomme de xanthane, le sel et les épices.

3. Ajouter graduellement (une demi-tasse à la fois) le mélange sec au mélange mouillé. Faire une boule avec la pâte à biscuits et envelopper de deux pellicules plastique ou de deux feuilles de papier parchemin.

4. Abaisser la pâte avec un rouleau pour obtenir un disque d'une épaisseur d'environ un quart de pouce ou plus (si vous préférez vos biscuits plus épais). Réfrigérer le disque au moins trois heures.

5. Préchauffer le four à 350 °F ou 180 °C.

6. Déposer le disque de pâte sur une surface plate et enlever une des pellicules. Couper la pâte avec un emporte-pièce ou un verre. Saupoudrer chaque morceau de biscuits de cristaux de sucre brut.

7. Sur une plaque à biscuits recouverte d'une feuille de papier parchemin ou d'un tapis de silicone, déposer les biscuits en prenant soin de bien les espacer pour ne pas qu'ils collent ensemble lors de la cuisson. Enfourner environ 12 minutes.

8. Sortir la plaque à biscuits du four et, après 5 minutes, déposer les biscuits sur une grille de refroidissement.

NOTE : *J'utilise toujours des épices entières que je réduis en poudre dans un mortier ou un moulin électrique.*

Biscuits au citron, au romarin et aux noix de pin

Les goûts se développent ou évoluent avec le temps et sont souvent associés à des souvenirs. J'ai détesté pendant longtemps l'odeur et le goût du romarin. Ce n'est qu'après un voyage à vélo en Provence que j'ai commencé à utiliser le romarin frais. Maintenant, chaque fois que je hume une branche de cet aromate, je revois les arbustes de romarin qui jalonnaient notre parcours cycliste et je me rappelle les bons moments vécus avec mes amis et mon amoureux. Cette recette fait non seulement honneur à ce souvenir de voyage en Provence, mais est aussi digne des ingrédients méditerranéens qui la composent.

pour **28** à **30** biscuits

Voir photo à la page 220.

Ingrédients

65 ml (¹/₄ tasse) d'**huile d'olive**

65 ml (¹/₄ tasse) de **beurre** non salé ramolli

1 **œuf**

65 ml (¹/₄ tasse) de **miel** granuleux

65 ml (¹/₄ tasse) de **sucre doré** ou de cassonade

125 ml (¹/₂ tasse) de **farine de sorgho**

125 ml (¹/₂ tasse) de **farine de riz** gluant

65 ml (¹/₄ tasse) de **semoule de maïs** très fine (polenta)

30 ml (2 c. à soupe) de **farine de tapioca**

5 ml (1 c. à thé) de **gomme de xanthane**

Pincée de **sel**

5 ml (1 c. à thé) de **romarin** haché frais

15 ml (1 c. à soupe) de **jus de citron** frais ou 1 ml (¹/₄ c. à thé) d'huile de citron

5 ml (1 c. à thé) de **zestes de citron**

Sucre brut et **noix de pin** pour la garniture

Méthode

1. Dans un grand bol, fouetter le beurre doux avec l'œuf, le miel granuleux et le sucre doré. Ajouter le romarin haché, les zestes de citron et le jus de citron.

2. Dans un autre bol, tamiser les farines ensemble et mélanger ensuite avec la semoule de maïs, la gomme de xanthane et le sel.

Suite ▷

3. Incorporer le mélange de farines dans la préparation de beurre 30 ml (2. à soupe) à la fois et fouetter avec un batteur électrique ou une fourchette. Avec les mains, faire une boule avec la pâte à biscuits.

4. Déposer la boule de pâte sur un papier parchemin ou sulfurisé d'environ 16 × 16 po (41 × 41 cm). Former un rouleau de pâte d'environ 1 ³/₄ po de diamètre (4,5 cm) et 12 po (30 cm) de long. Envelopper le rouleau avec le papier parchemin. Réfrigérer le rouleau de pâte à biscuits environ 2 heures.

5. Préchauffer le four à 350 °F (180 °C).

6. Couvrir deux plaques à biscuits avec du papier parchemin ou des tapis de silicone.

7. Sortir le rouleau de pâte du réfrigérateur ou mettre au congélateur dans un sac ou un contenant hermétique pour une utilisation future.

8. Dérouler le pâton de biscuits sur le papier parchemin. Avec un couteau, couper le pâton en 28 à 30 rondelles d'environ ⁵/₁₆ de po (0,8 cm) d'épaisseur. Aplatir les rondelles avec les doigts ou le côté plat d'un marteau de cuisine en prenant soin de couvrir chaque rondelle d'un papier parchemin. La rondelle de biscuit aplati devrait faire environ ¹/₄ po (0,6 cm) d'épaisseur.

9. Rouler les rebords des biscuits dans du sucre brut. Garnir le dessus de chaque biscuit de trois noix de pin. Déposer les rondelles sur les plaques à biscuits en laissant un espace adéquat entre chaque biscuit.

10. Mettre les plaques sur la grille au centre du four. Après 5 minutes de cuisson, tourner les plaques dans le sens inverse et cuire encore 5 minutes. Les biscuits sont prêts lorsque les rebords sont dorés.

11. Retirer les plaques du four et laisser tiédir les biscuits sur la plaque environ 5 minutes. Déposer ensuite les biscuits sur une grille de refroidissement. Ranger les biscuits dans un contenant hermétique.

NOTE : *Le goût du citron et du romarin s'intensifie avec le temps. Ces biscuits seront donc plus savoureux deux jours après leur préparation.*

Biscuits graham

Le biscuit graham a été inventé en 1829 par Sylvester Graham, un ministre presbytérien américain.
Ce réformateur de la diététique prônait le végétarisme et la bonne alimentation. Selon le Larousse
gastronomique, le ministre Graham détestait la farine blanche, ce qui l'a poussé à développer la
farine graham. Celle-ci était composée à l'époque de son et de germe de blé moulus grossièrement et
d'endosperme de blé moulu très finement, tous broyés séparément, puis rassemblés pour créer la farine.
Le vrai biscuit graham était un biscuit légèrement sucré au miel, très fibreux et avec peu de saveur.
Ceux qui trouvaient le biscuit graham trop fade en bouche ajoutaient de la cannelle sur le dessus.

Ma recette de biscuits graham sans gluten n'en est pas vraiment une puisque je n'utilise pas la fameuse
farine du même nom, mais dans le respect de la tradition graham, j'ai choisi pour cette recette des
farines très nutritives et contenant beaucoup de fibres. Pour donner un peu de piquant aux biscuits,
je les ai saupoudrés de cannelle et de sucre brut avant de les mettre au four.

Voir photo à la page 221.

pour **30** biscuits

Ingrédients

315 ml (1 ¼ tasse) de **farine de riz brun**

65 ml (¼ tasse) de **farine de riz** gluant

190 ml (¾ tasse) de **farine de sorgho** ou de millet

65 ml (¼ tasse) de **farine de teff**

65 ml (¼ tasse) de **farine de tapioca** ou de fécule de maïs

2 ml (½ c. à thé) de **poudre à pâte**

2 ml (½ c. à thé) de **bicarbonate de soude**

2 ml (½ c. à thé) de **gomme de xanthane**

250 ml (1 tasse) de **sucre brun** ou de cassonade

65 ml (¼ tasse) de **miel** liquide

65 ml (¼ tasse) de **mélasse**

160 ml (⅝ tasse) de **lait**

125 ml (¼ tasse) de **beurre** non salé coupé en cubes

Méthode

1. Dans un bol, mélanger toutes les farines avec le bicarbonate de soude, la poudre à pâte, la gomme de xanthane, la cassonade et le sel.

2. Dans un petit bol, mélanger le beurre, le miel, la mélasse et le lait.

3. Ajouter la farine par petite quantité dans la préparation de beurre et mélanger avec un batteur électrique jusqu'à consistance homogène. Si le mélange devient trop épais, continuer avec une cuillère en bois et utiliser les mains.

4. Faire deux boules avec le mélange. Sur deux feuilles de papier parchemin recouvertes de farine de riz brun, déposer les boules de pâte.

5. Avec les mains, abaisser la pâte et former un rectangle d'une épaisseur d'environ 1 pouce (2,5 cm). Couvrir d'une feuille de papier parchemin et mettre au réfrigérateur 1 heure.

6. Préchauffer le four à 325 °F (165 °C).

7. Sortir un pâton à biscuits du réfrigérateur et déposer sur un plan de travail plat.

8. Abaisser la pâte en gardant le papier parchemin. Corriger la forme de la pâte avec les mains. La pâte doit être d'une épaisseur d'un quart de pouce (6 mm).

9. Avec une règle de cuisine en plastique, tracer des lignes pour former des carrés ou des rectangles de dimensions égales. Couper la pâte à biscuits avec un couteau, puis piquer chaque biscuit avec une fourchette. Faire des motifs ou piquer la pâte de façon uniforme.

10. Avec une spatule, soulever chaque biscuit et les déposer sur une plaque recouverte d'un tapis de silicone ou de papier parchemin. Décorer les biscuits avec de la cannelle et du sucre brut.

11. Mettre au four et cuire environ 12 minutes.

12. Répéter avec la deuxième pâte à biscuits ou l'envelopper avec une pellicule plastique et la ranger au congélateur dans un sac hermétique.

13. Mettre les biscuits sur une grille de refroidissement. Une fois refroidis, les déposer dans un contenant ou un sac de plastique hermétique. Les biscuits se conservent au moins 10 jours.

NOTE : Les biscuits graham sont souvent utilisés pour créer des s'mores, un dessert constitué de guimauves grillées et de chocolat. (Voir recette de s'mores à la page 238).

Biscuits double chocolat

Lors d'un séjour dans un chalet situé en région montagneuse, j'ai apporté dans mes bagages un petit sac de cacao extra brut sans gluten afin de préparer du chocolat chaud après nos randonnées pédestres. Ce cacao nous a bien servi, car, étonnamment, j'ai déniché de la farine sans gluten dans les deux épiceries de ce petit coin perdu de 600 habitants. Il n'en fallait pas plus pour que je cuisine ces bons biscuits double chocolat.

pour environ **18** biscuits

Ingrédients

190 ml (³/₄ tasse) de **beurre** doux

170 ml (²/₃ tasse) de **sucre blond** ou de cassonade

1 **œuf**

Pincée de **sel**

250 ml (1 tasse) de **farine** sans gluten tout usage

5 ml (1 c. à thé) de **poudre à pâte** sans gluten ou de bicarbonate de soude

5 ml (1 c. à thé) de **gomme de xanthane**

65 ml (¹/₄ tasse) de **cacao** sans gluten

315 ml (1 ¹/₄ tasse) de **pépites de chocolat** mi-sucré

125 ml (¹/₂ tasse) de **noix** hachées

Méthode

1. Préchauffer le four à 350 °F (180 °C).

2. Dans un bol, mélanger la farine, le sel, la gomme de xanthane, la poudre à pâte et le cacao. Réserver.

3. Dans un plus grand bol, fouetter le beurre avec la cassonade. Utiliser les mains au besoin. Incorporer ensuite l'œuf et mélanger avec une fourchette.

4. Incorporer graduellement les ingrédients secs au mélange de beurre et mélanger avec une fourchette jusqu'à ce que le tout soit homogène. Ajouter finalement les noix hachées et les pépites de chocolat et mélanger.

5. Tapisser une plaque à biscuits de papier parchemin ou d'un tapis de silicone.

6. Avec une cuillère à soupe, former des boules avec le mélange à biscuits et les déposer sur la plaque à biscuits. Aplatir avec les mains et corriger la forme au besoin.

7. Déposer la plaque sur une grille au centre du four. Cuire de 10 à 12 minutes. Sortir la plaque de biscuits du four et laisser refroidir environ 15 minutes. Déposer ensuite les biscuits sur une grille de refroidissement.

8. Pour les ranger, transférer les biscuits dans un contenant avec un couvercle. Entre chaque étage de biscuits, déposer un papier ciré ou une serviette de papier. Les biscuits se conservent ainsi environ cinq jours.

··

Biscuits fourrés aux figues

Jusqu'à tout récemment, les biscuits fourrés aux figues faisaient partie de ma longue liste de recettes sans gluten à concevoir. Quand j'ai découvert un paquet de figues séchées sans gluten à l'épicerie, j'ai tout de suite su qu'il était temps de passer aux fourneaux. Lorsque j'ai sorti mes biscuits du four, je n'ai pas été déçue. Avec de la patience et de la minutie, vous pourrez facilement reproduire cette délicieuse recette de biscuits aux figues sans gluten.

pour environ **24** biscuits

Voir photo à la page 222.

Confiture de figue

INGRÉDIENTS

La chair de 3 **figues fraîches** et 190 ml (³/₄ tasse) de **figues séchées**

190 ml (¹/₄ tasse) de **jus d'orange**

65 ml (¹/₄ tasse) de **sirop d'érable**, de miel liquide ou de sirop d'agave

65 ml (¹/₄ tasse) de **sucre blond**

7 graines d'**anis étoilé**

1 ml (¹/₄ c. à thé) de **noix de muscade** fraîchement râpée

1 ml (¹/₄ c. à thé) de **zestes d'orange**

MÉTHODE

1. Hacher les figues séchées en prenant soin d'enlever les extrémités.

2. Dans un mortier, réduire en poudre les 7 graines d'anis étoilé.

3. Dans une casserole, mélanger la chair et les morceaux de figues séchées, le jus d'orange, le sirop d'érable et le sucre blond. Amener à ébullition.

4. Laisser mijoter à feu très doux jusqu'à ce que le mélange soit de la consistance d'une confiture épaisse (de 20 à 25 minutes).

Suite ▷

5. Dans le récipient d'un mélangeur électrique ou avec un mélangeur à main (attention aux éclaboussures chaudes), réduire la confiture en purée, puis ajouter l'anis étoilé, la muscade et les zestes d'orange. Réserver et laisser tiédir.

. . .

Pâte à biscuits sans gluten

INGRÉDIENTS

125 ml (½ tasse) de **beurre** doux ramolli

1 gros **œuf**

125 ml (½ tasse) de **sucre blond** ou de cassonade

1 ml (¼ c. à thé) de **zestes d'orange**

Graines d'une demi-gousse de **vanille**

125 ml (½ tasse) de **poudre d'amandes**

125 ml (½ tasse) de **fécule de maïs**

65 ml (¼ tasse) de **farine de sorgho**

65 ml (¼ tasse) de **farine de millet**

3 ml (¾ c. à thé) de **poudre à pâte**

3 ml (¾ c. à thé) de **bicarbonate de soude**

3 ml (¾ c. à thé) de **gomme de xanthane**

2 ml (½ c. à thé) de **sel**

MÉTHODE

1. Dans un grand bol, mélanger les farines, la poudre à pâte, le bicarbonate de soude, la gomme de xanthane et le sel.

2. Dans le bol d'un batteur sur socle, fouetter le beurre avec le sucre blond, les zestes d'orange et les graines de la demi-gousse de vanille.

3. Ajouter l'œuf et battre de nouveau. Nettoyer les parois du bol avec une spatule et combiner au mélange. Intégrer graduellement les farines et mélanger à vitesse lente jusqu'à ce que le mélange produise une pâte uniforme.

4. Couvrir la boule de pâte d'une pellicule plastique et réfrigérer au moins une heure. J'ai laissé la boule de pâte et la confiture au réfrigérateur toute la nuit.

. . .

MONTAGE DES BISCUITS FOURRÉ AUX FIGUES

1. Lorsque la pâte à biscuits est froide, la diviser en deux.

2. Déposer une boule de pâte à biscuit entre deux feuilles de papier parchemin (ou sulfurisé) et aplatir au rouleau à pâtisserie afin d'obtenir une forme rectangulaire d'une épaisseur de 3 mm.

3. Découvrir la pâte à biscuits. Si la pâte est trop délicate et molle, mettre le rectangle de pâte au réfrigérateur de 1 à 2 heures.

4. Couper la pâte en rectangles égaux de 8 × 5 cm. Déposer de la confiture de figues au centre de chaque rectangle, en prenant soin de laisser 2 cm de chaque côté. Badigeonner légèrement le côté gauche avec un peu d'eau et d'œuf. Replier délicatement le côté droit de la pâte par-dessus la confiture, puis replier le côté gauche, sceller et déposer le rouleau de pâte sur le pli. Couper les biscuits à la dimension désirée et déposer sur une plaque à biscuits recouverte de papier parchemin ou d'un tapis de silicone. Répéter jusqu'à ce que toute la pâte à biscuits soit utilisée.

5. Déposer la plaque à biscuits sur la grille au centre du four. Cuire de 15 à 16 minutes (selon l'intensité du four). Les biscuits doivent sortir du four dorés. Laisser refroidir sur une grille.

NOTE : *Il restera quelques cuillerées à soupe de confiture de figues qui pourront être conservées quelques jours au réfrigérateur.*

Minicupcakes à la vanille et glaçage au sucre (p.204)

Minimuffins aux brisures de chocolat et aux bananes (p.208)

Muffins aux petits fruits
sans œufs, sans lait et sans gluten (p.209)

Biscuits au citron, au romarin et aux noix de pin (p.211)

Biscuits graham (p.213)

Biscuits fourrés aux figues (p.215)

Chocolatines (p.230)

Brioches à la cannelle (p.231)

Biscuits au chocolat et aux noix

Cette recette est le résultat de mes nombreuses tentatives pour concocter des biscuits jugés assez bons par mes amis ou les membres de ma famille. Si vous commencez à expérimenter avec des recettes de pâtisserie sans gluten, ne désespérez surtout pas. Les farines sans gluten ne se comportent pas comme les farines de blé. Il faut apprendre de ses erreurs, aussi mauvaises ou surprenantes soient-elles... Après plusieurs tests, j'ai enfin trouvé la combinaison parfaite d'ingrédients pour ces biscuits sans gluten aux brisures de chocolat et aux noix de Grenoble. J'espère que vous les aimerez autant que mes amis et ma famille.

pour **20** à **24** biscuits

Ingrédients

190 ml (³/₄ tasse) de **beurre** doux à température ambiante

170 ml (²/₃ tasse) de **cassonade**

3 ml (³/₄ c. à thé) de **sel**

2 ml (¹/₂ c. thé) de **bicarbonate de soude**

2 ml (¹/₂ c. thé) de **gomme de xanthane**

1 **œuf**

Graines d'une demi-gousse de **vanille**

85 ml (¹/₃ tasse) de **farine d'amarante**

85 ml (¹/₃ tasse) de **farine de tapioca**

85 ml (¹/₃ tasse) de **farine de soya** dégraissée

250 ml (1 tasse) de **brisures de chocolat** à 50 % de cacao

65 ml (¹/₄ tasse) de **pistoles de chocolat** à 70 % de cacao grossièrement hachées

125 ml (¹/₂ tasse) de **noix de Grenoble** ou de pacanes hachées

30 ml (2 c. à soupe) de **sucre brut**

Méthode

1. Dans un grand bol, mélanger le beurre avec la cassonade, les graines de vanille, l'œuf et le sel.

2. Dans un autre bol, mélanger les farines puis ajouter le bicarbonate de soude et la gomme de xanthane.

3. Incorporer les ingrédients secs en petite quantité au mélange liquide.

4. Battre le mélange avec une fourchette jusqu'à ce que tous les ingrédients secs soient bien incorporés. Ne pas trop fouetter, car le mélange de biscuits pourrait s'étendre à la cuisson. Incorporer au mélange les brisures, les pistoles de chocolat et les noix hachées.

5. Enrober la pâte à biscuits d'une pellicule de plastique et ranger au réfrigérateur au moins une heure ou toute la nuit.

6. Préchauffer le four à 350 °F (180 °C).

7. Lorsque la pâte à biscuits est froide, sortir du réfrigérateur.

8. Couvrir une ou deux plaques allant au four de papier parchemin ou de tapis de silicone. Avec une cuillère à thé, former des petites boules de mélange à biscuits. Aplatir un peu avec les mains et corriger la forme au besoin. Bien espacer les biscuits, car le mélange s'étendra un peu à la cuisson. Saupoudrer chaque biscuit de cristaux de sucre brut.

9. Cuire au four environ 10 minutes. Laisser refroidir sur une grille.

Biscuits à la poudre d'amandes

Le mois de décembre m'inspire toujours de doux souvenirs sucrés, surtout quand arrive le temps des Fêtes. Dans cette recette de biscuits, j'ai utilisé de la poudre d'amandes pour créer deux variantes : l'une aux canneberges séchées et aux zestes de clémentine et l'autre aux amandes effilées.

Ingrédients

pour environ **24** biscuits

170 ml (²/₃ tasse) de **beurre** doux à température ambiante

85 ml (¹/₃ tasse) de **cassonade** ou sucre blond + 65 ml (¹/₄ tasse) pour la garniture

250 ml (1 tasse) de **poudre d'amandes**

125 ml (¹/₂ tasse) de **farine de maïs**

125 ml (¹/₂ tasse) de **farine de tapioca**

5 ml (1 c. à thé) de **poudre à pâte**

5 ml (1 c. à thé) de **gomme de xanthane**

1 **œuf**

65 ml (¹/₄ tasse) de **canneberges** séchées

Graines d'une demi-gousse de **vanille**

5 ml (1 c. à thé) de **zestes de clémentine** (ou orange), préférablement bio

65 ml (¹/₄ tasse) d'**amandes effilées** ou en bâton légèrement rôties

Cristaux de **sucre blond** pour décorer les biscuits

Méthode

1. Dans un petit bol, mélanger la poudre d'amandes, les farines, la poudre à pâte et la gomme de xanthane.

2. Dans un bol de grosseur moyenne, battre en crème le beurre, la cassonade, l'œuf et les graines de vanille. Incorporer graduellement le mélange de farines au mélange de beurre. Faire une boule et la séparer en deux parties égales. Déposer chaque boule de pâte dans un bol.

3. Dans un des mélanges à biscuits, ajouter les canneberges séchées et les zestes de clémentine et mélanger avec les doigts pour bien répartir. Couvrir les deux bols d'une pellicule de plastique. Mettre au réfrigérateur environ une demi-heure.

4. Préchauffer le four à 350 °F (180 °C).

5. Utiliser environ 15 ml (1 cuillerée à soupe) de pâte par biscuit. Faire une petite boule avec les mains. Déposer les boules de pâte à biscuits sur une plaque de cuisson recouverte d'une feuille de papier parchemin ou de papier sulfurisé. Aplatir les biscuits avec les mains et corriger la forme avec les doigts.

6. Garnir les biscuits aux canneberges avec du sucre blond en pressant sur les cristaux de sucre avec les doigts.

7. Garnir les autres biscuits avec des amandes effilées et du sucre blond et presser avec les doigts pour enfoncer un peu les amandes et les cristaux de sucre.

8. Cuire au four de 10 à 12 minutes.

Biscuits sablés et ses trois variantes

La période des Fêtes peut être difficile pour les cœliaques ou les personnes intolérantes au gluten et amène son lot de tentations sucrées. Voici une recette de biscuits sablés sans gluten, avec trois variantes, dans le but d'avoir plusieurs biscuits à portée de main lorsque vous serez invité à souper chez des amis ou en famille. Avec la recette de base, vous pouvez créer uniquement des biscuits sablés sucrés ou l'utiliser pour créer les 3 variantes proposées ci-dessous.

pour **52** petits biscuits

Recette de base

INGRÉDIENTS

170 ml ($^2/_3$ tasse) de **farine de sorgho**

85 ml ($^1/_3$ tasse) de **farine d'amarante**

85 ml ($^1/_3$ tasse) de **farine de tapioca**

85 ml ($^1/_3$ tasse) de **farine de maïs**

2 ml ($^1/_2$ c. thé) de **sel**

5 ml (1 c. à thé) de **gomme de xanthane**

5 ml (1 c. à thé) de **poudre à pâte** sans gluten

190 ml ($^3/_4$ tasse) de **beurre** doux ramolli (à température ambiante)

65 ml ($^1/_4$ tasse) de **sucre à glacer** sans gluten ou de sucre blanc à pâtisserie (très fin)

125 ml ($^1/_2$ tasse) de **sucre brun** ou de cassonade

2 **œufs**

Graines d'une demi-gousse de **vanille** ou 5 ml (1 c. à thé) d'extrait de vanille sans gluten

MÉTHODE

1. Dans un bol, mélanger les farines, le sel, la gomme de xanthane et la poudre à pâte.

2. Dans un plus grand bol, fouetter le beurre avec le sucre à glacer, la cassonade, les œufs et la vanille.

3. Incorporer les farines graduellement et mélanger jusqu'à ce que le tout soit bien incorporé.

4. Diviser la pâte en trois parties égales.

Brisures de chocolat et d'amandes

INGRÉDIENTS

65 ml ($^1/_4$ tasse) de **brisures de chocolat** sans gluten

65 ml ($^1/_4$ tasse) d' **amandes** effilés

Cristaux de **sucre blond**

MÉTHODE

1. Ajouter les brisures de chocolat au premier mélange. Bien incorporer ; utiliser les mains au besoin.

2. Déposer le mélange sur une feuille de papier ciré ou sur une pellicule plastique. Faire un rouleau d'environ 5 cm de diamètre. Mettre au réfrigérateur au moins 8 heures.

3. Sortir le rouleau du réfrigérateur et le couper en rondelles d'une épaisseur d'environ $^1/_2$ centimètre. À cette étape, les rondelles peuvent être enveloppées individuellement d'une pellicule plastique et être congelées.

4. Préchauffer le four à 400 °F (200 °C).

5. Tapisser une plaque à biscuits de papier parchemin ou d'un tapis de silicone. Déposer les rondelles de biscuits sur la plaque et les garnir d'amandes effilées et de cristaux de sucre blond. Déposer la plaque sur la grille au centre du four. Réduire la température à 375 °F (190 °C) et cuire environ 12 minutes.

Suite ▷

Gingembre et sucre brut

INGRÉDIENTS

15 ml (1 c. à soupe) de **poudre de gingembre** sans gluten ou de gingembre fraîchement râpé

Cristaux de **sucre brut**

MÉTHODE

1. Ajouter le gingembre au deuxième mélange.

2. Déposer le mélange sur une feuille de papier ciré ou sur une pellicule de plastique. Faire un rouleau d'environ 5 cm de diamètre. Mettre au réfrigérateur au moins 8 heures.

3. Sortir le rouleau du réfrigérateur et couper le rouleau en rondelles d'une épaisseur d'environ 3 mm. À cette étape, les rondelles peuvent être enveloppées individuellement d'une pellicule plastique et être congelées. Vous pouvez envelopper individuellement les rondelles d'une pellicule de plastique pour les congeler et les sortir pour utilisation au besoin.

4. Préchauffer le four à 400 °F (200 °C).

5. Tapisser une plaque à biscuits de papier parchemin ou d'un tapis de silicone. Décorer chaque biscuit de cristaux de sucre brut. Enfourner. Réduire la température à 375 °F (190 °F) et cuire environ 12 minutes.

· · ·

Confiture de framboises

INGRÉDIENTS

125 ml (¹/₂ tasse) de **pacanes** finement hachées

30 ml (2 c. à soupe) de **confiture de framboises**

MÉTHODE

1. Ajouter les pacanes au troisième mélange.

2. Déposer le mélange sur une feuille de papier ciré ou sur une pellicule de plastique. Faire un rouleau d'environ 5 cm de diamètre et laisser au réfrigérateur environ 8 heures.

3. Sortir le rouleau du réfrigérateur et couper le rouleau en rondelles d'une épaisseur d'environ 3 mm. Rouler chaque rondelle en boule et, avec le pouce, presser dans le milieu de la boule de pâte afin de créer un creux pour accueillir la confiture de framboises. À cette étape, les rondelles peuvent être enveloppées individuellement d'une pellicule plastique et être congelées.

4. Préchauffer le four à 400 °F (200 °C).

5. Tapisser une plaque à biscuits de papier parchemin ou d'un tapis de silicone. Dans chaque biscuit, déposer 1 ml (¹/₄ c. à thé) de confiture de framboises. Enfourner. Réduire la température à 375 °F (190 °C) et cuire de 10 à 12 minutes.

NOTE : La confiture peut être ajoutée seulement 5 minutes avant la fin de la cuisson des biscuits pour qu'elle soit moins étendue.

Si vous préférez utiliser la recette de base uniquement pour faire des biscuits sablés sucrés, il suffit de garnir le dessus des biscuits avec des cristaux de sucre doré.

Viennoiseries

Croissants

J'ai longtemps eu peur de me lancer dans la production de pâte feuilletée sans gluten, mais j'ai finalement pris mon courage à deux mains et je me suis mise à la tâche. Un travail ardu, mais combien valorisant. Quelle satisfaction que de pouvoir enfin savourer des croissants, cette viennoiserie qui hantait mes pensées gustatives depuis que j'ai cessé de manger des aliments contenant du gluten ! Mes goûteurs habitués aux croissants au beurre ont beaucoup aimé et, surtout, n'ont pas vraiment goûté la différence entre mes créations sans gluten et celles qui sont faites traditionnellement avec de la farine de blé.

Ingrédients

65 ml (¼ tasse) de **farine de sorgho**

65 ml (¼ tasse) de **farine de marante** (arrowroot)

125 ml (½ tasse) de **farine de riz blanc**

5 ml (1 c. à thé) de **poudre à pâte**

5 ml (1 c. à thé) de **bicarbonate de soude**

Pincée de **sel**

15 ml (1 c. à soupe) de **gomme de xanthane**

5 ml (1 c. à thé) de **crème de tartre**

65 ml (¼ tasse) de **sucre blond** fin

Graines d'une demi-gousse de **vanille**

125 ml (½ tasse) de **beurre** doux à température ambiante coupé en petits cubes

125 ml (½ tasse) de **beurre** doux congelé coupé en petits cubes

125 ml (½ tasse) de **ricotta** ou de fromage frais

45 ml (3 c. à soupe) de **fromage à la crème**

65 ml (¼ tasse) d'**eau** très froide

125 ml (½ tasse) de **farine de maïs** pour fariner le plan de travail

1 **œuf**

30 ml (2 c. à soupe) de **lait**

Méthode

1. Dans un grand bol, tamiser et mélanger tous les ingrédients secs.

2. Déposer le beurre mou dans le bol du batteur sur socle. Ajouter la ricotta et le fromage à la crème et fouetter jusqu'à consistance crémeuse.

3. Changer le fouet du batteur sur socle pour un crochet pétrisseur. Mettre en marche le batteur sur socle à vitesse lente et ajouter graduellement les ingrédients secs aux ingrédients crémeux, en augmentant un peu la vitesse du batteur. Ajouter l'eau froide 15 ml (1 c. à soupe) à la fois et pétrir le mélange jusqu'à ce que se forme une boule de pâte uniforme.

4. Prendre la boule de pâte et l'abaisser sur une feuille de parchemin farinée. Étirer et façonner la pâte en une forme rectangulaire d'environ 10 cm de large. Couvrir la pâte d'une pellicule plastique et mettre au réfrigérateur au moins 3 heures.

5. Sortir la pâte froide du réfrigérateur. Sur un plan de travail fariné, abaisser la pâte jusqu'à ce qu'elle soit d'une épaisseur d'environ 0,5 cm et d'une largeur de 16 cm. Avec un petit pinceau de cuisine, balayer l'excédent de farine sur la pâte.

Suite ▷

6. Sortir le beurre du congélateur. Diviser le rectangle de pâte en trois parties égales en les traçant légèrement d'un trait de couteau (attention de ne pas couper la pâte). Au centre du rectangle de pâte, étaler le tiers du beurre congelé sur exactement le tiers de la surface de la pâte abaissée. Remettre le bol de beurre râpé au congélateur.

7. Plier la pâte (vers vous) pour couvrir le beurre et replier l'autre partie de la pâte par-dessus l'autre pli. Tourner la pâte d'un quart de tour (côté moins large en face de vous) et abaisser la pâte de façon uniforme avec le rouleau jusqu'à ce que la pâte soit d'une largeur d'environ 20 cm et d'une épaisseur de $1/2$ cm. Balayer l'excédent de farine de la pâte avec un pinceau de cuisine.

8. Plier la pâte en trois pour former un carré de pâte d'environ 16 cm de largeur. Envelopper le carré de pâte d'une pellicule de plastique et mettre au réfrigérateur environ 1 heure. Répéter deux autres fois ces étapes et ranger le carré de pâte pliée au réfrigérateur environ 8 heures.

9. Sortir le carré de pâte froide et l'abaisser sur un plan de travail fariné. La pâte doit être abaissée jusqu'à ce qu'elle soit d'une épaisseur de 0,5 cm. Couper la pâte en carrés. Couper ensuite les carrés en deux à la diagonale pour former des triangles.

10. Dans une tasse, fouetter l'œuf avec 30 ml (2 c. à soupe) de lait. Badigeonner les côtés de chaque triangle de pâte. Plier les pointes supérieures du triangle de pâte vers l'intérieur. Rouler la pâte pour former des croissants. Mettre les croissants au réfrigérateur 1 heure. Sortir les croissants et les badigeonner du mélange d'œuf et de lait. Enfourner à 375 °F (190 °C) de 20 à 22 minutes.

Chocolatines

Voir photo à la page 223.

pour **12** chocolatines

Ingrédients

Pâte à croissants

250 ml (1 tasse) de **pistoles** hachées ou de pépites de chocolat à 50 % de cacao sans gluten

1 œuf

30 ml (2 c. à soupe) de **lait**

Méthode

1. Pour les chocolatines, couper la pâte à croissants en forme de rectangles.

2. Diviser chaque rectangle en quatre parties égales (ne pas couper la pâte) en marquant la pâte d'un léger trait de couteau.

3. Dans une tasse, fouetter l'œuf et le lait. Badigeonner les côtés (environ 1 cm de largeur) de la pâte.

4. Déposer des pistoles ou pépites de chocolat sans gluten à 50 % de cacao sur le deuxième quart de la pâte. Plier le premier quart de la pâte vers vous pour couvrir les pépites de chocolat. Plier ensuite deux autres fois vers vous.

5. Couvrir une plaque de biscuits d'une feuille de papier parchemin ou d'un tapis de silicone. Y déposer ensuite les chocolatines. Mettre au réfrigérateur une heure. Sortir les chocolatines du réfrigérateur et les badigeonner du mélange d'œuf et de lait. Enfourner à 375 °F (190 °C) de 20 à 22 minutes.

Gourmandises sucrées

Brioches à la cannelle

Tous les matins, en allant au travail, je passais devant un kiosque de brioches à la cannelle. Quelquefois, l'odeur du beurre, du sucre et de la cannelle était trop puissante pour que j'y reste insensible. J'arrivais au travail les mains gommées de glaçage et le ventre bien rempli. J'ai cessé d'acheter et de manger des brioches à la cannelle (sticky buns) quand j'ai éliminé le gluten de mon alimentation. Ce n'est qu'en feuilletant un livre de recettes traditionnelles que je me suis souvenue du plaisir que j'éprouvais à humer l'odeur des brioches qui cuisaient au four. J'ai donc créé cette recette sans gluten tout simplement pour sentir de nouveau le parfum des brioches à la cannelle.

Voir photo à la page 224.

pour 12 brioches

Garniture

INGRÉDIENTS

125 ml (½ tasse) de **cassonade**

15 ml (1c. à soupe) de **cannelle**

85 ml (⅓ tasse) de **beurre** doux ramolli

125 ml (½ tasse) de **pacanes** hachées (facultatif)

125 ml (½ tasse) de **raisins secs** (facultatif)

MÉTHODE

Dans un petit bol, fouetter le beurre, puis ajouter tous les ingrédients de la garniture sauf les pacanes et les raisins secs. Bien mélanger avec une fourchette. Réserver.

• • •

Glaçage

INGRÉDIENTS

125 ml (½ tasse) de **fromage à la crème**

65 ml (¼ tasse) de **sucre à glacer**

Graines d'une demi-gousse de **vanille**

65 ml (¼ tasse) de **sirop d'érable**

MÉTHODE

Mélanger les ingrédients du glaçage. Réserver.

• • •

Pâte à brioche

INGRÉDIENTS

250 ml (1 tasse) de **lait** tiède à 110 °F (43 °C)

2 **œufs**

85 ml (⅓ tasse) de **beurre non salé** fondu

250 ml (1 tasse) de **farine de sorgho**

250 ml (1 tasse) de **farine de millet**

65 ml (¼ tasse) de **fécule de pommes de terre**

190 ml (¾ tasse) de **farine de riz brun**

250 ml (1 tasse) de **farine de tapioca**

65 ml (¼ tasse) de **fécule de maïs**

15 ml (1 c. à soupe) de **gomme de xanthane**

5 ml (1 c. à thé) de **sel**

125 ml (½ tasse) de **cassonade**

10 ml (2 c. à thé) de **levure** sèche instantanée

Suite ▷

MÉTHODE

1. Dans un grand bol, mélanger les farines, les fécules, le sel et la gomme de xanthane.

2. Dans un petit bol, mélanger le sucre, les graines de vanille, les œufs et la cassonade.

3. Dans une tasse, mélanger le lait tiède avec la levure instantanée et laisser agir 10 minutes.

4. Dans le grand bol, faire un puits au centre des ingrédients sec. Y verser le mélange d'œufs. Incorporer graduellement les ingrédients secs au mélange liquide, puis ajouter le lait tiède. Mélanger avec une cuillère en bois. Pétrir doucement la pâte avec les mains, la déposer sur une feuille de papier parchemin, puis la façonner en forme de rectangle d'une épaisseur d'environ 2 po (5 cm).

5. Déposer le rectangle de pâte et la feuille de papier parchemin dans un plat légèrement huilé, puis couvrir d'un linge humide ou d'une pellicule plastique. Laisser la pâte pousser 2 heures dans un endroit à l'abri des courants d'air.

6. Sur une grande feuille de papier parchemin farinée, déposer la pâte, la farine et recouvrir ensuite d'une autre feuille de papier parchemin. Avec un rouleau, abaisser la pâte jusqu'à ce qu'elle soit d'une épaisseur de   3 mm.

7. Étaler la garniture sur toute la surface de la pâte, sauf pour une bande de 1 $^1/_2$ pouce (environ 4 cm) dans le sens de la longueur.

8. Sur la garniture, répartir uniformément les pacanes hachées et les raisins secs.

9. Badigeonner légèrement la surface non garnie avec du lait. Soulever la feuille de papier parchemin pour aider à rouler la pâte. Rouler dans le sens de la longueur en terminant le rouleau sur la surface non garnie de sucre. Déposer le rouleau de pâte sur le pli, puis couper en 12 morceaux.

10. Placer les brioches dans un plat beurré de 10 × 12 po (25 × 30 cm) en prenant soin de laisser un espace entre les morceaux. Couvrir d'un linge humide ou d'une pellicule plastique et laisser la pâte reposer 1 heure supplémentaire dans un endroit à l'abri des courants d'air.

11. Préchauffer le four à 375 °F (190 °C).

12. Déposer le plat de brioches sur la grille du haut au centre du four et cuire de 20 à 25 minutes. Vérifier la cuisson des brioches en y insérant la pointe d'un couteau.

13. Sortir le plat du four, puis verser le glaçage sur les brioches encore chaudes et l'étaler au besoin avec une spatule.

NOTE : Servir les brioches dans une assiette avec un trait de sirop d'érable. Une partie de la pâte peut être congelée, mais sans la garniture. Si la pâte est trop mouillée, la fariner généreusement à chaque étape.

Financiers aux bleuets et aux zestes de citron

Les pâtissiers puristes vont probablement me reprocher que cette recette de financiers n'en est pas vraiment une, mais j'ai voulu essayer de créer des financiers sans gluten, sans œufs et sans produits laitiers pour ceux qui souffrent d'intolérances alimentaires multiples. Finalement, le résultat est très agréable en bouche et, surtout, la texture est si légère qu'on croirait que la pâte de ces financiers contient des blancs d'œufs montés en neige.

pour 12 petits gâteaux

Voir photo à la page 265.

Ingrédients

65 ml ($^1/_4$ tasse) d'**eau bouillante**

2 ml ($^1/_2$ c. à thé) de **graines de chia** finement moulues

2 ml ($^1/_2$ c. à thé) de **graines d'amarante** finement moulues

2 ml ($^1/_2$ c. à thé) de **graines de teff** finement moulues

65 ml ($^1/_4$ tasse) d'**huile de pépins de raisins** ou d'huile de tournesol

250 ml (1 tasse) de **purée de pommes** non sucrée

250 ml (1 tasse) d'**eau**

65 ml ($^1/_4$ tasse) de **sucre vanillé**

125 ml ($^1/_2$ tasse) de **miel de bleuets**

250 ml (1 tasse) de **farine d'avoine** pure sans gluten

250 ml (1 tasse) de **poudre d'amandes**

125 ml ($^1/_2$ tasse) de **farine de soya**

125 ml ($^1/_2$ tasse) de **farine de sorgho**

15 ml (1 c. à soupe) de **farine de pommes de terre**

5 ml (1 c. à thé) de **bicarbonate de soude**

5 ml (1 c. à thé) de **poudre à pâte**

5 ml (1 c. à thé) de **gomme de xanthane**

2 ml ($^1/_2$ c. à thé) de **sel fin**

170 ml ($^2/_3$ tasse) de **bleuets**

Méthode

1. Préchauffer le four à 375 °F (190 °C).

2. Dans une tasse, mélanger l'eau bouillante et les graines moulues. Laisser les graines se gélifier dans l'eau.

3. Dans le bol d'un batteur sur socle, verser l'huile, la purée de pommes, l'eau, le sucre vanillé, les zestes de citron et le miel. Mélanger à basse vitesse, puis intégrer la préparation gélifiée et battre à vitesse moyenne.

4. Dans un grand bol, mélanger toutes les farines, le bicarbonate de soude, la poudre à pâte, la gomme de xanthane et le sel. Incorporer le mélange de farines au mélange liquide, une demi-tasse à la fois, et mélanger à haute vitesse jusqu'à consistance homogène. Si le mélange semble trop dense, ajouter de l'eau un quart de tasse à la fois jusqu'à l'obtention d'une consistance moins épaisse.

5. Verser la préparation dans un moule à financiers (en forme de petits lingots) jusqu'à $^1/_2$ po (1 cm) du bord. Insérer cinq ou six bleuets dans chaque portion de pâte individuelle.

6. Placer le moule au centre du four et réduire la température à 350 °F (180 °C). Cuire environ 25 minutes.

NOTE : Si la préparation semble trop liquide, ajouter 65 ml ($^1/_4$ tasse) de poudre d'amandes à la fois jusqu'à l'obtention de la consistance d'une pâte à gâteau. Les financiers se conservent dans un contenant hermétique, au moins cinq jours. Ils peuvent aussi être congelés.

Suite ▷

Madeleines aux zestes de citron

Certains réveils sont plus difficiles que d'autres et, lors de ces journées grises, je cherche le réconfort d'une tasse de thé bien chaude et d'une madeleine. Cette recette de madeleines sans gluten n'est malheureusement pas celle qui a nourri l'imaginaire de Marcel Proust, mais une seule bouchée de cette mignardise délicatement citronnée vous transportera ailleurs, peut-être même dans la cuisine de votre enfance.

Voir photo à la page 266.

pour 24 madeleines

Ingrédients

125 ml (¹/₂ tasse) de **beurre** doux fondu et tiède

190 ml (³/₄ tasse) de **farine de soya** dégraissée

190 ml (³/₄ tasse) de **farine de tapioca**

Pincée de **sel**

125 ml (¹/₂ tasse) de **sucre**

Graines d'une demi-gousse de **vanille**

3 **œufs**

45 ml (3 c. à soupe) de **lait**

5 ml (1 c. à thé) de **poudre à pâte**

Zestes d'un citron de préférence biologique car sans pesticides

2 gouttes d'**huile de citron** (ou 15 ml (1 c. à soupe) de jus de citron)

Méthode

1. Préchauffer le four à 400 °F (200 °C). Battre les œufs avec le sucre, les graines de vanille, le lait, les zestes et l'huile de citron.

2. Tamiser ensemble les farines, le sel et la poudre à pâte. Incorporer graduellement les ingrédients secs au mélange d'œufs. Battre avec un fouet ou un malaxeur électrique jusqu'à ce que le mélange soit lisse.

3. Beurrer les moules à madeleines.

4. Répartir la pâte dans le moule, environ 15 ml (1 c. à soupe) par madeleine. La pâte à madeleine sera difficile à étendre car elle est très dense. Lorsque le moule sera rempli, beurrer les doigts et répartir uniformément la pâte dans chaque compartiment à madeleine. La pâte ne doit pas dépasser le rebord du récipient, sinon les madeleines seront trop dodues.

5. Couvrir avec une pellicule plastique et réfrigérer au moins 3 heures. (Cette étape est importante si vous voulez que vos madeleines forment une belle bosse dodue à la cuisson. La bosse est le résultat d'un choc thermique.) Déposer les moules sur la grille au centre du four. Réduire la température du four à 375 °F (190 °C) et cuire de 10 à 12 minutes.

6. Le rebord des madeleines doit être foncé et le dessus, doré. Pour vérifier si les madeleines sont cuites, taper le milieu du dos avec les doigts ; s'il rebondit, les madeleines sont prêtes. Sortir du four et laisser refroidir environ une demi-heure. Déguster avec un bon thé vert ou une tisane au tilleul.

NOTE : Pour faire des madeleines aux pépites de chocolat et zestes d'orange, utiliser les mêmes ingrédients et méthode que la recette de madeleine au citron, mais remplacer le citron (zestes et huile) par de l'orange et ajouter ¹/₃ tasse de mini pépites de chocolat 50 % dans les ingrédients.

Scones aux bleuets et au zeste de citron

Une recette facile pour un petit-déjeuner du dimanche quand on a de la visite imprévue ou qu'on a le goût d'une petite douceur vite fait.

Voir photo à la page 267.

pour **12** scones

Ingrédients

125 ml (¹/₂ tasse) de **farine de sorgho**

125 ml (¹/₂ tasse) de **farine de riz blanc**

125 ml (¹/₂ tasse) de **fécule de maïs**

125 ml (¹/₂ tasse) de **farine de soya** dégraissée

15 ml (1 c. à soupe) de **poudre à pâte** sans gluten

Pincée de **sel**

5 ml (1 c. à thé) de **gomme de xanthane**

125 ml (¹/₂ tasse) de **beurre sans sel** froid

2 **œufs**

125 ml (¹/₂ tasse) de **lait**

65 ml (¹/₄ tasse) de **sucre**

Les graines d'une demi-gousse de **vanille**

15 ml (1 c. à soupe) de **zeste de citron**

45 ml (3 c. à soupe) de **sucre blond**

250 ml (1 tasse) de **bleuets**

Méthode

1. Préchauffer le four à 425 °F ou 215 °C.

2. Dans un grand bol, tamiser les farines. Ajouter ensuite la poudre à pâte, la gomme de xanthane, le sel, le sucre et les graines de vanille, le zeste de citron et mélanger avec une fourchette.

3. Couper le beurre froid en petits morceaux dans le mélange de farines avec deux couteaux ou un couteau pour pâte à tarte. Le mélange de beurre et de farines devrait avoir l'apparence d'une chapelure à gros grains.

4. Dans un petit bol, mélanger les œufs et le lait. Ajouter graduellement le liquide au mélange de farines/beurre et incorporer le tout jusqu'à consistance semi-lisse.

5. Faire un disque avec le mélange et l'aplatir doucement avec les mains en faisant attention de ne pas faire fondre le beurre ou d'écraser les bleuets. Envelopper la pâte avec du papier sulfurisé ou une pellicule plastique. Mettre au réfrigérateur environ 1 heure.

6. Sortir le disque du réfrigérateur et, avec un emporte-pièce ou un verre, couper 12 rondelles de même épaisseur.

7. Sur une plaque à biscuits recouverte d'une feuille de papier parchemin ou sulfurisé, déposer les douze rondelles. Décorer chaque scone avec du sucre blond. Enfourner. Réduire la chaleur du four à 375 °F ou 190 °C. Cuire les scones de 15 à 20 minutes.

8. Servir avec de la crème fraîche, Chantilly ou du yogourt à la vanille de type méditerranéen.

Cobbler aux pêches

Le cobbler aux pêches est un dessert typique du sud des États-Unis. Ce dessert est donc tout indiqué lorsque les pêches sont de saison au mois d'août et que l'on est bercé par une brise venant du sud...

pour 8 personnes

Garniture aux pêches

INGRÉDIENTS

250 ml (2 tasses) de **pêches** dénoyautées, pelées et coupées en petits cubes (environ 10 pêches de grosseur moyenne)

85 ml (1/3 tasse) de **cassonade**

15 ml (1 c. à soupe) de **jus de citron**

15 ml (1 c. à soupe) d'**amidon de maïs**

15 ml (1 c. à soupe) d'**épices moulues** : bâton de cannelle, clou de girofle, cinq épices et gingembre sec

NOTE : Certaines épices moulues contiennent du gluten. Assurez-vous que les épices moulues choisies sont garanties sans gluten ou utilisez des épices entières et réduisez-les en poudre dans un mortier ou un moulin électrique.

MÉTHODE

1. Préchauffer le four à 450 °F (230 °C).

2. Dans un bol, mélanger les cubes de pêches, le jus de citron, l'amidon de maïs, les épices moulues et la cassonade.

3. Étendre ce mélange dans un plat allant au four.

4. Déposer le plat contenant le mélange de pêches au four environ 10 minutes. Retirer du four et réserver.

Pâte sablée

INGRÉDIENTS

190 ml (3/4 tasse) de **farine de soya** faible en gras

125 ml (1/2 tasse) de **farine de marante** (arrowroot)

125 ml (1/2 tasse) de **sucre blond** brut ou de cassonade

10 ml (2 c. à thé) de **poudre à pâte**

Pincée de **sel**

125 ml (1/2 tasse) de **beurre** très froid coupé en petits cubes

Graines d'une demi-gousse de **vanille**

125 ml (1/2 tasse) d'**eau bouillante**

MÉTHODE

1. Avec les doigts, mélanger les farines, le sucre brut, la poudre à pâte, les morceaux de beurre, le sel et les graines de la demi-gousse de vanille. La texture de la pâte doit ressembler à des flocons de gruau (avoine) non cuits.

2. Ajouter l'eau bouillante et brasser à la cuillère jusqu'à ce que le mélange ressemble à du gruau cuit.

3. Étendre la pâte sablée sur la garniture de pêches. La pâte s'étendra uniformément sur les pêches lors de la cuisson.

4. Réduire la température du four à 400 °F (200 °C). Enfourner. Laisser cuire 10 minutes.

5. Réduire la température à 350 °F (180 °C). Laisser cuire 15 minutes supplémentaires ou jusqu'à ce que la pâte à biscuits soit dorée.

6. Sortir du four et laisser reposer au moins une demi-heure avant de servir. Présenter dans une assiette avec de la crème glacée à la vanille et un trait de sirop d'érable ou de miel.

Croustade aux pommes

Chaque mois de septembre, j'attends avec fébrilité l'arrivée des pommes du Québec. Quoi de mieux pour célébrer le retour de ce beau fruit rouge qu'une croustade aux pommes au goût fin de caramel? Cette recette est élaborée avec des flocons d'avoine pure non contaminés par le gluten, mais si vous ne pouvez pas tolérer cette céréale, je vous recommande d'utiliser des flocons de quinoa, de millet, de riz brun ou de sarrasin certifiés sans gluten.

pour **8** personnes

Ingrédients

1 l (4 tasses) de **pommes** pelées et tranchées en petits quartiers (environ 8 petites pommes)

125 ml ($^1/_2$ tasse) de **cassonade** ou de sucre brut

7,5 ml ($^1/_2$ c. à soupe) de **poudre de cannelle** ou decasse pure (facultatif)

190 ml ($^3/_4$ tasse) de **sirop d'érable**

10 ml (2 c. à thé) de **jus de citron**

30 ml (2 c. à soupe) d'**eau**

65 ml ($^1/_4$ tasse) de **beurre** coupé en petits dés

85 ml ($^1/_3$ tasse) de **cassonade**

85 ml ($^1/_3$ tasse) de **farine sans gluten** (farine de maïs, de tapioca ou de marante)

190 ml ($^3/_4$ tasse) de **flocons d'avoine** pure (ou autre céréale certifiée sans gluten)

190 ml ($^3/_4$ tasse) de **noix de pacanes** finement hachées

Méthode

1. Préchauffer le four à 350 °F (180 °C).

2. Dans un bol, mélanger les quartiers de pommes avec le jus de citron, la cassonade et le sirop d'érable.

3. Dans un saladier, mélanger le reste des ingrédients avec les mains. Bien travailler la pâte avec les doigts afin d'incorporer le beurre uniformément.

4. Vider la préparation de pommes dans un plat de pyrex. Étendre ensuite la pâte de flocons sur la préparation aux pommes. Enfourner à 350 °F (180 °C) de 40 à 50 minutes.

5. Servir avec de la crème glacée à la vanille et un trait de sirop d'érable.

S'mores non traditionnels

Habituellement, un s'more est constitué d'un biscuit graham, d'une guimauve grillée au-dessus d'un feu de bois ou de charbons et d'un gros morceau de chocolat pour écraser la guimauve fondue. Cette friandise typiquement nord-américaine plaît particulièrement aux enfants et même aux plus grands. Après avoir conçu des guimauves au sirop d'érable et des biscuits graham sans gluten, il était tout naturel pour moi de créer cette version non traditionnelle et sans gluten de s'mores.

Ingrédients

4 **biscuits graham** sans gluten (voir recette à la page 213)

8 **guimauves** maison (voir recette à la page 195)

250 ml (1 tasse) de **pépites de chocolat** à 50 % de cacao sans gluten

pour 4 personnes

Voir photo à la page 268.

Méthode

1. Préchauffer le four à gril ou à 500 °F (260 °C).

2. Déposer une feuille de papier d'aluminium sur une plaque allant au four.

3. Dans un bol en pyrex, faire fondre les pépites de chocolat au micro-ondes par séries de 25 secondes jusqu'à ce que le chocolat soit fondu. Attention, surveillez bien le chocolat pour qu'il ne brûle pas. Brasser le chocolat avec une fourchette et réserver. Du sirop d'érable peut être ajouté au chocolat fondu.

4. Déposer les quatre biscuits graham sur la plaque. Sur chaque biscuit, placer deux guimauves. Enfourner et surveiller attentivement. Retirer la plaque du four lorsque les guimauves sont bien dorées.

5 Avec une spatule, retirer les biscuits graham et les déposer dans des assiettes individuelles. Napper de sauce au chocolat.

NOTE : Les s'mores peuvent être servis simplement dans une assiette. Il suffit de les décorer de petits fruits ou d'amandes grillées. On peut même déposer le s'more sur deux boules de crème glacée avec un filet de sirop d'érable.

Strudel aux pommes, aux raisins et aux noix

Pour créer un strudel, j'ai utilisé une pâte à brioche sans gluten que j'avais mise dans le congélateur. Je voulais faire un test et, finalement, cet essai fut concluant et surtout délicieux.

pour **8** personnes

Glaçage

INGRÉDIENTS

125 ml (¹/₂ tasse) de **fromage à la crème**

65 ml (¹/₄ tasse) de **sucre à glacer**

Graines d'une demi-gousse de **vanille**

65 ml (¹/₄ tasse) de **sirop d'érable**

MÉTHODE

Mélanger les ingrédients du glaçage. Réserver.

. . .

Strudel

INGRÉDIENTS

Une **pâte à brioche** (voir recette à la page 231)

125 ml (¹/₂ tasse) de **cassonade**

15 ml (1 c. à soupe) de **cannelle**

2 ml (¹/₂ c. thé) de noix de **muscade** râpée

85 ml (¹/₃ tasse) de **beurre** doux ramolli

125 ml (¹/₂ tasse) de **pacanes** hachées

125 ml (¹/₂ tasse) de **raisins secs**

2 **pommes** pelées et tranchées en petits morceaux

MÉTHODE

1. Dans une poêle, faire sauter pendant une minute les morceaux de pommes à feu moyen avec 15 ml (1 c. à soupe) de beurre. Retirer la poêle du feu et laisser refroidir.

2. Dans un petit bol, mélanger le beurre, la cassonade, la noix de muscade et la cannelle.

3. Avec un rouleau, abaisser la pâte sur une feuille de parchemin farinée jusqu'à ce qu'elle soit d'une épaisseur de 3 mm.

4. Étaler la préparation de beurre sucré sur toute la surface de la pâte, sauf pour une bande d'environ 4 cm dans le sens de la longueur.

5. Sur la préparation sucrée, répartir uniformément les noix hachées et les raisins secs, puis y déposer les tranches de pommes. Badigeonner légèrement la surface non garnie avec du lait. Soulever la feuille de papier parchemin pour aider à rouler la pâte. Rouler dans le sens de la longueur en terminant le rouleau sur la surface non garnie de sucre. Déposer le rouleau de pâte sur le pli sur une plaque recouverte d'une feuille de papier parchemin. Garnir le dessus du strudel avec des noix hachées et un peu de cassonade.

6. Préchauffer le four à 375 °F (190 °C).

7. Déposer la plaque sur la grille du haut au centre du four et cuire de 25 à 30 minutes. Vérifier la cuisson du strudel en insérant la pointe d'un couteau. Sortir le plat du four, puis verser le glaçage sur le strudel encore chaud.

Churros (beignets espagnols)

Je n'ai jamais mis les pieds en Espagne ni mangé de vrais churros, mais je me devais, par curiosité et gourmandise, de créer une recette sans gluten de ce beignet tant apprécié des Espagnols.

Ingrédients

pour **8** personnes

170 ml (²/₃ tasse) d'**eau**

85 ml (¹/₃ tasse) de **beurre**

65 ml (¹/₄ tasse) de **sucre vanillé**

125 ml (¹/₂ tasse) de **farine de sorgho**

65 ml (¹/₄ tasse) de **farine de tapioca**

65 ml (¹/₄ tasse) de **farine de riz blanc**

15 ml (1 c. à soupe) de **farine de riz gluant**

5 ml (1 c. à thé) de **gomme de xanthane**

2 **œufs**

Sel

65 ml (¹/₂ tasse) de **sucre** très fin

2 ml (¹/₂ c. à thé) de **cannelle** (facultatif)

Huile (pour la friture)

Méthode

1. Porter l'eau à ébullition. Ajouter le sel, le sucre et le beurre. Mélanger jusqu'à ce que le beurre soit fondu et le sucre, dissous.

2. Éteindre le feu. Réserver.

3. Mélanger les farines et la gomme de xanthane dans un saladier.

4. Faire un puits au centre du mélange de farines et verser le liquide chaud. Incorporer graduellement la farine, puis remuer vigoureusement avec un fouet. Ajouter les œufs et mélanger jusqu'à l'obtention d'une belle pâte homogène.

5. Couvrir le saladier et mettre la pâte au réfrigérateur de 1 à 2 heures.

6. Remplir de pâte froide une poche à douille avec une pointe étoilée de 1 cm de diamètre. Un gros sac hermétique pour congélateur propre peut tout aussi bien faire l'affaire ; former alors une pointe étoilée avec l'un des bouts.

7. Dans une friteuse ou dans une casserole, faire chauffer l'huile. La température doit atteindre 350 °F (180 °C). Déposer des bandes de pâte d'environ 4-5 po (10-12 cm) dans l'huile chaude en pressant la douille au-dessus de l'huile puis en coupant la pâte avec un couteau. Cuire les churros de chaque côté environ une minute. Faire cuire environ quatre ou cinq churros à la fois. Les churros doivent être dorés. S'ils deviennent trop foncés ou qu'ils semblent se colorer trop rapidement, c'est que l'huile est trop chaude. Réduire alors sa température.

8. Avec une écumoire, retirer les churros individuellement et déposer sur un papier absorbant. Saupoudrer les churros du mélange de sucre fin et de cannelle. Servir chauds.

NOTE : On sert habituellement les churros avec une sauce chaude au chocolat (voir recette à la page 259).

Choux à la crème

Mon filleul Nicholas n'aime pas les choux à la crème, ou plutôt il n'aime pas faire de la pâte à choux. Lorsqu'il étudiait en cuisine, mon neveu détestait les cours de pâtisserie, car il devait tout battre manuellement. Je dois admettre que cela n'a pas dû être de tout repos puisqu'il faut de la patience et de bons bras pour réussir une pâte à choux. J'ai tenté de battre ma pâte manuellement, mais après deux minutes, j'ai utilisé un batteur électrique. Malgré cette défaite, ma pâte à choux sans gluten est aussi légère qu'une pâte à choux régulière. Mon filleul serait bien fier de moi.

pour 12 choux

Ingrédients

250 ml (1 tasse) d'**eau**

Pincée de **sel**

75 ml (5 c. à soupe) de **beurre** doux

15 ml (1 c. à soupe) de **sucre**

65 ml (¼ tasse) de **farine de riz gluant**

65 ml (¼ tasse) de **fécule de pommes de terre**

65 ml (¼ tasse) de **farine de sorgho**

65 ml (¼ tasse) de **farine de tapioca**

2 ml (½ c. à thé) de **poudre à pâte**

4 **œufs**

1 **jaune d'œuf** battu dans 30 ml (2 c. à soupe) de **lait**

Méthode

1. Préchauffer le four à 375 °F (190 °C). Recouvrir une plaque à biscuits de papier parchemin ou d'un tapis de silicone.

2. Dans une casserole, sur un feu moyen, faire chauffer l'eau, le sel, le beurre et le sucre et porter à ébullition à feu moyen. Dès que l'eau bout, retirer la casserole du feu et réduire le feu à doux.

3. Dans un bol, mélanger toutes les farines avec la poudre à pâte. Ajouter la farine d'un seul coup au mélange liquide et remuer rapidement avec une cuillère de bois. Remettre la casserole sur le feu. Cuire la pâte jusqu'à ce qu'elle forme une boule qui se détache de la paroi de la casserole. Bien assécher la pâte dans la casserole tout en remuant sans arrêt avec la cuillère de bois.

4. Éteindre le feu et verser la pâte dans un saladier. Laisser tiédir, puis ajouter les œufs un à la fois tout en mélangeant constamment avec une cuillère de bois (si vous avez de bons bras) ou avec un batteur électrique. Battre vigoureusement la pâte. En ajoutant un œuf, la pâte se divise en plusieurs petits morceaux. Continuer de battre et d'ajouter les œufs et la pâte deviendra souple, homogène et collante. La pâte sera prête lorsqu'on peut faire des pics (pointes) qui restent fermes. Utiliser le doigt pour faire des tests de pics. Si la pâte est trop liquide, ajouter 15 ml (1 c. à soupe) de farine de riz gluant et battre de nouveau vigoureusement.

5. Verser la pâte à choux dans une poche à douille avec une pointe ronde d'un diamètre de 1,5 cm ou dans un sac hermétique pour congélateur. Percer alors un trou de même diamètre.

Suite ▷

6. Faire des choux ou des cigares selon la pâtisserie désirée. Si vous faites des choux, déposer des noix d'environ 2 po de diamètre en faisant attention de bien les espacer. Si vous faites des cigares, déposer des cylindres d'environ 4 po de long.

7. Badigeonner le dessus des pâtes avec un pinceau trempé dans un mélange d'œuf et de lait.

8. Abaisser les pointes de pâte avec une petite cuillère humide ou avec les doigts trempés dans l'eau. Ne pas écraser la pâte.

9. Badigeonner le dessus des choux du mélange liquide d'œuf et de lait.

10. Enfourner et cuire au centre du four plus ou moins 25 minutes selon le format de la pâtisserie. Sortir les pâtes à choux cuites et les laisser refroidir sur une grille de refroidissement.

Profiteroles au chocolat ou au caramel

Couper un chou en deux à l'horizontale. Déposer une boule de crème glacée à la vanille (voir recette à la page 251) sur la partie du bas du chou, puis couvrir avec la tête du chou. Napper de sauce au chocolat chaude (voir recette à la page 259) et d'amandes effilées grillées ou de sauce tiède au caramel (voir recette à la page 257).

Voir photo à la page 270.

• • •

Choux à la crème

Couper la tête du chou et le fourrer de crème pâtissière, de crème Chantilly ou de pudding au sirop d'érable (voir recette à la page 254). Glacer le chou avec du glaçage à la vanille (voir recette à la page 204).

• • •

Éclairs au chocolat et à la crème Chantilly

Utiliser les mêmes ingrédients et méthode que la pâte à choux, mais créer des formes oblongues au lieu de formes rondes. Couper la pâte d'éclair en deux à l'horizontale. Garnir avec de la crème Chantilly, puis poser le dessus de la pâte à éclair. Verser de la sauce au chocolat ou de la ganache sur le dessus de l'éclair (voir recette à la page 207).

Crêpes à la farine d'avoine pure

La farine d'avoine pure peut être consommée par certaines personnes intolérantes au gluten, mais puisque chaque cœliaque y réagit différemment, il est recommandé d'user de prudence et de consulter son médecin avant de la réintroduire dans un régime sans gluten. Par précaution, je ne mange pas d'avoine pure aussi souvent que je le voudrais. Je suis les indications de Santé Canada quant à la quantité maximum à ingérer et, à l'occasion, je cuisine avec de la farine d'avoine pure. Bien que riche en fibres, elle confère une légèreté et une délicatesse surprenantes à ces crêpes.

pour **6** crêpes

Ingrédients

170 ml (²/₃ tasse) de **farine d'avoine** pure ou un mélange de farine de riz blanc et de farine d'avoine pure en parts égales

250 ml (1 tasse) de **lait**

2 **œufs**

30 ml (2 c. à soupe) de **beurre** doux fondu

15 ml (1 c. à soupe) de **sucre vanillé**

Beurre ou huile de pépins de raisins pour graisser la poêle

Méthode

1. Dans un grand bol, mélanger les œufs, le lait et le beurre fondu.

2. Ajouter graduellement la farine d'avoine et le sucre, puis remuer jusqu'à ce que la pâte soit lisse et sans grumeaux. Ranger le bol au réfrigérateur et laisser reposer la pâte environ 2 heures.

3. Sortir le bol du réfrigérateur et brasser le mélange de nouveau sans trop fouetter la pâte.

4. Déposer une grande poêle sur un feu moyen, y faire fondre 5 ml (une c. à thé) de beurre (ou un mélange d'huile et de beurre) et badigeonner le fond avec un pinceau. Étendre

30 ml (2 c. à soupe) de pâte dans la poêle en faisant un mouvement circulaire avec le bras.

5. Cuire la crêpe environ 30 secondes, puis la retourner. La crêpe est cuite lorsqu'elle est dorée des deux côtés.

6. Faire glisser délicatement la crêpe dans une assiette. La rouler, puis la déposer dans un plat en pyrex ou en céramique. Couvrir d'un papier d'aluminium. Ajouter du beurre et de l'huile en petite quantité dans la poêle au besoin. Répéter.

7. Lorsque toutes les crêpes sont rangées dans le plat, enfourner à 250 °F (120 °C) environ 5 minutes.

8. Servir avec des petits fruits, de la compote, de la confiture, de la sauce au chocolat ou du sirop sucré.

ATTENTION : La crêpe d'avoine est très délicate. Un truc pour ne pas déchirer les crêpes en les tournant dans la poêle est de la laisser glisser dans une assiette puis de pencher celle-ci pour déposer la crêpe dans la poêle. Un autre truc encore plus simple : faire de toutes petites crêpes ; elles sont beaucoup plus faciles à manier.

Crêpes à la farine de sarrasin et aux bleuets

Mon frère s'est inspiré d'une recette de gaufres pour créer ces crêpes au sarrasin et aux bleuets. Le mélange assez consistant permet de réaliser huit grosses crêpes épaisses et nourrissantes.

pour **8** crêpes

Voir photo à la page 270.

Ingrédients

2 **œufs** séparés (jaunes dans un grand bol, blancs dans un bol de grosseur moyenne)

500 ml (2 tasses) de **lait**

60 ml (4 c. à soupe) de **beurre** doux fondu

30 ml (2 c. à soupe) de **sucre blond** ou de cassonade

500 ml (2 tasses) de **farine de sarrasin** sans gluten ou un mélange de farine de sarrasin et de farine de riz blanc en parts égales

30 ml (2 c. à soupe) de **poudre à pâte**

Pincée de **sel**

beurre doux et **huile végétale** pour huiler la poêle

250 ml (1 tasse) de **bleuets** frais ou congelés

NOTE : *La farine de sarrasin doit être non contaminée par le gluten, et non traitée dans une meunerie où d'autres farines avec gluten sont moulues.*

Méthode

1. Dans un grand bol, mélanger tous les ingrédients secs sauf le sucre.

2. Dans un bol de grandeur moyenne, fouetter les blancs d'œufs en neige. Réserver.

3. Mélanger les jaunes d'œufs, le sucre, le beurre fondu et le lait dans un troisième bol. Ajouter le mélange d'ingrédients liquides au mélange d'ingrédients secs. Battre jusqu'à l'obtention d'une consistance homogène. Incorporer les blancs en neige avec une spatule et plier le mélange doucement.

4. Faire chauffer une poêle à feu moyen. Huiler avec du beurre et de l'huile végétale (une cuillerée à thé de beurre, une cuillerée à thé d'huile).

5. Avec une louche, déposer du mélange à crêpes dans la poêle chaude et huilée. Ajouter des bleuets et répartir également dans la crêpe. Cuire jusqu'à ce que la crêpe arrête de faire des bulles. Tourner la crêpe dans la poêle et cuire environ 2 minutes. Empiler les crêpes dans une assiette et enfourner à 250 °F (120 °C) 5 minutes.

6. Servir avec du beurre fondu, du sirop d'érable, de la confiture ou de la mélasse.

Beignes aux pommes de terre

Chaque réveillon, je me précipitais chez ma grand-mère maternelle, car je savais qu'un bol de beignes tout frais nous attendait. À mon arrivée chez elle, je m'empressais de lui demander la permission de manger un beigne avant le souper. Elle acquiesçait toujours avec un grand sourire. Je me nourrissais presque exclusivement de beignes durant la soirée et le lendemain au petit-déjeuner. Ces beignes me rappellent cette époque, car ils ont un peu la texture de gâteau des beignes de ma grand-maman. Celle-ci est décédée il y a quelques années, mais je n'oublierai jamais la douceur de son regard, ni de ses beignes.

Ingrédients

250 ml (1 tasse) de **pommes de terre blanches** ou à peau rouge coupées en morceaux (environ 2 pommes de terre)

250 ml (1 tasse) de **sucre**

15 ml (1 c. à soupe) et 5 ml (1 c. à thé) de **beurre**

125 ml (¹/₂ tasse) de **farine de sorgho** ou de millet

125 ml (¹/₂ tasse) de **fécule de maïs** ou de fécule de tapioca

125 ml (¹/₂ tasse) de **farine de riz blanc**

30 ml (2 c. à soupe) de **riz gluant**

5 ml (1 c. à thé) de **gomme de xanthane**

15 ml (1 c. à soupe) de **poudre à pâte**

1 ml (¹/₄ c. à thé) de **noix de muscade** râpée

Pincée de **sel**

125 ml (¹/₄ tasse) de **lait** tiède

30 ml (2 c. à soupe) de **sucre vanillé**

Huile pour friture (utiliser une huile neuve, pas trop goûteuse et qui résiste bien à la chaleur : huile de pépins de raisins, de tournesol, de canola ou d'arachide)

Sucre à glacer et **cannelle**

Méthode

1. Dans une casserole, faire bouillir de l'eau, puis ajouter les pommes de terre. Égoutter les pommes de terre cuites et les réduire en purée. Il ne doit y avoir aucun grumeau.

2. Mélanger le sucre, le beurre et 250 ml (1 tasse) de purée de pommes de terre.

3. Dans un grand bol, tamiser ensemble les farines, le sel, la gomme de xanthane, la poudre à pâte et la noix de muscade.

4. Faire chauffer le lait au micro-ondes jusqu'à ce qu'il soit tiède. Mélanger le sucre vanillé dans le lait tiède.

5. Dans le mélange de farines, incorporer la purée de pommes de terre. Battre avec un fouet ou un batteur électrique. Ajouter ensuite le lait, en deux fois. La pâte doit être assez souple, mais pas trop collante, donc facile à étendre. Rectifier la consistance de la pâte avec un peu de lait ou un peu de farine. Couvrir et mettre au réfrigérateur au moins 5 heures.

6. Diviser la pâte en deux parts égales. Mettre une part au réfrigérateur pendant que vous abaissez l'autre part sur un plan de travail fariné. La pâte doit avoir une épaisseur de 0,5 po (2,5 cm). Couvrir les deux abaisses de pâte et mettre au réfrigérateur 30 minutes.

Suite ▷

7. Sortir les abaisses et préparer les beignes en coupant la pâte avec un emporte-pièce rond. Percer un trou au centre avec un emporte-pièce de petit format.

8. Faire chauffer l'huile (d'une hauteur d'au moins 3 po) à une température de 360 °F à 375 °F (190 °C) dans une casserole à fond épais et aux parois hautes ou dans une friteuse.

9. Déposer les beignes un à un dans l'huile et cuire de 3 à 4 minutes ou jusqu'à ce qu'ils flottent à la surface. Avec une écumoire ou des pinces en métal, tourner les beignes de côté et cuire une minute supplémentaire. Si les beignes sont très foncés, c'est que l'huile est trop chaude.

10. Retirer les beignes avec une écumoire et les déposer sur un papier absorbant.

11. Saupoudrer les beignes de sucre à la cannelle ou de sucre à glacer une fois qu'ils sont tièdes.

NOTE : *Les beignes se conservent cinq jours dans un contenant hermétique.*

Pain doré aux pommes caramélisées et au cheddar fondu

Un matin, après avoir bu mon café au lait, j'ai regardé ce qu'il me restait dans le frigo et le garde-manger, et j'ai décidé de faire du pain doré pour le petit-déjeuner. Ça faisait longtemps que je voulais essayer cette recette sans gluten qui me trottait dans la tête. Ce déjeuner réconfortant est idéal pour les journées d'automne.

Pommes caramélisées

pour **2** personnes

INGRÉDIENTS

3 **pommes** Cortland ou vertes pelées et coupées en quartiers

60 ml (4 c. à soupe) de **grains de sucre d'érable**, de sucre brut ou de cassonade

15 ml (2 c. à soupe) de **beurre**

MÉTHODE

Faire chauffer une poêle à feu moyen. Faire fondre deux cuillerées à soupe de beurre. Mettre les quartiers de pomme dans la poêle et les faire griller. Ajouter le sucre d'érable. Griller les quartiers de pomme et le sucre jusqu'à ce qu'ils soient caramélisés. Réserver.

• • •

Pain doré

INGRÉDIENTS

6 tranches de **pain sans gluten**

250 ml (1 tasse) de **lait**

3 **œufs**

Tranches de **cheddar blanc** ou de mozzarella

Beurre à faire fondre dans la poêle

MÉTHODE

1. Dans un grand bol, fouetter le lait et les œufs ; réserver.

2. Faire chauffer une grande poêle à feu moyen. Faire fondre une cuillerée à soupe de beurre dans la poêle.

3. Mettre une tranche de pain dans le mélange de lait et d'œufs. Bien imbiber la tranche de pain du mélange liquide. Déposer la tranche de pain dans la poêle et faire griller de chaque côté jusqu'à ce que le pain soit doré. Répéter pour chaque tranche de pain en ajoutant du beurre dans la poêle au besoin. Réduire le feu pour ne pas brûler les tranches de pain.

4. Déposer des tranches de fromage sur chaque tranche de pain et laisser fondre.

• • •

Montage des pains dorés

INGRÉDIENTS

250 ml (1 tasse) de **sirop d'érable** ou de caramel maison

Cannelle pure moulue (au goût)

MÉTHODE

1. Mettre deux pains dorés dans une assiette chaude. Déposer des pommes caramélisées sur les deux tranches de pain.

2. Décorer d'un trait de sirop d'érable ou de caramel maison (voir recette à la page 258). Saupoudrer de poudre de cannelle pure.

Glaces et sorbets

Glace au chocolat

Une bonne glace ou crème glacée est constituée de peu d'ingrédients : des jaunes d'œufs, du sucre et de la crème, tous des ingrédients de base pour la crème anglaise qui sera ensuite parfumée selon le type de glace créée.

Crème anglaise au chocolat

INGRÉDIENTS

3 jaunes d'œufs

125 ml (½ tasse) de **sucre**

750 ml (3 tasses) de **crème 10 %**

170 ml (⅔ tasse) de **pépites de chocolat** mi-sucré

MÉTHODE

1. Dans une casserole d'un format d'au moins 1 l (4 tasses), blanchir les jaunes d'œufs en les fouettant avec la moitié du sucre jusqu'à ce qu'ils épaississent.

2. Dans une casserole, porter la crème et l'autre moitié du sucre à ébullition, mais ne pas laisser bouillir. Éteindre le feu. Retirer la casserole du feu et si un film s'est formé à la surface, l'enlever avec une fourchette ou un couteau en le soulevant délicatement.

3. Dans un micro-ondes, faire fondre les pépites par séries de 20 secondes jusqu'à ce que le chocolat soit fondu. Attention de ne pas le brûler. Verser doucement la crème chaude en un mince filet sur les œufs en fouettant constamment avec un batteur électrique ou manuellement avec un fouet. Ajouter ensuite le chocolat liquide et fouetter avec le batteur électrique.

4. Cuire la crème chocolatée à feu doux ou en utilisant un bain-marie. Remuer la crème constamment jusqu'à ce qu'elle soit assez épaisse pour napper le dos d'une cuillère.

5. Laisser tiédir la crème chocolatée, puis ranger au réfrigérateur dans un contenant hermétique.

NOTE : *Attention lors de la cuisson de la crème. Elle ne doit pas bouillir, car les jaunes d'œufs pourraient coaguler et former de gros grumeaux. Si cela arrive, tout sera malheureusement à recommencer.*

La crème anglaise au chocolat peut être utilisée pour napper des fruits pochés ou caramélisés telles les poires ou les oranges, des petits fruits frais ou pour garnir un gâteau blanc ou une crêpe française.

• • •

Glace au chocolat

MÉTHODE

1. Préparer un grand bol de glaçons et d'eau.

2. Déposer la casserole contenant la crème anglaise sur les glaçons. Brasser avec une cuillère en bois jusqu'à ce que la crème soit froide. Couvrir.

3. Ranger la casserole de crème froide au réfrigérateur au moins 8 heures.

4. Verser la crème chocolatée froide dans une sorbetière. Turbiner selon les instructions du fabricant.

5. Verser la glace au chocolat dans un contenant hermétique et mettre au congélateur jusqu'à utilisation.

NOTE : Cette glace au chocolat est délicieuse servie avec des amandes grillées ou, pour une double dose chocolatée, avec une sauce tiède au chocolat (voir recette à la page 259).

Glace au yogourt et aux fraises

Cette recette de glace au yogourt est facile à exécuter pourvu que vous ayez une sorbetière et quelques heures devant vous. Lorsque j'ai servi ma glace au yogourt et aux fraises, elle avait l'apparence et le goût d'un sorbet et fut une finale très rafraîchissante à notre souper.

Voir photo à la page 271.

pour **5** ou **6** personnes

Ingrédients

750 ml (3 tasses) de **fraises** coupées en petits morceaux

125 ml (½ tasse) de **sucre** très fin (ou plus si vous désirez une glace plus sucrée)

250 ml (1 tasse) de **yogourt nature**

5 ml (1 c. à thé) de **jus de citron** (ou une goutte d'huile de citron)

Méthode

1. Dans un mélangeur électrique ou un robot culinaire, réduire les fraises et le sucre en purée.

2. Ajouter ensuite le yogourt et le jus de citron et mélanger jusqu'à consistance lisse.

3. Mettre le récipient au réfrigérateur au moins 1 heure.

4. Vider le mélange de fraises dans le contenant de la sorbetière et suivre les instructions du manufacturier pour le turbinage. (La durée du turbinage dépend de la sorbetière et de la température du mélange. Le turbinage de ma glace au yogourt aux fraises a duré 35 minutes).

5. Mettre la glace dans un contenant hermétique allant au congélateur. Laisser le contenant au congélateur au moins 3 heures.

6. Garnir avec des morceaux de fraises, des feuilles de menthe et des zestes de citron.

Glace à la mangue et aux pistaches

Cette glace aux fruits est rafraîchissante et peu sucrée. En combinant une part de glace à une part de fruits, on diminue la quantité totale de sucre dans la crème glacée. Si vous n'avez pas de glace maison (voir recette à la page 251), utilisez de la crème glacée sans gluten du commerce.

pour **6** personnes

Ingrédients (pour 800 ml)

375 ml (1 $^1/_2$ tasse) de **mangues** mûres coupées en très petits cubes

375 ml (1 $^1/_2$ tasse) de **glace à la vanille** maison ou sans gluten du commerce, un peu ramollie

45 ml (3 c. à soupe) de **pistaches** écaillées, sans pellicule et finement hachées

Méthode

1. Conserver quelques cubes de mangues comme garniture.

2. Dans un mélangeur électrique, réduire en purée les cubes de mangues. Ajouter la glace à la vanille ramollie et mélanger avec la purée.

3. Démarrer la sorbetière, puis ajouter le mélange froid de mangues. Lorsque la glace à la mangue est prête, verser dans un contenant hermétique, puis mettre au congélateur au moins 4 heures.

4. Servir la glace dans des coupes à dessert et garnir de morceaux de mangues et de pistaches.

Glace à la vanille

Cette recette n'en est pas une, mais plutôt deux. Pour faire de la glace à la vanille, on doit d'abord préparer une crème anglaise. Une fois refroidie, cette sauce froide à la vanille est ensuite turbinée, puis elle devient de la crème glacée.

Crème anglaise

3 **jaunes d'œufs**

125 ml (¹/₂ tasse) de **sucre**

¹/₂ gousse de **vanille fendue**

750 ml (3 tasses) de **crème 10 %**

MÉTHODE

1. Dans une casserole d'un format d'au moins 1 l (4 tasses), blanchir les jaunes d'œufs en les fouettant avec la moitié du sucre jusqu'à ce qu'ils épaississent.

2. Dans une casserole, porter la crème et l'autre moitié du sucre à ébullition, mais ne pas laisser bouillir. Éteindre le feu. Retirer la casserole du feu et si un film s'est formé à la surface, l'enlever avec une fourchette ou un couteau en le soulevant délicatement.

3. Verser doucement la crème chaude en un mince filet sur les œufs en fouettant constamment avec un batteur électrique ou manuellement avec un fouet. Ajouter la demi-gousse de vanille fendue. Cuire la crème anglaise à feu doux ou en utilisant un bain-marie. Remuer la crème constamment jusqu'à ce qu'elle soit assez épaisse pour napper le dos d'une cuillère.

4. Enlever la gousse de vanille et gratter l'intérieur avec un couteau pour en extraire les graines. Mettre les graines de vanille dans la crème anglaise et fouetter afin de les répartir uniformément. Laisser tiédir, puis ranger au réfrigérateur dans un contenant hermétique.

NOTE : Attention lors de la cuisson de la crème anglaise. Elle ne doit pas bouillir, car les jaunes d'œufs pourraient coaguler et former de gros grumeaux. Si cela se produit, il faudra malheureusement tout recommencer.

La crème anglaise peut aussi être utilisée comme sauce pour accompagner des petits fruits frais, des gâteaux ou mousses à la vanille ou au chocolat, ou servie avec des œufs battus en neige pour créer une île flottante ou tout simplement, pour napper des biscuits sucrés.

. . .

Glace à la vanille

MÉTHODE

1. Déposer la casserole contenant la crème anglaise sur les glaçons. Brasser avec une cuillère en bois jusqu'à ce que la crème soit froide. Couvrir.

2. Ranger la casserole de crème froide au réfrigérateur au moins 8 heures.

3. Verser la crème anglaise froide dans une sorbetière. Turbiner selon les instructions du fabricant.

4. Verser la glace à la vanille dans un contenant hermétique et mettre au congélateur jusqu'à utilisation.

NOTE : Pour éviter que des cristaux se forment à la surface de la glace, la couvrir (une fois congelée) d'une pellicule plastique, puis poser le couvercle du contenant.

Sorbet aux bleuets et aux mûres

Un dessert frais quand, au mois d'août, la canicule frappe le Québec et que les bleuets garnissent les étals du marché.

Ingrédients

170 ml (²/₃ tasse) de **sirop de canne**

250 ml (1 tasse) de **jus de fruits exotiques** de couleur rouge ou violet

5 ml (1 c. à thé) de **zestes de citron**

565 ml (2 ¼ tasses) de **bleuets** frais

65 ml (¼ tasse) de **mûres**

Méthode

1. Verser le sirop de sucre de canne et le jus dans une casserole. Incorporer les zestes de citron aux liquides, puis faire mijoter à feu doux 5 minutes. Ajouter les bleuets et les mûres, puis cuire à feu doux 10 minutes.

2. Laisser tiédir, puis verser dans un mélangeur électrique. Réduire en purée lisse, passer au tamis, puis verser dans un contenant hermétique et mettre au réfrigérateur.

3. Lorsque la préparation aux bleuets est froide, mettre dans une sorbetière et turbiner selon les instructions du manufacturier. Verser la préparation dans un contenant hermétique, puis mettre au congélateur.

4. Si vous n'avez pas de sorbetière, mettre la préparation au congélateur dans un contenant hermétique 1 heure ou jusqu'à ce que la préparation soit presque congelée. Ensuite, briser en morceaux et réduire en purée dans un robot-mélangeur ou un mélangeur électrique.

5. Verser la purée dans un contenant hermétique et mettre de nouveau au congélateur au moins 3 heures.

6. Lorsque la purée est entièrement congelée, la sortir du congélateur, puis la laisser tempérer au réfrigérateur environ 30 minutes avant de servir.

NOTE : *Servir le sorbet dans des petits gobelets en verre garni de bleuets et de mûres.*

Crèmes, flans et puddings

Flan mexicain

Le flan est un dessert très populaire au Mexique. Ce flan mexicain très sucré s'apparente à une crème caramel, mais est parfumé avec de la sapote. Cette épice est originaire du Mexique, mais on en trouve aussi en Amérique centrale et du Sud. La sapote râpée a un léger goût d'amandes ou de massepain.

pour **8** personnes

Flan

INGRÉDIENTS

4 **œufs**

125 ml (¹/₂ tasse) de **sucre** ou de cassonade

160 ml (⁵/₈ tasse) de **lait** partiellement écrémé condensé sucré

170 ml (²/₃ tasse) de **lait évaporé**

170 ml (²/₃ tasse) de **fromage à la crème**, de fromage frais ou de crème fraîche

2 ml (¹/₂ c. à thé) de **sapote** fraîchement râpée ou 2 ml (¹/₂ c. à thé) d'extrait de vanille ou 10 ml (2 c. à thé) de sucre vanillé (voir recettes aux pages 261)

MÉTHODE

1. Préchauffer le four à 325 °F (165 °C).

2. Battre les œufs, puis ajouter le lait, le sucre, le fromage et la sapote râpée ou la vanille.

3. Fouetter avec un batteur électrique ou un fouet jusqu'à l'obtention d'une consistance veloutée. Réserver

• • •

Caramel

INGRÉDIENTS

30 ml (2 c. à soupe) d'**eau**

65 ml (¹/₄ tasse) de **sucre**

MÉTHODE

Dans une casserole, faire chauffer le sucre et l'eau à feu très moyen jusqu'à ce que le caramel soit d'une couleur ambrée. Attention : surveiller la température, car le caramel pourrait brûler. Réserver.

• • •

MONTAGE DES FLANS

1. Graisser l'intérieur (pas le fond) de quatre ramequins avec du beurre doux. Répartir également le caramel dans chaque ramequin en couvrant chaque fond. Laisser refroidir.

2. Verser ensuite la préparation aux œufs dans chaque ramequin et les déposer dans un moule.

3. Préparer un bain-marie en versant de l'eau très chaude dans le moule jusqu'à la moitié de la hauteur des ramequins. Déposer le moule avec les ramequins au centre du four et cuire de 40 à 45 minutes. Les flans sont prêts lorsqu'il n'y a plus de mouvement tremblotant de la préparation aux œufs quand on agite le ramequin.

4. Retirer les ramequins du moule et de l'eau et les laisser refroidir à la température ambiante. Lorsque froids, les couvrir, puis les mettre au réfrigérateur.

Suite ▷

5. Pour servir les flans mexicains, passer la lame d'un couteau graissée avec un peu de beurre mou tout autour des flans. Mettre une petite assiette sur le ramequin et renverser le flan dans l'assiette.

NOTE : Servir le flan avec des amandes effilées rôties et des petits fruits du Québec ou des caramboles tranchées du Mexique.

Pudding au sirop d'érable

Lorsque les petits puddings Laura Secord ont envahi les supermarchés du Québec, nous avons supplié notre mère d'acheter ces desserts vendus en pratiques formats individuels. Il nous fallait notre petit pudding richement chocolaté pour agrémenter notre lunch du midi. Je ne sais pas si c'est parce que j'avais le béguin pour René Simard, mais, à cette époque, j'ai mangé beaucoup de petits puddings au chocolat. Ma passion pour le chanteur s'est estompée avec les années, mais pas mon enthousiasme pour les petits puddings bien faits !

Ingrédients

1 tasse (250 ml) de **sirop d'érable**

65 ml (¼ tasse) de **sucre d'érable** ou de cassonade

125 ml (½ tasse) de **lait**

170 ml (⅔ tasse) de **crème 15 %**

45 ml (3 c. à soupe) de **fécule de maïs**

2 **jaunes d'œufs**

Méthode

1. Dans une casserole à fond épais, faire chauffer à feu doux le sirop d'érable, le sucre et le lait.

2. Faire chauffer un peu de crème, puis délayer la fécule de maïs dans la crème chaude et ajouter à la préparation dans la casserole. Bien fouetter afin qu'aucun grumeau ne se forme.

3. Laisser mijoter jusqu'à ce que le mélange épaississe, soit de 5 à 7 minutes, en fouettant constamment. Ajouter le reste de la crème, puis brasser jusqu'à consistance homogène.

4. Dans un petit bol, fouetter les jaunes d'œufs. Tempérer les jaunes en ajoutant 30 ml (2 c. à soupe) de mélange chaud et en brassant avec une fourchette. Ajouter les jaunes d'œufs dans la préparation chaude et bien brasser jusqu'à l'obtention d'un mélange homogène.

5. Éteindre le feu. Retirer la casserole du four et laisser refroidir à la température ambiante.

6. Lorsque tiède, fouetter une dernière fois, puis mettre au réfrigérateur au moins 3 heures.

7. Servir dans des coupes, des ramequins ou des verres à dessert.

NOTE : Les puddings individuels peuvent être garnis d'un peu de crème Chantilly, de flocons de sucre d'érable ou de pacanes caramélisées à l'érable. Ce pudding à l'érable est assez épais pour être utilisé comme crème pâtissière. Il est idéal comme appareil de choux à la crème.

Pudding soyeux au chocolat et au lait de soya

(sans lait, sans œuf)

Ingrédients

500 ml (2 tasses) de **lait de soya** non sucré, non aromatisé et sans gluten

150 g de **pépites de chocolat** mi-sucré

45 ml (3 c. à soupe) de **fécule de maïs**

30 ml (2 c. à soupe) de **cassonade** ou de miel

Méthode

1. Dans une casserole à fond épais, faire chauffer une tasse de lait de soya jusqu'au point d'ébullition. Retirer immédiatement du feu.

2. Ajouter les pépites de chocolat et laisser fondre dans le lait chaud. Lorsque les pépites sont fondues, fouetter vigoureusement le mélange.

3. Dans un petit bol, délayer la fécule de maïs dans une tasse de lait de soya tiède. Verser le mélange de fécule de maïs dans la préparation de chocolat et de sucre, puis fouetter jusqu'à ce que le pudding épaississe, soit 1 minute. Laisser mijoter à feu doux de 2 à 3 minutes. Retirer la casserole du feu et laisser tiédir.

4. Lorsque tiède, verser la préparation dans un contenant hermétique et mettre au réfrigérateur au moins 2 heures.

5. Servir dans des coupes ou des gobelets à dessert.

NOTE : *Servir ce dessert le jour même de sa préparation, car le pudding devient liquide s'il passe la nuit au réfrigérateur.*

Boisson froide au chocolat

S'il devient liquide, le frapper avec un batteur électrique. Ce pudding devient alors une très bonne boisson frappée au chocolat.

• • •

Boisson chaude et onctueuse au chocolat

Sinon, la chauffer doucement dans une casserole, puis battre avec un batteur électrique. Servir dans des tasses à café.

• • •

Dessert glacé au chocolat

Cette recette peut même être convertie en collation glacée. Verser alors dans des petits contenants en plastique avec un bâtonnet en bois ou en plastique, puis couvrir d'une pellicule plastique. Mettre au congélateur au moins 5 heures.

Pour retirer le dessert glacé du contenant en plastique, passer le récipient sous l'eau chaude quelques secondes.

Mousse au miel et au lait d'amandes

J'ai voulu créer un dessert pour les personnes intolérantes aux produits laitiers, aux œufs et au soya. Voici donc une recette de mousse onctueuse au miel et au lait d'amandes, à la fois légère en texture, mais puissante en saveur.

pour 4 personnes

Voir photo à la page 272.

Ingrédients

75 ml (5 c. à soupe) de **miel liquide**

500 ml (2 tasses) de **lait d'amandes** sans gluten non sucré, non aromatisé

90 ml (6 c. à soupe) de **beurre d'amandes**

15 ml (1 c. à soupe) de **poudre de pectine**

1 ou 2 gouttes d'**extrait d'amandes** pur (facultatif)

1 ml (¼ c. à thé) de **poudre de cannelle**

45 ml (3 c. à soupe) d'**amandes effilées** grillées (facultatif)

Méthode

1. Mélanger le miel et le lait d'amandes dans une casserole à fond épais. Porter à ébullition, ajouter le beurre d'amandes, puis réduire à feu doux. Bien mélanger jusqu'à consistance homogène.

2. Saupoudrer la pectine sur le mélange au lait d'amandes. Remuer constamment le mélange jusqu'à ce qu'il soit assez épais.

3. Goûter. Si le mélange n'est pas assez sucré, ajouter du miel, 15 ml (1 c. à soupe) à la fois. Si le mélange ne goûte pas assez les amandes, ajouter une goutte d'extrait d'amandes pur.

4. Retirer la casserole du feu et laisser tiédir. Fouetter avec un batteur électrique jusqu'à consistance veloutée. Verser dans un contenant hermétique, puis mettre au réfrigérateur. Servir dans des petits bols.

NOTE : *Garnir avec un trait de miel et quelques amandes effilées rôties.*

Pudding chômeur au sirop d'érable

Le pudding chômeur aurait été créé au début des années 1930 à Montréal pendant la crise économique afin que les familles à petit revenu et les sans-emploi puissent quand même avoir un dessert délicieux, mais peu coûteux. Presque chaque famille québécoise a maintenant sa recette de pudding chômeur. La mienne est au sirop d'érable et sans gluten.

pour **8** personnes

Pâte à pudding

INGRÉDIENTS

190 ml (³/₄ tasse) de **farine de soya** faible en gras

190 ml (³/₄ tasse) de **farine de marante** (arrowroot)

65 ml (¹/₄ tasse) de **farine de riz blanc**

190 ml (³/₄ tasse) de **sucre blond** brut ou de cassonade

10 ml (2 c. à thé) de **poudre à pâte**

15 ml (1 c. à soupe) de **gomme de xanthane**

2 **œufs**

Pincée de **sel**

125 ml (¹/₂ tasse) de **beurre doux** ramolli

Graines d'une demi-gousse de **vanille**

125 ml (¹/₂ tasse) de **lait**

NOTE : Si n'avez pas ou que vous êtes allergiques aux œufs, utilisez 1 c. à soupe de gélatine dissoute dans ¼ de tasse d'eau froide, puis ajouter ¼ de tasse d'eau bouillante. Bien mélanger, puis réserver.

MÉTHODE

1. Avec les doigts, mélanger les farines, le sucre brut, la poudre à pâte, le beurre, le sel, la gomme de xanthane et les graines de vanille. La texture de la pâte ressemblera à des flocons de gruau (avoine) non cuits.

2. Ajouter les œufs (ou liquide gélatineux), puis verser le lait, un quart de tasse à la fois, puis fouetter avec un batteur électrique jusqu'à l'obtention d'une consistance homogène.

3. Verser la pâte à pudding chômeur dans un moule graissé.

• • •

Sauce caramel au sirop d'érable

INGRÉDIENTS

500 ml (2 tasses) de **sirop d'érable**

125 ml (¹/₂ tasse) de **sucre d'érable** ou de cassonade

250 ml (1 tasse) de **crème 35 %**

125 ml (¹/₂ tasse) de **beurre doux**

NOTE : Si n'avez pas de crème, vous pouvez utiliser du lait condensé non sucré ou du lait homogénéisé. Ajouter aussi 1 c. à soupe de beurre.

MÉTHODE

Dans une casserole à fond épais, porter à ébullition le sirop, le sucre d'érable, la crème et le beurre. Laisser mijoter à feu doux en brassant constamment jusqu'à ce que la sauce soit réduite environ du quart. Retirer la casserole du feu et réserver.

MONTAGE DU PUDDING CHÔMEUR

1. Préchauffer le four à 325 °F (165 °C).

2. Verser la sauce chaude sur la pâte à pudding et cuire au four de 35 à 40 minutes ou jusqu'à ce que le dessus du pudding soit d'un beau doré croustillant.

3. Sortir du four et laisser reposer au moins 20 minutes avant de servir.

NOTE : Présenter dans une assiette concave avec de la crème glacée ou anglaise à la vanille (voir recette à la page 251) et un trait de sirop d'érable.

Sauces sucrées

Sauce onctueuse au caramel

Lors d'une réception entre amis à la maison, j'ai préparé une sauce au caramel pour un dessert. Puis, j'ai laissé la casserole avec le caramel sur le comptoir de cuisine pour ensuite me joindre aux convives. Croyant qu'il devait nettoyer la casserole, mon conjoint a jeté le caramel dans l'évier. Constatant que la sauce au caramel s'était volatilisée, j'ai bien sûr créé un petit drame dans la cuisine, mais puisque ce caramel est si simple et rapide à exécuter, mon énervement n'a duré que 15 minutes, le temps de faire de nouveau cette sauce onctueuse au caramel. J'utilise cette sauce comme garniture pour de la crème glacée à la vanille, des fruits pochés ou même de la tarte aux pommes.

pour un pot
d'environ **200** ml

Ingrédients

125 ml (¹/₂ tasse) de **cassonade**

85 ml (¹/₃ tasse) de **sirop de sucre de canne** ou de miel liquide

250 ml (1 tasse) de **crème**

65 ml (¹/₄ tasse) de **beurre**

Les graines de ¹/₃ de gousse de **vanille**

Méthode

1. Dans une casserole de grosseur moyenne à fond épais, faire fondre le beurre, puis ajouter la cassonade et le sucre liquide. Mélanger jusqu'à ce que le sucre soit complètement dissous.

2. Ajouter la crème et les graines de vanille puis faire mijoter la préparation à feu très doux environ 15 minutes ou jusqu'à ce que la sauce atteigne la consistance désirée.

Sauce chaude au chocolat

Un de mes desserts favoris est un gâteau blanc à la vanille ou une génoise nappés de sauce chaude au chocolat. Ma mère cuisinait souvent ce gâteau et lorsqu'elle faisait sa sauce, mes sœurs, mon frère et moi nous disputions pour nettoyer la casserole et les ustensiles de travail recouverts de chocolat.

pour **190** ml
de sauce au chocolat

Ingrédients

85 ml (⅓ tasse) de **pistoles** ou pépites de chocolat à 75% de cacao hachées finement

125 ml (½ tasse) de **lait**

30 ml (2 c. à soupe) de **poudre de cacao** plein extra brut

85 ml (⅓ tasse) de **sirop d'érable** ou de miel

30 ml (2 c. à soupe) de **sucre vanillé**

30 ml (2 c. à soupe) de **beurre**

Méthode

1. Mettre les morceaux de chocolat dans un grand saladier en aluminium.

2. Faire bouillir de l'eau dans une grande casserole. Retirer la casserole du feu.

3. Faire bouillir le lait, puis ajouter le cacao en poudre et le sucre vanillé. Fouetter avec une fourchette jusqu'à ce que le mélange soit lisse. Réduire le feu à minimum et laisser mijoter environ 3 minutes. Retirer la casserole du feu.

4. Réduire la température du lait à 95 °C en ajoutant le sirop d'érable ou le miel ; vérifier à l'aide d'un thermomètre à confiserie. Verser doucement le lait chocolaté chaud sur les morceaux de chocolat, ajouter le beurre, puis fouetter avec une fourchette ou un fouet jusqu'à ce que tout le chocolat soit fondu. Si le chocolat n'est pas fondu, déposer le saladier sur la casserole d'eau chaude et remuer avec la fourchette.

NOTE : Je fais souvent cette sauce au chocolat quand je reçois des invités à souper. Je nappe des boules de crème glacée à la vanille de sauce, puis je garnis le plat d'amandes grillées et de petits fruits. Ce dessert rapide me procure des éloges chaque fois que je le sers.

Vous pouvez parfumer la sauce au chocolat avec un peu de poudre de cannelle sans gluten ou avec quelques gouttes d'extrait d'amandes ou d'huile d'orange pure.

Sauce à la vanille

*J'ai créé cette sauce à la vanille afin d'avoir un choix de garniture
lorsque je mange du gâteau au chocolat ou à la vanille.*

pour **250** ml (1 tasse)

Ingrédients

250 ml (1 tasse) de **crème 15 %**

$^1/_2$ gousse de **vanille**

30 ml (2 c. à soupe) de **beurre**

170 ml ($^2/_3$ tasse) de **sucre** ou cassonade

Méthode

1. Dans une casserole, porter à ébullition la
crème et la vanille fendue en deux.

2. Ajouter ensuite le beurre et le sucre. Baisser
le feu à moyen/doux et laisser mijoter tout en
continuant de remuer avec une fourchette ou
une cuillère en bois jusqu'à ce que la sauce
soit assez épaisse pour napper le dos d'une
cuillère (environ 10 à 15 minutes).

3. Retirer la vanille et la laisser tiédir, puis
gratter l'intérieur pour retirer les graines.
Mettre les graines de vanille dans la sauce et
fouetter avec une fourchette.

4. Servir la sauce chaude sur des fruits rôtis et
caramélisés au four, du gâteau aux fruits ou au
chocolat ou des crêpes aux fruits.

NOTE : *La sauce peut être refroidie, puis
servie avec des petits fruits frais. Elle se
conserve 10 jours au réfrigérateur dans un
contenant hermétique.*

Sucre vanillé et extrait de vanille

J'utilise presque toujours du sucre vanillé ou des graines de gousse de vanille dans mes recettes. J'évite l'extrait de vanille du commerce qui est constitué d'alcool non identifié, car il pourrait contenir du gluten. L'extrait de vanille devrait avoir une place de choix dans votre cuisine, surtout dans des préparations qui ne demandent pas d'infusion. J'ai donc créé ces deux recettes afin de pouvoir employer de la vanille en tout temps sans me soucier du gluten.

Sucre vanillé

INGRÉDIENTS

1 l (4 tasses) de **sucre**

2 gousses de **vanille**

MÉTHODE

1. Dans un bol, verser le sucre blanc.

2. Fendre la gousse en deux et gratter l'intérieur avec un couteau. Retirer le plus de graines possible, puis les incorporer au sucre. Bien répartir les graines en fouettant les cristaux de sucre avec une fourchette. Verser le sucre vanillé et les deux morceaux de gousse dans un contenant, hermétique. Fermer le contenant puis le secouer vigoureusement. Laisser l'arôme de la vanille se diffuser dans le sucre un minimum d'une semaine avant utilisation.

NOTE : Je fais aussi du sucre vanillé avec les gousses fendues qui ont séché dans le sucre granulé. Je retire les gousses séchées qui ont séjourné six mois dans le sucre granulé et je les pulvérise avec le sucre dans un mélangeur électrique. Je filtre ensuite le sucre vanillé au tamis. J'enlève les morceaux de gousse non pulvérisés et je les jette. J'obtiens un sucre vanillé très fin, parfait pour saupoudrer les petits fruits.

Extrait de vanille

INGRÉDIENTS

1 grosse gousse de **vanille** (ou deux petites)

200 ml ($^3/_4$ tasse + 2 c. à thé) d'**alcool sans trop d'arôme** et sans gluten (vodka de pomme de terre ou rhum de canne à sucre)

MÉTHODE

1. Stériliser un pot de 250 ml en verre ainsi que son couvercle.

2. Fendre la gousse de vanille et la couper en deux ou trois morceaux. Déposer la gousse dans le pot. Verser l'alcool sur la gousse. Fermer le couvercle du pot et secouer.

3. Ranger le pot dans le garde-manger et laisser macérer au moins deux mois avant d'utiliser.

4. Secouer régulièrement le pot (si possible une fois par jour).

NOTE : Vous pouvez ajouter de l'alcool sans gluten (le même que celui qui a été utilisé pour votre extrait) chaque fois que vous utilisez de l'extrait de vanille. Vous pouvez même ajouter des gousses nettoyées de leurs graines (qui n'ont pas été infusées dans un liquide). Cet extrait de vanille peut avoir une vie infinie si vous l'alimentez régulièrement d'alcool sans gluten et de gousses de vanille.

Barres et céréales

Muesli ou granola

J'ai goûté à plusieurs types de granolas sans gluten du commerce et aucun n'a encore convaincu mes papilles gustatives. Lasse de ces essais infructueux, j'ai décidé de créer mon propre mélange de céréales, de fruits secs et de noix. Ce granola ou muesli sans gluten est parfait pour accompagner un yogourt ou servi avec du lait pour le petit-déjeuner ou tout simplement nature pour une collation rapide.

Ingrédients

1 litre (4 tasses) de **flocons de grains**, ou céréales, entiers sans gluten (j'ai utilisé des flocons de quinoa; vous pouvez aussi essayer différentes combinaisons de flocons, par exemple des flocons de sarrasin, de riz brun ou de millet, pourvu que ceux-ci soient sans gluten)

425 ml (1 ³/₄ tasse) d'**amandes effilées** (ou autres noix au goût)

10 grosses **dattes Medjoul** ou dattes fraîches hachées en petits morceaux

190 ml (³/₄ tasse) de **miel** ou de sirop d'érable

65 ml (¹/₄ tasse) d'**huile d'olive fruitée**

NOTE : Les dattes fraîches peuvent être remplacées par des fruits secs, mais attention, ceux-ci peuvent être saupoudrés de farine par les manufacturiers.. Si vous utilisez des fruits secs sans gluten, les ajouter à la préparation seulement à la sortie du four.

Méthode

1. Préchauffer le four à 350 °F (180 °C).

2. Tapisser deux plaques à biscuits de papier parchemin ou d'un tapis de silicone.

3. Dans un petit bol, mélanger le miel avec l'huile d'olive.

4. Dans un grand bol, mélanger les flocons de céréales sans gluten, les morceaux de dattes et les amandes effilées.

5. Verser le mélange liquide sur le mélange sec. La préparation doit être bien humectée. Utiliser les mains au besoin pour mélanger.

6. Répartir la préparation également sur les deux plaques de cuisson. Déposer une plaque sur la grille du haut et l'autre sur la grille du bas. Cuire au four de 40 à 45 minutes.

7. Brasser le granola aux 10 minutes afin qu'il ne brûle pas. Après 20 minutes de cuisson, interchanger les deux plaques. Laisser refroidir au moins 1 heure avant de ranger le granola dans un contenant hermétique.

NOTE:

NOTE :

Financiers aux bleuets
et aux zestes de citron (p.233)

Madeleines aux zestes de citron (p.234)

Scones aux bleuets
et aux zestes de citron (p.235)

Smore's (p.238)

Profiteroles (p.242), glace à la vanille (p.251)
et sauce onctueuse au caramel (p.258)

Crêpes à la farine de sarrasin (p.244)

Glace au yogourt et aux fraises (p.249)

Mousse au miel et au lait d'amandes (p.256)

NOTE :

Pains, biscuits salés et craquelins

Pains et baguettes

Baguette ou ficelles aux grains complets

Après avoir façonné ma pâte à pain en une seule baguette, j'ai constaté que mon pâton était trop gros pour mon moule à baguettes. J'ai dû remodeler ma pâte en deux ficelles, ce qui a laissé échapper des bulles d'air. Mes deux ficelles sont donc sorties du four avec une mie un peu plus dense que je ne le prévoyais, mais elles étaient tout de même délicieuses avec une croûte bien craquante. La morale de cette mésaventure culinaire : avant de façonner votre pain, vérifier la grosseur de vos moules afin que votre mie profite pleinement des bulles d'aération créées par la réaction de la levure.

Ingrédients

65 ml (¼ tasse) (35 g) de **riz brun**

65 ml (¼ tasse) (35 g) de **farine de teff**

125 ml (½ tasse) (65 g) de **farine de sorgho**

375 ml (1 ½ tasse) (375 ml) de **farine de marante** (arrowroot)

35 ml (⅛ tasse) (15 g) de **farine** ou de fécule de pommes de terre

5 ml (1 c. à thé) de **gomme de xanthane**

15 ml (1 c. à soupe) de **cassonade** ou de miel

Pincée de **sel**

5 ml (1 c. à thé) de **graines de quinoa** crues et rincées

5 ml (1 c. à thé) de **graines de pavot**

5 ml (1 c. à thé) de **graines d'amarante**

5 ml (1 c. à thé) de **graines de sésame**

5 ml (1 c. à thé) de **graines de teff**

125 ml (½ tasse) d'**eau bouillante**

15 ml (1 c. à soupe) de **graines de chia** ou de lin crues et moulues finement

15 ml (1 c. à soupe) de **graines de sésame** crues et moulues finement

5 ml (1 c. à thé) de **graines de teff** crues et moulues finement

pour deux ficelles ou une baguette

Voir photo à la page 313.

125 ml (½ tasse) d'**eau** tiède à 110 °F (43 °C)

5 ml (1 c. à thé) de **levure** instantanée

5 ml (1 c. à thé) de **cassonade**

45 ml (3 c. à soupe) d'**huile d'olive**

1 gros **œuf**

Méthode

1. Dans un grand bol, mélanger les farines, la fécule, la gomme de xanthane, la cassonade ou le miel et le sel. Ajouter les graines non moulues de quinoa, de pavot, d'amarante, de sésame et de teff.

2. Dans une tasse en pyrex, mélanger les graines moulues de chia, de sésame et de teff avec l'eau bouillante et laisser agir. Le mélange deviendra gélatineux en quelques minutes.

3. Chauffer de l'eau jusqu'à ce qu'elle atteigne 110 °F (43 °C). Verser l'eau tiède dans une tasse en pyrex et y dissoudre 5 ml (1 c. à thé) de cassonade. Ajouter ensuite la levure. Laisser 10 minutes.

4. Dans un petit bol, mélanger l'huile et l'œuf. Réserver.

5. Faire un trou au milieu des ingrédients secs, y vider le mélange œuf/huile, puis mélanger avec les ingrédients secs.

6. Ajouter ensuite le mélange gélatineux de graines moulues, puis l'eau et la levure, 35 ml à la fois. Mélanger tous les ingrédients jusqu'à consistance homogène. Couvrir le bol d'une pellicule plastique ou d'une assiette et laisser reposer exactement 2 heures dans un endroit chaud et à l'abri des courants d'air. Un bon endroit pour faire lever la pâte est un four fermé avec la lumière intérieure allumée.

7. Après 2 heures, déposer la pâte sur du papier parchemin ou sulfurisé et façonner délicatement la pâte à pain en forme de baguette. Mouiller les doigts au besoin pour lisser la pâte à pain. Créer deux ficelles ou une baguette.

8. Saupoudrer la ou les baguettes de graines de sésame, de teff, d'amarante ou de pavot.

9. Couvrir la ou les baguettes d'un linge humide et laisser reposer de nouveau 1 heure.

10. Si vous avez une pierre à cuisson, la déposer au centre sur la grille du haut. Préchauffer le four à 500 °F (260 °C). Faire chauffer la pierre au moins 30 minutes.

11. Tracer trois ou quatre lignes transversales dans les pains avec une lame de rasoir ou avec la lame d'un couteau très aiguisée. Déposer ensuite la ou les baguettes avec le papier parchemin dans un moule à baguettes ou sur une plaque allant au four.

12. Déposer le plat très profond et résistant à chaleur sur la grille du bas du four et attendre 15 minutes.

13. Verser 500 ml (2 tasses) d'eau bouillante dans le plat de cuisson. Déposer ensuite le moule ou plaque à baguettes sur la grille du haut au centre du four, ou les baguettes avec papier parchemin directement sur la pierre à cuisson. Cuire à 500 °F (260 °C) 10 minutes.

14. Réduire la température à 450 °F (230 °C) et cuire 20 minutes supplémentaires. Sortir les baguettes du four, les déposer sur une grille et laisser refroidir. Ne pas trancher le pain avant qu'il ne soit refroidi.

NOTE: *La pierre à cuisson sert à uniformiser la chaleur de cuisson du pain et rendre sa croûte plus craquante.*

Baguette ou ficelles blanches

Le vœu de plusieurs cœliaques : trouver une baguette blanche sans gluten avec une belle mie et une croûte bien craquante. Impossible, diraient certains sceptiques. Lisez ce qui suit et votre vœu sera peut-être exaucé… si vous suivez les indications à la lettre, bien sûr.

pour deux ficelles
ou une baguette

Ingrédients

250 ml (1 tasse) de farine de **riz blanc**

250 ml (1 tasse) de **farine de sorgho** ou de millet

125 ml ($^1/_2$ tasse) de **farine de tapioca**

35 ml ($^1/_8$ tasse) de **fécule de pommes de terre**

30 ml (2 c. à soupe) de **farine de riz gluant**

2 ml ($^1/_2$ c. à thé) de **gomme de xanthane**

15 ml (1 c. à soupe) de **cassonade** ou de miel

2 ml ($^1/_2$ c. à thé) de **sel**

125 ml ($^1/_2$ tasse) d'**eau bouillante**

15 ml (1 c. à soupe) de **graines de chia** ou de lin crues et moulues finement

15 ml (1 c. à soupe) de **graines de sésame** crues et moulues finement

125 ml ($^1/_2$ tasse) d'**eau** tiède à 110 °F (43 °C)

5 ml (1 c. à thé) de **levure** instantanée

5 ml (1 c. à thé) de **cassonade**

45 ml (3 c. à soupe) d'**huile d'olive**

1 gros **œuf**

Méthode

1. Dans un grand bol, mélanger les farines, la gomme de xanthane, la cassonade ou le miel et le sel.

2. Dans une tasse en pyrex, mélanger les graines moulues de chia (ou de lin) et de sésame avec l'eau bouillante et laisser agir. Le mélange deviendra gélatineux au bout de quelques minutes.

3. Chauffer de l'eau jusqu'à ce qu'elle atteigne 110 °F (43 °C). Verser 125 ml ($^1/_2$ tasse) d'eau tiède dans une tasse en pyrex et y dissoudre une cuillerée à thé de cassonade. Ajouter ensuite la levure. Laisser la levure agir 10 minutes.

4. Dans un petit bol, mélanger l'huile et l'œuf. Faire un trou au milieu des ingrédients secs, y vider le mélange œuf/huile, puis mélanger avec les ingrédients secs.

5. Ajouter ensuite le mélange gélatineux de graines moulues, puis 35 ml à la fois, l'eau et la levure. Mélanger tous les ingrédients jusqu'à consistance homogène. Transférer la pâte dans un saladier huilé d'huile d'olive. Rouler la pâte dans le saladier pour la couvrir d'huile, puis couvrir le bol d'une pellicule plastique. Laisser reposer le saladier au réfrigérateur toute la nuit.

6. Le lendemain, le sortir du réfrigérateur et laisser reposer la pâte 3 heures dans un endroit chaud et à l'abri des courants d'air. Un bon endroit pour faire lever la pâte est un four fermé avec la lumière intérieure allumée.

7. Après 3 heures, déposer la pâte sur du papier parchemin ou sulfurisé et façonner délicatement la pâte à pain en forme de baguette. Mouiller les doigts au besoin pour lisser la pâte à pain, mais sans trop presser. Vous pouvez ainsi créer deux ficelles ou une seule.

8. Badigeonner les baguettes avec de l'eau, puis les saupoudrer de graines de sésame ou de pavot (cette étape est facultative).

9. Préchauffer le four à 500 °F (260 °C). Déposer une pierre à cuisson sur la grille du haut et laisser chauffer au moins 30 minutes. Quand la température est atteinte, déposer un plat profond allant au four sur la grille du bas.

10. Déposer les baguettes avec le papier parchemin dans un moule à baguettes ou sur une plaque allant au four. Tracer trois ou quatre lignes transversales sur le dessus des baguettes avec une lame de rasoir.

11. Faire bouillir 500 ml d'eau puis verser directement dans le moule profond au four. Attention aux éclaboussures et aux grilles très chaudes. Déposer ensuite le moule ou la plaque à baguettes sur la grille du haut au centre du four ou les baguettes sur la pierre à cuisson avec le papier parchemin. Réduire la température à 475 °F (260 °C) et cuire 10 minutes.

12. Réduire ensuite la température à 450 °F (230 °C) et cuire de 15 à 20 minutes supplémentaires. Vérifier la température interne de la baguette en piquant un thermomètre à viande au centre du pain, dans la mie. La baguette est prête lorsque le thermomètre indique 205 °F (96 °C).

13. Sortir les baguettes du four, les déposer sur une grille et les laisser refroidir.

Note : Ne pas trancher le pain avant qu'il ne soit refroidi, soit environ 30 minutes après sa sortie du four.

Pain à la bière et au fromage

Le chili con carne est souvent servi sur des tranches de pain. Bien que je mange presque toujours mon chili avec des croustilles de maïs, à l'occasion, j'aime bien l'accompagner de tranches de pain sans gluten au cheddar et à la bière. Ce pain est très savoureux et goûteux, surtout après une journée, car le goût de la bière et du fromage cheddar fort s'est intensifié.

pour **1** pain rectangulaire
de 23 × 13 cm (9 × 5 po)

Ingrédients

250 ml (1 tasse) de **farine de tapioca**

250 ml (1 tasse) de **farine de sorgho**

250 ml (1 tasse) de **farine de maïs** Maseca (farine de maïs nixtamalisée)

30 ml (2 c. à soupe) de **poudre à pâte**

15 ml (1 c. à soupe) de **sucre blond** ou de cassonade

2 ml ($\frac{1}{2}$ c. à thé) de **sel**

5 ml (1 c. à thé) de **gomme de xanthane**

100 g de **cheddar fort** râpé, mis au congélateur

2 œufs

340 ml de **bière rousse** ou brune sans gluten

30 ml (2 c. à soupe) de **beurre fondu** sans sel

Méthode

1. Préchauffer le four à 350 °F (180 °C).

2. Dans un grand bol, mélanger tous les ingrédients secs.

3. Dans un autre bol, mélanger les œufs, une cuillerée à soupe de beurre fondu et la bière.

4. Vider les ingrédients liquides et le cheddar râpé dans le bol d'ingrédients secs et bien mélanger. Ne pas trop manier la pâte.

5. Vider la pâte à pain dans un moule à pain graissé de beurre.

6. Cuire sur la grille au centre du four 35 minutes. Retirer doucement du four et badigeonner le pain avec le beurre fondu.

7. Remettre le pain au four 35 minutes supplémentaires. Laisser tiédir environ 5 minutes.

8. Retirer le pain du moule et laisser refroidir complètement sur une grille.

Pain à l'avoine et aux céréales complètes

Ce pain est tellement délicieux qu'il confondra même les sceptiques. Si vous cherchez une recette pour convertir certaines personnes qui clament que le pain sans gluten goûte le carton, essayez la recette qui suit. Elle fera des adeptes même parmi les non-croyants.

pour 1 pain rond de 23 cm (9 po) de diamètre

Ingrédients

125 ml (½ tasse) de **farine de tapioca**

125 ml (½ tasse) de **farine de millet**

85 ml (⅓ tasse) de **farine de sorgho**

85 ml (⅓ tasse) de **fécule de pommes de terre**

125 ml (½ tasse) de **farine de riz brun**

125 ml (½ tasse) de **farine de riz blanc**

190 ml (¾ tasse) de **flocons d'avoine** pure réduits en poudre (si vous êtes sensible à l'avoine, utilisez des flocons de quinoa, de sarrasin ou de millet)

5 ml (1 c. à thé) de **sel**

15 ml (1 c. à soupe) de **gomme de xanthane**

65 ml (¼ tasse) d'**eau bouillante**

30 ml (2 c. à soupe) de **graines de chia** ou de lin finement moulues

250 ml (1 tasse) d'**eau** tiède à 110 °F (43 °C)

11 ml (2 ¼ c. à thé) de **levure** active

45 ml (3 c. à soupe) de **cassonade** ou sucre brut

15 ml (1 c. à soupe) de **miel** ou de mélasse

60 ml (4 c. à soupe) d'**huile d'olive** ou de pépins de raisins

5 ml (1 c. à thé) de **vinaigre de cidre**

Méthode

1. Dans un grand saladier, mélanger les ingrédients secs.

2. Dans un petit bol, mélanger les graines de chia ou de lin moulues avec l'eau bouillante. Laisser gélifier.

3. Dans une tasse, mélanger l'eau tiède, la levure et une cuillerée à soupe de cassonade ou de sucre brut. Laisser la levure agir 10 minutes.

4. Dans un petit bol, mélanger l'huile, le miel ou la mélasse, le vinaigre de cidre et la cassonade ou sucre brut. Incorporer la gelée de graines de chia ou de lin au mélange liquide et fouetter avec une fourchette.

5. Faire un puits au milieu des ingrédients secs et y verser la préparation gélifiée. Mélanger avec une cuillère en bois. Incorporer l'eau et la levure peu à peu et battre avec un malaxeur puissant ou à la main avec un fouet. Former une boule avec le mélange et déposer dans un saladier huilé. Couvrir avec une pellicule de plastique, un linge humide ou une grande assiette.

6. Laisser la pâte lever dans un endroit à l'abri des courants d'air 2 heures.

7. Sur un papier parchemin fariné, déposer la boule de pâte. La façonner en forme ovale ou ronde et, avec les mains mouillées, lisser la pâte à pain. Couvrir la pâte à pain avec un saladier ou un bol assez grand. Laisser lever 1 heure.

8. Préchauffer le four à 500 °F (260 °C) et déposer un grand plat profond sur la grille du bas au centre du four.

Suite ▷

9. Entailler la pâte à pain de trois traits diagonaux. Soulever le papier parchemin et déposer la pâte à pain avec le papier parchemin dans une cocotte en fonte émaillée. Couvrir la cocotte et l'enfourner sur la grille du haut et verser dans le grand plat 500 ml (2 tasses) d'eau bouillante.

10. Après 20 minutes de cuisson, retirer le couvercle de la cocotte, réduire la température du four à 450 °F (230 °F) et poursuivre la cuisson 25 minutes supplémentaires.

11. Retirer la cocotte du four et, avec une spatule, soulever le pain et le déposer sur une grille de refroidissement. Attendre un minimum d'une heure avant de trancher le pain.

NOTE : *Ce pain est délicieux et spongieux avec un léger goût sucré. Il est excellent rôti ou nature. Lorsque le pain est refroidi, l'envelopper d'un linge de table propre et sans odeur (qui n'a pas été parfumé par du savon), puis le mettre dans un grand sac de plastique. Se conserve au moins cinq jours.*

Vous pouvez aussi cuire ce pain en le déposant avec le papier parchemin sur une pierre à cuisson dans un four à 450 °F (230 °C). Cuire le pain de 50 à 60 minutes. Déposer aussi un plat d'eau chaude sur la grille du bas du four et le garder pour toute la durée de la cuisson.

Pain blanc

Un bon pain blanc, qui n'a pas besoin d'être grillé pour avoir bon goût, voilà le souhait de plusieurs cœliaques. J'ai fait plusieurs essais et, finalement, j'ai réussi mon pain blanc sans gluten. Ce pain reste moelleux deux jours. Ensuite, il est préférable de le faire trancher, puis de le congeler.

Ingrédients

190 ml (²/₃ tasse) de **fécule de maïs**

190 ml (²/₃ tasse) de **farine de riz blanc**

125 ml (¹/₂ tasse) de **farine de sorgho** ou de millet

30 ml (2 c. à soupe) de **farine de riz** gluant

65 ml (¹/₄ tasse) de **fécule de pommes de terre**

125 ml (¹/₂ tasse) de **farine de tapioca**

15 ml (1 c. à soupe) de **gomme de xanthane**

2 ml (¹/₂ c. à thé) de **sel**

15 ml (1 c. à soupe) de **levure** instantanée

315 ml (1 ¹/₄ tasse) de **lait** tiède

15 ml (1 c. à soupe) de **sucre**

pour **1** pain rond de 23 cm (9 po) de diamètre

Voir photo à la page 315.

10 ml (2 c. à thé) de **graines de chia** moulues

45 ml (3 c. à soupe) d'**eau** chaude

5 ml (1 c. à thé) de **vinaigre de cidre**

90 ml (6 c. à soupe) d'**huile végétale**

30 ml (2 c. à soupe) de **sirop d'agave** ou de miel

3 **blancs d'œufs** fouettés en neige

Méthode

1. Dans un grand saladier, battre avec un fouet ou un batteur électrique tous les ingrédients secs ensemble sauf la levure, le sucre et les graines de chia.

2. Dans un petit bol, mélanger avec une fourchette le vinaigre de cidre, l'huile et le miel. Réserver.

3. Dans une tasse, mélanger l'eau chaude et les graines de chia moulues, puis laisser gélifier de 5 à 10 minutes.

4. Verser le lait dans un bol ou une grande tasse en pyrex et faire chauffer au micro-ondes de 30 à 45 secondes. Vérifier la température du lait et attendre qu'elle baisse à 100 °F (38 °C), puis ajouter la levure, mélanger et laisser agir 10 minutes.

5. Battre les blancs d'œufs en neige et réserver.

6. Faire un puits au centre du bol de farine et y verser le mélange liquide d'huile et de graines de chia. Avec un batteur électrique, mélanger, puis ajouter le lait et fouetter jusqu'à l'obtention d'une consistance homogène. Finalement, plier les blancs d'œufs avec une spatule.

7. Verser le pain dans un moule à pain de ménage (moule rectangulaire). Mettre le pain dans un four avec la lumière allumée et laisser lever 1 heure.

8. Retirer du four. Installer la grille au centre du four et le préchauffer à 375 °F (190 °C).

9. Dans un grand moule, verser de l'eau et déposer sur la grille du bas, puis mettre le pain sur la grille au centre du four. Réduire la température à 350 °F (180 °C) et cuire 45 minutes ou jusqu'à ce qu'un thermomètre inséré au centre du pain (température de la mie au centre) indique 185 °F (85 °C).

10. Retirer le pain du four et laisser tiédir. Lorsque tiède, retirer du moule et laisser refroidir sur une grille. Attendre au moins 2 heures avant de trancher le pain.

NOTE : *Ce pain, lorsque rassis, fait de très bons croûtons. (Voir recette à la page 299)*

Pain campagnard multigrain

Le pain multigrain est un des aliments qui me manquent le plus depuis que j'ai été diagnostiquée cœliaque. Trouver du bon pain multigrain sans gluten de type artisanal au Québec est selon moi utopique, voire impossible. J'en ai essayé une multitude, mais la plupart m'ont déçue. J'ai donc testé plusieurs recettes de pains sans gluten et toutes sortes de combinaisons de farines pour finalement créer un pain multigrain qui me plaît et dont le goût et la texture me rappellent les pains artisanaux que j'aimais tant manger.

J'ai trouvé que la méthode de cuisson à l'ancienne dans une cocotte en fonte émaillée semblait intéressante et j'ai eu le goût de l'essayer. J'ai été très satisfaite du résultat et, après six jours, mon pain sans gluten était toujours bon et, malgré sa densité, encore moelleux.

Voir photo à la page 314.

pour 1 pain rond de 23 cm (9 po) de diamètre

Ingrédients

125 ml (¹/₂ tasse) de **farine de riz brun**

125 ml (¹/₂ tasse) de **farine de riz blanc**

125 ml (¹/₂ tasse) de **farine de teff**

190 ml (³/₄ tasse) de **farine de sorgho**

250 ml (1 tasse) de **farine de tapioca**

15 ml (1 c. à soupe) de **levure**

5 ml (1 c. à thé) de **sel**

15 ml (1 c. à soupe) de **gomme de xanthane**

15 ml (1 c. à soupe) de **gélatine** en poudre

15 ml (1 c. à soupe) de **mélasse**

15 ml (1 c. à soupe) de **miel**

5 ml (1 c. à thé) de **vinaigre de cidre**

335 ml (1 ¹/₃ tasse d'**eau** tiède à 110 °F (43 °C)

45 ml (3 c. à soupe) d'**huile de pépins de raisins**

2 **œufs**

30 ml (2 c. à soupe) de **graines de teff**

35 ml (¹/₈ tasse) de **graines de pavot**

30 ml (2 c. à soupe) de **graines de chia**

30 ml (2 c. à soupe) de **graines de lin** moulues

35 ml (¹/₈ tasse) de **graines de sésame**

30 ml (2 c. à soupe) de **graines d'amarante**

30 ml (2 c. à soupe) de **graines de quinoa**

30 ml (2 c. à soupe) de **graines de tournesol**

30 ml (2 c. à soupe) de **graines de citrouille**

ATTENTION : *Toujours sentir et goûter les farines et les grains avant de les utiliser. Certaines farines et grains deviennent rances rapidement et pourraient gâcher le goût du pain.*

Méthode

1. Dans un grand bol, mélanger tous les ingrédients secs incluant les graines (sauf celles de tournesol et de citrouille et une cuillerée à thé de graines de pavot et de sésame).

2. Chauffer l'eau jusqu'à ce qu'elle atteigne 110 °F (43 °C). Verser l'eau tiède dans une grosse tasse en pyrex et y dissoudre une cuillerée à thé de sucre. Ajouter ensuite la levure. Laisser agir 10 minutes.

3. Mélanger l'huile, le vinaigre et les œufs dans une tasse.

4. Faire un trou au milieu des ingrédients secs, y verser le mélange aux œufs et incorporer les ingrédients secs avec une cuillère en bois. Ajouter, 85 ml ($^1/_3$ tasse) à la fois, l'eau et la levure et mélanger tous les ingrédients. Couvrir le bol d'une pellicule de plastique ou d'une assiette et laisser reposer 2 heures.

5. Façonner délicatement la pâte à pain en boule en mouillant les mains au besoin. Déposer la boule de pâte à pain sur un papier parchemin et la saupoudrer de graines de tournesol, de citrouille, de pavot et de sésame. Couvrir la boule d'une pellicule de plastique et laisser reposer de nouveau 45 minutes.

6. Préchauffer le four à 500 °F (260 °C). Déposer un plat profond au centre de la grille du bas.

7. Déposer la boule de pâte à pain avec le papier parchemin dans une cocotte en fonte émaillée. Faire trois ou quatre lignes transversales sur la boule de pain avec un couteau, puis poser le couvercle de la cocotte.

8. Faire bouillir 500 ml (2 tasses) d'eau, puis les verser dans le plat profond au centre du four. Déposer ensuite la cocotte sur la grille du haut au centre du four. Cuire à 500 °F (260 °C) 20 minutes.

9. Enlever ensuite le couvercle, réduire la température à 450 °F (230 °C) et cuire de 20 à 25 minutes supplémentaires.

10. Sortir la cocotte du four. Enlever le pain avec une spatule, déposer sur une grille et laisser refroidir. Ne pas couper le pain avant qu'il ne soit refroidi.

Pain aux grains et aux noix au robot-boulanger

pain de **900** g ou **2** lb

Ingrédients

340 ml (1 ³/₈ tasse) de **farine de riz brun**

125 ml (¹/₂ tasse) de farine de **riz blanc** ou de riz gluant

125 ml (¹/₂ tasse) de **farine de quinoa**

125 ml (¹/₂ tasse) de **farine de sorgho**

250 ml (1 tasse) de **farine de tapioca**

125 ml (¹/₂ tasse) de **farine de marante**

3 c. à thé de **gomme de xanthane**

10 ml (2 c. à thé) de **gélatine**

10 ml (2 c. à thé) de **sel**

250 ml (1 tasse) de **lait** tiède

190 ml (³/₄ tasse) d'**eau** tiède

15 ml (1 c. à soupe) de **sucre blond**

60 ml (4 c. à soupe) d'**huile d'olive**

30 ml (2 c. à soupe) de **mélasse**

30 ml (2 c. à soupe) de **miel**

2 gros **œufs** à la température ambiante

5 ml (1 c. à thé) de **vinaigre de cidre**

250 ml (1 tasse) de **noix** hachées (pacanes, noix de Grenoble, noisettes)

125 ml (¹/₂ tasse) de **graines rôties variées** (tournesol, citrouille, sésame, pavot, lin, chia, teff)

65 ml (¹/₄ tasse) de **kasha** (graines de sarrasin grillées) moulu

125 ml (¹/₂ tasse) de **flocons** (quinoa, sarrasin, riz brun)

15 ml (1 c. à soupe) de **levure** pour robot-boulanger

Méthode

1. Dans le récipient du robot-boulanger, ajouter dans l'ordre tous les ingrédients secs sauf les flocons, les graines, les noix et la levure, l'eau, le sucre, l'huile, la mélasse, le miel, les œufs et le vinaigre de cidre. Déposer le récipient dans le robot-boulanger.

2. Sélectionner le cycle pour le pain sans gluten, régler pour un gros pain (2 lb) et une cuisson moyenne de la croûte. Mettre en marche le robot-boulanger.

3. Laisser les ingrédients se mélanger 2 minutes, puis ajouter graduellement l'eau et le reste des ingrédients, dans l'ordre suivant : noix, graines rôties variées, kasha puis, finalement, 15 ml (1 c. à soupe) de levure pour robot-boulanger.

4. Lors de la période de malaxage, utiliser une spatule pour aider à intégrer tous les ingrédients dans le mélange, même ceux au fond. Attention au crochet pétrisseur.

5. Une fois la période de pétrissage terminée, enlever le crochet pétrisseur avec la main puis garnir le dessus du pain avec des flocons.

6. Ne pas ouvrir le couvercle du robot-boulanger pendant la levée du pain ni durant la cuisson.

7. Lorsque le pain est prêt, avec une mitaine de cuisson, enlever le récipient à pain et laisser reposer 1 heure. Enlever le pain, puis laisser refroidir sur une grille. Ne pas couper le pain avant qu'il ne soit refroidi complètement.

NOTE : *Ce pain est délicieux le jour même de sa cuisson. Après une journée, trancher le pain, puis ranger les tranches dans un sac hermétique dans un congélateur ou au réfrigérateur.*

J'utilise un robot-boulanger Cuisinart CBK-200C.

Craquelins

*Le biscuit **est un type de scone salé typique du sud des États-Unis. Parfaits pour accompagner** un pot-au-feu, les biscuits **apéritifs salés sont aussi idéaux pour le petit-déjeuner avec du** beurre, de la confiture ou de la mélasse. Mon conjoint m'a affirmé que personne ne pourrait se douter que ces **biscuits sont sans gluten. Un beau compliment que j'ai accepté d'emblée.***

Ingrédients

pour **12** biscuits

65 ml (¼ tasse) de **farine de sorgho**

65 ml (¼ tasse) de **farine de tapioca**

65 ml (¼ tasse) d'**amidon de maïs**

65 ml (¼ tasse) de **farine de riz blanc**

5 ml (1 c. à thé) de **gomme de xanthane**

10 ml (2 c. à thé) de **poudre à pâte**

1 ml (¼ c. à thé) de **sel**

15 ml (1 c. à soupe) de **sucre roux** ou brun

65 ml (¼ tasse) de **beurre salé** froid coupé en dés

95 ml (⅜ tasse) de **lait** froid

1 **jaune d'œuf**

1 **blanc d'œuf** monté en neige

Méthode

1. Préchauffer le four à 450 °F (230 °C). Installer la grille du haut au centre du four.

2. Tapisser une plaque allant au four de papier parchemin.

3. Dans un grand bol, mélanger les farines, la gomme de xanthane, la poudre à pâte, le sucre et le sel.

4. Ajouter les cubes de beurre aux ingrédients secs. À l'aide d'un couteau ou d'un coupe-pâte, couper les cubes de beurre en petits morceaux jusqu'à ce qu'ils soient de la grosseur de petits pois.

5. Ajouter le lait et le jaune d'œuf et mélanger. Attention de ne pas trop travailler la pâte pour ne pas faire fondre le beurre. Plier le blanc d'œuf monté en neige dans la pâte, puis mélanger délicatement.

6. Abaisser la pâte sur un plan de travail enfariné en utilisant un rouleau à pâtisserie. L'épaisseur de la pâte devrait être de 13 à 20 mm.

7. À l'aide d'un emporte-pièce ou d'un verre d'environ de 5 cm de diamètre, découper la pâte et déposer chaque disque sur la plaque allant au four. Prendre soin de laisser un espace d'environ 1 cm entre chaque disque.

8. Réduire la température du four à 400 °F (200 °C). Placer la plaque au centre du four.

9. Selon l'épaisseur des biscuits ou la cuisson désirée, cuire au four de 12 à 15 minutes.

10. Laisser refroidir les biscuits environ 5 minutes sur une grille.

Pain plat croustillant (ou craquelins) aux grains complets

Lasse de manger des craquelins de riz blanc trop salés et sans fibres, j'ai créé cette recette de pain croustillant aux grains complets. Le résultat me fait penser à un pain arménien, le lavash, mais en version croustillante. En cassant le pain après la cuisson, on forme des craquelins.

Voir photo à la page 316.

pour **30** à **36** craquelins

Ingrédients

190 ml (³/₄ tasse) de **farine de riz brun**

65 ml (¹/₄ tasse) de **farine de riz blanc**

65 ml (¹/₄ tasse) de **farine de riz gluant**

65 ml (¹/₄ tasse) de **farine de teff**

125 ml (¹/₂ tasse) de **farine de quinoa**

5 ml (1 c. à thé) de **poudre à pâte**

5 ml (1 c. à thé) de **sel**

105 ml (7 c. à soupe) d'**eau bouillante**

250 ml (1 tasse) de **poudre d'amandes** ou de pacanes moulues

10 ml (2 c. à thé) de **graines de chia** moulues

5 ml (1 c. à thé) de **graines d'amarante** moulues

5 ml (1 c. à thé) de **graines de teff** moulues

15 ml (1 c. à soupe) de **miel**

5 ml (1 c. à thé) de **vinaigre de cidre**

30 ml (2 c. à soupe) d'**huile d'olive**

85 ml (¹/₃ tasse) d'**eau**

Garniture

10 ml (2 c. à thé) de **graines de chia**

10 ml (2 c. à thé) de **graines de sésame**

5 ml (1 c. à thé) de **graines d'amarante**

5 ml (1 c. à thé) de **graines de teff**

15 ml (1 c. à soupe) de **fleur de sel**

Méthode

1. Dans un grand bol, mélanger les farines, la poudre d'amande, le sel et la poudre à pâte. Faire un puits au milieu des ingrédients secs.

2. Dans une tasse, mélanger l'eau bouillante et les graines moulues. Laisser gélifier 5 minutes.

3. Dans un petit bol, fouetter ensemble l'huile d'olive, le vinaigre de cidre, le miel et l'eau. Verser les ingrédients liquides dans le puits et incorporer graduellement les ingrédients secs en brassant avec une cuillère en bois. Si le mélange est trop épais, utiliser les mains pour pétrir la pâte. Former une boule de pâte et laisser reposer 20 minutes.

4. Préchauffer le four à 375 °F (190 °C).

5. Sur une feuille de papier parchemin farinée, déposer la boule de pâte. Abaisser la pâte avec un rouleau. Avec les mains, former un rectangle. Si la pâte est collante, la fariner des deux côtés avec de la farine de riz brun, puis la couvrir d'une feuille de papier parchemin. Corriger la forme de la pâte avec les mains. Abaisser la pâte en un rectangle plat d'une épaisseur de 2,5 mm. Enlever le papier parchemin sur le dessus de la pâte. Piquer la pâte avec une fourchette.

6. Soulever la pâte avec le papier parchemin en dessous et la déposer sur une plaque à cuisson.

7. Garnir la pâte de grains complets et de sel. Presser sur les grains avec les mains.

8. Couper délicatement la pâte en rectangles ou carrés au format désiré avec un rouleau coupe-pizza/pâtisserie ou un emporte-pièce. La pâte peut être également coupée en morceaux à la sortie du four seulement.

9. Mettre la plaque au centre du four et cuire environ 15 minutes ou jusqu'à ce que les craquelins soient dorés. Sortir du four et laisser reposer environ une demi-heure. Soulever délicatement la pâte cuite et séparer les biscuits en suivant les marques d'entailles.

10. Si la pâte n'a pas été entaillée, briser la pâte cuite une fois qu'elle est refroidie, en carrés ou en triangles.

Pains plats

Injera

Un vrai pain injera (pain plat éthiopien) prend beaucoup de temps à faire. Il faut tout d'abord créer un levain. Ce ferment est prêt en sept jours. Ensuite on prépare l'injera avec une partie du ferment. Je trouve toutes ces étapes de préparation trop longues, alors j'ai décidé de créer un ferment poolish avec de la farine de teff. En 24 heures, j'avais mon pain injera que j'ai utilisé pour absorber la sauce d'un plat éthiopien au poulet (voir recette à la page 111).

Poolish à la farine de teff

INGRÉDIENTS

190 ml ($^3/_4$ tasse) d'**eau** tiède à 110 °F (43 °C)

15 ml (1 c. à soupe) de **sucre**

125 ml ($^1/_2$ tasse) de **farine de teff**

1 ml ($^1/_4$ c. à thé) de **levure** instantanée

MÉTHODE

1. Faire chauffer de l'eau jusqu'à 110 °F (43 °C).

2. Verser l'eau dans un grand bol, puis ajouter la farine de teff, le sucre et la levure. Brasser avec une cuillère en bois et couvrir avec une assiette en laissant un tout petit espace pour que l'air circule. Laisser la levure agir 24 heures.

3. La poolish à la farine de teff est prête lorsque la surface est remplie de bulles.

Injera
pour **8** pains plats

INGRÉDIENTS

Poolish à la **farine de teff**

440 ml (1 $^3/_4$ tasse) d'**eau** tiède à 110 °F (43 °C)

15 ml (1 c. à soupe) de **sucre**

375 ml (1 $^1/_2$ tasse) de **farine de teff**

5 ml (1 c. à thé) de **levure** instantanée

Huile d'arachide (pour friture)

MÉTHODE

1. Faire chauffer l'eau à 110 °F (43 °C).

2. Mettre trois quarts de tasse d'eau dans une grosse tasse et ajouter le sucre et la levure. Laisser la levure agir 10 minutes.

3. Dans un saladier, mélanger la poolish, la farine de teff et l'eau puis ajouter le mélange liquide de levure. Laisser agir 1 heure.

4. Dans une poêle, à feu moyen, faire chauffer une cuillerée à soupe d'huile d'arachide.

Suite ▷

Prendre une louche et, avec un mouvement circulaire, verser la pâte à injera. De multiples bulles apparaîtront. Lorsque le pain est rempli de trous de bulles, couvrir la poêle et laisser la pâte cuire. Le pain sera prêt lorsqu'il aura complètement changé de couleur (de 3 à 4 minutes).

5. Avec une spatule, retirer le pain et déposer sur une feuille de papier d'aluminium. Le recouvrir avec le papier d'aluminium et faire cuire le reste de la pâte. Mettre un papier sulfurisé entre chaque étage de pain cuit.

NOTE : *Ce pain plat est utilisé comme ustensile et récipient en Éthiopie. Grâce à sa texture spongieuse, l'injera est un pain idéal pour absorber les liquides des plats en sauce.*

Pain naan

J'ai découvert le pain naan à la Maison de Cari Golden à Montréal. Ce restaurant était mon endroit favori pour manger des plats indiens, surtout du poulet au beurre, de la sauce raïta et bien sûr du pain naan. Puisque les épices moulues et les caris peuvent contenir de la farine, j'ai cessé d'aller à mon restaurant chéri et j'ai commencé à concocter mes propres recettes de caris. Depuis, mes amis et membres de ma famille dégustent des mets indiens à ma Maison de cari sans gluten !

Voir photo à la page 320.

pour **6** pains plats

Ingrédients

190 ml (³/₄ tasse) de farine de **riz blanc**

125 ml (¹/₂ tasse) de **farine de sorgho**

250 ml (1 tasse) de **farine de tapioca**

5 ml (1 c. à thé) de **levure**

5 ml (1 c. à thé) de **poudre à pâte**

15 ml (1 c. à soupe) de **sucre**

1 ml (¹/₂ c. à thé) de **sel**

5 ml (1 c. à thé) de **gomme de xanthane**

170 ml (²/₃ tasse) d'**eau** tiède à 110 °F (43 °C)

37 ml (2 ¹/₂ c. à soupe) de **yogourt nature** à la température ambiante

1 **œuf**

10 ml (2 c. à thé) de **graines de chia** moulues

15 ml (1 c. à soupe) d'**eau bouillante**

15 ml (1 c. à soupe) d'**huile végétale**

5 ml (1 c. à thé) de **miel**

Méthode

1. Dans une tasse, mélanger le sucre, la levure et l'eau tiède. Mélanger et laisser agir 10 minutes.

2. Dans une tasse, mélanger les graines de chia moulues et l'eau bouillante.

3. Dans un grand bol, mélanger la farine, le sel, la gomme de xanthane et la poudre à pâte. Faire un puits au milieu.

4. Dans un bol, mélanger l'œuf, le yogourt, le miel et l'huile végétale. Verser l'eau et la levure, le mélange de yogourt et la gelée de graines de chia dans le puits et incorporer, une cuillèrée à soupe à la fois, les ingrédients secs en mélangeant avec une fourchette ou un fouet. Travailler la pâte avec les mains huilées. Former une boule. Déposer la boule dans un bol propre huilé. Couvrir le bol d'un linge humide ou une pellicule plastique et laisser lever la pâte 1 heure dans un endroit à l'abri des courants d'air.

5. Prendre la pâte à naan et faire six formes ovales. Déposer les six pâtons dans un plat légèrement huilé et couvrir d'un linge humide. Laisser la pâte lever de nouveau environ 45 minutes.

6. Préchauffer le four au plus haut degré (la température maximale de mon four est de 525 °F ou 275 °C).

7. Sur un plan de travail fariné (avec de la farine de riz blanc), déposer un pâton. Fariner le dessus du pâton avec de la farine de riz blanc. Couvrir d'un film alimentaire ou d'un papier parchemin, abaisser la pâte à une épaisseur de $^{1}/_{2}$ cm avec la paume de la main et façonner en forme ovale allongée. Déposer la pâte abaissée sur une feuille de papier parchemin. Répéter avec les cinq autres pâtons.

8. Huiler légèrement un plat de cuisson ou une pierre à cuisson et mettre au four une demi-heure. Avec des gants protecteurs, retirer le plat ou la pierre de cuisson et y déposer une pâte à pain naan. Remettre au centre du four sur la grille du haut et cuire de 2 à 3 minutes. Sortir la plaque et beurrer ou huiler le côté non cuit du pain et le déposer sur la plaque chaude. Remettre au four de 3 à 4 minutes. Le pain est prêt lorsqu'il a cessé de faire des bulles d'air et qu'il devient boursouflé. Retirer du four et répéter avec les cinq autres pâtes. Lorsque le pain est cuit, beurrer et couvrir d'un papier d'aluminium. Empiler chaque pain beurré et couvrir de papier d'aluminium.

NOTE : *Ce pain est délicieux servi avec des mets indiens (poulet tandoori ou poulet au beurre ainsi qu'avec de la sauce raïta. Voir recettes aux pages 82).*

Le pain naan peut être cuit dans un barbecue ou une poêle.

Pour la cuisson au barbecue, suivre les mêmes premières indications. Ensuite, préchauffer le barbecue à température élevée (500 °F) puis réduire à température moyenne/élevée (400 °F). Déposer un bac à copeaux de bois, préalablement trempés dans l'eau 1 heure, sur la grille de gauche. Placer ensuite une plaque ou une pierre à pizza huilée, puis baisser le feu directement sous la plaque/pierre à minimum. Cuire le pain de 2 à 3 minutes de chaque côté.

Pour la cuisson dans une poêle, la faire chauffer sur un feu d'intensité moyenne, ajouter du beurre clarifié (ghee) et, lorsque chaud, y déposer un pain naan. Quand les bulles commencent à se former (après environ 2 minutes), tourner le pain naan puis couvrir et faire cuire de 2 à 3 minutes supplémentaires.

Tortillas de maïs

Avant d'être diagnostiquée cœliaque, je croyais que la fabrication de tortillas était très compliquée et surtout réservée aux mains expertes des Sud-Américains. Maintenant que je fabrique moi-même mes tortillas de maïs, je réalise à quel point il est facile de faire ce pain plat à la maison. Il suffit d'utiliser de la farine masa harina instantanée ou de la farine de maïs nixtamalisée, de lui ajouter de l'eau et le tour est joué. Pas besoin d'une presse à tortillas ; un simple rouleau de pâte à tarte, une surface lisse et une grande poêle suffisent.

Ingrédients

pour **8** à **9** tortillas

250 ml (1 tasse) de **farine masa harina** instantanée

190 ml (³/₄ tasse) d'**eau**

Pincée de **sel**

Méthode

1. Dans un bol, mélanger la farine, le sel et l'eau. Former une boule de pâte. Si la pâte n'est pas assez malléable, y ajouter de l'eau, une cuillerée à soupe à la fois. Diviser la pâte en huit ou neuf petites boules.

2. Prendre une boule de pâte et la déposer sur un plan de travail enfariné de masa harina. Si la boule est sèche, ajouter un peu d'eau dans les mains et humecter la boule. Écraser la boule avec la paume d'une main et lui donner une forme de disque d'environ 2 po (5 cm) de diamètre.

3. Avec un rouleau, abaisser la pâte comme pour une tarte, jusqu'à l'obtention d'une tortilla d'environ 6 po (13 cm) de diamètre. Empiler chaque tortilla dans une grande assiette. Couvrir chaque tortilla d'une serviette en papier.

4. Entre-temps, préchauffer une poêle sur un feu moyen. Mettre une goutte d'huile de pépins de raisins dans la poêle. Déposer une tortilla à la fois dans la poêle et faire cuire de chaque côté de 60 à 70 secondes.

5. Empiler les tortillas cuites dans une assiette et les couvrir individuellement d'une serviette de papier pour conserver la chaleur et éviter qu'elles se collent les unes aux autres.

Pains sucrés

Muffins ou pains aux bananes et aux dattes

Mon conjoint déteste les bananes mûres. Dès que des taches brunes apparaissent sur ce fruit délicat, il se fait un devoir de me le souligner de façon dramatique et tente de s'en débarrasser au plus vite. Donc, chaque fois que mon amoureux fait un geste menaçant envers nos bananes trop mûres, je m'empresse de les sauver de leur triste sort. Je cuisine alors des muffins ou des pains aux bananes et aux dattes. Et sachez que, plus vos bananes seront tachetées, plus elles seront sucrées, donc meilleur sera le goût de vos muffins !

Ingrédients

pour 15 muffins ou deux pains

250 ml (1 tasse) de **farine de soya** faible en gras

170 ml (²/₃ tasse) de **farine de sorgho** ou de millet

335 ml (1 ¹/₃ tasse) de **farine de tapioca** ou de maïs

5 ml (1 c. à thé) de **poudre à pâte**

5 ml (1 c. à thé) de **bicarbonate de soude**

5 ml (1 c. à thé) de **cinq épices** moulues

5 ml (1 c. à thé) de **noix muscade** moulue

5 ml (1 c. à thé) de **cannelle** moulue

5 ml (1 c. à thé) de **gomme de xanthane**

Pincée de **sel**

3 **œufs**

250 ml (1 tasse) de **lait**

125 ml (¹/₂ tasse) de **beurre** doux fondu

125 ml (¹/₂ tasse) de **cassonade**

3 **bananes** bien mûres

250 ml (1 tasse) de **dattes** hachées

125 ml (¹/₂ tasse) de **pacanes** hachées

Graines d'une demi-gousse de **vanille**

NOTE : *Dans les épices moulues se cache souvent du gluten. J'utilise donc toujours des épices entières que je mouds au mortier ou dans un moulin électrique. Si vous n'avez pas les farines sans gluten que je propose, utilisez votre propre mélange.*

Méthode

1. Préchauffer le four à 350 °F (180 °C).

2. Dans un grand bol, mélanger les ingrédients secs (farines, cassonade, poudre à pâte, sel, gomme de xanthane, épices et bicarbonate de soude).

3. Dans un autre bol, écraser les bananes ; ajouter ensuite les œufs, le lait, le beurre fondu et battre jusqu'à ce que le mélange soit homogène. Ajouter graduellement ce mélange dans les ingrédients secs jusqu'à consistance uniforme. Puis, ajouter les graines de vanille, les noix et les dattes hachées et mélanger.

4. Vider dans un moule à muffins graissé ou avec caissons.

5. Enfourner à 350 °F (180 °C) environ 40 minutes ou jusqu'à ce qu'un cure-dents inséré dans le milieu de la préparation en ressorte sec et propre.

TRUC : *J'emballe individuellement chaque muffin ou tranche de pain avec de la pellicule plastique et je les range au congélateur dans un sac hermétique. Ils se conservent mieux ainsi.*

Pain aux épices et aux fruits secs

Mon conjoint aime bien le pain grillé aux raisins et à la cannelle. Toutes les fois que l'odeur de ce pain parvient à mes narines, j'ai le goût de manger ses rôties. Toutefois, puisqu'elles contiennent du gluten, je me contente de humer l'odeur en me répétant qu'un jour je récréerai la recette de ce pain épicé tant convoité, mais sans gluten. La voici enfin.

pour 1 pain de 23 cm (9 po)

Ingrédients

2 œufs

65 ml (¼ tasse) d'**huile d'olive**

150 ml d'**eau** tiède

5 ml (1 c. à thé) de **levure** instantanée

5 ml (1 c. à thé) de **sucre**

100 ml de **jus de pomme**

45 ml (3 c. à soupe) de **gelée de pomme**

5 ml (1 c. à thé) de **vinaigre de cidre**

85 ml (⅓ tasse) de **sucre blond** ou de cassonade

250 ml (1 tasse) de **farine de riz**

125 ml (½ tasse) de **farine de sorgho**

250 ml (1 tasse) de **farine de quinoa**

5 ml (1 c. à thé) de **gomme de xanthane**

5 ml (1 c. à thé) de **bicarbonate de soude**

2 ml (½ c. à thé) de **cannelle** moulue

2 ml (½ c. à thé) de **cinq épices** moulues

1 ml (¼ c. à thé) de **noix de muscade** moulue

85 ml (⅓ tasse) de **fruits secs** sans gluten

85 ml (⅓ tasse) de **noix hachées** (de Grenoble ou pacanes)

NOTE : *On enrobe les fruits secs et les noix de farine sans gluten afin qu'ils ne se retrouvent pas tous au fond du pain.*

Méthode

1. Dans une tasse, mettre la levure dans l'eau tiède sucrée.

2. Dans un petit bol, enrober les fruits secs et les noix hachées de farine sans gluten.

3. Dans un grand bol, mélanger tous les ingrédients secs.

4. Dans un autre bol, mélanger les œufs, l'huile, le jus et la gelée de pomme.

5. Vider les ingrédients secs dans le bol d'ingrédients liquides et mélanger. Ajouter les noix et les fruits secs enrobés, puis le liquide de levure. Brasser jusqu'à consistance homogène. Couvrir le bol avec une pellicule plastique et laisser lever la pâte 2 heures dans un endroit à l'abri des courants d'air.

6. Préchauffer le four à 400 °F (200 °C).

7. Transférer la pâte à pain dans un moule à pain de 9 po (23 cm) graissé. Attention de ne pas trop manier la pâte en la transférant. Remplir la moitié d'un plat avec de l'eau chaude et le déposer sur la grille du bas du four. Faire cuire le pain sur la grille du haut, au centre du four, 10 minutes puis réduire la température à 350 °F (180 °C).

8. Cuire de 50 à 55 minutes. Sortir du four et laisser tiédir environ 5 minutes. Retirer le pain du moule et laisser refroidir complètement sur une grille.

Pains aux pommes

La pomme Cortland est absolument géniale pour cuisiner. Cette pomme tardive à la chair blanche est très croquante et elle se conserve longtemps. De plus, puisqu'elle reste ferme lors de la cuisson, elle est un ingrédient idéal pour les desserts.

Ce pain sucré aux pommes Cortland est tout à fait délicieux servi avec une sauce chaude au caramel (voir recette à la page 258). Vous pouvez aussi faire des muffins au lieu d'un pain. Le temps de cuisson sera alors coupé de moitié.

pour 1 pain de 23 cm (9 po)

Ingrédients

250 ml (1 tasse) de **farine de soya** dégraissée (faible en gras)

125 ml (½ tasse) de **farine de riz**

125 ml (½ tasse) de **farine de tapioca**

5 ml (1 c. à thé) de **cannelle** moulue

2 ml (½ c. à thé) de **noix de muscade** râpée

250 ml (1 tasse) de **sucre**

Graines d'une demi-gousse de **vanille**

250 ml (1 tasse) de **noix de Grenoble** ou de pacanes grillées hachées grossièrement

10 ml (2 c. à thé) de **poudre à pâte**

5 ml (1 c. à thé) de **bicarbonate de soude**

3 **œufs**

125 ml (½ tasse) de **crème sure** ou de crème fraîche

65 ml (¼ tasse) de **beurre** doux fondu

Pincée de **sel**

440 ml (1 ¾ tasse) de **chair de pommes Cortland** finement hachée

125 ml (½ tasse) de **noix de Grenoble** ou de pacanes entières

Cassonade pour la garniture

Méthode

1. Préchauffer le four à 350 °F (180 °C).

2. Dans un grand bol, mélanger les farines, les épices, la poudre à pâte, le bicarbonate de soude et le sel.

3. Dans un autre bol, mélanger le beurre fondu, la crème sure ou la crème fraîche et le sucre, les œufs et la vanille.

4. Ajouter un tiers des ingrédients secs à la fois au mélange liquide et battre avec une fourchette ou un batteur électrique. Ajouter ensuite les noix hachées grillées et les pommes au mélange et bien brasser.

5. Vider le mélange dans un moule à pain. parsemer 125 ml (½ tasse) de noix et la cassonade sur le dessus du pain. Déposer le moule sur une grille au milieu du four et cuire environ 1 heure 10 minutes. Vérifier si le pain est cuit en insérant un cure-dents dans le centre du pain. S'il ressort propre, le pain est cuit.

6. Sortir du four et laisser refroidir sur une grille.

Autres produits de boulangerie

Bagels aux graines de sésame

pour **6** à **8** bagels

À part le pain multigrain et les croissants, ce qui me manque le plus depuis que je suis un régime sans gluten est un bon bagel montréalais de type Saint-Viateur ou Fairmount. Mes premières années à Montréal ont été marquées par la découverte d'une multitude de boulangeries et de pâtisseries remarquables situées dans un périmètre de quelques kilomètres entre l'avenue du Parc et les rues Jean-Talon, Saint-Denis et Mont-Royal. À cette époque, les fabricants de bagels faisaient partie de mon rituel de fin de semaine. Aux petites heures du matin, je me retrouvais devant le comptoir à regarder les boulangers confectionner les bagels pendant que j'attendais ma commande.

Les bagels sans gluten que j'ai créés ne me procureront jamais la même sensation que j'éprouvais en respirant l'odeur des bagels cuits dans un four à bois, mais chaque fois que je croque dans mes bagels maison, j'ai tout de même l'impression de me retrouver dans la rue Saint-Viateur ou Fairmount en train de manger des bagels tout chauds directement sortis du four à bois.

Voir photo à la page 317.

Ingrédients

65 ml (¼ tasse) de **fécule de maïs**

35 ml (⅛ tasse) de **fécule de pommes de terre**

35 ml (⅛ tasse) de **poudre d'amandes blanches**

125 ml (½ tasse) de **farine de sorgho** ou de millet

125 ml (½ tasse) de **farine de tapioca**

190 ml (⅔ tasse) de **farine de riz blanc**

15 ml (1 c. à soupe) de **gomme de xanthane**

2 ml (½ c. à thé) de **sel**

125 ml (½ tasse) d'**eau** tiède

15 ml (1 c. à soupe) de **sucre blond**

5 ml (1 c. à thé) de **levure** instantanée

15 ml (1 c. à soupe) de **graines de chia** ou de graines de lin finement moulues

65 ml (¼ tasse) d'**eau bouillante**

35 ml (⅛ tasse) d'**huile de pépins de raisins** ou de tournesol

3 l (12 tasses) d'**eau bouillante**

30 ml (2 c. à soupe) de **sucre blond** ou de miel

125 ml (½ tasse) de **graines de sésame grillées** ou de graines de pavot

2 **blancs d'œufs**

Méthode

1. Dans un grand bol, mélanger les farines, les fécules, la gomme de xanthane et le sel.

2. Dans une tasse d'eau tiède, mélanger la levure et une cuillerée à soupe de sucre blond, puis laisser agir 10 minutes.

3. Dans une petite tasse, mélanger les graines de chia ou de lin avec 65 ml d'eau bouillante. Cela créera une petite boule gélatineuse.

4. Dans un saladier, fouetter les blancs d'œufs en neige. Ajouter le mélange gélatineux et l'huile de pépins de raisons ou de tournesol dans le bol de farine et mélanger avec une cuillère de bois. Faire un trou dans le milieu de la farine et verser le mélange liquide d'eau et de levure. Avec les mains, intégrer la farine par petite quantité et remuer le mélange avec une cuillère en bois ou avec un mélangeur électrique muni d'un crochet pétrisseur.

5. Plier les blancs d'œufs en neige dans le mélange et remuer lentement avec une spatule ou le mélangeur électrique jusqu'à ce que le tout soit homogène. Si la pâte est trop collante ou liquide, ajouter un peu de farine de riz et pétrir doucement avec les mains mouillées.

6. Recouvrir une plaque à biscuits de papier parchemin et déposer sur le plan de travail. Mettre un peu de farine de riz dans un bol ainsi que de l'huile de pépins de raisins dans un autre bol, puis déposer sur le plan de travail avec le bol de pâte à bagel.

7. Avec une cuillère à soupe, prendre une boule de pâte à bagel. Mouiller les mains avec un peu d'huile d'olive. Façonner une boule, puis déposer sur la plaque à biscuits. Avec deux doigts, faire un trou au centre du bagel, puis l'étirer en le faisant tourner dans le sens des aiguilles d'une montre. Étirer pour que le trou soit d'un diamètre d'environ un pouce (2,5 cm) puisque les bagels gonfleront et que le diamètre du trou diminuera.

8. Déposer les bagels façonnés sur la plaque à cuisson et laisser lever une heure dans un endroit à l'abri des courants d'air (par exemple un four avec la lumière allumée).

9. Dans une très grande casserole, faire bouillir 3 l (12 tasses) d'eau et avec le sucre blond ou le miel.

10. Placer la grille au centre du four. Préchauffer le four à 450 °F.

11. Couvrir le fond d'une grande assiette de graines de sésame grillées ou de graines de pavot et placer sur le plan de travail Avec une écumoire, déposer un bagel à la fois dans l'eau bouillante. Faire bouillir le bagel 30 secondes, puis retourner et bouillir de nouveau pendant 30 secondes.

12. Retirer le bagel avec l'écumoire, laisser l'eau s'égoutter, puis déposer le bagel dans l'assiette de graines de sésame ou de pavot et couvrir les deux côtés du bagel de graines. Répéter l'opération avec tous les bagels. Déposer ensuite les bagels sur la plaque de cuisson et enfourner. Cuire les bagels de 20 à 25 minutes. Sortir et laisser tiédir sur une grille de refroidissement.

NOTE : *Ces bagels sont meilleurs le jour même de leur préparation. Si vous ne les consommez pas tous, tranchez-les en deux, puis les mettre dans un sac hermétique au congélateur.*

Crumpets

Les crumpets sont principalement cuisinés au Royaume-Uni. Visuellement, ils ressemblent un peu aux muffins anglais, mais leur texture est plus spongieuse, car leur pâte est trouée d'air. Les crumpets sans gluten sont un peu plus denses que ceux avec gluten.

Voir photo à la page 318.

pour **8** crumpets

Ingrédients

250 ml (1 tasse) de **farine d'avoine** pure

65 ml (¼ tasse) et 15 ml (1 c. à soupe) de **farine de riz blanc**

52 ml (3 ½ c. à soupe) de **farine de riz gluant**

1 ml (¼ c. à thé) de **sel**

52 ml (3 ½ c. à soupe) de **fécule de maïs**

2 ml (½ c. à thé) de **gomme de xanthane**

15 ml (1 c. à soupe) de **sucre blond**

5 ml (1 c. à thé) de **levure** instantanée

150 ml (⅝ tasse) d'**eau** tiède à 100 °F (38 °C)

150 ml (⅝ tasse) de **lait** tiède à 100 °F (38 °C)

Méthode

1. Dans un grand saladier, mélanger l'eau, le lait, le sucre blond et la levure. Laisser agir 10 minutes.

2. Dans un saladier, mélanger la fécule, les farines, le sel et la gomme de xanthane.

3. Faire un puits au centre du mélange de farine puis y verser l'eau, le lait et la levure. Mélanger avec un fouet, puis couvrir et laisser la pâte lever une heure.

4. Préparer des emporte-pièce ou des moules à muffins anglais d'un diamètre de 7 cm en les huilant.

5. Chauffer les moules dans une poêle huilée à feu doux jusqu'à ce qu'ils deviennent chauds. Verser trois cuillerées à soupe de mélange par moule. Faire cuire 10 minutes ou jusqu'à ce que se forment des bulles, puis des trous à la surface du crumpet.

6. Avec une spatule, tourner le crumpet et cuire 2 minutes.

Note : Les crumpets sont habituellement servis avec de la clotted cream ou de la crème fraîche et de la confiture.

Les crumpets se congèlent bien. Les trancher en deux, puis les envelopper individuellement d'une pellicule plastique. Les ranger dans un sac de plastique au congélateur.

Croûtons et panure

Quelquefois, je n'ai pas le temps de manger mon pain blanc avant qu'il ne devienne rassis. Je convertis donc mon pain en croûtons qui se conservent très longtemps dans un contenant hermétique. À l'occasion, quand j'ai besoin de panure de pain, je pulvérise mes croûtons en poudre dans un robot culinaire.

Voir photo à la page 319.

Croûtons

INGRÉDIENT

4 tranches de **pain blanc** sans gluten rassis (voir recette à la page 282)

MÉTHODE

1. Préchauffer le four à 250 °F (120 °C).

2. Couper les tranches de pain en cubes de 1,5 cm. Couvrir une plaque de cuisson d'une feuille de papier parchemin. Disperser les croûtons sur la plaque à cuisson. Enfourner environ 1 heure.

NOTE : *Ces croûtons sont très secs, donc parfaits pour une salade César. Ils se conservent au moins deux semaines dans un sac ou un contenant hermétique.*

. . .

Panure

MÉTHODE

Mettre les croûtons froids dans un robot-mélangeur, puis pulvériser en poudre. Verser la poudre dans un sac hermétique et utiliser au besoin.

Panure de polenta

Cette panure est très croustillante et parfaite pour couvrir des poitrines de poulet, du poisson, des côtelettes de porc et de veau ou pour les croquettes de poulet ou de poisson.

Ingrédients

190 ml (³/₄ tasse) de **farine de riz blanc**

250 ml (1 tasse) de **semoule de maïs** très fine (polenta)

15 ml (1 c. à soupe) de **fines herbes** sèches (thym, romarin) finement moulues

Poivre et **sel** au goût

250 ml (1 tasse) de **lait**

Huile pour friture

Méthode

1. Mélanger tous les ingrédients secs. Verser de la panure dans une grande assiette.

2. Tremper les morceaux de viande ou de volaille dans le lait, égoutter, puis déposer dans la panure. Couvrir les morceaux de panure, puis déposer dans un récipient ou une grande assiette.

3. Cuire les morceaux de viande ou de volaille dans une poêle huilée très chaude.

Petits pains blancs ∨

Cette recette peut être utilisée pour faire des pains hamburgers ou des pains de type kaiser, parfaits pour les sandwichs. Vous pouvez les garnir de graines de pavot, de sésame, de fenouil ou d'anis. Pour un goût plus prononcé, utilisez des graines de fenouil ou d'anis et ajoutez un peu d'oignons caramélisés ou de purée d'ail grillé dans le mélange à pain.

Poolish

INGRÉDIENTS

125 ml (½ tasse) de **farine de millet** ou de sorgho

85 ml (⅓ tasse) d'**eau** tiède à 100 °F (38 °C)

5 ml (1 c. à thé) de **sucre**

2 ml (½ c. à thé) de **levure** instantanée

MÉTHODE

Mélanger tous les ingrédients de la poolish et laisser agir 5 heures (ou jusqu'à ce que la surface soit pleine de bulles).

Pains

INGRÉDIENTS

125 ml (½ tasse) de **farine de millet** ou de sorgho

95 ml (⅜ tasse) de **farine de tapioca**

50 ml (⅛ tasse + 1 c. à soupe) de **farine de maïs**

190 ml (¾ tasse) de **farine de riz blanc**

85 ml (⅓ tasse) de **farine de soya** dégraissée ou d'amandes moulues

45 ml (3 c. à soupe) de **lait** tiède

110 ml (⅜ tasse + 1 c. à soupe) d'**eau** tiède

5 ml (1 c. à thé) de **levure**

5 ml (1 c. à thé) de **gomme de xanthane**

15 ml (1 c. à soupe) d'**huile d'olive**

1 **œuf**

2 ml (½ c. à thé) de **sel**

5 ml (1 c. à thé) de **graines de chia** ou de lin moulues

30 ml (2 c. à soupe) de **fécule de maïs**

MÉTHODE

1. Dans un saladier, tamiser les farines, le sel et la gomme de xanthane. Ajouter les graines moulues.

2. Dans le bol d'un batteur sur socle muni d'un crochet pétrisseur, mélanger la poolish avec

l'eau, le lait et la levure, puis ajouter graduellement les ingrédients secs, puis l'œuf et l'huile. Pétrir jusqu'à la formation d'une boule de pâte qui se décolle de la paroi du bol.

3. Mettre la pâte dans un saladier huilé, tourner la pâte pour l'huiler complètement, puis couvrir d'une pellicule plastique.

4. Faire lever la pâte 2 heures dans un endroit chaud et à l'abri des courants d'air.

5. Sur un plan de travail fariné, déposer la pâte à pain, puis l'étirer un peu avec la paume de la main. La diviser en huit parties égales. Avec les mains, façonner huit petits pains ronds, lisser la surface, puis les huiler. Couvrir d'une pellicule plastique ou d'un papier parchemin. Laisser reposer 45 minutes.

6. Préchauffer le four à 450 °F (230 °C).

7. Remplir un moule d'eau chaude et le déposer sur la grille du bas au centre du four. Couvrir une plaque de papier parchemin avec un peu de semoule de maïs. Rouler les petits pains dans la semoule, puis les disposer sur la plaque en les espaçant. Enfourner sur la grille du haut et cuire environ 20 minutes, selon le format des pains.

NOTE : *Ces petits pains restent moelleux une journée. Pour les conserver, les trancher en deux, puis les envelopper individuellement d'une pellicule plastique et les mettre au congélateur.*

Boissons

Chocolat chaud

Quand j'étais petite, mes sœurs raffolaient du lait au chocolat maison. Elles utilisaient le cacao de ma mère (à son grand dam), du sucre brun et de l'eau bouillante et mettaient le tout dans un grand verre. Elles ajoutaient ensuite le lait froid. Elles ne brassaient jamais l'épais sirop chocolaté formé par le cacao et le sucre dans le lait, car elles préféraient le déguster à la toute fin.

Je me suis donc inspirée de leur recette pour créer ce chocolat chaud sans gluten que j'aime bien siroter par jour de grand froid.

pour 1 personne

Ingrédients

10 ml (2 c. à thé) de **cacao** extra brut

10 ml (2 c. à thé) de **sucre** brut extra fin

60 ml (4 c. à thé) d'**eau bouillante**

250 ml (1 tasse) de **lait** très chaud

1 bâton de **cannelle**

2 **pistoles** ou quelques pépites de chocolat à 70 % de cacao

Méthode

1. Dans une tasse, mélanger le cacao, le sucre brut et l'eau bouillante. Brasser jusqu'à ce que le cacao et le sucre soient bien dissous.

2. Entre-temps, faire chauffer le lait dans une casserole jusqu'au point d'ébullition, mais sans le faire bouillir. (Au micro-ondes, faire chauffer une tasse de lait à haute densité environ 80 secondes.) Bien surveiller, car le lait pourrait surchauffer, bouillir et déborder de la tasse ou de la casserole.

3. Avec un fouet électrique, faire mousser le lait. Vider la mousse de lait dans la tasse avec le sirop au chocolat. Mélanger avec un bâton de cannelle si vous désirez un petit goût piquant qui se marie bien au chocolat. Râper du chocolat à 70 % de cacao et saupoudrer sur le chocolat chaud.

Daiquiri aux fraises

Le 24 juin signifiait autrefois pour moi la fin de l'année scolaire et, surtout, le temps des fraises du Québec. J'avoue que cueillir des fraises des champs a été un réel fardeau pour la jeune fille que j'étais. Habillée de la tête aux pieds pour ne pas être brûlée par le soleil ou piquée par des moustiques, je tentais tant bien que mal de remplir mon pot de fraises minuscules. À la fin de la journée, malgré mon pot à moitié rempli, je retournais à la maison avec ma mère et ma tante, triomphante, les doigts rougis, mais combien heureuse de pouvoir savourer le fruit de ma récolte avec les gens que j'aime.

Maintenant, chaque mois de juin, j'attends impatiemment l'arrivée des fraises du Québec. Voici un cocktail pour célébrer cet événement, et qui fait honneur à ce fruit si délicieux.

pour **4** à **6** personnes

Ingrédients

180 ml (6 oz) de **rhum blanc** ou de gewürztraminer

15 ml (1 c. à soupe) de **jus de lime**

24 grosses **fraises**

40 ml (1,3 once) de **sirop de sucre de canne** ou de sirop d'agave

250 ml (1 tasse) de **jus d'orange**

250 ml (1 tasse) de **boisson gazeuse citron et lime**

15 gros **glaçons**

1 poignée de **feuilles de menthe**

4 **fraises** pour décorer les verres

Méthode

1. Verser tous les ingrédients dans un mélangeur électrique.

2. Mélanger environ 30 secondes ou jusqu'à ce que le contenu soit lisse.

3. Servir les daiquiris dans des verres à margarita.

4. Garnir chaque verre d'une fraise sur une pique à cocktail.

NOTE : Ce cocktail sans gluten est aussi délicieux sans alcool.

Piña colada modifiée

Lors de vacances dans le sud des États-Unis, nous avons acheté un gros ananas à l'épicerie. Il nous a été bien utile, car nous en avons mangé au petit-déjeuner avec du yogourt, comme dessert, caramélisé dans une poêle et en cocktail lors d'un cinq à sept. Je n'ai pas ajouté de jus de noix de coco dans la piña colada que j'ai créée puisque notre ananas était très mûr et goûtait déjà un peu la noix de coco. Pour faire ce cocktail, vous aurez besoin d'un mélangeur électrique.

pour 2 personnes

Ingrédients

10 gros **glaçons**

4 grosses **tranches d'ananas**

375 ml (1 ½ tasse) de **vin rosé**

250 ml (1 tasse) de **jus de fruits exotiques**

4 petits **cubes d'ananas**

4 **cerises** fraîches

Méthode

1. Dans un mélangeur, réduire en purée les tranches d'ananas avec le jus de fruits et le vin. Ajouter les glaçons et broyer.

2. Servir dans des verres tumbler (highball) avec un cube d'ananas et une cerise montés sur une pique à cocktail.

NOTE : *Le vin rosé peut être remplacé par du vin blanc fruité, ou par 500 ml (2 tasses) de jus de fruits, 125 ml ($^1/_2$ tasse) de jus de noix de coco et un peu de rhum blanc sans gluten.*

Smoothie aux petits fruits et aux bananes

Afin d'avoir le carburant nécessaire jusqu'à l'heure du lunch, je prends toujours un petit-déjeuner nourrissant. Je suis une adepte des smoothies, car je les trouve délicieux et pratiques, surtout quand j'ai l'intention de faire du sport dans la matinée.
Voici donc une recette de smoothie sans gluten aux petits fruits, au yogourt et aux bananes pour bien démarrer la journée.

pour 2 personnes

Ingrédients

250 ml (1 tasse) de **yogourt nature**

250 ml (1 tasse) de **petits fruits frais** ou congelés

1 ou 2 **bananes**, au goût

125 ml (½ tasse) d'**amandes blanchies entières**

125 ml (½ tasse) de **sirop d'érable**

125 ml (½ tasse) de **jus d'orange**

Méthode

1. Mettre tous les ingrédients dans un malaxeur. Malaxer jusqu'à la consistance désirée. Servir dans de grands verres.

NOTE : Vous pouvez remplacer le yogourt par du lait ou du lait de soya sans gluten. Votre smoothie sera alors moins épais.

Orangeade maison

Ingrédients

125 ml (½ tasse) de **jus d'orange**

125 ml (½ tasse) d'**eau minérale gazeuse**

2 **glaçons**

Méthode

1. Mélanger tous les ingrédients dans un grand verre.

Les bases

Bouillon de poulet

Ma mère a toujours fait son propre bouillon de volaille à partir de carcasses de poulet rôti. Puis, avec le bouillon, elle nous mitonnait une grosse soupe au poulet et nouilles. Quand j'ai emménagé dans mon premier appartement, j'ai téléphoné à ma mère pour qu'elle me refile sa recette de bouillon de poulet. Elle m'a répondu: «Simplement du poulet, de l'eau, un oignon, des carottes, du céleri et une feuille de laurier. C'est aussi facile à faire que cela.»

pour **1,5** litre (6 tasses) de bouillon

Ingrédients

1 **carcasse de poulet rôti** avec les abats et le cou

1 gros **oignon** coupé en deux

4 grosses **carottes**

2 branches de **céleri** avec les feuilles

10 tasses d'**eau**

Quelques tiges de **thym**

1 **feuille de laurier**

Poivre et **sel**

Méthode

1. Préchauffer le four à 400 °F (200 °C) si vous désirez rôtir les os et les légumes afin de donner une couleur plus foncée au bouillon. Couper la carcasse en morceaux. Placer les os sur une plaque avec les carottes, l'oignon, le céleri et les faire rôtir 20 minutes sur la grille du haut au centre du four.

2. Dans une grande casserole, faire bouillir l'eau. Mettre les morceaux de carcasse et les légumes rôtis dans l'eau avec la feuille de laurier et le thym. Saler et poivrer. Laisser mijoter 4 heures à feu doux. Écumer pour clarifier l'eau.

3. Verser le bouillon à travers un tamis. Quand le bouillon est tiède, couvrir et mettre au réfrigérateur. Lorsqu'il est froid, enlever le gras en surface.

4. Utiliser immédiatement ou verser dans des sacs ou des contenants hermétiques et placer au congélateur.

NOTE : *Le bouillon congelé se conserve trois mois.*

Fond de bœuf

Le bouillon est un ingrédient de base, essentiel pour les sauces et les potages. Plusieurs bouillons du commerce contiennent du gluten ou ont un pourcentage de sodium très élevé. Rien ne vaut donc un bouillon fait maison, mais il est préférable d'avoir du temps devant soi. Pour faire ce fond de bœuf très concentré, il faut compter au moins une journée complète et une nuit pour refroidir le bouillon au réfrigérateur.

pour **2,5** litres (10 tasses)

Ingrédients

1,5 kg de **côtes de bœuf**

1,25 kg d'**os de bœuf**

500 g de **jarret de veau**

500 g de **jarret de bœuf**

4 **carottes** non pelées

4 branches de **céleri** avec les feuilles

Blanc d'un **poireau**

2 **oignons** avec la pelure

6,5 litres (26 tasses) d'**eau**

NOTE : Plusieurs recettes recommandent de piquer les oignons avec des clous de girofle et d'ajouter des grains de poivre noir entiers et des feuilles de laurier. C'est une question de préférence. Pour ma part, je n'ajoute jamais d'épices ni de fines herbes, afin de ne pas altérer le goût du bouillon.

Méthode

1. Préchauffer le four à 475 °F (245 °C).

2. Rincer et essuyer les légumes. Couper la racine des oignons, mais conserver la pelure.

3. Déposer les os, les côtes de bœuf, les carottes, les branches de céleri et le blanc de poireau dans un plat allant au four. Faire cuire une demi-heure ; réduire ensuite la température à 375 °F (190 °C) et rôtir une demi-heure supplémentaire.

4. Retirer le plat du four. Mettre les os, les côtes de bœuf et les légumes dans une grande marmite ; y ajouter les oignons et l'eau. Laisser mijoter à feu doux jusqu'à ce que le liquide soit réduit de moitié, soit environ 8 heures. Enlever régulièrement l'écume qui se forme à la surface de l'eau.

5. Lorsque le bouillon est réduit à consistance désirée, le passer au tamis fin en pressant sur la viande et les légumes pour extraire le maximum de bouillon. Laisser refroidir le bouillon et le placer au réfrigérateur au moins 8 heures.

6. Sortir le bouillon du réfrigérateur et enlever le gras à la surface. Le bouillon peut être gélatineux. Mettre le bouillon dans des contenants ou des sacs de plastique et congeler.

Béchamel et roux sans gluten

La première fois que j'ai fait de la béchamel, je n'ai pas utilisé de lait chaud et mon roux s'est agglutiné en boule dans la casserole. Donc, pour réussir une béchamel, il faut suivre les étapes, avoir de bons bras pour fouetter, de la patience et surtout de la modestie si, par malchance, on rate sa sauce !

Roux

INGRÉDIENTS

60 ml (4 c. à soupe) de **beurre doux**

30 ml (2 c. à soupe) de **fécule de maïs**

30 ml (2 c. à soupe) de **farine de riz gluant** ou de sorgho ou de millet

. . .

MÉTHODE

1. Dans une casserole, faire fondre le beurre à feu doux. Lorsque le beurre est fondu, augmenter le feu à moyen. Ajouter la fécule de maïs et la farine de riz gluant et cuire environ 5 minutes en remuant constamment. Surveiller pour ne pas trop cuire ou roussir le roux. Le roux sera prêt lorsqu'il aura une couleur dorée et la consistance d'une crème de riz ou de blé.

Béchamel

INGRÉDIENTS

500 ml (2 tasses) de **lait**

Sel et **poivre**

Noix de muscade en poudre

. . .

MÉTHODE

1. Dans une casserole, faire chauffer le lait jusqu'au point d'ébullition. Verser le lait sur le roux et fouetter vigoureusement. Faire cuire de 5 à 7 minutes en remuant constamment jusqu'à ce que la béchamel soit assez épaisse. Si la sauce est trop épaisse, allonger avec un peu de lait chaud et fouetter.

2. Assaisonner avec le sel, le poivre et la poudre de noix de muscade.

*NOTE : Pour une **béchamel au fromage**, il suffit d'incorporer du fromage râpé (250 ml ou 1 tasse) et de le faire fondre dans la sauce béchamel. Cette béchamel au fromage est excellente pour napper des crêpes aux asperges ou pour un gratin de légumes.*

Baguette aux grains complets (p. 276)

Pain campagnard multigrain (p.284)

Pain blanc (p.282)

Craquelins aux grains complets (p.288)

Bagels (p.296)

Crumpets (p.298)

Croûtons (p.299)

Pain naan (p.290)

Tomates cerises confites pour conserves

Bien que j'adore les tomates cerises, je ne peux pas faire assez de salade pour manger tous les fruits de notre récolte annuelle. Donc, chaque automne, je mets mes tomates cerises en pots et je les congèle afin de les utiliser ultérieurement. Quand j'ai le goût de manger des tomates et que ce n'est plus la saison, je sors un petit pot du congélateur et le tour est joué. Je les utilise surtout sur des pâtes et de la volaille, mais elles sont délicieuses sur de la mozzarella ou mélangées à de la ricotta.

pour **8 pots** de 125 ml

Ingrédients

1 l (4 tasses) de **tomates cerises**

4 poignées de **feuilles de basilic** et/ou d'origan (ou autres fines herbes au goût)

6 gousses d'**ail** en chemise écrasées

Huile d'olive

NOTE : Je n'ajoute pas de sucre à mes tomates cerises, car elles sont naturellement très sucrées. Si vos tomates sont un peu trop acides, ajoutez une poignée de sucre sur celles-ci avant de les mettre au four.

Méthode

1. Préchauffer le four à 250 °F (120 °C). Tapisser une plaque de papier parchemin. Y déposer toutes les tomates. Sur la plaque, pincer les tomates pour enlever un peu de liquide. Parsemer les six gousses d'ail en chemise et les fines herbes sur la plaque. Asperger d'un peu d'huile d'olive.

2. Enfourner environ 2,5 heures. Surveiller pour ne pas que les tomates brûlent.

Retirer la plaque du four et laisser reposer jusqu'à ce que les tomates soient froides.

3. Les tomates confites peuvent être utilisées à la sortie du four sur des pâtes alimentaires avec du fromage et de l'huile d'olive. Sinon, les ranger dans des petits pots hermétiques et couvrir d'huile d'olive. Les tomates se conservent ainsi au réfrigérateur quelques jours. Ou mettre les tomates dans des petits pots ou des sacs hermétiques et les ranger au congélateur.

Sauces, condiments et vinaigrettes

Moutarde et ketchup maison

Plusieurs moutardes et ketchups du commerce contiennent du vinaigre de source non identifiée, donc peut-être aussi du gluten. J'ai donc créé ces recettes sans gluten assez épicées pour accompagner certaines grillades ou pour badigeonner du pain tranché ou un hamburger. Si vous n'aimez pas certaines des épices utilisées dans ces recettes, remplacez-les tout simplement par vos épices préférées.

Moutarde

INGRÉDIENTS

60 ml (4 c. à soupe) de **graines de moutarde jaunes**

15 ml (1 c. à soupe) de **graines de moutarde brunes**

60 ml (4 c. à soupe) de **poudre de moutarde** sans gluten

125 ml (½ tasse) d'**eau**

125 ml (½ tasse) de **vinaigre de cidre** (utiliser un tamis pour filtrer les sédiments)

125 ml (½ tasse) de **vinaigre de riz**

125 ml (½ tasse) de **vin blanc sec**

2 **échalotes grises** finement hachées

45 ml (3 c. à soupe) de **miel**

5 ml (1 c. à thé) de **sel**

1 **gousse d'ail** finement hachée

½ bâton de **cannelle**

6 grains de **poivre de la Jamaïque**

3 **clous de girofle**

2 ml (⅓ c. à thé) de **poudre de curcuma**

MÉTHODE

1. Dans une casserole à fond épais, faire griller légèrement les épices et les graines de moutarde. Ajouter le vin, les vinaigres, le miel, le sel, l'ail et les échalotes. Remuer avec une cuillère en bois. Dans un petit bol, délayer la poudre de moutarde dans l'eau, puis ajouter au mélange chaud. Laisser mijoter environ 5 minutes, puis laisser reposer à couvert 24 heures à la température ambiante.

2. Le lendemain, mettre les bagues des bocaux de conserve de côté. Placer quatre bocaux de 125 ml en verre ainsi que les couvercles avec une bande de caoutchouc dans une casserole profonde et les couvrir d'eau. Faire mijoter à 180 °F (82 °C) au moins 15 minutes. Placer les bocaux et les couvercles dans un plat et enfourner à 180 °F (82 °C).

3. Stériliser les ustensiles qui seront utilisés pour préparer et verser la moutarde. Retirer le bâton de cannelle de la moutarde et, dans un mélangeur électrique, réduire la moutarde en purée très fine. Si la moutarde est trop épaisse, ajouter du vinaigre selon la consistance désirée. Si la moutarde n'est pas assez jaune, ajouter ¼ c. à thé de racine de curcuma moulue. Si la moutarde n'est pas assez sucrée, ajouter un peu de miel.

4. Au-dessus d'une casserole propre, verser la moutarde dans un tamis, puis presser avec une spatule ou une maryse pour extraire le plus de liquide possible. Faire mijoter à feu doux environ 5 minutes, puis verser la préparation chaude dans les pots stérilisés jusqu'à un demi-pouce (1 cm) du bord.

5. Retirer les bulles d'air à l'aide d'un ustensile non métallique stérilisé. Essuyer le bord du bocal avec un essuie-tout mouillé avec de l'eau bouillante et enlever tout résidu collant. Déposer les couvercles avec une bande de caoutchouc sur les bocaux. Visser la bague jusqu'au

point de résistance, sans toutefois trop la serrer. Déposer les bocaux dans une marmite, couvrir d'eau, puis porter à ébullition. Couvrir et laisser mijoter au moins 15 minutes.

6. Avec des pinces, retirer les bocaux, les déposer sur une surface plate et les laisser refroidir debout. Il ne faut pas toucher aux bagues. Le lendemain, quand les bocaux sont froids, vérifier si les bocaux sont scellés. Presser au centre de chaque couvercle. Les couvercles avec une bosse vers le haut (convexe) ne sont pas scellés. Les couvercles qui sont scellés ont une forme concave, c'est-à-dire qu'ils sont aspirés vers l'intérieur. Dévisser délicatement les bagues, puis essuyer et sécher les bagues et les bocaux.

7. Revisser les bagues, puis ranger les bocaux de moutarde au réfrigérateur et consommer dans l'année qui suit. Les conserves qui ne sont pas scellées doivent être consommées dans la semaine.

. . .

Ketchup

180 g de pâte de **tomates** sans gluten

30 ml (2 c. à soupe) de **vinaigre de riz**

45 ml (3 c. à soupe) de **cassonade**

45 ml (3 c. à soupe) de **miel**

15 ml (1 c. à soupe) de **mélasse**

1 **gousse d'ail** finement hachée

2 **échalotes grises** finement hachées

7 grains de **poivre de la Jamaïque**

2 **clous de girofle**

5 ml (1 c. à thé) de **sel**

1 tasse (125 ml) d'**eau**

MÉTHODE

1. Dans une casserole à fond épais, faire griller légèrement les grains de poivre de la Jamaïque et les clous de girofle. Ajouter les autres ingrédients, puis mélanger avec un fouet. Laisser mijoter 15 minutes et goûter. Rectifier l'assaisonnement au goût. Si le ketchup n'est pas assez sucré, ajouter un peu de miel ou de mélasse. Si le ketchup ne goûte pas assez les tomates, ajouter une ou deux cuillerées à soupe de pâte de tomates.

2. Laisser mijoter 30 minutes supplémentaires, puis couvrir la casserole et laisser mariner 24 heures à la température ambiante.

3. Le lendemain, mettre les bagues des bocaux de conserve de côté. Placer quatre bocaux de 125 ml en verre, ainsi que les couvercles, avec une bande de caoutchouc dans une casserole profonde et les couvrir d'eau. Faire mijoter à 180 °F (82 °C) au moins 15 minutes. Placer les bocaux et les couvercles dans un plat et enfourner à 180 °F (82 °C).

4. Stériliser les ustensiles qui seront utilisés pour préparer et verser le ketchup.

5. Verser le ketchup dans un mélangeur électrique et réduire en purée très fine. Si le ketchup est trop épais, ajouter un peu de vinaigre. Au-dessus d'une casserole propre, verser le ketchup dans un tamis, puis presser avec une spatule ou une maryse pour extraire le plus de liquide possible. Faire mijoter à feu doux environ 5 minutes, puis verser la préparation chaude dans les pots stérilisés jusqu'à un demi-pouce (1 cm) du bord.

6. Retirer les bulles d'air à l'aide d'un ustensile non métallique stérilisé. Essuyer le bord du bocal avec un essuie-tout mouillé avec de l'eau bouillante et enlever tout résidu collant. Déposer les couvercles avec une bande de caoutchouc sur les bocaux. Visser la bague jusqu'au point de résistance, sans toutefois trop la serrer. Déposer les bocaux dans une marmite, couvrir d'eau puis porter à ébullition. Couvrir et laisser mijoter au moins 15 minutes.

Suite ▷

7. Avec des pinces, retirer les bocaux, les déposer sur une surface plate et les laisser refroidir debout. Il ne faut pas toucher aux bagues. Le lendemain, quand les bocaux sont froids, vérifier si les bocaux sont scellés. Presser au centre de chaque couvercle. Les couvercles avec une bosse vers le haut (convexe) ne sont pas scellés. Les couvercles qui sont scellés ont une forme concave, c'est-à-dire qu'ils sont aspirés vers l'intérieur. Dévisser délicatement les bagues, puis essuyer et sécher les bagues et les bocaux.

8. Revisser les bagues, puis ranger les bocaux de ketchup au réfrigérateur et consommer dans l'année qui suit. Les conserves de condiments qui ne sont pas scellées doivent être consommées dans la semaine.

NOTE : J'utilise des épices entières que je réduis en poudre manuellement au mortier. Il est préférable de laisser mariner tous les ingrédients ensemble un minimum de quatre à cinq jours avec d'utiliser la moutarde ou le ketchup. Vous pouvez verser le contenu d'un pot de moutarde ou de ketchup dans des contenants en plastique avec un bec verseur, éliminant ainsi toute possibilité de contamination croisée.

Pesto à l'origan

Depuis que mon potager est infesté par de l'origan, j'ai dû me familiariser avec cette herbe fine et, surtout, trouver plusieurs façons de l'apprêter. Ce pesto à l'origan est ma façon de prendre le contrôle sur cet aromate envahissant.

pour **875** (3 $\frac{1}{2}$ tasses)

Ingrédients

250 ml (1 tasse) de **parmesan**

375 ml (1 $\frac{1}{2}$ tasse) d'**huile d'olive** extra vierge

250 ml (1 tasse) d'**amandes blanchies** grillées

2 ou 3 **gousses d'ail** confites

750 ml (3 tasses) de feuilles d'**origan** frais nettoyées et séchées

Méthode

1. Mettre tous les ingrédients dans un robot culinaire ou un malaxeur et réduire en purée ou jusqu'à la consistance voulue.

2. Ajouter plus d'huile d'olive pour un pesto plus liquide ou plus de fromage ou d'amandes pour un pesto plus épais.

Se conserve une semaine au réfrigérateur ou jusqu'à un an au congélateur.

Pesto au basilic

Les fines herbes font partie des ingrédients essentiels de ma cuisine sans gluten. J'utilise régulièrement la coriandre, la ciboulette, l'estragon et le basilic pour rehausser la saveur de mes plats. Cultiver des fines herbes est très facile et nul besoin d'un potager. Quand j'habitais en appartement, je faisais pousser mes fines herbes dans des bacs et des pots à fleurs, mais si vous n'avez pas le pouce vert, rendez-vous chez votre épicier où les fines herbes sont maintenant vendues à l'année.

pour **375** (1½ tasse)

Ingrédients

125 ml (½ tasse) de **pignons**

500 ml (2 tasses) de **feuilles de basilic**

250 ml (1 tasse) d'**huile d'olive** extra vierge

2 **gousses d'ail** confites

190 ml (¾ tasse) de **parmesan** râpé

Méthode

1. Faire griller les pignons dans une poêle ou au four.

2. En même temps, confire les gousses d'ail. Huiler deux gousses d'ail en chemise et les envelopper en papillote avec du papier d'aluminium. Les déposer sur une plaque et enfourner à 375 °F (190 °C) 30 minutes.

3. Dans le contenant d'un robot culinaire ou d'un malaxeur, mettre les gousses d'ail rôties, les pignons grillés, l'huile d'olive, le parmesan et les feuilles de basilic. Réduire en purée ou selon la consistance désirée.

NOTE :

- *Pour un pesto plus liquide, ajouter de l'huile d'olive.*

- *Pour un pesto plus vert, ajouter des feuilles de basilic.*

- *Pour un pesto plus granuleux, ajouter des pignons.*

- *Pour un pesto plus salé ou épais, ajouter du parmesan.*

UTILISATION DU PESTO AU BASILIC :

Sur des pâtes

Sur du poulet grillé

Sur de la pizza

Sur des tranches de bocconcini et de tomates

Sauce à poutine

Il existe de nombreuses recettes de sauce à poutine. Certains amateurs ne jurent que par le bouillon de poulet comme base tandis que d'autres utilisent du bouillon de bœuf ou du fond de veau. Dans ma recette, j'ai utilisé les deux bouillons pour composer cette sauce brune parfaite pour napper des frites ou pour une poutine.

pour **500** ml (2 tasses)

Ingrédients

60 ml (4 c. à soupe) de **beurre** doux

30 ml (2 c. à soupe) de **fécule de maïs**

30 ml (2 c. à soupe) de **farine de sorgho**

250 ml (1 tasse) d'**eau bouillante**

250 ml (1 tasse) de **fond de bœuf**
(voir recette à la page 311)

250 ml (1 tasse) de **bouillon de poulet**
(voir recette à la page 310)

1 **gousse d'ail** confite réduite en purée

10 ml (2 c. à thé) de **purée de tomates**

5 ml (1 c. à thé) de **sauce tamari** sans gluten

Poivre et **sel**

Méthode

1. Dans une casserole déposée sur un feu moyen, faire fondre le beurre, puis ajouter la fécule de maïs et la farine de sorgho. Cuire la fécule et la farine de 4 à 5 minutes en surveillant constamment pour que le roux ne brunisse pas. Le roux aura l'apparence d'une crème de riz ou de blé. Goûter pour vérifier que la farine et la fécule sont bien cuites. Si la préparation goûte la farine ou la fécule de maïs, c'est que la farine n'est pas encore assez cuite. Ne pas augmenter la chaleur. Poursuivre tout simplement la cuisson à feu moyen.

2. Dans une casserole avec l'eau bouillante, ajouter le roux une louche à la fois tout en remuant constamment avec un fouet. Attention : ne pas verser le roux au complet dans l'eau, sinon vous obtiendrez une grosse boule de pâte grumeleuse.

3. Poursuivre la cuisson jusqu'à ce que la préparation devienne d'une belle couleur jaune dorée.

4. Dans une autre casserole, faire bouillir le fond de bœuf et le bouillon de poulet.

5. Verser le bouillon chaud, une louche à la fois, et fouetter vigoureusement entre chaque louche jusqu'à ce que le bouillon soit complètement transféré dans la casserole.

6. Ajouter la purée d'ail rôti et de tomates et poursuivre la cuisson en fouettant régulièrement de 6 à 7 minutes ou jusqu'à ce que la sauce nappe le dos d'une cuillère. Saler et poivre, puis goûter. Rectifier l'assaisonnement au besoin.

Sauce hot chicken

Utiliser tous les ingrédients de la recette de sauce à poutine. Augmenter la quantité totale de bouillon de poulet à 500 ml (2 tasses). Ajouter aussi 2 ml ($^1/_2$ c. à thé) de poudre de cayenne sans gluten, 5 ml (1 c. à thé) de flocons de piments (ou un petit piment fort séché) réduits en poudre et une échalote grise finement hachée.

Augmenter le temps de réduction de la sauce de 5 minutes.

Sauce barbecue style rôtisserie

Utiliser tous les ingrédients de la recette de sauce à poutine. Augmenter la quantité totale de bouillon de poulet à 500 ml (2 tasses). Ajouter aussi 1 ml ($^1/_4$ c. à thé) de poudre de paprika fumé sans gluten, 5 ml (1 c. à thé) de flocons de piments (ou un petit piment fort séché) réduits en poudre, une échalote grise finement hachée, 30 ml (2 c. à soupe) de ketchup sans gluten, 5 ml (1 c. à thé) de vinaigre de cidre et 5 ml (1 c. à thé).

Augmenter le temps de réduction de la sauce de 5 minutes.

....

Sauces rapides

Les sauces en sachet ou du commerce peuvent contenir du gluten et sont souvent trop salées. Voici trois recettes de sauces qui se font très rapidement, mais qui ne manquent pas de goût.

Sauce asiatique

INGRÉDIENTS

30 ml (2 c. à soupe) d'**huile de sésame** grillé

85 ml ($^1/_3$ tasse) d'**eau**

45 ml (3 c. à soupe) de **sauce mirin** sans gluten

60 ml (4 c. à soupe) de **sauce tamari** sans gluten

45 ml (3 c. à soupe) de **cassonade**

1 **gousse d'ail** en purée

1 cm de **gingembre** frais en purée

1 ml ($^1/_4$ c. à thé) de flocons de **piments forts**

5 ml (1 c. à thé) de **zestes d'orange** et de **lime**

15 ml (1 c. à soupe) de **fécule de maïs** délayée dans 60 ml (4 c. à soupe) d'**eau froide**

MÉTHODE

1. Cette sauce est idéale pour faire un bœuf sauté aux légumes dans un wok ou dans une poêle. Il suffit de faire sauter la viande et les légumes, puis d'y ajouter la sauce. Faire cuire 15 minutes puis goûter. Rectifier l'assaisonnement en ajoutant de l'eau, du sucre ou du sel. Cette sauce peut aussi être convertie en vinaigrette en remplaçant l'eau par 125 ml ($^1/_2$ tasse) d'huile d'olive.

Suite ▷

Sauce aux cerises de terre séchées

pour 4 personnes

INGRÉDIENTS

250 ml (1 tasse) de **cerises de terre** séchées ou de cerises de terre fraîches

335 ml (1 $^1/_3$ tasse) d'**eau**

250 g de **purée de pommes** ou de pêches non sucrée

125 ml ($^1/_2$ tasse) de **sirop d'érable** ou de miel

MÉTHODE

1. Dans une casserole, faire bouillir l'eau et ajouter les cerises de terre. Éteindre le feu et laisser les cerises séchées se gonfler d'eau. Si des cerises de terre fraîches sont utilisées, continuer à la prochaine étape.

2. Ajouter les autres ingrédients et laisser mijoter à feu moyen environ 15 minutes.

NOTE : Cette sauce est excellente avec du poulet ou du poisson grillé.

Sauce barbecue

INGRÉDIENTS

125 ml ($^1/_2$ tasse) de **cassonade**

125 ml ($^1/_2$ tasse) d'**eau** ou de bière sans gluten

30 ml (2 c. à soupe) de **mélasse**

75 ml (6 c. à soupe) de **vinaigre de cidre** ou de riz

170 ml ($^2/_3$ tasse) de **ketchup** sans gluten

5 ml (1 c. à thé) de **graines de coriandre** moulue

5 ml (1 c. à thé) de **graines de moutarde** moulue

1 ml ($^1/_4$ c. à thé) de **cinq épices**

1 **gousse d'ail** en purée

MÉTHODE

1. Dans un bol, mélanger tous les ingrédients. Utiliser cette sauce barbecue pour faire mariner les viandes et volailles ou pour badigeonner lors de la cuisson sur le barbecue. Faire mariner les viandes ou volailles au réfrigérateur au moins 4 heures. Recouvrir le bol d'une pellicule de plastique avant de mettre au réfrigérateur. Une fois que la viande ou la volaille est marinée, récupérer la sauce et la faire bouillir dans une casserole jusqu'à ce qu'elle soit réduite de moitié.

Sauce rosée

250 ml (1 tasse) de **crème**

250 ml (1 tasse) de **sauce tomate** sans gluten

125 ml (½ tasse) de **vin blanc** sec

1 **gousse d'ail** confite en purée

1 poignée de **fines herbes** finement hachées (thym, basilic, origan)

Sel et **poivre du moulin**

MÉTHODE

1. Dans une casserole, faire chauffer la sauce tomate sans gluten. Ajouter le vin blanc. Lorsque l'alcool est complètement évaporé, ajouter la purée d'ail confit et les fines herbes. Cuire sur un feu moyen environ 10 minutes. Ajouter ensuite la crème, baisser le feu et laisser la sauce mijoter à feu doux et réduire de moitié.

2. Ajouter le sel et le poivre, goûter, puis rectifier l'assaisonnement.

Vinaigrette

Mon potager est souvent envahi par des fines herbes vivaces qui poussent librement entre mes plants de tomates. Ces deux vinaigrettes me permettent de profiter pleinement de ces aromates durant la saison estivale. Vous pouvez aussi prendre des fines herbes séchées ; il suffit alors d'utiliser la moitié de la quantité indiquée dans la recette.

Vinaigrette aux fines herbes

INGRÉDIENTS

45 ml (3 c. à soupe) de **vinaigre** ou de jus de citron fraîchement pressé

135 ml (9 c. à soupe) d'**huile d'olive** extra vierge

1 ml (¼ c. à thé) de **sucre blond**

½ **gousse d'ail** émincée

1 **échalote grise** émincée

2 ml (½ c. à thé) de **moutarde sèche**

Sel et **poivre**

15 ml (1 c. à soupe) de feuilles de **thym**, d'**estragon**, de **sauge**, de **ciboulette**, de **marjolaine** et de **romarin** très finement hachées

MÉTHODE

1. Dans un petit bol, délayer la moutarde sèche et le vinaigre. Ajouter graduellement l'huile d'olive, puis tous les autres ingrédients. Fouetter tous les ingrédients ensemble avec une fourchette ou un fouet.

2. Verser dans un contenant pour vinaigrette ou un récipient avec un bec verseur. Couvrir d'une pellicule plastique et mettre au réfrigérateur jusqu'à utilisation.

Vinaigrette aux pignons rôtis

INGRÉDIENTS

60 ml (4 c. à soupe) de **vinaigre de vin blanc**

150 ml (10 c. à soupe) d'**huile d'olive** extra vierge

1 **gousse d'ail** confite et réduite en purée

65 ml (¼ tasse) de **pignons rôtis**

2 ml (½ c. à thé) de feuilles d'**origan** séchées

30 ml (2 c. à soupe) de **parmigiano reggiano** ou de romano fraîchement râpé

Poivre

MÉTHODE

1. Dans un mélangeur électrique, mélanger tous les ingrédients jusqu'à consistance homogène. Les ingrédients peuvent aussi être mélangés à l'aide d'un pied-mélangeur électrique.

2. Verser dans un contenant pour vinaigrette ou un récipient avec un bec verseur. Couvrir d'une pellicule plastique et mettre au réfrigérateur jusqu'à utilisation.

NOTE : Il est préférable d'utiliser la totalité de la vinaigrette le jour même de sa préparation, mais ces vinaigrettes se conservent quand même un maximum de cinq jours au réfrigérateur, car elles contiennent de l'ail et des fines herbes fraîches.

Mayonnaise maison

Étudiante, je sortais souvent danser la fin de semaine avec mes amis et nous terminions nos soirées dans le seul restaurant ouvert 24 heures. Je mangeais souvent des frites que je garnissais de vinaigre blanc et de sel. Un de mes copains commandait toujours des frites avec de la mayonnaise. À cette époque, les frites mayonnaise n'étaient pas encore populaires au Québec, et notre copain se faisait dévisager par la serveuse et les membres de notre groupe.

Je ne garnis plus mes frites de vinaigre blanc, car il pourrait contenir du gluten et, de plus, je suis devenue une vraie adepte des frites mayonnaise. D'ailleurs, quand j'ai du temps devant moi, je prépare même de la mayonnaise maison.

Ingrédients

2 jaunes d'œufs

5 ml (1 c. à thé) de **moutarde sèche**

30 ml (2 c. à soupe) de **moutarde de Dijon**

15 ml (1 c. à soupe) de **jus de citron**

Poivre et **sel** au goût

400 ml d'**huile d'olive**

Méthode

1. Laver la coquille des œufs avec du savon et de l'eau chaude. Faire tremper les œufs en coquille dans un bol d'eau chaude 15 minutes. Séparer ensuite les œufs et ne conserver que les jaunes. Bien laver les mains avant et après la séparation des œufs.

2. Stabiliser un petit bol en entourant sa base d'une serviette. Dans ce même bol, fouetter les jaunes d'œufs puis ajouter la moutarde sèche, le sel, le poivre, la moutarde de Dijon et le jus de citron. Incorporer l'huile d'olive goutte par goutte et fouetter sans arrêt jusqu'à ce que l'émulsion soit épaisse. Verser doucement le reste de l'huile en un mince filet et fouetter sans arrêt jusqu'à l'obtention de la consistance et de la couleur désirées.

3. Vider la mayonnaise dans un contenant à couvercle hermétique, et le ranger immédiatement au réfrigérateur. Ne jamais laisser la mayonnaise maison à la température ambiante ou dans un endroit chaud.

LA MAYONNAISE S'EST SÉPARÉE ?

Si la mayonnaise s'est séparée, c'est que l'huile a été ajoutée trop rapidement et en trop grande quantité au début de l'opération. Pour la réchapper, prendre un petit bol propre et y verser deux cuillerées à soupe de la mayonnaise séparée. Incorporer ensuite une cuillerée à thé de moutarde de Dijon et fouetter sans arrêt jusqu'à ce que l'émulsion soit très épaisse. Puis, ajouter graduellement le reste de la mayonnaise séparée en un mince filet et fouetter sans arrêt jusqu'à l'obtention de la consistance et de la couleur désirées. Pour réchapper une mayonnaise séparée, il est aussi possible d'ajouter de l'eau chaude par petite quantité (une cuillerée à thé à la fois) dans la préparation jusqu'à ce que l'émulsion soit assez épaisse pour reprendre l'ajout graduel de l'huile.

LA MAYONNAISE EST TROP ÉPAISSE ?

Il suffit de l'allonger avec un peu d'eau ou du jus de citron, du vinaigre de vin ou de cidre.

VOUS VOULEZ CONSERVER VOTRE MAYONNAISE QUELQUES JOURS AU FRIGO ?

Il est préférable de consommer la mayonnaise le jour même de sa préparation bien qu'elle puisse être conservée dans un contenant hermétique un maximum de deux jours au réfrigérateur. Avant de ranger la mayonnaise au frais, la détendre avec quatre cuillerées à soupe d'eau bouillante puis la vider dans un contenant hermétique propre.

NOTE :

Les œufs utilisés doivent être très frais et leurs coquilles sans fêlure. Bien que les risques de contamination à la salmonelle avec des œufs crus soient minimes au Canada, il est important de ne pas utiliser d'œufs crus dans une mayonnaise qui serait servie à des bébés et à des enfants en bas âge, à des personnes âgées ou ayant un système immunitaire faible ainsi qu'aux femmes enceintes. Pour éviter toute contamination à la salmonelle, utiliser des préparations d'œufs liquides pasteurisés. La pasteurisation détruit les bactéries, incluant la salmonelle.

On peut aussi utiliser des jaunes d'oeuf cuits réduits en poudre à la place de jaunes d'œuf crus.

Liste détaillée de produits alimentaires et d'ingrédients

OUI : sans gluten, à consommer seulement si garanti sans gluten

VÉRIFIER : pourrait contenir du gluten, ne pas consommer ou à surveiller

NON : contient du gluten, ne pas consommer

Aliments ou plats	Description	Sans danger?
Abaisse du commerce	Si elle est faite avec de la farine contenant du gluten	NON
Aboukir	Dessert traditionnellement fait avec un gâteau éponge	NON
Abricots séchés ou dans l'alcool	Seulement si garanti sans gluten ou non contaminé	VÉRIFIER
Abricot frais	Tous les fruits frais sont sans gluten	OUI
Acajou	Noix, pourrait contenir du gluten	VÉRIFIER
Achar (d')	Condiment indien de cornichons, peut être contaminé par épices et vinaigre	VÉRIFIER
Acra (akra)	Aliment frit avec panure	NON
Advocaat	Liqueur faite avec alcool et blanc d'œuf	NON
Agar-agar	Substance visqueuse provenant d'algues	OUI
Agnolotti	Petits raviolis	NON
Agraz	Sorbet fait d'amandes, de verjus et quelquefois de kirsch	VÉRIFIER
Avoine	Flocons son et farine; seulement si l'avoine est pure à 100 % et non contaminée; certains cœliaques ne tolèrent pas l'avoine	VÉRIFIER
Aguardiente	Spiritueux servi dans les pays latins; peut être fait d'alcool fermenté de cane à sucre ou d'herbes ou par la distillation de raisins	VÉRIFIER
Aïgo boukido	Soupe provençale avec ail, fines herbes et jaune d'œuf, souvent servie sur des tranches de pain	VÉRIFIER
Aïgo sau d'iou	Soupe de poisson provençale qui est souvent servie sur des tranches de pain, aïoli et rouille	VÉRIFIER
Aïoli	Sauce composée d'huile d'olive, de jaune d'œuf et d'ail	OUI
Alaska (omelette norvégienne)	Génoise (gâteau blanc) baignée dans l'alcool et couvert de crème glacée et de meringue	NON
Albert (sauce)	Sauce épaissie par des croûtons de pain	NON

Aliments ou plats	Description	Sans danger?
Alcazar	Gâteau fait avec de la farine de blé et du kirsch	NON
Alcool	Certains alcools sont sans gluten; voir section en page 35	VÉRIFIER
Alexandra	Liqueur commerciale de cacao	NON
Alica	Semoule de blé	NON
Aligot	Plat d'Auvergne avec pommes de terre, ail et Cantal	OUI
Alise pâcaude	Gâteau traditionnel de Pâques	NON
Allemande (sauce)	Sauce blanche riche faite à partir de velouté (comprenant de la farine), de champignons, crème et jaunes d'œufs	NON
Allumette	Pâtisserie faite à partir de pâte feuilletée	NON
Amandes	Entières, natures, rôties, blanchies, en poudre, salées, lait et beurre, pâte d'amandes (massepain); attention aux amandes rôties à sec, amandes avec saveurs barbecue, soya, tamari ou aux épices, elles pourraient contenir du gluten, de même que le lait et le beurre d'amandes	VÉRIFIER
Amarante	Graines, graines soufflées, flocons, farine (dans certains pays, on mange les feuilles)	OUI
Amidon ou amidon modifié	Si l'origine de l'amidon dans un produit n'est pas identifiée, à éviter, car il pourrait provenir d'un grain contenant du gluten	VÉRIFIER
Amaretto	Liqueur alcoolisée de noix, d'amandes et d'abricots	VÉRIFIER
Ambrosia	Liqueur alcoolisée faite d'eau-de-vie et d'épices	NON
Amourette	Préparation de moelle de bœuf, veau, agneau, souvent gratinée avec panure de pain	VÉRIFIER
Anchois	Poissons minuscules, conservés habituellement dans le sel; si servis en condiment, en pâte ou anchoyade avec vinaigre et épices, ils pourraient contenir du gluten	VÉRIFIER
Amylacé	Produit contenant de l'amidon, donc qui peut contenir du gluten si « amidon » ou « amidon modifié » se trouve dans les ingrédients	VÉRIFIER
Andalouse (sauce)	Sauce faite avec velouté (roux), pâte de tomates, piments	NON
Andouille, andouillette	Saucisses pouvant contenir de la farine ou de la panure de pain de blé	NON
Anglaise (crème anglaise)	Crème faite avec de la crème des jaunes d'œufs, de la vanille et du sucre	OUI
Anis (anise ou anis étoilée)	Épice au goût de réglisse, utilisez les graines entières	OUI
Anna	Casserole de tranche de pommes de terre rôties au four	OUI

Aliments ou plats	Description	Sans danger?
Annato	Colorant alimentaire provenant de graines de l'arbre annato qui pousse en Amérique centrale	OUI
Aquavit	Liqueur alcoolisée composée d'alcool distillé et parfumée aux grains d'aneth et de carvi	VÉRIFIER
Arak	Boisson alcoolique très répandue au Moyen-Orient composée d'eau-de-vie obtenue par double distillation du jus de raisin; au cours de la distillation, des graines d'anis sont ajoutées	VÉRIFIER
Arbolade	Plat sucré ou salé composés d'œufs et de crème	OUI
Archiduc	Plat assaisonné (œuf, volaille ou poisson) de paprika et servi avec sauce hongroise qui contient de la farine de blé	NON
Ariégeoise	Plat composé d'agneau ou poulet farci avec croûtons de pain et pochés dans un bouillon, servi en soupe ou sauce	NON
Arlésienne	Plat d'aliments panés avec farine de blé et frits dans l'huile	NON
Armagnac	Alcool fait à partir de raisins/vin	OUI
Armottes	Morceaux d'oie ou de porc croquants mélangés à de la pâte de semoule de maïs	VÉRIFIER
Arquebuse	Liqueur d'alcool macéré avec 33 plantes, puis distillé	VÉRIFIER
Arracia (racine ou pomme de terre-céleri)	Racine cultivée en Amérique du Sud et au Mexique; réduite en poudre, elle est aussi utilisée comme fécule	OUI
Arrowroot (marante)	Racine maranta réduite en poudre, puis en fécule	OUI
Artichaut	Frais ou cœur dans l'huile	OUI
Artichaut	Si conservés dans le vinaigre	VÉRIFIER
Artois (potage d')	Potage de haricots blancs garni d'une brunoise cuite dans le beurre	OUI
Ase fétide (Asa foetida)	Résine séchée provenant d'un rhizome de fenouil, utilisée en Iran et en Inde comme épice en poudre pour parfumer légumes, poissons et sauces indiennes; odeur prononcée de soufre d'où l'origine de son nom	OUI
Asperge	Fraîche ou conservée dans l'huile ou dans l'eau salée	OUI
Asperge	Si conservée dans le vinaigre	VÉRIFIER
Aspic	Plat moulé lié par de la gélatine ou de la pectine, on y incorpore des garnitures en cubes (légumes, charcuteries, œufs, viande, volaille, poisson ou fruits) souvent aromatisé avec de l'alcool	VÉRIFIER

Aliments ou plats	Description	Sans danger?
Atta	Terme indien pour farine de blé dur ou semi-dur	NON
Attereau	Hors-d'œuvre pané avec de la chapelure de pain	NON
Attignole	Boulette de viande liée avec de la chapelure de pain	NON
Aubergine	Fruit	OUI
Aubergine	Si apprêtée ou servie gratinée, frite ou avec sauce béchamel (moussaka)	NON
Aumônière	Pâtisserie de pâte brisée et d'abricots	NON
Aurore	Sauce faite avec velouté et purée de tomates	NON
Avocat	Fruit vert moelleux	OUI
Avocat	Guacamole du commerce constitué d'avocats et d'épices	VÉRIFIER
Baba	Gâteau alcoolisé, baigné dans le rhum ou le kirsch	NON
Bacon	Charcuterie de porc, certains bacons peuvent être contaminés au gluten lors de la transformation	VÉRIFIER
Baekenofe	Plat mijoté alsacien de viandes marinées dans le vin, puis cuit lentement dans des pots en terre cuite scellés par de la pâte à pain	NON
Baguette	Pain de forme oblongue	NON
Baguette	Si seulement faite de farine sans gluten	OUI
Boulgour (bulghour)	Blé dur – attention utilisé dans le taboulé	NON
Baiser	Petit four composé de meringue et de crème épaisse	VÉRIFIER
Baklava	Pâtisserie originaire des pays de l'Empire ottoman, fait de minces couches de pâtes (faites avec de la semoule de blé) et garnie de pistaches, d'amandes et de miel aromatisé d'eau de fleur ou de jus de citron	NON
Ballotine	Plat préparé avec de la viande ou de la volaille farcie avec différents ingrédients, souvent avec de la saucisse	VÉRIFIER
Bamboche	Plat de poisson frit, préalablement pané avec de la farine	NON
Banane	Fruit frais	OUI
Banane	Si servie en dessert panée et frite dans de l'huile	NON
Banyul	Vin doux français	OUI
Bar	Poisson (attention, certains sont en voie de disparition)	OUI
Barack pálinka	Liqueur hongroise alcoolisée produite par distillation avec des abricots	VÉRIFIER
Baraquilles	Hors-d'œuvre salés faits avec de la pâte feuilletée	NON
Barbadine	Plante d'Amérique du Sud dont le fruit est utilisé dans des boissons, des confitures et des sorbets	OUI

Aliments ou plats	Description	Sans danger?
Barbecue (sauce)	Sauce et épices en poudre du commerce pouvant contenir du gluten	VÉRIFIER
Barbe à papa	Nuage de filaments de sucre colorés, de la consistance de la laine ou d'une ouate de coton (d'où le nom *coton candy* en anglais). En Iran, le pashmak est constitué de graines de sésame et de sucre, et en Turquie, le pi maniye est similaire, mais on y ajoute de la farine de blé	VÉRIFIER
Bardane	Plante qui pousse en France et au Japon et dont les racines, feuilles et jeunes tiges sont utilisées en cuisine	OUI
Barquette	Petite tarte salée ou sucrée en forme de barque, fourrée d'ingrédients divers	NON
Basilic	Herbe fine très odorante	OUI
Bastella	Plat corse constitué de pâte farcie de légumes et de viandes	NON
Bataclan	Gâteau fait avec de la poudre d'amandes et de la farine de blé	NON
Bâtarde	Sauce au beurre liée avec de la farine	NON
Bâtonnet	Poisson, légumes, fromage ou viande panés puis frits; aussi de petits fours de pâte feuilletée	NON
Bavarois	Dessert moulé avec crème, œufs, sucre, arômes et gélatine	OUI
Bazine	Plat arabe de pâte composée de semoule de blé ou d'orge	NON
Béarnaise	Sauce avec jaunes d'œuf, vinaigre et beurre	VÉRIFIER
Beauvilliers	Gâteau fait d'amandes et de farines de blé et de riz	NON
Béchamel	Sauce liée avec un roux (farine et beurre)	NON
Blé dur	Céréale contenant du gluten	NON
Blé tendre	Céréale contenant du gluten	NON
Betterave	Légume racine	OUI
Betterave	Si conservée dans le vinaigre	VÉRIFIER
Belge (chocolat)	Chocolat d'appellation contrôlée provenant de Belgique, ces chocolats pourraient être contaminés par des ingrédients tels les épices, les ganaches ou les alcools	VÉRIFIER
Bénédictine	Liqueur alcoolisée de France aromatisée par 27 plantes et épices et distillée en alambics de cuivre	VÉRIFIER
Bénédictine (œufs)	Œufs servis avec une sauce hollandaise	OUI
Bénédictine (œufs)	Si sauce provient de poudre en sachet	VÉRIFIER

Aliments ou plats	Description	Sans danger?
Bergamote	Petit agrume	OUI
Besan (pois chiches ou gram)	Farine de pois chiches en hindi	OUI
Bêtises	Confiserie française aromatisée à la menthe	VÉRIFIER
Bettelman	Dessert alsacien composé de petits pains rassis	NON
Beugnon	Beignets ronds français à pâte levée	NON
Beurre	Ingrédient fait avec du lait	OUI
Beurre blanc	Sauce composée de beurre mélangé avec réduction de vinaigre	VÉRIFIER
Beurre manié	Beurre mélangé avec de la farine	NON
Beurre de noix, d'amandes, d'arachide, de légumineuses, de graines de sésame et de citrouille	Pourrait contenir du gluten	VÉRIFIER
Beurre d'anchois, vert, d'ail, de raifort, de citron, d'homard, montpellier, moutarde, de poivre, roquefort, de sardine, d'échalotes, d'œuf de poisson, d'estragon ou fines herbes, de cresson	Pourrait contenir du gluten	VÉRIFIER
Beurre noir	Beurre foncé fondu avec réduction de vinaigre	VÉRIFIER
Beurre clarifié	Beurre dont on a enlevé le lactosérum	OUI
Beurre noisette	Beurre fondu et cuit jusqu'à couleur noisette	OUI
Bicarbonate de soude	Poudre utilisée comme agent levant	OUI
Bilibi	Soupe de moules	OUI
Bireweck	Pain de fruits alsacien	NON
Biscuit sucré ou salé	Si composé de farines contenant du gluten	NON
Biscotte	Si composé de farines contenant du gluten	NON
Bison	Attention à la charcuterie qui pourrait contenir du gluten	OUI
Bisque	Potage de fruit de mer, il est souvent lié avec de la farine de blé	VÉRIFIER
Bitoke	Galette russe de viande hachée farinée ou panée, puis sautée dans une poêle	NON
Blanc-manger	Dessert moulé composé d'amandes, de sucre et de gélatine.	OUI

Aliments ou plats	Description	Sans danger?
Blanquette	Plat en sauce avec veau, agneau ou volaille, composé de crème, jaunes d'œuf et souvent lié avec un roux	VÉRIFIER
Blini	Petite crêpe levée d'origine russe, originalement faite avec de la farine de sarrasin, mais souvent composée aussi avec de la farine de blé	VÉRIFIER
Bleu	Fromage avec moisissures souvent créées à partir de mie de pain	VÉRIFIER
Bochyn	Boisson alcoolisée avec bulles, dont l'alcool provient de raisins fermentés et de levures	VÉRIFIER
Bœuf à la mode	Plat mijoté de bœuf, dont la sauce est quelquefois liée avec de la farine de blé	VÉRIFIER
Bœuf bourguignon	Plat mijoté dans du vin rouge composé de morceaux de bœuf qui sont souvent préalablement enfarinés	VÉRIFIER
Bœuf en croûte (bœuf Wellington)	Filet de bœuf recouvert d'une pâte feuilletée et farci de truffes et de foie gras	NON
Bœuf carbonnade	Bœuf braisé dans de la bière	NON
Bolognaise	Sauce italienne de tomates et viande hachée, fines herbes, épices, ail et quelquefois, lait, vin et bouillon	VÉRIFIER
Bombe	Dessert glacé contenant souvent de la liqueur de kirsch ou des fruits macérés dans cette liqueur	VÉRIFIER
Bombine	Plat de viande braisé dans un pot en terre cuite dont le dessus est souvent garni de croûtons de pain	VÉRIFIER
Bontemps	Sauce composée de cidre, moutarde et velouté	NON
Bordelaise	Sauce au vin pouvant être liée avec de la farine	VÉRIFIER
Borsch	Soupe d'Europe de l'Est composée de betteraves rouges et quelquefois servie avec quenelles de bœuf préalablement farinées avant d'être cuites dans une poêle	VÉRIFIER
Botermelk	Dessert belge au lait cuit lentement avec grains d'orge ou de riz ou semoule de blé, maïs ou vermicelles et sucre brun	VÉRIFIER
Bottereaux	Beignets français de pâte levée de formes géométriques	NON
Bouchées salées ou sucrées	Petits fours faits de pâte feuilletée et fourrés de divers ingrédients	NON
Boudin blanc ou noir	Saucisse liée avec de la farine ou du pain	NON
Bougras	Soupe aux légumes dont le bouillon a été utilisé préalablement pour cuire le boudin blanc	NON
Bouillabaisse	Soupe de poisson de la Provence liée avec du roux et servie sur une tranche de pain rassis	NON

Aliments ou plats	Description	Sans danger?
Bouilleture	Soupe d'anguilles liée avec du beurre manié	NON
Bouillon (viande, volaille poisson, légumes)	Si fait maison	OUI
Bouillon (viande, volaille poisson, légumes)	Si du commerce, pourrait contenir du gluten	VÉRIFIER
Bouilli	Plat braisé de viandes et légumes dont les morceaux sont souvent farinés et grillés avant d'être intégrés dans le bouilli; il est quelquefois servi avec un dumpling fait de farine blanche	VÉRIFIER
Boule-de-neige	Gâteau de forme ronde fait de génoise	NON
Boulette	Boulette de viande ou de volaille, cuite ou bouillie, souvent liée avec de la panure de miettes de pain ou de la farine	VÉRIFIER
Bouquet garni	Bouquet de fines herbes attachées et utilisées pour aromatiser un plat en sauce ou un bouillon	OUI
Bourbon	Alcool (whisky) distillé fait de grains de maïs, d'orge et de malt produit aux États-Unis et élevé en fût de chêne dont l'intérieur a été noirci à la fumée	VÉRIFIER
Bourdelot	Dessert de poire ou pomme cuite en croûte de pâte brisée ou feuilletée	NON
Bourride	Soupe de poisson de la Provence liée avec de l'aïoli et servie sur une tranche de pain rassis	NON
Bourriol	Crêpe de pâte levée de farine de blé, sarrasin et purée de pommes de terre	NON
Bourzouate	Boisson faite à partir de graines de melon grillées	OUI
Braisés	Plat de viande ou de volaille braisée dont les morceaux sont souvent préalablement enfarinés	VÉRIFIER
Brandade	Purée de morue salée souvent servie avec ou sur des croûtons	VÉRIFIER
Brandy	Liqueur distillée de raisins ou autres fruits	OUI
Braou-bouffat	Soupe de chou, riz et vermicelles dont le bouillon a été préalablement utilisé pour pocher des boudins noirs	NON
Brassadeau	Petit gâteau fait de farine de blé	NON
Brésil	Noix du Brésil; attention, si rôtie à sec, elle pourrait contenir du gluten	VÉRIFIER
Brésolles	Plat de viandes étalées en étages, cuit en cocotte de terre	OUI
Brik	Entrée tunisienne composée d'un triangle de pâte feuilletée farcie d'un œuf et de viande hachée	NON

Aliments ou plats	Description	Sans danger?
Brillot	Mets corse composé de farine de noix de châtaigne et de lait de chèvre	OUI
Brioche	Petit pain fait avec de la farine de blé et des œufs	NON
Bun	Petit pain fait traditionnellement avec de la farine de blé	NON
Brizen ou brydza	Lait fermenté hongrois ou russe	OUI
Broulaï	Bouilli de poisson des Caraïbes	OUI
Broye	Ragoût épais constitué habituellement de semoule de maïs et de bouillon lentement réduit jusqu'à consistance épaisse	VÉRIFIER
Broyé	Gros biscuit sablé français	NON
Cabassol	Bouilli composé de divers morceaux de mouton mijotés	OUI
Cabessal	Lièvre fourré et mijoté en sauce dans laquelle on ajoute un roux pour lier la sauce	NON
Café	Boisson servie habituellement chaude	OUI
Café espagnol	Café aromatisé de liqueurs alcoolisées et de rhum et servi avec crème chantilly	VÉRIFIER
Café irlandais	Café aromatisé avec du whisky et de la crème chantilly	VÉRIFIER
Caillebotte	Lait caillé quelquefois aromatisé	OUI
Caillette	Petite saucisse constituée de viande de porc et de légumes verts, et pouvant être liée avec de la farine	VÉRIFIER
Cajasse	Crêpe de fruits aromatisée au rhum	NON
Caldo verde	Soupe portugaise verte constituée de chou vert, d'huile d'olive, de pommes de terre et de saucisse à l'ail ou de chorizo	VÉRIFIER
Calisson	Petite confiserie de Provence constituée de sucre, d'amandes, de fruits confits et de pain azyme	NON
Calmar (petite pieuvre)	Si nature	OUI
Calmar (petite pieuvre)	Si pané	NON
Calvados	Brandy de cidre distillé	OUI
Cambridge sauce	Sauce faite avec vinaigre, jaunes d'œuf, anchois et moutarde	VÉRIFIER
Camembert	Fromage français à pâte molle	OUI
Canapés	Hors-d'œuvre faits de petites tranches de pain de diverses garnitures	NON
Canna	Plante dont on mange la racine et dont on extrait de l'amidon comme la marante	OUI
Canole	Biscuit sec français	NON

Aliments ou plats	Description	Sans danger?
Cannolo (cannoli)	Pâtisserie italienne composée d'une pâte de farine frite, puis fourrée à la ricotta ou au mascarpone	NON
Capucin	Petite tarte salée au fromage	NON
Caramel	Sucre que l'on fait fondre en sirop jusqu'à l'obtention d'une couleur dorée	OUI
Caramel	Si fait maison	OUI
Caramel	Si du commerce	VÉRIFIER
Caroline	Petit éclair fourré au fromage ou au jambon	NON
Carotte	Légume racine	OUI
Caroube	Fruit du caroubier qui est souvent utilisé comme substitut du cacao et comme additif alimentaire; faire attention s'il est en poudre	VÉRIFIER
Carpaccio	Tranches de bœuf cru garnies de sauce au vinaigre	VÉRIFIER
Carbonnade	Plat de bœuf braisé avec de la bière	NON
Cardamome	Si épice entière	OUI
Carvi	Si épice entière	OUI
Cassava (yuca, mandioc, manioc ou tapioca)	Racine dont on extrait la farine ou l'amidon de tapioca	OUI
Cassave	Crêpe ou galette faite à partir de fécule de tapioca	OUI
Cassis	Liqueur de mûres macérées dans de l'eau-de-vie	VÉRIFIER
Cassoulet	Plat cuit lentement en cocotte constitué de haricots blancs et de différentes viandes, volailles et saucisses	VÉRIFIER
Cecina (farinata, socca panissa, ou pardzza)	Crêpe cuite au four à bois composée de farine de pois chiches et d'huile d'olive, populaire en France et en Italie	OUI
Châtaigne ou marrons	Fruits rôtis ou en purée ou en farine	OUI
Chou de Caraïbe	Légume	OUI
Chia	Graines aux propriétés gélifiantes riches en oméga	OUI
Chou	Légume	OUI
Choux à la crème	Pâte à pâtisserie légère cuite au four et faite avec des jaunes d'œuf et de la farine	NON
Couscous	Semoule de blé dur (durum)	NON
Crêpe	Aliment composé de farine, œufs et liquide	VÉRIFIER
Décoration pour gâteau et paillettes	Peut contenir de la farine de blé	NON
Dinkel	Farine d'épeautre en Allemagne	NON
Durum	Blé dur	NON

Aliments ou plats	Description	Sans danger?
Eddo (dasheen, taro)	Plante d'Asie dont les graines et la racine sont comestibles et dont on extrait de l'amidon	OUI
Engrain (petit épeautre ou eikhorn)	Blé sauvage	NON
Emmer	Type de blé surtout utilisé en Italie	NON
Épeautre	Céréale qui s'apparente au blé, aussi appelé petit épeautre et grand épeautre	NON
Falafel	Boule frite de pois chiches recouverte de panure	NON
Farce	En cuisine, on utilise beaucoup le pain comme ingrédient de la farce	NON
Farina	Crème de blé ou semoule de blé	NON
Farine	Seulement si sans gluten	VÉRIFIER
Farine fermentante *(self-rising flour)*	Farine de blé avec levure incorporée	NON
Farro (épeautre)	Dérivé du blé	NON
Fève	Légumineuse dont on consomme le fruit entier ou les graines de la cosse; il existe une multitude de farines de fèves, toutes naturellement sans gluten	OUI
Fonio (acha ou fundi) en grains ou farine	De l'ouest de l'Afrique, utilisé pour des couscous (foyo, djouka) ou des bouillies légères ou épaisses (dégué, moni, tô), mais de nombreuses autres préparations culinaires sont possibles (fonio au gras, salades, gâteaux ou beignets, etc.)	OUI
Froment	Farine de blé tendre	NON
Fu (nama-fu, yaki-fu sukiyaki-fu (Japon)	Gluten de blé utilisé sous diverses formes	NON
Fufu	Amidon extrait du plantain, taro, igname et du manioc (ou cassava), on en fait une boule de pâte très dense (Fufu) en le cuisant avec de l'eau ou du bouillon, celle-ci est utilisée comme ustensile, tout comme le pain injera en Afrique	OUI
Garfava	Une farine de pois chiches et fèves de gourgane	OUI
Germe	Tout dépend de la céréale ou du grain qui est souvent de blé	VÉRIFIER
Gluten	Sous aucune forme	NON
Glutineux (riz)	Riz collant dont la farine est souvent utilisée dans la cuisine asiatique	OUI
Graham (farine et biscuits)	Farine complète de blé très fibreuse, utilisée aussi pour faire les biscuits du même nom	NON
Gram	Farine de pois chiches en anglais	OUI

Aliments ou plats	Description	Sans danger?
Granari (a ou y)	Farine de blé complète comprenant des grains partiellement moulus	NON
Gratiné	Souvent fait de panure de blé	NON
Gruau	Seulement si composé de céréales ou grains sans gluten	VÉRIFIER
Haricot	Légumineuse dont on consomme le fruit entier ou les graines de la cosse; il existe une multitude de farines d'haricot toutes sans gluten	OUI
Harina	Farine espagnole ou latine qui habituellement est faite de blé	NON
Igname ou yam	Tubercule cultivé en Corée, au Japon, en Afrique et en Amérique centrale de la même famille que la patate douce et dont on extrait de la farine	OUI
Larmes de Job (Hato mugi, larmes de Juno, grain du fleuve)	Les graines de cette herbe haute poussant en Inde sont consommées comme céréales	OUI
Kamut (Khorasan)	Blé ancien	NON
Kasha	Graines de sarrasin grillées	OUI
Kasha	Signifie aussi crème de céréales dans les pays slaves	NON
Légumineuses	Arachides, pois, lentilles, fèves blanches et noires	OUI
Lentille	Plante dont on consomme la graine, la lentille, riche en protéines et dont on extrait aussi de la farine	OUI
Levure	La levure est ce qui fait gonfler une pâte et lui donne saveur et odeur; une cuillère à thé comprend des milliers de micro-organismes vivants, des champignons qui sont parfois cultivés sur de la mie de pain; ces micro-organismes sont activés par un liquide tiède, et ils sont nourris par du sucre ou un féculent; lorsqu'elle est activée, la levure dégage du dioxyde de carbone et c'est ce gaz qui fait lever la pâte et lui donne sa texture après la cuisson	VÉRIFIER
Levure chimique	De la poudre à pâte; certaines levures contiennent de l'amidon de blé	VÉRIFIER
Lin	On en consomme les graines riches en oméga et fibres, le lin est aussi utilisé comme agent gélifiant	OUI
Lupin	Fleur dont les graines servent à créer de la farine	OUI
Maca	La maca est un tubercule de la forme d'un navet qui pousse sur les plateaux andins	OUI
Maïzena	Farine de maïs	OUI
Maftoul	Couscous en Palestine, au Liban et en Jordanie, il est fait de blé dur	NON

Aliments ou plats	Description	Sans danger ?
Malt et extrait de malt non identifié	Provient souvent de l'orge ou du seigle	NON
Malt de riz, de tapioca	Seulement s'il provient de grains sans gluten non contaminés	VÉRIFIER
Manioc (Cassava, Tapioca)	La racine de cassava produit de la fécule de tapioca, ou couac en Guyane et farinha au Brésil	OUI
Masa Harina	Farine de maïs nixtamalisée (bouillie avec de l'eau contenant de la chaux) utilisée pour la confection des tortillas, enchiladas, et autres aliments mexicains et sud-américains	OUI
Massepain	Pâte d'amandes sucrée pouvant contenir du gluten	VÉRIFIER
Matza	Pain plat juif constitué de farine de blé, d'avoine, de seigle d'orge et d'épeautre	NON
Mesquite	Farine ou poudre faite à partir de la gousse de l'arbre du même nom	OUI
Miàn jīn	Protéine de gluten de blé au Japon, de type seitan	NON
Mì căng ou mì căn	Protéine de gluten de blé au Vietnam, de type seitan	NON
Millet	Farine, flocons, grains, grains soufflés, son	OUI
Montina	Marque de commerce d'une nouvelle farine sans gluten aux États-Unis, elle est tirée d'herbes de riz (pas de la famille du riz)	OUI
Moutarde	En condiment ou en poudre ; peut contenir du gluten dans le vinaigre ou autres ingrédients moulus	VÉRIFIER
Muesli	Souvent composé de grains, céréales, flocons contenant du gluten	NON
Noix	Naturellement sans gluten, mais les noix rôties à sec, noix rôties et poudres de noix peuvent contenir du gluten ; les noix doivent être garanties sans gluten ou non contaminées	VÉRIFIER
Noix de pain	Noix de maya Ramón ; les graines d'un arbre d'Amérique du Sud qui peuvent être rôties ou broyées pour devenir de la poudre	OUI
Orge	Céréale contenant du gluten	NON
Orzo	Pâte de blé dur qui ressemble à un grain de riz	NON
Paillettes décoratives	Pourraient contenir du gluten	VÉRIFIER
Papadums (appelés également papads)	Galettes ou crêpes indiennes aux lentilles	OUI
Panko	Panure japonaise de pain	NON
Plantain (en fruit ou en farine)	Fruit provenant d'un arbre	OUI

Aliments ou plats	Description	Sans danger?
Pois chiches	Légumineuse; réduite en poudre on l'utilise comme farine	OUI
Polenta	Semoule de maïs	OUI
Pommes de terre	Légume, farine ou fécule	OUI
Pommes de terre sucrées	Légume, farine ou fécule	OUI
Pommes de terre croustillantes	Certaines saveurs sont collées avec du gluten sur les chips, sont contaminées par le gluten ou contiennent de la farine	VÉRIFIER
Pommes de terre frites	Certaines pommes de terre sont frites dans de l'huile contaminée	VÉRIFIER
Quinoa	Farine, grains, grains soufflés, flocons	OUI
Quenelle	Souvent liée avec de la farine ou des croûtons de pain de blé	VÉRIFIER
Ragi, millet d'Afrique, millet de doigt	Grains naturellement sans gluten culviés en Afrique et en Asie.	OUI
Riz (blanc, brun, noir, arborio, basmati, glutineux, etc.)	Grains, grains soufflés, farines, flocons, son	OUI
Riz sauvage	Pas une graminée, il fait partie de la famille de l'avoine	OUI
Roggenmehl	Farine de seigle en Allemagne	NON
Roggen vollkornmehl	Farine de seigle pour pain pumpernickel en Allemagne	NON
Sarrasin (noir ou vert)	Grains de la famille de la betterave (flocons, graines, farine)	OUI
Sarrasin de Tartarie ou « blé » noir	Sarrasin noir	OUI
Seigle	Céréale contenant du gluten	NON
Seitan	Aliment fait à partir de gluten de blé	NON
Semolina, semoule de blé, couscous	Blé dur	NON
Semoule	Petit grain pouvant contenir du gluten	VÉRIFIER
Semoule de blé	Provient du blé	NON
Simili canard	Produit fait avec du gluten de blé de type seitan	NON
Soba	Nouilles constituées de farine de sarrasin et souvent de blé; à consommer seulement si les nouilles sont entièrement faites de farine de sarrasin pure sans gluten	VÉRIFIER
Son	Enveloppe d'une céréale	VÉRIFIER
Son	Son de riz, d'avoine (pure et non contaminée), maïs, millet	OUI
Son	Si provenant du blé et ses variantes, orge, seigle	NON

Aliments ou plats	Description	Sans danger?
Sorgho	Grains naturellement sans gluten	OUI
Souchet	Connu sous le nom de noix tigrée, ce n'est pas une noix, mais un tubercule dont on extrait de la fécule	OUI
Soya	Légumineuse riche en protéine dont on fait la lécithine, la farine, le lait et le tofu (à consommer seulement si le produit est sans gluten)	OUI
Soya (sauce)	Certaines sauces soya ou tamari contiennent du blé	VÉRIFIER
Speculoos	Biscuits au miel et farine de blé	NON
Surimi (faux crabe ou fausses crevettes)	Contient du gluten ou du blé comme agent liant	NON
Sushi	Certains sushis contiennent du gluten, car ils sont faits avec du surimi ou garnis avec des petites crêpes ou croustillants de blé	NON
Tamari (sauce)	Certaines sauces tamari contiennent du blé	VÉRIFIER
Tapioca (yuca, mandioc, manioc ou tapioca)	Racine dont on extrait la farine ou l'amidon; on en fait aussi des perles comestibles	OUI
Taro (dasheen, eddo)	Tubercule dont on extrait la fécule, il est aussi utilisé pour faire de la purée pois	OUI
Teff (tef)	Petites graines originaires de l'Afrique et très nutritives	OUI
Toloman	Produit à base de racine de toloman; poudre utilisée pour épaissir lait, chocolat, sauce	OUI
Triticale	Dérivé du blé et du seigle	NON
Udon	Nouilles de blé	NON
Ugali	Farine faite de fécule de maïs provenant d'Afrique de l'Est	OUI
Urad	Farine de riz et de haricot dal, utilisée en Inde pour faire une crêpe dosa	OUI
Urad dal	Petit haricot noirâtre à la chair jaune dont on extrait de la farine	OUI
Viande de blé ou de gluten	Constitué de seitan qui est du gluten de blé	NON
Yam	Tubercule cultivé en Corée, au Japon, en Afrique et en Amérique Centrale, de la même famille que la patate douce, on en extrait de la farine	OUI

Ressources sans gluten

Où TROUVER DE L'INFORMATION
SUR LA MALADIE CŒLIAQUE ET
L'INTOLÉRANCE AU GLUTEN ?

Il existe une multitude de ressources en ligne pour trouver de l'information sur la maladie cœliaque. J'ai fait une liste de sites Internet d'intérêt pour une personne cœliaque. Les associations de la maladie cœliaque devraient être les premiers sites que vous consultez, puisqu'ils contiennent de l'information propre à chaque pays et sont à jour selon les derniers développements sur l'étiquetage et la recherche en vigueur dans le pays. Vous trouverez aussi les sites des pays étrangers, car ils sont une très bonne source d'information pour planifier un voyage sans gluten.

      Voici donc un répertoire de ce que j'ai trouvé sur internet à ce jour.

ASSOCIATIONS

QUÉBEC
**Fondation québécoise
de la maladie cœliaque (FQMC)**
837 rue Boyer, bureau 230,
Montréal (Québec) H2J 3E6
www.fqmc.org
info@fqmc.org

CANADA
**Association canadienne
de la maladie cœliaque**
5025 Orbiter Drive, Building 1, suite 400
Mississauga (Ontario) L4W 4Y5
www.celiac.ca
info@celiac.ca

EUROPE

Association of European Coeliac Societies
(AOECS)
www.aoecs.org

The Coeliac Youth of Europe
www.cyeweb.eu
cye.board@gmail.com

ALLEMAGNE
Deutsche Zöliakiegesellschaft – DZG
(Société cœliaque allemande)
www.dzg-online.de
info@dzg-online.de

ANDORRE
Associació de Celiacs d'Andorra
acea.likeathome.com
celiacs@andorra.ad

AUTRICHE
Österreichische Arbeitsgemeinschaft Zöliakie
www.zoeliakie.or.at
wien@zoeliakie.or.at

BELGIQUE
Vlaamse Coeliakie Vereniging (VSW)
Société flamande de la cœliaquie
vcv.coeliakie.be
secretariaat@vcv.coeliakie.be

Coeliakie België
www.coeliakie.be
admin@coeliakie.be

La Société belge de la cœliaque
www.sbc-asbl.be
info@sbc-asbl.be

CROATIE
Hrvatsko društvo za celijakiju
www.celijakija.hr

DANEMARK
Dansk Cøliaki Foreningen
www.coeliaki.dk
post@coeliaki.dk

ESPAGNE
Federación de Asociaciones de Celíacos de España (FACE)
www.celiacos.org
info@celiacos.org

S.M.A.P. Celíacs de Catalunya
www.celiacscatalunya.org
comunicacion@celiacscatalunya.org

ESTONIE
Eesti Tsöliaakia Selts
www.tsoliaakia.ee
info@tsoliaakia.ee

LES ÎLES FÉROÉ (Føroyar ou FÄRÖER INSELN)
coliaki@post.olivant.fo

FINLANDE
Keliakialiitto ry
www.keliakialiitto.fi
info@ keliakialiitto.fi

FRANCE
Association française des intolérants au gluten
www.afdiag.fr
afdiag@gmail.com

GRÈCE
Ελληνική εταιρεία για την κοιλιοκάκη
www.koiliokaki.com
gr.koiliokaki@yahoo.com
www.coeliac.gr

HONGRIE
Lisztérzékenyek Érdekképviseletének Országos Egyesülete
www.coeliac.hu
info@liszterzekeny.hu

ISLANDE
evi.likk@mail.ee

IRLANDE
Coeliac Society of Ireland
www.coeliac.ie
info@coeliac.ie

ITALIE
AIC (Associazione Italiana Celiachia)
www.celiachia.it
segreteria@celiachia.it

LETTONIE
ieval@caramail.com

LITUANIE
uvaidas@altavista.net
uvaidas@cheerful.com

LUXEMBOURG
Association luxembourgeoise
des intolérants au gluten(ALIG)
www.alig.lu
contact@alig.lu

MALTE
The Coeliac Association Malta
www.coeliacmalta.org

NORVÈGE
Norsk cøliakiforening (NCF)
www.ncf.no
post@ncf.no

PAYS-BAS
Norsk cøliakiforening (NCF)
www.glutenvrij.nl
info@glutenvrij.nl

POLOGNE
Polskie Stowarzyszenie Osób z Celiaki
i na Diecie Bezglutenowej
www.celiakia.pl
info@celiakia.pl

Krajowy Komitet Kół Przyjaciół Dzieci na
Diecie Bezglutenowej w Warszawie
www.dietabezglutenowa.w8w.pl
dietabezglutenowa@vp.pl

PORTUGAL
Associação Portuguesa de Celíacos (APC)
www.celiacos.org.pt
celiacos@iol.pt

RÉPUBLIQUE TCHÈQUE
Sdružení celiak eské republiky
www.celiac.cz
info@celiac.cz

Bezlepková-dieta.cz!
www.bezlepkova-dieta.cz

Klub celiakie Brno
www.klubceliakie.cz
info@klubceliakie.cz

Spole nost pro bezlepkovou dietu
www.celiak.cz
www.coeliac.cz/en
world@celiak.cz

Sdružení jiho eských celiak o.s.
www.celiakie-jih.cz (en anglais)
dudova@celiakie-jih.cz

ROUMANIE
Asociatia celiacilor din Romania
www.celiachie.ro
contact@celiachie.ro

ROYAUME UNI
Coeliac UK
www.coeliac.org.uk
helpline@coeliac.org.uk

RUSSIE
Санкт-Петербургское общество
больных целиакией
www.celiac.spb.ru
celiac.admin@gmail.com

Информационный центр «Целиакия»
celiaciya.ru

SLOVAQUIE
Všetko o celiakii
www.celiakia.sk
mjurik@zoznam.sk

SLOVÉNIE
Slovensko društvo za Celiakijo
drustvo-celiakija.si
drustvo@drustvo-celiakija.si

SUÈDE
Svenska Celiakiförbundet
www.celiaki.se
info@celiaki.se

SUISSE
Suisse française
Association romande de la cœliakie
www.coeliakie.ch
info@coeliakie.ch

Suisse allemande
IG Zöliakie der Deutschen Schweiz
www.zoeliakie.ch
sekretariat@zoeliakie.ch

Suisse italienne
Gruppo Celiachia della Svizzera Italiana
www.celiachia.ch

AFRIQUE

ALGÉRIE
membres.multimania.fr/celiac
oumelkheir@hotmail.com

MAROC
Association marocaine des intolérants au gluten
www.tanmia.ma

TUNISIE
La Maladie Cœliaque en Tunisie
sansgluten-tunisie.blogspot.com

AFRIQUE DU SUD
Allergy Society of South Africa
www.allergysa.org
mail@allergysa.org

Coeliac Society of South Africa
coeliac@netactive.co.za

AMÉRIQUE DU SUD

ARGENTINE
Asistencia al celíaco de la Argentina (central)
www.acela.org.ar

Asistencia al Celiaco de la Argentina- filial Neuquén
www.acelaneuquen.com.ar
acelaneuquen@yahoo.com.ar

Asociación Celíaca Argentina
www.celiaco.org.ar
info@celiaco.org.ar

BRÉSIL
Brazilian Celiac Foundation - ACELBRA
www.acelbra.org.br

CHILI
Fundación de intolerancia al gluten
www.fundacionconvivir.cl
info@fundacionconvivir.cl

Corporação de Apoio aos Celíacos do Chile – COACEL
www.coacel.cl
contacto@coacel.cl

Fundación Convivir
www.fundacionconvivir.cl/home.html

URUGUAY
Asociación Celíaca del Uruguay
www.acelu.org
consultas@acelu.org

VENEZUELA
Fundación Somos Celíacos de Venezuela
www.celiacosvenezuela.org.ve
mayra.poleo@somosceliacos.org.ve

MOYEN-ORIENT

ISRAËL
The Israeli Celiac Association
www.celiac.org.il
office@celiac.org.il

IRAN
Iranian Celiac Association
www.celiac.ir/en

PAKISTAN
Paskistani Celiac Society
www.celiac.com.pk
info@celiac.com.pk

TURQUIE
Çölyakla Ya am Derne i
www.colyak.org.tr

AMÉRIQUE DU NORD

ÉTATS-UNIS
Celiac Disease Foundation
www.celiac.org
cdf@celiac.org

Gluten intolerance group
gluten.net
info@gluten.net

Celiac sprue association
www.csaceliacs.org
celiacs@csaceliacs.org

Celiac Disease Foundation
www.celiac.org

The Celiac Disease & Gluten-Free Diet
Support Page
www.celiac.com

Celiac Society
www.celiacsociety.com
Catholic Celiac Society
www.catholicceliacs.org
nfo@catholicceliacs.org

MEXIQUE
Celiacos de México
celiacosdemexico.org.mx

Asistencia al celíaco de México – ACELMEX
www.acelmex.org
ceciliafonolla@acelmex.org

OCÉANIE

AUSTRALIE
The Coeliac society
www.coeliacsociety.com.au
info@coeliacsociety.com.au

NOUVELLE-ZÉLANDE
Coeliac New Zealand
www.coeliac.co.nz
coeliac@xtra.co.nz
admin@coeliac.co.nz

ASIE

INDE
Celiac Society for Delhi
www.celiacsocietyindia.com
ikhosla2006@yahoo.co.in
celiacsociety@gmail.com
celiacsocietyindia@gmail.com

PHILIPPINES
CELIAC SOCIETY – Philippines
celiac.alantait.net

SITES WEB INFORMATIFS SUR LA MALADIE CŒLIAQUE

QUÉBEC

MINISTÈRE DE LA SANTÉ DU QUÉBEC
Information du ministère de la Santé du Québec
sur la maladie cœliaque
www.info-sante.info/sujet/maladie-cœliaque

SOS GLUTEN
Site Web québécois informatif sur l'intolérance au
gluten et les derniers développements médicaux
et scientifiques. Forum de discussion. L'adhésion
est gratuite.
www.sosgluten.ca

SERVICES SANS GLUTEN
Site Internet québécois formé par un groupe de
bénévoles qui offre des services aux cœliaques
et aux personnes ayant la dermatite herpétiforme. L'adhésion est gratuite et les membres
ont accès à une liste de plus de 13 000 produits
sans gluten, un outil fiscal pour le calcul du coût
différentiel d'achat de produits sans gluten et
des liens et informations sur les médicaments et
produits de santé. Les informations sont tenues
à jour par des bénévoles et le contenu est variable dans le temps en fonction des disponibilités
des bénévoles et de l'information.
www.servicessansgluten.ca

CANADA

SANTÉ CANADA
Info sur la maladie cœliaque par Santé Canada. Vous y trouverez aussi de l'information concernant la position de Santé Canada sur l'avoine et l'avoine pure, ainsi que sur la nouvelle politique en matière d'étiquetage sans gluten au Canada.
www.santecanada.gc.ca/cœliaque

AGENCE CANADIENNE D'INSPECTION DES ALIMENTS
Pour s'inscrire ou consulter les alertes de produits contenant des allergènes vendus au Canada.
www.inspection.gc.ca/francais/fssa/labeti/allerg/wheblef.shtml

FRANCE

LIBRE SANS GLUTEN
Annuaire sans gluten de sites Web et blog d'un peu partout à travers le monde
www.libresansgluten.fr

SANSGLUTEN.INFO
Différentes informations sur la maladie cœliaque et l'intolérance au gluten
www.sansgluten.info

ÉTATS-UNIS

CELIAC.COM
Un site Web d'information très complet sur la maladie cœliaque, comprenant les dernières nouvelles sur la recherche scientifique, des recettes, un forum, une liste de produits sans gluten avec évaluation, une section pour achat de produits sans gluten, et un blogue. On peut aussi s'inscrire à une infolettre gratuite ou payante (plus d'information).
www.celiac.com

GLUTEN-FREE REGISTRY
Site Web regroupant les coordonnées de membres fabricants, distributeurs, épiceries, restaurants, pâtisseries, traiteurs et plus. Surtout des membres aux États-Unis, mais avec la carte géographique internationale, indique aussi les membres situés dans votre région.
www.glutenfreeregistry.com

FDA U.S. : U.S. FOOD AND DRUG ADMINISTRATION
Pour s'inscrire ou consulter les alertes de produits contenant des allergènes produits ou vendus aux États-Unis.
www.fda.gov/Safety/Recalls/default.htm

SITES POUR BIEN PRÉPARER UN VOYAGE OU UNE SORTIE SANS GLUTEN
www.celiactravel.com
glutenfreepassport.com
www.specialgourmets.com
www.triumphdining.com
www.gluten-free-onthego.com
www.glutenfreeeatingdirectory.com.au

SITE SUR LES ALLERGIES
www.livingwithout.com

ORGANISME MONDIAL DE CERTIFICATIONS SANS GLUTEN (GFCO)
Lorsqu'un produit porte le logo comportant les lettres noires GF dans un cercle blanc, cela signifie que le produit a été certifié sans gluten selon les standards établis par GFCO. Voir détails sur le processus de certification des aliments sans gluten dans leur site. www.gfco.org

SANS GLUTEN CERTIFIÉ PAR LA CELIAC SPRUE ASSOCIATION
Les produits alimentaires sans gluten certifiés par la Celiac Sprue Association portent le sceau avec le logo de l'organisme. Pour s'informer sur ce programme de certification des produits sans gluten, rendez-vous au www.csaceliacs.org/CSASealofRecognition.php.

CODEX ALIMENTARIUS STAN118 – 1979
Le Codex Alimentarius, ou « code alimentaire », est la compilation de toutes les normes, codes d'usages, directives et recommandations de la Commission du Codex Alimentarius. C'est une référence internationale en matière de normes alimentaires que plusieurs compagnies utilisent comme guide. Cet organisme a été formé par l'Organisation des Nations unies pour l'alimentation et l'agriculture (FAO) et l'Organisation mondiale de la santé (OMS).

Vous pouvez télécharger gratuitement le codex alimentaire et vous informer des normes d'étiquetage pour les aliments sans gluten (révisé en 2008).
www.codexalimentarius.net/download/standards/291/cxs_118f.pdf

Pour en savoir plus sur le Codex Alimentarius, consulter aussi le site du European Food Information Council www.eufic.org/article/fr/artid/codex-alimentarius

Finalement, l'adresse de mon blogue, pour découvrir de nouvelles recettes et produits sans gluten.

LE BONHEUR EST SANS GLUTEN
bonheursansgluten.blogspot.com

Manufacturiers et distributeurs de produits sans gluten

Il y a une multitude de produits sans gluten et plusieurs compagnies offrent maintenant des gammes de produits sans gluten. Je n'ai pas réussi à répertorier tout ce qui est vendu en magasin ou en ligne. Contactez le manufacturier pour obtenir des détails sur les ingrédients et la méthode de fabrication sans gluten ou pour obtenir d'autres noms de compagnies ou de produits. Visitez les sites Internet des associations de la maladie cœliaque, des organismes de certification sans gluten ou des groupes de soutien ou organismes de la maladie cœliaque pour obtenir de l'information supplémentaire sur les produits sans gluten.

QUÉBEC

LES VIANDES BIO DE CHARLEVOIX
Viandes bio et charcuteries
dont plusieurs sont sans gluten.
125, St-Édouard
St-Urbain (Québec)
1 888 435-6785
www.viandesbiocharlevoix.com
viandesbio@charlevoix.net

LA MAISON DU GIBIER
Produits de gibier
dont plusieurs sont sans gluten.
585, rue de L'Argon
Québec (Québec) G2N 2G7
www.lamaisondugibier.com
info@lamaisondugibier.com

DÉLI BEAUCE
Industrie alimentaire spécialisée en charcuterie et mets préparés. Plusieurs produits sont sans gluten.
Déli Beauce
133, 22e rue Ouest
Saint-Georges (Québec) G5Y 4N9
418 228-9358
www.delibeauce.com/sans_gluten.htm
roger@delibeauce.com

LES BIÈRES DE LA NOUVELLE-FRANCE
Microbrasserie qui produit une gamme de bières, La Messagère, qui sont sans gluten.
90, Rang Rivière aux Écorces
Saint-Alexis-des-Monts (Québec) J0K 1V0
819 265-4000
www.lesbieresnouvellefrance.com/messagere
info@lesbieresnouvellefrance.com

POINT G
Pâtisserie montréalaise spécialisée en macarons, sans gluten.
1266, rue Mont-Royal Est
Montréal (Québec) H2J 1Y3
514 750-7515
www.boutiquepointg.com
lepointg@videotron.ca

LES BRASSEURS SANS GLUTEN

Brasseurs de bières sans gluten
3810 Saint-Patrick, local 1-A
Montréal (Québec)
514 933-2333
www.brasseurssansgluten.com
info@brasseurssansgluten.com

PRANA

Compagnie qui fabrique des aliments et distribue des noix, graines, fruits séchés et l'huile, sans gluten.
160 Saint-Viateur Est
Bureau #500
Montréal (Québec) H2T 1A8
514 276-4864
www.pranana.com
Info@pranana.com

CHÂTEAU CREAM HILL

Compagnie qui fabrique des graines, flocons et de la farine d'avoine pure, non contaminés par le gluten.
9633, rue Clément
Lasalle (Québec) H8R 4B4
1866 727-3628
www.creamhillestates.com
Info@creamhillestates.com

FERME ÉLIRO/MOULIN A COUTU

Producteur et transformateur de produits biologiques. Céréales biologiques, farines moulues sur meules de pierre, dont la farine de sarrasin, garantie sans gluten ou non contaminée.

CUISINE SOLEIL BIO-SANTÉ

Entreprise de transformation alimentaire certifiée biologique, des produits végétaliens sains et nutritifs qui ne contiennent ni gluten ni sucre ajouté.
1545, chemin du Parc
Destor (Québec) J9X 5A3
819 637-2637
www.cuisinesoleil.com
info@cuisinesoleil.com

MOULIN SEIGNEURIAL DE LA CARRIÈRE

Moulin situé en Mauricie qui fabrique de la farine de sarrasin, dont la fine fleur de sarrasin, une farine blanche pour pâtisserie.
domainedelacarriere.ca

CUISINE L'ANGÉLIQUE

Compagnie produisant une gamme de produits de boulangerie et de pâtisserie bio, sans gluten, et sans caséine.
405, rue Principale
East Hereford (Québec) J0B 1S0
819 844-0978
www.cuisinelangelique.com
cuisinelangelique@axion.ca

METRO – produits Irrésistibles sans gluten

Une vingtaine de produits sans gluten de la marque Irrésistibles, sont disponibles dans les magasins Metro. Metro est la seule chaîne à avoir une ligne en marque privée d'aliments sans gluten au Canada.
www.metro.ca/select-merite/irresistibles-sans-gluten.fr.html

LE PETIT FOURNEAU

Pâtisserie qui fabrique aussi des produits sans allergène, dont une gamme sans gluten.
828, rue Rachel Est
Montréal (Québec) H2J 2H6
514 521-0387
lepetitfourneau.com
info@lepetitfourneau.com

GLUTENFREE.COM

Boutique en ligne qui vend des produits glutino et autres produits alimentaires sans gluten.
905 888-5008
www.glutenfree.com
pantry@glutenfree.com

GLUTEN FREE GOURMET (PANERISO/ KINGSMILL)

Boutique en ligne qui vend des produits Paneriso et Kingsmill sans gluten.
Canbrands Specialty Foods
PO BOX 117
Gormley (Ontario) L0H 1G0
www.canbrands.ca

RESTAURANT ZÉRO8

Restaurant situé à Montréal qui sert et fabrique des repas sans aucune trace d'allergène prioritaire comme les noix, poissons, fruits de mer, sésame, lait, soja, œufs, blé ou autres grains contenant du gluten, sans arachide, ni gras trans ou MSG.
Repas surgelés vendus dans certaines épiceries et en ligne. Livraison partout au Canada.
1735, rue Saint-Denis
Montréal (Québec)
514 658 5552
www.zero8.com
info@zero8.com

LAITERIE COATICOOK

Compagnie québécoise qui fabrique de la crème glacée majoritairement sans gluten.
1000, rue Child
Coaticook (Québec) J1A 2S5
www.laiteriedecoaticook.com
info@laiteriedecoaticook.com

WILLIAM J. WALTER

Producteur de charcuteries et saucisses situé à Laval produisant une gamme de saucisse sans gluten qu'on peut trouver dans la section réfrigérée de certaines épiceries et aux comptoirs de William J. Walter.
www.williamjwalter.com
info@williamjwalter.com

FERME ODELIL

Entreprise familiale québécoise qui pratique l'élevage biologique de bovins de boucherie. Produit des charcuteries sans gluten et sans farine. Les produits sont vendus dans certaines charcuteries, boucheries, épiceries et boutique spécialisées au Québec.
idelil@infoteck.qc.ca

SANS GLUTEN ET SANS LACTOSE

Épicerie spécialisée à Granby, au Québec, qui fabrique sur place des produits sans gluten et sans lactose et qui vend plusieurs produits sans gluten et sans lactose.
325 rue Boivin
Granby (Québec) J2G 2K5
www.sansglutensanslactose.com

GOGO QUINOA TM

Produits alimentaires à base de farine de quinoa et autres grains andins. Certifiés biologiques.
www.gogoquinoa.com
info@gogoquinoa.com
Boutigne en ligne:
www.2ameriks.com/quinoashop

GLUTINO FOOD GROUP

Fabricant et distributeur des divers produits sans gluten (GLUTINO™ et glutenfree pantry^md) de boulangerie, mélanges secs, repas surgelés, collation et céréales, situé à Laval.
www.glutino.com
pantry@glutenfree.com
Boutique en ligne : www.glutenfree.com

LES GLUTINERIES

Marchés d'alimentations sans gluten situés à Saint-Hyacinthe et Brossard.
Boutique d'achat en ligne avec livraison dans plusieurs régions du Québec selon un calendrier prédéfini.

Les Glutineries Saint-Hyacinthe

2416, rue Dessaulles
Saint-Hyacinthe (Québec) J2S 2V1
Tél. : 450 252-GLUT (4588)

Les Glutineries Brossard

7800, boul. Taschereau
Brossard (Québec) J4X 1V7
Tél. : 450 672-2919
www.lesglutineries.com

LA MAISON CANNELLE

Compagnie québécoise située à Richmond qui fabrique des pains, plats cuisinés, collations, desserts et pâtisseries et ingrédients pour cuisiner sans gluten. Les produits sont vendus sur place, dans leur café-boutique et dans la section des produits surgelés de certaines épiceries et magasins spécialisés au Québec, en Ontario et au Nouveau-Brunswick.
www.maisoncannelle.com
info@maisoncannelle.com

THÉOBROMA

Compagnie québécoise qui fabrique des chocolats sans gluten. Les chocolats sont vendus partout en épicerie et magasins spécialisés au Québec.
1990, Cyrille-Duquet, bureau 128
Québec (Québec) G1N 4K8
418 780-4250
www.theobromachocolat.com

PATSYPIE

Pâtisserie commerciale située dans l'arrondissement Saint-Laurent, à Montréal, qui produit des biscuits et autres desserts sans gluten. On trouve les produits patsypie en épicerie dans la section sans gluten et dans les magasins spécialisés et d'aliments naturels au Canada et aux États-Unis. Boutique en ligne.
www.patsypie.com
info@patsypie.com

CANADA

DUINKERKEN FOODS

Compagnie située à l'Île-du-Prince-Édouard, qui fabrique de la farine et des mélanges sans gluten pour cuisiner. Vendus dans les magasins spécialisés et certaines épiceries au Canada et aux États-Unis. Boutique en ligne.
www.duinkerkenfoods.com

EL PETO

Boulangerie de type suisse produisant des pains, pâtisseries, viennoiseries, farines sans gluten et qui distribue aussi des produits sans gluten provenant d'autres manufacturiers. Les produits El Peto sont aussi certifiés sans arachides.
www.elpeto.com
info@elpeto.com
Boutique en ligne :
www.elpeto.com/elpetoonline

KINNIKINNICK GLUTEN FREE FOODS

Compagnie située à Edmonton produisant pains, gâteaux, et autres produits de boulangerie, mélanges, céréales et produits pour cuisiner sans gluten. Sans arachide. Vendu partout au Canada et aux États-Unis dans certaines épiceries et certains magasins spécialisés. Boutique en ligne.
www.kinnikinnick.com

TINKYÁDA®

Compagnie ontarienne qui produit des pâtes alimentaires à base de farine de riz. Certains produits sont certifiés casher et biologiques.
www.tinkyada.com
iris@tinkyada.com

CHAPMAN'S CRÈME GLACÉE

Compagnie qui fabrique de la crème glacée dont certaines sont sans gluten.
Boîte postale 379
Markdale (Ontario) N0C 1H0
1 800 265-9110
www.chapmans.ca

RIZOPIA

Compagnie canadienne qui produit des pâtes alimentaires sans gluten à base de riz.
www.rizopia.com

CHEECHA SNACK

Compagnie située à Calgary qui produit des collations salées, dont une gamme sans gluten.
www.cheecha.ca
1 877 CHEECHA (243-3242)

SOYUMMI

Compagnie canadienne située à Vancouver qui fabrique des produits à base de soya sans gluten distribués dans certaines épiceries au Canada et certains magasins santé au Québec et en Ontario.
www.soyummi.ca

ELEVATE ME!®

Compagnie située en Colombie-Britannique qui fabrique des barres sans gluten avec teneur élevée en protéines. Disponible dans certaines épiceries et certains magasins spécialisés en santé et sport. Boutique en ligne.
www.prosnack.com

NELSON DAVID OF CANADA

Compagnie canadienne située à Winnipeg, fabricant de mélanges et produits pour cuisiner sans gluten ainsi que des pâtes alimentaires vendus sous la marque Celimix. Vendus dans certaines épiceries et certains magasins spécialisés au Canada.

Achats par tél. : 1866 989-0379

nelsondavidofcanada.com

NATURE'S PATH

Compagnie située en Colombie-Britannique qui fabrique différents produits céréaliers, dont une gamme de céréales sans gluten, barres tendres et gaufres. Les produits sont distribués en épicerie dans la section bio, céréales et aliments surgelés.

www.naturespath.com

HEART SMART FOODS

Compagnie de distribution d'aliments sans gluten et bio située à Edmonton en Alberta. Livraison partout au Canada.

Commande téléphonique et par courriel à info@heartsmartfoods.com

www.heartsmartfoods.com/glutenfree.htm

HONEYBAR NATURAL BARS

Compagnie ontarienne située à Ottawa, qui produit des barres de noix, grains, fruits séchés et miel, dont plusieurs sont sans gluten. Vendues en épiceries et certains magasins spécialisés.

www.honeybar.ca

JUDY'S MAGIC MIXES

Compagnie située à Cumberland en Ontario qui produit des mélanges de farine sans gluten pour cuisiner pâtisseries et pains. Mélanges sans gluten, sans blé, sans soya et lait.

www.magicmixes.com

AVENA FOODS – ONLY OATS

Compagnie située à Régina, Saskatchewan qui produit de la farine et des flocons d'avoine pure, sans blé. À cette date, Santé Canada ne permet pas l'étiquetage sans gluten sur les produits d'avoine pure. Produits testés selon la méthode ELISA.

www.onlyoats.com

GRR8 FOODS – REBAR

Compagnie située en Colombie-Britanique qui produit les barres tendres nutritives, végétariennes et sans gluten Re-Bar, Perfect 10. Vendus dans les magasins de sport et de santé au Canada et États-Unis.

Commandes de produits via courriel en laissant vos coordonnées.

www.healthcocanada.com

KINGSMILL/PANERISO

Produits sans gluten, dont mélanges, biscuits, pains et cornets de crème glacée. Vendus en épicerie et magasins spécialisés partout au Canada. Boutique en ligne et livraison partout au Canada.

www.paneriso.com

EUROPE

ALLEMAGNE

GLUTANO
Compagnie appartenant au groupe Dr Schär qui produit des aliments sans gluten secs et congelés, pain, biscuits, céréales, farines et collations.
Dr. Schär
Deutschland gmbh
Simmerweg 12
D-35085 Ebsdorfergrund
+49 (0) 6424 303772
www.glutano.com
info@glutano.com

ESPAGNE

BEIKER
Compagnie située à Zaragoza en Espagne qui produit des pâtes alimentaires, biscuits salés, biscuits sucrés, farines et desserts sans gluten.
Avda. Repol, parcela 2, naves 5 y 6
Polígono La Ciruela
50630 - Alagón
Zaragoza, España
+34 976 612 300
www.beiker.es
info@beiker.es

PROCELI
Compagnie située à Barcelone qui produit des pains, pâtes alimentaires, desserts et viennoiseries.
Josep Tapiolas, 96 –08226 Terrassa
Barcelone, Espagne
+34 902 364 334
info@proceli.com

FRANCE

RIZEN
Distributeur français d'aliments sans gluten avec boutique en ligne.
www.rizen-sans-gluten.com
violette.morello@wanadoo.fr

L'ÉPICERIE DES ALLERGIQUES
Boutique à Lyon et en ligne spécialisée dans la vente d'aliments pour allergiques.
129, rue Bollier
Lyon, France
04.37.70.12.71
www.epicerie-des-allergiques.fr

ITALIE

BI AGLUT
Compagnie italienne qui fabrique des pâtes alimentaires, pains, biscuits, farines, collations et desserts sans gluten. Les produits BI Aglut sont distribués au Canada dans certains magasins spécialisés, certaines épiceries et boutiques d'aliments naturels.
www.biaglut.it

DR. SCHÄR

Compagnie située en Italie, qui fabrique des farines mixtes, pâtes alimentaires, pains, biscuits, pizza, collations et panure. Les produits SCHÄR sont distribués au Canada dans certains magasins spécialisés, certaines épiceries et boutiques d'aliments naturels.

Bureau Chef, situé à Burgstall, près de Merano.
Schar USA Inc.
1050, Wall Street West, Bureau 370
Lyndhurst, NJ
07071
www.schaer.com
info@schar.com
Boutique en ligne avec livraison au Canada

ROYAUME-UNI

GLUTEN FREE FOODS LTD

Compagnie située en Angleterre qui fabrique et distribue des produits alimentaires sans gluten (principalement Barkat). On retrouve les produits Barkat dans certaines épiceries spécialisées au Canada et aux États-Unis.
Boutique en ligne et livraisons au Royaume-Uni et en Europe.
www.glutenfree-foods.co.uk
info@glutenfree-foods.co.uk

DS-GLUTEN FREE

Compagnie appartenant au groupe Dr. Schär qui produit des aliments sans gluten secs et congelés, pain, pizzas, biscuits, céréales, farines et repas préparés.
Dietary specials
0800 954 1981
info@dsglutenfree.co.uk

GLUTAFIN

Compagnie située dans le Berkshire, au Royaume-Uni, faisant partie du groupe d'entreprises du Dr. Schär, qui produit divers aliments sans gluten.
Glutafin
442, Stockport Road, Warrington
Cheshire, UK
WA4 2GW
0800 988 2470
glutenfree@glutafin.co.uk

TRUFREE

Compagnie faisant partie du groupe Dr. Schär située en Angleterre qui produit des biscuits salés, biscuits sucrés et desserts sans gluten ni blé.
Nutrition Point Ltd
Station Court
442, Stockport Road
Warrington, UK
WA4 2GW
1 800 818-551
info@trufree.co.uk

DOVE FARMS

Compagnie située dans le Berkshire, au Royaume-Uni, qui produit des aliments sans gluten secs et congelés, pain, biscuits, céréales, farines et collations.
Salisbury Road
Hungerford, Berkshire
RG17 0RF
+44 (0)1488 684880
qaadmin@dovesfarm.co.uk

ÉCOSSE

AGAINST THE GRAIN
Compagnie située à Isle de Mull, en Écosse, qui produit des biscuits sans gluten, blé ou produit laitier.
info@againstthegrainfoods.com

KING SOBA OG NOODLES AND SOUPS
Compagnie située au Royaume-Uni qui fabrique des pâtes alimentaires au soba et qui produit une gamme de pâtes et miso sans gluten.
www.kingsoba.com

IRLANDE

SUNSTART COOKIES
Compagnie située en Irlande du Nord qui produit des biscuits et autres desserts. On peut acheter leurs produits dans certaines épiceries et certains magasins spécialisés au Canada et États-Unis.
www.sunstarteurope.com
www.sunstartusa.com

AUSTRALIE

ORGRAN
Compagnie australienne faisant partie du groupe ROMA FOOD PRODUCTS qui fabrique une multitude de produits sans gluten dont des biscuits, des pâtes alimentaires, des céréales, des mélanges à pain, gâteau, sauces, farines. Les produits Orgran sont distribués dans 55 pays à travers le monde.
www.orgran.com

ÉTATS-UNIS

BOB'S RED MILL
Compagnie produisant plus de 400 produits de céréales et farines, dont une gamme garantie sans gluten, sans caséine et sans produit laitier. Les produits Bob's Red Mill sont distribués au Canada dans des magasins d'aliments naturels et dans les sections bio des supermarchés d'alimentation.
www.bobsredmill.com
Boutique en ligne et livraison au Canada.

ENER-G FOODS GLUTEN FREE & ALLERGY FOODS
Compagnie située à Seattle, aux États-Unis, qui fabrique des produits pour personnes ayant à suivre une diète spéciale, ainsi qu'une gamme complète de produits sans gluten, sans produit laitier, sans noix, sans arachide : pains, biscuits, pâtisserie, farines et mélanges de farines, pâtes alimentaires et produits pour cuisiner. Vendus dans certaines épiceries et magasins spécialisés au Canada et aux États-Unis. Boutique en ligne. Livraison au Canada, aux États-Unis et ailleurs dans le monde. www.ener-g.com

KING ARTHUR'S FLOUR
Compagnie située au Vermont qui produit une grande variété de farines, mélanges et produits pour cuisiner, dont une gamme étendue de produits sans gluten.
135, US Route 5 South
Norwich, Vermont
802 649-3361
1 800 827-6836
www.kingarthurflour.com
customercare@kingarthurflour.com
Boutique en ligne et livraison au Canada

ANCIENT HARVEST QUINOA

Compagnie californienne qui fabrique des produits sans gluten à partir de grains de quinoa et de maïs. Grains de quinoa, farines, flocons, pâtes alimentaires, et polenta.
Quinoa Corporation
P.O. Box 279
Gardena, CA
www.quinoa.net

GOLDBAUMS NATURAL FOODS

Compagnie new-yorkaise fabriquant des pâtes alimentaires et des cornets sans gluten pour crème glacée. Produits certifiés casher. Distribués aux États-Unis en épicerie.
www.goldbaums.com

BAKERY ON MAIN

Compagnie située au Connecticut qui fabrique du granola et des barres sans gluten. Certifiés bio et casher. Produits vendus dans certaines épiceries aux États-Unis, Canada et dans des magasins spécialisés. Boutique en ligne.
www.bakeryonmain.com

MAPLE GROVE FOODS

Compagnie située en Californie qui produit les pâtes alimentaires Pastato™ et Pastariso™ et des bouillons et bases alimentaires sans gluten.
Produits vendus en épicerie et dans les magasins spécialisés. Boutique en ligne. Livraison aux États-Unis et au Canada.
www.maplegrovefoods.com

ENJOY LIFE

Compagnie située en Illinois qui fabrique des produits sans gluten noix et sans blé, produit laitier, arachide, œuf, soya, poisson et fruit de mer. Ils sont 100 % naturels, sans huile hydrogénée et sans OGM. Produits distribués en épicerie et dans des magasins spécialisés aux États-Unis, au Canada et en Australie.
www.enjoylifefoods.com.

SHEARER FOODS

Compagnie qui fabrique des collations salées Rice Works avec de la farine de riz.
www.riceworkssnacks.com

LÄRABAR

Compagnie du Colorado qui produit des barres crues, 100 % naturelles, sans gluten, ni produit laitier ou soya et certifiées casher. Fabrique aussi J CALAT des barres au chocolat sans gluten. Distribuées dans certaines épiceries et magasins spécialisés au Canada et aux États-Unis.
www.larabar.com

EDWARD & SONS TRADING COMPANY, INC.

Compagnie qui distribue une grande variété de produits biologiques, végétariens et sans gluten. Vendus dans plusieurs épiceries aux États-Unis, au Canada et à travers le monde.
www.edwardandsons.com

BLUE DIAMOND

Compagnie située en Californie, aux États-Unis, qui produit des biscuits salés, des amandes rôties, du lait d'amandes sans gluten. Produits vendus partout en épicerie et magasins spécialisés au Canada et aux États-Unis. Boutique en ligne avec livraison seulement aux États-Unis.
www.bluediamond.com

IMAGINE FOODS

Compagnie située en Californie, aux États-Unis, qui fabrique une grande variété de potages, bouillons et soupes dont plusieurs sont sans gluten. Boutique en ligne avec livraison au Canada et aux États-Unis.
www.imaginefoods.com

PACIFIC NATURAL FOODS

Compagnie située en Oregon, aux États-Unis, qui fabrique une variété de produits bio (bouillons, soupe, potage, boissons au soya, noix et thé) dont plusieurs sont sans gluten. Produits vendus dans plusieurs épiceries et magasins spécialisés aux États-Unis et au Canada.
www.pacificfoods.com

SIMPLY ASIA FOODS

Compagnie située en Californie qui distribue les produits Thaï Kitchen dont plusieurs sont sans gluten. Les produits Thaï Kitchen sont vendus partout en épicerie au Canada et aux États-Unis.
www.thaikitchen.com

LUNDBERG FAMILY FARMS

Compagnie qui fabrique et distribue du riz et des produits de riz sans gluten. Vendus partout en épicerie et dans certains magasins spécialisés au Canada et aux États-Unis.
www.lundberg.com

MRS LEEPER'S

Compagnie qui fabrique des pâtes alimentaires sans gluten de maïs et riz, fabriquées en Italie. Disponible en épicerie et magasins d'aliments spécialisés au Canada et aux États-Unis.
http://mrsleepers.com/

NAMASTE FOODS

Compagnie située en Idaho qui fabrique une très grande variété de produits sans gluten (mélanges, farines, pâtes alimentaires). Produit dans un endroit sans gluten, maïs, soya, patate, produit laitier ou noix. Vendus dans certaines épiceries santé partout au Canada et aux États-Unis. Boutique en ligne.
www.namastefoods.com

ANNIE'S

Compagnie située en Californie qui produit une grande variété d'aliments naturels, dont une gamme sans gluten. Vendus dans les magasins spécialisés et certaines épiceries au Canada et aux États-Unis.
www.anniesnaturals.com

MAYACAMAS FINE FOODS

Compagnie située en Californie qui produit des sauces et accompagnements en poudre. Plusieurs produits sont sans gluten. Vendus dans certaines épiceries.
www.mayacamasfinefoods.com

MAPLEGROVE GLUTEN FREE FOODS

13112, Santa Ana Avenue, Unit A2-A3
Fontana, California
92337
www.maplegrovefoods.com

PAMELA'S PRODUCTS

Compagnie située en Californie fabriquant une grande variété de produits sans gluten : biscotti, mélanges pour pâtisserie et boulangerie, biscuits, gâteaux et barres tendres. Vendus dans les magasins spécialisés et certaines épiceries au Canada et aux États-Unis.
www.pamelasproducts.com

GLUTENFREEDA

Compagnie située dans l'État de Washington qui fabrique des produits sans gluten.
Gluten Free Promise, Inc.
PO Box 482
Malvern, PA
19355
215 469-1804
Boutique en ligne de produits sans gluten située à Philadelphie, aux États-Unis.
www.glutenfreedafoods.com
contactus@glutenfreepromise.com

UDI'S GLUTEN FREE FOODS

12000 E., 47th Avenue, Suite 400
Denver, CO
80239
303 657-6366
Boulangerie commerciale bio située à Denver, qui produit une gamme de pains sans gluten. Certains magasins et épiceries spécialisés au Canada distribuent leurs produits. On trouve le pain sans gluten Udi's dans la section des produits surgelés dans plusieurs épiceries aux États-Unis. On peut commander leurs produits en ligne via glutenfreemall.com.
udisglutenfree.com

MED DIET

Compagnie américaine qui vend des aliments en ligne pour allergiques.
3600, Holly Lane, Suite 80
Plymouth, MN
55447
1 800 633-3438
www.med-diet.com
info@med-diet.com

THEGLUTENFREEMALL

Boutique en ligne qui vend des produits alimentaires sans gluten.
Entreprise de celiac.com aux États-Unis.
www.glutenfreemall.com

ST. CLAIRE'S ORGANIC

Compagnie située au Colorado qui produit des bonbons, menthes et pastilles pour la gorge, sans gluten, sans caséine, sans OGM. Boutique en ligne.
www.stclaires.com

ALLERGIES AND ME

Compagnie située à Jacksonville en Floride qui distribue une grande variété des produits sans allergène. Boutique en ligne seulement.
www.allergiesandme.com

Références

INFORMATIONS SUR LA MALADIE COELIAQUE ET LE RÉGIME SANS GLUTEN

Association canadienne de la maladie coeliaque
www.celiac.ca/FrenchCCA/francaiscca.html

Baribeau, Hélène. « Intolérance au gluten (Maladie coeliaque): diète spéciale ». Passeport Santé.
www.passeportsante.net/fr/Nutrition/Dietes/Fiche.aspx?doc=maladie_coeliaque_diete

Case, Shelley. *Gluten-Free Diet: A Comprehensive Resource Guide.*
Regina, Case nutrition Consulting, 2008, 368 p.
www.shelleycase.com/about_celiac.php

Cellier, Christophe. *Maladie coeliaque de l'adulte.* Conférence prononcée à Paris, 2007.
www.ibs-corata.org/medias/direct/paris9.pdf

Doucet, Isabelle, « L'intestin dans tous ses états : La maladie cœliaque au-delà du régime sans gluten ». *Le Médecin du Québec,* vol. 43, n° 10, octobre 2008, p. 37-42.

Fondation québécoise de la maladie coeliaque
www.fqmc.org

Glutivix : *Composer sa farine sans gluten*
www.glutivix.eu/farine/page2.html
MAIDA FLOUR
www.maidaflour.com

Malt Products Corporation
www.maltproducts.com

National Digestive Diseases Information Clearinghouse (NDDIC)
http://celiac.nih.gov/default.aspx

National Foundation for Celiac Awareness
www.celiaccentral.org

Tiger Nuts Traders
www.noixtigrees.com

O'Gleman, Geneviève *et al. Manuel d'information. La maladie coeliaque, la dermatite herpétiforme et le régime sans gluten.*
Montréal, Fondation québécoise de la maladie coeliaque, 1999, 179 p.

Thompson, Tricia. *Celiac Disease Nutrition Guide.*
New York, McGraw-Hill, 2008, 245 p.

Tropiway
www.tropiway.com

Wanty, Catherine, *La maladie coeliaque*
www.pediatrie.be/fr/la-maladie-coeliaque-intolerance-au-gluten-c-wanty-/711/2

ÉTIQUETAGE

« Project de politique proposé pour la modification des exigences d'étiquetage des produits sans gluten au Canada ». *Santé Canada.*
www.hc-sc.gc.ca/fn-an/consult/gluten2010/draft-ebauche-fra.php#eti

« New Gluten Free Certification Label ». *Gluten Free Hub.*
www.glutenfreehub.com/new-gluten-free-certification-label

Koeller, Kim et La France, Robert, « Gluten-Free Labeling Regulations Worldwide: Not All Definitions are Equal! ». *Gluten Freeda.*
www.glutenfreeda.com/mar07_eating-out-gf.asp

Price, Graham. « Gluten Free Labelling in Australia: Is anybody listening? ». *Allergen Bureau.*
www.allergenbureau.net/enews-archive/gluten-free-labelling-in-australia-is-anybody-listening

Scott-Thomas, Caroline. « Challenges and benefits of gluten-free labeling laws ».
Food-navigator-USA.com, 11 septembre 2009.
www.foodnavigator-usa.com/Legislation/Challenges-and-benefits-of-gluten-free-labeling-laws

Association canadienne de la maladie coeliaque, *Rapport de L'atelier de l'ACMC tenu les 24 et 25 mars 2011 sur le projet de certification sans gluten au Canada.*
www.celiac.ca/Certification/Atelier-24e%2025mars-FINAL.pdf

LIVRES DE RECETTES

Berriedale-Johnson, Michelle. *The Everyday Wheat-Free & Gluten-Free Cookbook.*
Toronto, Key Porter Books, 2000, 206 p.

Courtine, Robert J. Larousse gastronomique.
Paris, Larousse, 1984, 1142 p.

Dornenburg, Andrew et Page, Karen. *The Flavor Bible. The essential guide to culinary creativity, based on the wisdom of America's most imaginative chefs.*
New York, Little, Brown and company, 2009, 380 p.

Hagman, Betty. *More from the Gluten-Free Gourmet.*
New York, Owl Books, Henry Holt & Compagny, 2000, 362 p.

Hagman, Betty. *The Gluten-Free Gourmet Bakes Bread.*
New York, Owl Books, Henry Holt & Company, 1999, 284 p.

Reinhart, Peter. *The Bread Baker's Apprentice.*
Berkeley, Ten Speed Press, 2001, 304 p.

Ryberg, Roben. *You won't believe it's gluten-free.*
Cambridge, MA., Da Capo Press, 2007, 473 p.

ARTICLES ET RECHERCHES SCIENTIFIQUES

Accomando, S., Bearzi, I., Biagi, F., Carle, F., Catassi, C., D'Agate, C., De Vitis, I., Fabiani, E., Fasano, A., Francavilla, R., Gesuita, R., Iacono, G., Pianelli, G., Picarelli, A., Mandolesi, A., Volta, U. « A prospective, double-blind, placebo-controlled trial to establish a safe gluten threshold for patients with celiac disease ».
The American Journal of Clinical Nutrition, 2007, vol. 85, n° 1, p. 160-166.

Adams, P. C. et Case, S. « Celiac disease, hidden and dangerous ».
Canadian Journal of Gasgronenteroloy, vol. 20, n° 9, septembre 2006, p. 517-573.

Alonso-Arias, R., Álvarez-Mieres, N., Bousoño-García, C. de-Francisco-García, R., Fuentes-Álvarez, D., López-Vázquez, A. Niño-García, P., Olcoz-Goñi, J. L., Pérez-Martínez, I., Riestra-Menéndez, S., Rodrigo-Sáez, « Differences between pediatric and adult celiac disease ».
Revista española de enfermedades digestivas, mai 2011, vol. 103, n° 5, p. 238-244.

Álvarez-Mieres, N., de-Francisco-García, R., Fuentes-Álvarez, D., Niño-García, P., Olcoz-Goñi, J. L., Pérez-Martínez, I., Riestra-Menéndez, S., Rodrigo-Sáez, L., Vivas-Alegre, S. « Refractory iron-deficiency anemia and gluten intolerance – Response to gluten-free diet ».
Revista española de enfermedades digestivas2011, vl. 103, n° 7, p.349-354.
www.ncbi.nlm.nih.gov/pubmed/21770680

Anca, A., Limeback, H., Rashidm, M., Zarkadas. « Oral Manifestations of Celiac Disease: A Clinical Guide for Dentists ».
Journal of Canadian Dental Association, 11 avril 2011, vol. 77, n° 2, p. 3.

Anderson, J., Li, J. Roach, J. « Gluten-free diet guide for people with Celiac Disease ».
Colorado State University Extension, bulletin 530A, 9.375.
www.ext.colostate.edu/pubs/foodnut/09375.html

Balch, Phyllis. *Prescription for nutrional healing, Fourth edition.*
New York, Avery, 2006, p. 313-316.

Berti, I., Colletti, R. B., Drago, S., Elitsur, Y.,Fasano, A., Fornaroli, F.,Gerarduzzi, T., Green, P. H., Guandalini, S., Hill, I. D., Horvath, K., Kryszak, D., Murray, J. A., Not, T., Pietzak, M., Thorpe, M., Ventura, A., Wasserman, S. S., « Prevalence of celiac disease in at-risk and not-at-risk groups in the United States: a large multicenter study ».
Archives of Internal Medicine, 10 février 2003, vol. 163, n° 3, p. 286-92.

Bethune, M. T., Gass, J., Khosla, C. Siegel, M., Spencer, A., « Combination enzyme therapy for gastric digestion of dietary gluten in patients with celiac sprue ».
Gastroenterology, 2007, vol. 133, n° 2, p. 472-480.

Brink, M. & Belay, G. *Plant Resources of Tropical Africa 1. Cereals and pulses.*
Wageningen PROTA Foundation, 2006, 298 p.

Bunning, M. et Watson, F. *Gluten-Free Baking.*
Fort Collins, Colorado state University, Food and nutrition series, n° 9.376.
www.ext.colostate.edu/pubs/foodnut/09376.html

Butzner, D., Burrows, Case, S., V., Molloy, Pulido, O., M., Rashid, M., Warren, R., Switzer, C., Zarkadas, M. « Consumption of pure oats by individuals with celiac disease: A position statement by the Canadian Celiac Association ».
Canadian Journal of Gastroenterology, 2007, vol. 21, n° 10, p. 649-651.

Butzner, J. D., Burrows, V., Case, S., Cranney, A., Graham, I. D., Molloy, M., Rashid, M., Switzer, C., Warren, R. E., Zarkadas, M. « Celiac Disease: Evaluation of the Diagnosis and Dietary Compliance in Canadian Children ».
Pediatrics - American Academy of Pediatric, décembre 2005, vol. 116, n° 6, p. 754-759.
pediatrics.aappublications.org/content/116/6/e754.full.html

Capone, P., Ciacci, C., Zingone, F. « Celiac disease: Alternatives to a gluten free diet ».
World Journal of Gastrointestinal Pharmacology and Therapeutics, 6 février 2010, vol. 1, n° 1, p. 36-39.

Caputo, I., Esposito, C., Lepretti, M., Martucciello, S., Porta, R. « Enzymatic Strategies to Detoxify Gluten: Implications for Celiac Disease ».
Enzyme Research, 7 octobre 2010, vol. 10, n° 5, p. 1-9.

Cassava and Starch Technology Research Unit
www.biotec.or.th/EN/index.php/research/research-unit/28-Cassava

Chopra, A., Clandininm M. T., Freeman, H. J., Thomson, A. « Recent advances in celiac disease ».
World Journal of Gastroenterology, 14 mai 2011, vol. 17, n° 18, p. 2259-2272.

Fasano, A., Berti, I., Gerarduzzi, T., et al. « Prevalence of celiac disease in at-risk and not-at-risk groups in the United States: A large multicenter study. »
Archives of Internal Medicine, 10 février 2003, vol. 163, n° 3, p. 286-292.

Geboes, Karel et Geboes, Karen P.
« Diagnosis and treatment of coeliac disease ».
F1000 Medecine Reports, 2009, vol. 1, p. 32.

Gomis, Laurent. Programme agriculture – Gestion des ressources naturelles « Wula Nafaa » : *cadre de concertation sur les produits du fonio.*
Rapport des journées de réflexion, 14-15 juin 2004.
http://pdf.usaid.gov/pdf_docs/PNADC319.pdf

Guandalini, S., Hormaza, L., Setty, M.
« Celiac disease: risk assessment, diagnosis, and monitoring ».
Molecular Diagnosis and Therapy, 2008, vol. 12, n° 5, p. 289-298.
http://adisonline.com/moleculardiagnosistherapy/Abstract/2008/12050/Celiac_Disease__Risk_Assessment,_Diagnosis,_and.3.aspx

Guandalini, Stefano. « A Brief History of Celiac Disease ».
Impact - University of Chicago Celiac Disease center, Été 2007, vol. 7, n° 3, p. 1-2.
www.celiacdisease.net/assets/pdf/SU07CeliacCtr.News.pdf

Kupper, Cynthia. « Dietary guidelines and implementation for celiac disease. »,
Gastroenterology, avril 2005, vol. 128, n° 4, supplément 1, p. 121-127.
www.celiac.nih.gov/

Lester, Diane R. « Gluten measurement and its relationship to food toxicity for celiac disease patients ».
Plant Methods, 28 octobre 2008, vol. 4, n° 1, p. 26.
www.plantmethods.com/content/4/1/26

National Research Council (U. S.) Ad Hoc Panel of the Advisory Committee on Technology Innovation, Lost Crops of the Incas: Little-Known Plants of the Andes with Promise for Worldwide Cultivation.
Washington, The National Academy Press, 1989, 428 p.

Pagano, A. E. « Whole Grains and the Gluten-Free Diet »,
Practical Gastroenterology, The celiac diet, series #2, Octobre 2006, vol. 30, n° 10, p. 66-80
www.medicine.virginia.edu/clinical/departments/medicine/divisions/digestive-health/nutrition-support-team/nutrition-articles/PaganoArticle.pdf/view

PUBLICATIONS ET SITES GOUVERNEMENTAUX

« Fichier canadien sur les éléments nutritifs ».
Santé Canada.
webprod3.hc-sc.gc.ca/cnf-fce/index-fra.jsp

« La maladie coeliaque – Le lien au gluten ».
Santé Canada.
www.hc-sc.gc.ca/fn-an/pubs/securit/gluten_conn-lien_gluten-fra.php

« Les manifestations cliniques et la régression des symptômes après l'adoption d'un régime sans gluten chez les Canadiens et les Canadiennes atteints de la maladie cœliaque ».
Santé Canada.
www.hc-sc.gc.ca/fn-an/securit/allerg/cel-coe/gluten_poster-gluten_affiche-fra.php

Food Standards Australia New Zealand, bulletin printemps 2008
www.foodstandards.gov.au/scienceandeducation/monitoringandsurveillance/foodsurveillancenewsletter/spring2008.cfm

« Norme de codex pour les aliments diététiques ou de régime destinés aux personnes souffrant d'une intolérance au gluten. »
Codex Alimentarius (FAO et OMS), codex stan 118 - 1979
www.codexalimentarius.net/download/standards/291/cxs_118f.pdf

« Les allergies alimentaires courantes :
Guide du consommateur – Comment gérer
les risques ».
Agence canadienne d'inspection des aliments, 2010
www.inspection.gc.ca/francais/fssa/labeti/
allerg/allergf.pdf

« Food intolerance and coeliac disease : How
to avoid certain foods »,
Food Standards Agency
www.food.gov.uk/multimedia/pdfs/allergy-
factsheettwo.pdf

« Les coûts différentiels relatifs à l'achat de
produits sans gluten au Canada »
Agence du revenu du Canada
www.cra-arc.gc.ca/tx/ndvdls/tpcs/ncm-tx/
rtrn/cmpltng/ddctns/lns300-350/330/clc-fra.
html

« Les frais médicaux »,
Revenu Québec
www.revenuquebec.ca/fr/sepf/publications/
in/in-130.aspx

Index des recettes par catégorie

Index alphabétique des recettes